数字经济专业系列教材

电子商务——技术、运营与中国实践

刘兰娟　主　编

郝晓玲　副主编

电子工业出版社
Publishing House of Electronics Industry
北京·BEIJING

内 容 简 介

在数字化浪潮席卷全球的今天,电子商务作为一股不可忽视的力量,正以前所未有的速度推动着商业世界的深刻变革。作为新时代商业的核心驱动力,电子商务不仅重塑了传统商业模式,更成为推动全球经济增长的新动力。

由上海财经大学电子商务专业资深教学团队倾力打造的这本教材,正是为了帮助学生全面把握电子商务的发展趋势和核心要素。本书中不仅系统介绍了电子商务的基本概念、发展历程和未来趋势,还深入剖析了电子商务在企业战略规划、市场营销、运营管理等方面的应用与实践。

本书紧贴实际需求,整合了最新的学科研究成果和行业案例,通过生动具体的实例和互动环节,以帮助学生更好地理解电子商务的核心。无论是对电子商务专业的学生,还是对希望提升商业竞争力的企业和个人,本书都是不可缺少的指南,它将为您开启未来商业世界的大门。

未经许可,不得以任何方式复制或抄袭本书之部分或全部内容。
版权所有,侵权必究。

图书在版编目(CIP)数据

电子商务:技术、运营与中国实践 / 刘兰娟主编.
北京:电子工业出版社, 2025.8. -- (数字经济专业系列教材). -- ISBN 978-7-121-50691-8
Ⅰ. F713.36
中国国家版本馆 CIP 数据核字第 2025SC8046 号

责任编辑:牛嘉斐　　　　　　　　文字编辑:赵娜
印　　刷:三河市鑫金马印装有限公司
装　　订:三河市鑫金马印装有限公司
出版发行:电子工业出版社
　　　　　北京市海淀区万寿路 173 信箱　邮编:100036
开　　本:787×1092　1/16　印张:18.75　字数:444 千字
版　　次:2025 年 8 月第 1 版
印　　次:2025 年 8 月第 1 次印刷
定　　价:80.00 元

凡所购买电子工业出版社图书有缺损问题,请向购买书店调换。若书店售缺,请与本社发行部联系,联系及邮购电话:(010) 88254888, 88258888。
质量投诉请发邮件至 zlts@phei.com.cn,盗版侵权举报请发邮件至 dbqq@phei.com.cn。
本书咨询联系方式:niujf@phei.com.cn,(010) 88254106。

数字经济系列教材专家委员会
（按姓氏笔画排名）

刘兰娟　安筱鹏　肖升生　汪寿阳　赵　琳

洪永淼　袁　媛　高红冰　蒋昌俊

前 言

随着互联网技术的飞速发展，电子商务作为 21 世纪初崭露头角的商业活动模式，深度重塑了全球的商业格局，逐渐成为企业战略和经济增长的关键驱动力。电子商务以其独特的优势，极大地变革了传统的商业模式，为企业提供了更广阔的发展空间和更高效的经营方式。此外，电子商务已经渗透到社会生活中的各领域，并处在不断创新和发展的进程中。因此，学习和掌握电子商务的相关知识对于企业提高商业竞争力、个人适应时代变化都具有重要意义。

本书融合了作者课题组教学实践的总结与反思，结合了电子商务的基础框架，基于电子商务的基础设施层、运营管理层、应用层三个层面，将全书分为三个篇章，分别是技术基础篇、运营管理篇和应用发展篇。

通过对第 1 章的学习，读者将了解电子商务的基本概念，包括电子商务的发展历程、类型、交易模式、模型等。

技术基础篇主要介绍电子商务的基础技术，包括电子商务基础技术、电子商务安全技术和电子商务新兴技术。通过学习本篇内容，读者可以了解电子商务的技术原理及安全防护等方面的知识，为深入学习电子商务的运营和应用打下坚实基础。

运营管理篇主要介绍电子商务的运营管理，包括电子商务营销、供应链与物流及电子支付等方面的内容。通过学习本篇内容，读者可以了解电子商务运营管理的核心要素和方法，掌握电子商务营销策划、客户关系管理、供应链协同及电子支付等方面的知识和技能。

应用发展篇主要介绍电子商务在不同领域的应用和发展趋势，包括社交电子商务、跨境电子商务和新零售等方面的内容。通过学习本篇内容，读者可以了解电子商务在不同场景下的应用特点和模式，掌握电子商务发展的最新动态和未来趋势。

全书的内容结构如图 0.1 所示。

图 0.1　全书的内容结构

本书各章撰写分工如下：刘兰娟负责全书的纲要制订与统筹，郝晓玲撰写了第 1 章与第 8 章，陈元忠撰写了第 2 章，谢美萍撰写了第 3 章，陈佳威撰写了第 4 章，田博撰写了第 5 章，张涛撰写了第 6 章，芮廷先撰写了第 7 章，张庆华撰写了第 9 章，郑大庆撰写了第 10 章。

本书的主要特色如下。

（1）具有系统、完整的框架。本书分为技术基础篇、运营管理篇和应用发展篇，涵盖了电子商务的各方面，从基本概念到最新技术，从运营管理到应用发展，为读者提供了一个全面、系统的电子商务知识体系。

（2）关注中国实践。本书穿插了 30 多个中国电子商务场景的具体案例，一方面便于读者理解电子商务理论知识在实践中的实操技巧,同时能让读者更加关注中国电子商务发展过程中的实际问题。

（3）基础与前沿相结合。本书不仅关注电子商务现有的模式和技术的应用,还对社交电子商务、跨境电子商务和新零售等新兴领域进行了深入探讨,为读者展现了电子商务未来的应用前景。

（4）综合性与交叉性。本书不仅涉及电子商务的技术、运营和管理等方面的知识,还融合了经济学、管理学、市场营销学等多个学科领域的内容,使读者能够全面了解电子商务综合性和交叉性的特点。

通过学习全书,读者将全面了解电子商务的技术基础、运营管理和应用发展趋势。同时,丰富的案例和实践经验可以帮助读者更好地掌握电子商务的应用和实践技巧。本书内容丰富、系统性强,旨在培养读者对电子商务的全面认知和实践能力。本书适合电子商务专业或相关领域的本科生、研究生、研究人员和企业管理人员学习和参考。

本书参考资料请扫描以下二维码查看。

编者

2024 年 8 月

目　录

第1章　电子商务概述 ... 001
1.1　电子商务的基本概念 ... 003
1.1.1　电子商务的内涵 ... 003
1.1.2　电子商务的业务范围 ... 003
1.2　中国电子商务发展历程 ... 004
1.2.1　萌芽期（1991—1999 年） ... 004
1.2.2　培育期（2000—2009 年） ... 005
1.2.3　竞争期（2010—2014 年） ... 006
1.2.4　稳定期（2015 年至今） ... 007
1.3　电子商务的类型 ... 008
1.3.1　基于 EDI 的电子商务 ... 008
1.3.2　基于互联网的电子商务 ... 009
1.3.3　移动电子商务 ... 010
1.3.4　线上线下结合的电子商务 ... 012
1.4　电子商务交易模式 ... 013
1.4.1　传统电子商务交易模式 ... 013
1.4.2　新型电子商务交易模式 ... 014
1.4.3　农村电子商务模式 ... 016
1.4.4　电子商务的盈利模式 ... 019
1.5　电子商务模型 ... 020
1.5.1　K-W 模型 ... 020
1.5.2　Turban 模型 ... 021
1.5.3　电子商务链模型 ... 021
本章小结 ... 022
本章思考题 ... 023

第一篇　技术基础篇

第2章　电子商务基础技术 ... 027
2.1　网络基础知识 ... 029
2.1.1　互联网的产生和发展 ... 029

  2.1.2 网络分类 ··· 029
  2.1.3 网络体系结构 ··· 030
  2.1.4 计算机网络的组成要素 ··· 030
 2.2 互联网技术 ··· 031
  2.2.1 互联网概述 ·· 031
  2.2.2 IP 地址与域名系统 ·· 031
  2.2.3 互联网接入方式 ··· 031
 2.3 Web 开发技术 ··· 032
  2.3.1 客户端技术 ·· 032
  2.3.2 服务器端技术 ··· 032
  2.3.3 数据库技术应用 ··· 033
 2.4 电子商务系统建设 ··· 034
  2.4.1 电子商务系统功能结构 ··· 034
  2.4.2 电子商务系统规划 ·· 035
  2.4.3 电子商务系统分析 ·· 036
  2.4.4 电子商务系统设计 ·· 037
  2.4.5 电子商务系统部署与管理 ·· 038
本章小结 ··· 038
本章思考题 ·· 039

第 3 章 电子商务安全 ··· 040

 3.1 电子商务安全概述 ··· 042
  3.1.1 电子商务安全 ··· 042
  3.1.2 电子商务安全的需求 ··· 044
  3.1.3 电子商务安全的内容 ··· 045
  3.1.4 电子商务安全体系 ·· 045
 3.2 电子商务安全威胁 ··· 046
  3.2.1 网络钓鱼 ··· 046
  3.2.2 数据泄露 ··· 047
  3.2.3 交易欺诈 ··· 048
  3.2.4 病毒攻击 ··· 049
 3.3 电子商务安全技术 ··· 050
  3.3.1 密码强度 ··· 050
  3.3.2 身份认证 ··· 050
  3.3.3 加密技术 ··· 051
  3.3.4 防火墙 ·· 053
 3.4 电子商务安全协议 ··· 057
  3.4.1 HTTPS 协议 ·· 057

目 录

  3.4.2 SET 协议 057
  3.4.3 S-Shares 协议 059
 3.5 电子商务安全管理 059
  3.5.1 安全培训 060
  3.5.2 应急处理 061
  3.5.3 安全审计 061
  3.5.4 隐私保护 062
 本章小结 063
 本章思考题 064

第 4 章 电子商务新兴技术 065

 4.1 云计算技术 066
  4.1.1 云计算基本特征 067
  4.1.2 云计算服务模式 067
  4.1.3 云计算部署模式 068
  4.1.4 云计算赋能电子商务 068
  4.1.5 云计算助力韧性发展 070
 4.2 区块链技术 071
  4.2.1 区块链核心机制 072
  4.2.2 区块链部署类型 072
  4.2.3 区块链发展方向 073
  4.2.4 区块链赋能电子商务 074
  4.2.5 区块链为电子商务带来的机遇与挑战 075
 4.3 人工智能技术 075
  4.3.1 人工智能核心要素 076
  4.3.2 人工智能技术优势 077
  4.3.3 人工智能重要技术 077
  4.3.4 人工智能赋能电子商务 078
  4.3.5 人工智能生成内容引发电子商务变革 079
 4.4 扩展现实技术 080
  4.4.1 扩展现实核心概念 081
  4.4.2 扩展现实关键技术 082
  4.4.3 扩展现实应用场景 082
  4.4.4 扩展现实赋能电子商务 083
 本章小结 084
 本章思考题 084

第二篇 运营管理篇

第 5 章 电子商务营销 ········· 089

5.1 网络营销概述 ········· 092
- 5.1.1 网络营销的含义 ········· 092
- 5.1.2 网络营销的特点 ········· 093
- 5.1.3 网络营销与传统营销的区别与联系 ········· 094
- 5.1.4 中国网络营销的发展历程 ········· 095

5.2 网络营销理论 ········· 096
- 5.2.1 电子商务经济学 ········· 097
- 5.2.2 消费者行为理论 ········· 097
- 5.2.3 整合营销传播理论 ········· 098
- 5.2.4 网络直复营销理论 ········· 099
- 5.2.5 网络关系营销理论 ········· 099
- 5.2.6 网络软营销理论 ········· 099
- 5.2.7 数据库营销理论 ········· 100
- 5.2.8 拉菲·穆罕默德的网络营销理论 ········· 101
- 5.2.9 企业对企业营销理论 ········· 101
- 5.2.10 全球营销理论 ········· 102

5.3 网络营销策划 ········· 102
- 5.3.1 确定企业的使命 ········· 103
- 5.3.2 寻找目标用户 ········· 104
- 5.3.3 目标用户的特征 ········· 104
- 5.3.4 目标用户的痛点 ········· 105
- 5.3.5 你的用户在哪里 ········· 106
- 5.3.6 确定营销策略 ········· 108
- 5.3.7 营销效果评价 ········· 108

5.4 电子商务环境下客户关系管理 ········· 111
- 5.4.1 新型网络环境给客户关系管理带来的影响 ········· 111
- 5.4.2 电子商务客户关系管理 ········· 113
- 5.4.3 电子商务社会化客户关系管理中出现的新问题 ········· 115

本章小结 ········· 119

本章思考题 ········· 119

第 6 章 供应链与物流 ········· 121

6.1 电子商务物流 ········· 123
- 6.1.1 物流概述 ········· 123
- 6.1.2 电子商务与物流的关系 ········· 126

- 6.2 电子商务物流管理模式 128
  - 6.2.1 自营物流 129
  - 6.2.2 第三方物流 130
  - 6.2.3 物流联盟 132
  - 6.2.4 第四方物流 133
- 6.3 电子商务供应链管理 136
  - 6.3.1 电子商务供应链管理基础理论 136
  - 6.3.2 电子商务供应链管理策略 138
  - 6.3.3 数字经济下电子商务供应链管理 142
- 6.4 跨境电子商务物流 143
  - 6.4.1 跨境电子商务物流概述 143
  - 6.4.2 跨境电子商务物流的增值服务 144
  - 6.4.3 跨境电子商务物流的模式 145
  - 6.4.4 跨境电子商务物流的特点 146
- 本章小结 147
- 本章思考题 147

第7章 电子支付 148

- 7.1 电子支付概述 150
  - 7.1.1 传统支付的局限性 150
  - 7.1.2 电子支付的发展历程 151
  - 7.1.3 电子支付的内涵 151
  - 7.1.4 电子支付的类型 153
  - 7.1.5 电子支付的应用场景 155
- 7.2 支付体系 156
  - 7.2.1 支付体系的基本概念 156
  - 7.2.2 支付服务组织 157
  - 7.2.3 支付系统的构成 158
  - 7.2.4 国内外的主要支付系统 163
  - 7.2.5 电子货币 173
  - 7.2.6 数字人民币 178
- 7.3 第三方支付 180
  - 7.3.1 第三方支付的交易模式 180
  - 7.3.2 第三方支付的流程 181
  - 7.3.3 第三方支付的发展历程 182
- 7.4 移动支付 183
  - 7.4.1 移动支付的概念 183
  - 7.4.2 移动支付的特点 184

7.4.3 移动支付的分类……184
本章小结……185
本章思考题……186

第三篇　应用发展篇

第8章　社交电子商务……189

8.1 社交电子商务概述……191
8.1.1 社交电子商务的发展背景……191
8.1.2 社交网络平台……192
8.1.3 社交电子商务的基本概念……193
8.1.4 社交电子商务的模式分类……194

8.2 社交电子商务的产品运营……197
8.2.1 社交电子商务的战略布局……197
8.2.2 社交电子商务的产品定位……199
8.2.3 产品价格管理……199
8.2.4 产品采购管理……200
8.2.5 产品仓储及物流管理……200

8.3 社交电子商务的用户运营……201
8.3.1 社交电子商务的用户消费特点……201
8.3.2 社交电子商务的消费行为模型……202
8.3.3 用户画像……203
8.3.4 用户维护……205
8.3.5 用户裂变……205

8.4 社交电子商务的社群运营……207
8.4.1 社群创建……208
8.4.2 社群管理……209
8.4.3 社群变现……210

8.5 社交电子商务的数据运营……212
8.5.1 数据采集……212
8.5.2 数据分析方法……212
8.5.3 数据分析维度……213

8.6 社交电子商务的主要技术……214
8.6.1 社交媒体相关 API……214
8.6.2 SaaS 云服务……214
8.6.3 HTML5 技术……215
8.6.4 移动客户端开发技术……216

本章小结……217
本章思考题……217

第9章 跨境电子商务 ····· 219

- 9.1 跨境电子商务概述 ····· 221
  - 9.1.1 跨境电子商务的内涵与特点 ····· 221
  - 9.1.2 跨境电子商务的发展历程 ····· 224
  - 9.1.3 跨境电子商务的模式分类 ····· 227
  - 9.1.4 跨境电子商务的生态体系 ····· 229
- 9.2 进口跨境电子商务 ····· 231
  - 9.2.1 进口跨境电子商务的发展现状 ····· 231
  - 9.2.2 进口跨境电子商务的运营模式 ····· 232
  - 9.2.3 进口跨境电子商务的业务流程 ····· 232
- 9.3 出口跨境电子商务 ····· 233
  - 9.3.1 出口跨境电子商务的发展现状 ····· 233
  - 9.3.2 B2C出口跨境电子商务的业务流程 ····· 234
  - 9.3.3 B2B出口跨境电子商务的业务流程 ····· 234
- 9.4 跨境电子商务服务平台 ····· 235
  - 9.4.1 跨境电子商务通关服务平台 ····· 235
  - 9.4.2 跨境电子商务公共服务平台 ····· 237
  - 9.4.3 跨境电子商务综合服务平台 ····· 237
  - 9.4.4 跨境电子商务三类服务平台对比 ····· 237
- 9.5 跨境电子商务风险与管理 ····· 238
  - 9.5.1 跨境电子商务风险的类型 ····· 239
  - 9.5.2 跨境电子商务风险的特点 ····· 245
  - 9.5.3 跨境电子商务风险的管理 ····· 246
- 本章小结 ····· 249
- 本章思考题 ····· 250

第10章 新零售 ····· 251

- 10.1 新零售的内涵与特征 ····· 253
  - 10.1.1 新零售的缘起及含义 ····· 253
  - 10.1.2 新零售的发展阶段、特征及动因 ····· 255
- 10.2 新零售的主要模式 ····· 260
  - 10.2.1 新零售：对传统三要素的重构与升级 ····· 260
  - 10.2.2 商业模式的前世今生 ····· 264
  - 10.2.3 新零售的主要模式分析 ····· 267
- 10.3 新零售的理论阐释 ····· 270
  - 10.3.1 "零售之轮"理论 ····· 270
  - 10.3.2 "新零售之轮"理论对新零售的解释 ····· 272

10.4 智慧零售 ·· 273
    10.4.1 智慧零售的含义及特点 ··· 273
    10.4.2 智慧零售的要素 ·· 278
  本章小结 ·· 281
  本章思考题 ·· 281

第1章
电子商务概述

学习目标

1. 掌握电子商务的基本概念,理解其内涵和业务范畴。
2. 明晰中国电子商务的发展历程,以及其从萌芽期到稳定期的发展变化。
3. 掌握电子商务的多种类型,包括基于 EDI、互联网、移动电子商务和线上线下结合的电子商务。
4. 熟悉电子商务的交易模式,包括传统电子商务交易模式、新型电子商务交易模式、农村电子商务模式和电子商务的盈利模式。
5. 理解电子商务模型的概念和作用,为后续深入学习打下基础。

通过本章的学习,形成对网络基础、互联网技术、Web 开发技术和电子商务系统建设的全面认识,能深度剖析电子商务的运作机制。

案例1-1：电子商务风云往事——弱小的淘宝战胜强大的eBay易趣

淘宝是当今中国C2C领域的旗舰，很多国人熟知阿里巴巴和马云并不是因为其是批发采购平台，而是他们使用淘宝和支付宝的缘故。淘宝与eBay易趣之间的乾坤扭转之战堪称经典。

易趣成立于1999年，2003年，eBay全资收购易趣，eBay易趣的GMV（成交总额）是淘宝的近10倍。根据《中国电子商务》杂志的数据：2004年年初，eBay易趣在中国C2C市场的份额为90%左右，用户人数是淘宝的3倍多。2003年5月淘宝成立，而当时eBay易趣已经是C2C领域的掌门人，其已经占到中国整个电子商务市场的三分之二，堪称中国当时的BAT。

当时eBay易趣与主流门户网站都签署了二选一排他合作协议。淘宝只能去小网站和户外宣传，缺乏流量来源。在这种背景和实力悬殊的情况下，淘宝却能披荆斩棘、以少胜多、以弱胜强，用短短两年的时间，在2005年使市场占有率超过80%。主要在于淘宝采取了以下战略。

（1）开启在线支付功能并创新担保支付功能。为让买卖双方支付交易更放心，淘宝在2004年年底推出了支付宝第三方担保支付工具，买家付款到支付宝，卖家发货，买家确认收货以后支付宝才把款打给卖家，极大降低了交易纠纷和欺诈的发生概率。支付宝和旺旺作为淘宝的两大功臣，功不可没。支付宝不仅是一款在线支付工具，更是一个信用担保体系，它解决了中国人网购的信用危机。旺旺则拉近了店主和顾客的距离，符合中国人的感情观。而当时的eBay易趣是使用易付通在线交易（易付通只是一款在线交易工具，没有任何担保作用）的，为防止买卖双方私下沟通成交，eBay易趣不让买卖双方留任何联系方式。

（2）对商家实行免费策略。对刚接触互联网的中小型个人卖家来说，免费无疑是巨大的诱惑，而当时的eBay易趣是需要收取商品展示费和交易佣金的。淘宝的免费策略正迎合了中小型卖家的需求，而C2C市场的目标群体正是这群个人卖家。

（3）等级鲜明的评价体系。淘宝在评价体系上借鉴了eBay易趣，但其优于eBay易趣，eBay易趣在评价体系上是使用百分制的，让人无法一眼看出到底哪个商家好？淘宝则将其划分为星、钻、冠的台阶式。这种金字塔式的等级制度，促使商家有了向上发展的压力和动力，因而会更重视服务。

（4）广告宣传上的蚂蚁雄兵战略。当时eBay易趣为了阻止淘宝发展，买断了四大门户网站及百度等大型网站的核心广告栏。淘宝为了在夹缝中迅速成长，联合了很多中小型网站做强制弹窗广告，为其开拓了第一批淘宝用户。

由于淘宝对中国本土消费市场及经商环境的准确把控，其迅速抢占了中国电子商务市场的半壁江山。而eBay易趣失败除服务器搬到美国，网站打开速度变慢，由美国总部统一管理决策，链条变长等因素外，最主要的还是其没能及时"入乡随俗""换位思考"。电子商务的商业模式探索也说明排他性无法阻止创新者。这点在淘宝与eBay易趣的对决中尤为明显。

案例思考题：
（1）淘宝如何在市场份额远小于 eBay 易趣的情况下，实现了乾坤扭转？是什么策略和决策导致了这一转变？
（2）淘宝如何利用了 eBay 易趣与主流门户网站签署的二选一排他合作协议的弱点？这是否对最终的市场份额变化产生了影响？
（3）淘宝与 eBay 易趣的竞争在中国电子商务发展进程中处于哪个阶段？在这个阶段，中国电子商务呈现出怎样的特点？
（4）基于淘宝的发展，回顾中国电子商务的发展历程中有哪些关键的里程碑？
（5）淘宝与 eBay 易趣的电子商务模式有哪些不同之处？这些不同之处对于现代企业的竞争有何启示？

1.1 电子商务的基本概念

电子商务（Electronic Commerce，简称 E-commerce）是指通过计算机网络和互联网等电子手段进行的商业活动。它涵盖了在电子环境下进行的各种商务活动，包括购买和销售商品、提供和使用服务、进行电子支付、在线咨询和客户支持等。

1.1.1 电子商务的内涵

电子商务分为广义电子商务和狭义电子商务。广义电子商务与电子商务的基本概念相同，即通过互联网等电子手段进行的商业活动。

狭义电子商务特指在广义电子商务的范围内，通过互联网进行的购买和销售商品的商业活动。它是广义电子商务中最常见和最广为人知的形式，也是电子商务发展最为迅猛的领域之一。狭义电子商务主要包括在线购物、电子支付、电子商务平台等。

广义电子商务是一个更宽泛的概念，包含了狭义电子商务以外的其他商业活动，如在线咨询、在线教育、在线旅游预订、在线医疗服务等。广义电子商务的范围更广，涵盖了更多的商业领域和服务形式。

需要注意的是，广义电子商务和狭义电子商务的界定并不是严格的，有时候也会根据上下文的不同而有所变化。在一般情况下，广义电子商务是指整个电子商务的范围，而狭义电子商务则是指其中特定的一部分，即在线购物和商品交易。

1.1.2 电子商务的业务范围

电子商务的业务范围主要涵盖以下几个方面。

（1）在线购物。消费者通过电子商务平台在网上浏览和购买商品或服务，如电子商务网站、移动购物应用等。

（2）电子支付。使用电子手段进行支付，如信用卡支付、第三方支付平台（如支付宝、微信支付）等。

（3）电子商务平台。提供在线交易和服务的平台，如电子商务网站、在线拍卖网站、共享经济平台等。

（4）供应链管理。通过电子手段对供应链中的物流、库存及订单等进行管理和协调，以提高供应链效率和响应能力。

（5）电子商务安全。保护电子商务交易和信息的安全性，包括网络安全、支付安全、个人信息保护等。

（6）电子商务营销。通过互联网和社交媒体等渠道进行产品推广和营销活动，吸引消费者并提高产品销售量。

（7）移动电子商务。利用移动设备（如智能手机、平板电脑）进行电子商务活动，包括移动购物、移动支付、移动广告等。

（8）社交电子商务。将社交媒体和电子商务相结合，通过社交网络平台进行商品销售和推广。

（9）跨境电子商务。在国际范围内进行电子商务交易，跨越国家边界进行商品销售和国际贸易。

电子商务的发展为商业活动带来巨大的变革，改变了传统商业模式和消费者行为。它带来更广阔的市场和商机，提高了交易效率和便利性，促进了全球经济的发展和全球市场的融合。

1.2 中国电子商务发展历程

电子商务是以信息网络技术为手段，以商品交换为中心的商务活动；也可理解为在互联网（Internet）、企业内部网络（Intranet）和增值网（Value Added Network，VAN）上以电子交易方式进行交易活动和相关服务的活动，是传统商业活动各环节的电子化、网络化、信息化。

纵观近三十年来我国电子商务的发展，可以将其分为四个阶段：萌芽期、培育期、竞争期、稳定期。

1.2.1 萌芽期（1991—1999 年）

1994 年 4 月，北京中关村地区"教育与科研示范网"接入国际互联网。在互联网基础上产生的电子技术，在向商业用途转变的同时，逐渐实现了与社会生活的融合。1994 年 5 月，北京举办了中国第一届"电子商务国际论坛"，标志着"电子商务"的概念正式进入中国。1994 年 10 月，北京召开"亚太地区电子商务研讨会"，电子商务的概念开始在我国传播。

1995 年 4 月，马云创建了杭州海博网络公司，专门给企业做主页，网站取名"中国黄页"，成为中国最早的互联网公司之一。企业需要宣传，产品需要宣传，店铺需要宣传，新闻宣传稿要发布，都可以通过"中国黄页"实现。

1996 年，国家信息化工作领导小组成立。1997 年 4 月，各省区市成立信息化工作小组。1997 年 12 月，中国化工网上线，成为国内首家垂直 B2B 网站。B2B 是指企业与企业间通过专用网络或 Internet 进行数据信息的交换、传递，以及开展交易活动的商业模式。

1998年3月，中国第一笔互联网交易成交；1998年10月，金贸工程正式启动，是国家继"金桥""金关""金卡""金税"等工程后，为促进我国商品流通领域电子化和信息化建设而实施的应用工程，使中国商品流通领域产生了重大突破。1998年11月，腾讯计算机系统有限公司成立。

1999年5月18日，8848网成立。它是中国最早的电子商务网站，也是中国电子商务企业的标杆。1999—2000年，8848网飞速成长，公司在对企业客户、消费者及经销商的网上销售及渠道销售方面取得了显著的成就，积累了丰富的经验。该网站是中国第一家全面适应中国数十种在线结算方式的电子商务平台；首家在中国超过50个城市实施货到付款；率先自行开发、完善、使用了一整套适合中国电子商务环境的技术平台；率先开发、采用了完整的物流管理、商务管理、客户关系管理一体化信息平台；首家成功实施了异地第三方物流管理系统；于2000年4月率先开通并成功运营了中国第一套开放式网上商城系统；其个性化的网上营销实施方案成为中国网上营销的代表性成功案例。

1999年8月，易趣在上海创立，主营电子商务。2000年2月，在全国首创24小时无间断热线服务，2000年3—5月，易趣与新浪结成战略联盟，并于2000年5月并购5291手机直销网，开展网上手机销售，使该业务成为易趣的特色之一。2003年，易趣被eBay收购，更名为eBay易趣，迅速发展成国内最大的在线交易社区。

1999年9月，阿里巴巴集团在杭州成立，集团的首个网站是英文全球批发贸易市场阿里巴巴。同年，阿里巴巴集团推出专注国内批发贸易的中国交易市场（现称"1688"）。1999年11月，当当网正式上线，用来推动中国图书市场的"可供书目"信息事业，及"网上书店"的门户建设，成为中国最大的图书资讯集成商和供应商。

早期的电子商务以网站为基础，主要有零售商自营网站、门户网站电子商务、电子商务综合平台、黄页与信息展示四种模式。这一时期企业和政府都开展了积极的探索和尝试。在政府层面，商务部、国际电子商务中心等也积极开展了中国商品交易市场、在线广交会、中国国际电子商务应用博览会等探索。

1.2.2　培育期（2000—2009年）

2000年，中国网民数暴增至890万人，能上网的计算机达350万台。4月，聪慧网商务网开启B2B时代；5月，卓越网成立，B2C进入人们视野；6月，中国电子商务协会成立；12月，阿里巴巴获得2500万美元的投资。

2001年，教育部批准上海财经大学等全国13所大学率先开办电子商务专业，开始培养专业的电子商务人才，推动电子商务产业的发展，促进商业模式的创新，加强实践教学与产业对接，满足社会对电子商务人才的需求，促进了电子商务产业的繁荣和发展。

2002年3月，eBay购入易趣33%股份；同年，联想成为卓越网的最大股东。

2003年5月，淘宝网成立，进军C2C市场；6月，最大的C2C平台易趣被eBay全盘收购；10月，阿里巴巴推出支付宝；12月，聪慧网在香港创业板上市。

2004年1月，阿里巴巴董事局主席马云正式提出"网商"概念，标志着网商群体的发展开始进入社会主流视野。同年6月，首届网商大会在杭州圆满举办。

2004年8月，亚马逊收购卓越网。2005年8月，阿里巴巴收购雅虎；9月，腾讯凭借5.9亿用户基础推出拍拍网。

2008年，我国成为全球网民人数最多的国家，电子商务交易额突破3万亿元。2009年，网购人数突破1亿，形成巨大的网络市场规模。全民高涨的创新创业热情加快了我国电子商务前进的步伐。

1.2.3 竞争期（2010—2014年）

这一阶段是中国电子商务迅猛发展的时期。在政策利好、技术进步、市场需求和社会化投资等多重因素的驱动下，电子商务交易额继续保持高速增长。这一阶段，中国电子商务的竞争在深度、广度和强度上持续升级，电子商务领域的资本、技术迎来全面创新。同时，随着在线支付技术与物流信息技术的普及，出现了电子商务服务业，平台电子商务成为一种生态；由电子商务交易服务（在线支付、物流等支撑服务业）与衍生服务业构成了日益完善的电子商务生态系统。

2010年，备受瞩目的是销售衬衫的凡客诚品。农村电子商务也不乏亮点，"沙集模式"引起了社会的广泛关注，农民通过网店，走出了一条以信息化带动了工业化发展的新路。"沙集模式"指农户自发地使用市场化的电子商务交易平台变身为网商，直接对接市场。"沙集模式"的核心要素是"农户+网络+公司"，这里的三大要素，都具有其自身的特殊性。

2011年1月，腾讯推出微信；4月，《第三方电子商务交易平台服务规范》发布。2012年3月，唯品会在美国纽约证券交易所（NYSE）上市；2012年11月，淘宝"双11"销售额达191亿元，次年销售额达350亿元。2013年5—8月，菜鸟网横空出世，支付宝推出余额宝，微信推出5.0版本。

电子商务模式创新不断丰富，在B2B、B2C、信息团购等领域的渗透日益增多。在B2C领域，电子商务出现了京东、苏宁易购、小米等企业；在B2B领域，出现了找钢网等典型代表；同时，美团、大众点评等团购信息类企业也纷纷涌现。随着竞争的加剧，苏宁易购、京东和国美成为中国电子商务市场的主要参与者，通过发起价格战来争夺市场份额和用户资源，这种价格战在一定程度上可以促进电子商务行业的发展和竞争。

产业链日益深化，随着支付宝和快递转型布局，电子商务生态系统建设日益完善。2004年12月，支付宝正式成立，以"信任"作为产品和服务的核心，致力于为网络交易用户提供基于第三方担保的在线支付服务。支付宝成为当前全球最大的移动支付厂商，构成电子商务生态系统的核心环节。2005年，圆通快递与淘宝签订了推荐物流供应商协议，成为淘宝线下物流供应商。随后，中通、申通、韵达也分别与淘宝签订协议，"三通一达"从原来的商务快递商转型为电子商务快递供应商。民营快递公司强大的生命力在与电子商务合作后爆发，也成为电子商务生态系统的关键环节。

这一时期，行业竞争加剧，创新成为该时期电子商务发展兴衰成败的重要决定性因素和典型特征。

1.2.4 稳定期（2015年至今）

中国互联网信息中心（CNNIC）发布的《第36次中国互联网络发展状况统计报告》显示，截至2015年6月，中国网民规模达6.68亿人，互联网普及率为48.8%。

2015年被称为合并年，滴滴+快的、58同城+赶集、美团+大众点评、携程+去哪儿、世纪佳缘+百合网等一系列合并事件无不标志着中国电子商务发展进入一个全新的阶段，即稳定期。

此外，中国的移动电子商务已经取得了飞速发展。随着移动通信技术和互联网的普及应用，移动电子商务行业以前所未有的态势稳步发展，这也标志着中国电子商务发展进入大众化时期。利用移动终端可以随时随地进行购物、支付、交易，以及相关的综合服务等活动。随着移动互联网的普及，各类移动微商务的市场规模不断扩大。

电子商务发展以内容和社交为主导，服务体系逐渐完善，国际影响日益强大。其间，电子商务发展呈现出更加多元化的特征，内容电子商务和社交电子商务成为该时期电子商务模式的主力军。微信、拼多多、小红书等模式不断推陈出新。今日头条、抖音、快手等内容和短视频网站的兴起重塑了电子商务产业的发展格局。

电子商务在农业、工业、交通出行等领域的渗透日益加强，很多模式都成为引领全球的典型案例。与此同时，以e-WTP、跨境电子商务为代表，中国电子商务的国际化步伐也日益加快。中国政府与时俱进，通过中国海关牵头制订《世界海关组织跨境电子商务标准框架》，积极尝试跨境贸易综试区、自贸区、保税仓等跨境电子商务新模式的新服务体系建设，成为世界范围内具有引领性的政策保障探索。跨境电子商务领域涌现出敦煌网、执御、连连支付等优秀的跨境电子商务平台，这些平台不仅为中国的进出口贸易提供了新动能，也成为引领全球跨境电子商务发展的重要力量。

近年来，中国电子商务进入新零售时代。新零售以线上线下融合为特点，通过无界零售、智能零售等方式，提供更便捷、个性化的购物体验，呈现出全渠道整合、智能化运营、个性化服务、社群化营销、跨界合作、用户体验至上和数据驱动决策等特点。阿里巴巴的盒马鲜生、京东的无人零售店等新零售模式成为行业的创新亮点。

这个时期，电子商务平台不断拓展和整合各种业务模式，包括B2B、B2C、C2C、O2O等，以及社交电子商务、跨境电子商务、移动电子商务等新型电子商务模式。这种多元化的电子商务模式可以满足不同消费者的需求，提高用户体验和购物便捷性，同时为电子商务平台带来更多的商机和盈利模式。电子商务多元化和融合化已经成为电子商务行业未来的发展趋势。

总体而言，中国电子商务经历了萌芽期、培育期、竞争期和稳定期四个阶段的发展。中国政府的支持政策、技术进步和消费者需求的变化都推动了电子商务的发展。从四个阶段的发展可以看出，电子商务的发展呈现以下特点[1]：在主流业态上，经历了网站电子商务、平台电子商务和内容电子商务等阶段；在交易内容上，从网站为王到基于网站的扩展服务，再到多元化、生活化。电子商务的跨界属性日益增强，线上线下高度融合，新兴业态的边界越发模糊。

---

[1] 鞠雪楠，欧阳日辉. 中国电子商务发展二十年：阶段划分、典型特征与趋势研判. 新经济导刊，2019,274(3):8.

1.3 电子商务的类型

按照使用网络的类型,电子商务可以分为基于专门增值网络(如EDI)的电子商务、基于互联网的电子商务、移动电子商务、线上线下结合(如O2O)的电子商务。

1.3.1 基于EDI的电子商务

早期电子商务的内涵主要局限于EDI(Electronic Data Interchange,电子数据交换)。它是由国际标准化组织(ISO)推出使用的国际标准,按照该标准形成结构化的事务处理或消息报文格式,使不同组织之间通过电子方式交换商业文档和数据,实现自动化的交易流程和信息交换。

EDI的基本原理是将商业文档(如订单、发货通知、发票等)转换为标准化的电子格式,然后通过计算机网络进行传输和处理。这些电子文档可以在不同的企业间进行交换,无须人工干预,实现快速、准确和安全的数据交换。

案例1-2:上海海关通关业务EDI应用

上海是全国最大的通关口岸之一。上海海关在通关业务方面应用计算机管理始于1985年,从刚开始的单独业务环节处理程序发展成现在的能全面、系统地处理海关业务和采用EDI技术的现代化大型数据处理系统。作为海关EDI通关系统的一部分,1994年年底在上海海关开始应用至今的"海关空运快递EDI系统",年均处理200万批国际快递物品,并全面实现无纸化作业。世界海关组织(WCO)和国际快递协会(IECC)曾联合在上海虹桥国际机场海关召开现场会,向全世界推荐该EDI系统。

在技术上,EDI通关系统采用EDIFACT标准,其中对EDIFACT报文类型CUSEXP的应用,还成为全球首例,使中国海关在EDI方面进入世界先进行列。现在上海海关的H883/EDI通关系统已经与300多家报关企业的500多台计算机实现联网。其EDI平台的AMTrix系统每天处理约6000份进出口报关单,每天处理的各类报文多达4.3万余份。上海海关的EDI通关系统已成为上海口岸通关环节的重要组成部分。如果说海关内部的EDP极大地解放了生产力,提高了海关内部的工作效率,那么海关的EDI通关系统则更多地为报关等有关企业带来实惠,真正实现了足不出户完成通关的目标。

1. 常见的EDI报文格式

EDIFACT(Electronic Data Interchange for Administration, Commerce and Transport)。这是一种国际标准的EDI格式,广泛用于全球不同行业的数据交换,在欧洲比较流行。EDIFACT报文包含多个段(Segment)、数据元素(Data Element)和子数据元素,每个元素都有其特定的意义和结构。

X12。X12是在北美地区广泛使用的EDI标准。它定义了各种业务交易的格式,如订单、发货通知、发票等。X12报文也由段、元素和子元素构成,但与EDIFACT略有不同。

XML(eXtensible Markup Language)。虽然不是传统的 EDI 格式,但 XML 被广泛应用于代替传统的 EDI 报文格式。因为它更灵活、可读性更强,并且支持嵌套结构。XML 可以通过定义适当的结构和标签来表示各种业务数据。

JSON(JavaScript Object Notation)。类似于 XML,JSON 也不是传统的 EDI 格式,但在现代数据交换中变得越来越流行。JSON 使用键值对的方式组织数据,非常适合 Web 应用和 API 之间的数据交换。

2. EDI 的优势

(1)自动化流程。EDI 可以自动化处理商业文档,减少了烦琐的手工操作和人为操作出错的风险,提高了交易效率和准确性。

(2)数据标准化。EDI 使用标准化的数据格式和交换协议,以确保不同组织之间的数据能够互相理解和解释,避免了数据转换和解释的问题。

(3)实时性和可追踪性。EDI 可以实现实时的数据交换和信息共享,使交易过程可追踪和可监控,提高了交易的可控性和可见性。

(4)成本效益。EDI 可以减少纸质文档的使用和处理成本,节约了时间和资源,同时降低了错误和纠纷的风险,提高了交易效率和成本效益。

EDI 广泛应用于供应链管理、物流和采购等领域,特别在涉及大量交易和频繁数据交换的情况下,EDI 可以极大地简化和加快商业交易的过程。

需要注意的是,EDI 需要参与交易的各方事先达成一致并建立相应的技术和通信基础设施,以确保数据的安全性和互操作性。在实施 EDI 时,组织需要考虑数据格式、通信协议、数据安全和合规性等方面的问题。

案例思考题:
(1)EDI 自动化流程如何提高交易的效率和准确性?
(2)数据标准化在 EDI 中扮演了何种角色?
(3)EDI 如何增强交易的实时性和可追踪性?
(4)EDI 在成本效益方面有哪些显著优势?
(5)在实施 EDI 时,需要解决哪些技术和通信基础设施的问题?

1.3.2 基于互联网的电子商务

互联网的普及和全球化特性使电子商务可以跨越地域和国界,实现全球范围内的商业交易和市场拓展。消费者可以通过互联网随时随地访问电子商务网站,浏览商品信息、下订单和进行支付,享受更加便捷和灵活的购物体验。基于互联网的传统电子商务具有以下特点和优势。

(1)多样化的产品和服务。基于互联网的电子商务提供了丰富多样的产品和服务,消费者可以在全球范围内找到所需的商品和服务。

(2)个性化和定制化。互联网技术可以通过个性化推荐和定制化服务,根据消费者的偏好和需求提供个性化的购物体验和定制化的产品。

(3)低成本和高效率。相较于传统实体店铺,基于互联网的电子商务可以降低运营成本,提高交易效率,同时减少了中间环节和物理空间的限制。

(4)数据驱动和市场营销。电子商务通过数据分析和市场营销技术,可以更好地了解消费者的需求和行为，进行精准的广告投放和营销策略。

基于互联网的电子商务模式多种多样，包括电子商务网站、在线市场、电子支付系统、电子商务平台和移动电子商务等。同时，随着技术的不断发展，新兴的电子商务模式（如社交电子商务、共享经济和区块链电子商务等）也不断涌现。需要注意的是，基于互联网的电子商务也面临一些问题和挑战，如网络安全、数据隐私、售后服务和消费者信任等。因此，电子商务平台和商家需要重视安全和信任建设，保护消费者信息安全和维护良好的商业信誉。

1.3.3 移动电子商务

随着智能手机的普及和互联网技术的不断发展，移动电子商务已经成为人们日常生活的重要组成部分。移动电子商务是指通过移动设备（如智能手机、平板电脑等）进行商品或服务的交易和消费。移动电子商务用户数量不断扩大，占全国网民的比例达95%以上，移动电子商务的发展呈持续增长的态势，2020年1—11月，中国网络零售额达9.8万亿元，其中移动端交易额占比达87.3%。随着移动电子商务市场的不断扩大，竞争也越发激烈。各大电子商务平台纷纷推出了针对移动端的优惠政策和营销活动，力争在市场竞争中占据优势。此外，移动端作为电子商务平台发展的重要渠道，随着近年来直播电子商务市场的增长，移动电子商务交易规模继续升级。同时，人们对App的依赖不断提升，2020年全网用户对移动互联网的依赖度进一步提升，人均单日使用时长及打开App个数均有一定程度增长。

移动电子商务具有以下特点。

（1）移动性。移动电子商务最大的特性是移动性。消费者可以在任何时间、任何地点进行购物、支付等商业活动。例如，消费者可以在上下班途中通过App购买商品，并选择在离家较近的地点自提，省去了排队等待的时间。此外，移动电子商务还提供了更加便捷的支付方式，如微信支付、支付宝等，让消费者的购物体验更佳。

（2）便携性。移动电子商务具有便携性。消费者只需将手机等移动设备随身携带，就可以随时随地进行浏览商品、下订单、支付等操作。此外，移动电子商务还可以根据消费者的地理位置提供个性化的推荐服务，如消费者在某个商场购物时，可以通过App获得该商场的优惠券和推荐商品等信息，方便消费者进行购物决策。

（3）个性化服务。移动电子商务能够提供个性化服务。通过大数据分析和用户行为追踪，商家可以了解每个消费者的购物习惯、偏好和需求，并提供定制化的服务和推荐。例如，消费者在某个购物App上浏览了一件衣服后，App会根据消费者的喜好推荐类似的衣服和搭配，节省了消费者挑选的时间。

（4）交互性。移动电子商务具有交互性。消费者可以通过手机等移动设备与其他消费者、商家进行交流和互动。例如，在购买商品时，消费者可以通过App向商家咨询商品详情、尺码推荐等问题，也可以与其他消费者分享购物心得和评价。这种交互性不仅提高了消费者的购物体验，也方便了商家及时了解消费者需求并提升服务。

（5）安全性。移动电子商务在安全性方面拥有较高保障。用户在进行支付、填写个人信息等敏感操作时，移动设备通常会提供多重安全保障，如指纹识别、面部识别、密码验证等。此外，移动电子商务还采用了多种加密技术和安全协议，以保障交易信息和用户隐私的安全。例如,支付宝等支付平台采用了多种加密技术来确保支付的安全性。

(6)实时性。移动电子商务具有实时性。消费者可以实时获取商品信息、库存状况、物流进度等,以便及时作出购物决策。例如,在"双11"等促销活动期间,用户可以通过App实时查看商品的折扣信息和库存情况,以便在限定的时间内快速抢购到心仪的商品。

综上所述,移动电子商务的发展呈现出用户规模不断扩大、交易额逐年增长、竞争加剧等态势。同时,移动端已成为电子商务平台发展的主要渠道,而用户对App的依赖度也在不断提升。

案例1-3:美丽说的移动电子商务

美丽说创立于2009年11月,是一家采取"强力推荐导购员"方式的平台。从美丽说的三次股权融资可以看得出,风险投资基金对电子商务方面的发展是抱有巨大希望的。

美丽说得到风险投资后,投放很多财力开展营销推广,与此同时想尽办法提升顾客黏度,尤其是利用百度搜索引擎,成功地将移动互联网的手机用户与通过App和互联网技术访问的Web用户紧密结合,与此同时,利用腾讯官方软件开发平台的API将社交媒体化的SNS用户吸引进驻移动电子商务店铺,采用恰当的积分购物返利和连环式营销推广策略,让顾客介绍更多顾客,在微信社交圈中像"核反应"般快速发展,让店家"欢呼雀跃",感受到社交媒体化SNS营销方式的奇妙。

无论从顾客需求视角来看,还是从顾客体验设计视角上看,趋势迅猛的各大消费导购员类网站的确为顾客提供了切实的便捷。美丽说以顾客需求为出发点,搞好顾客体验,增加在产品研发及自主创新领域的资金投入,与此同时,智能手机的发展、移动电子商务App的持续更新也是美丽说取得成功的重要原因。

从美丽说国际贸易成功案例中可以看得出,伴随着移动数据网络的持续提升及新工作岗位的增加,我国移动电子商务展现出快速发展的趋势,主要表现在货运量快速提高、用户接受度不断提升、消费群体进一步细分等层面。作为移动电子商务的成功案例,美丽说开创了创新的商业模型,是手机端流量红利时期和应用商店收益时期发展起来的代表。

案例思考题:

(1)美丽说如何利用百度搜索引擎优化(SEO)技术来提升其App和Web用户的可见性和吸引力?

(2)美丽说是如何通过腾讯官方软件开发平台的API将社交媒体化的SNS用户吸引进驻移动电子商务店铺的?

(3)美丽说如何运用积分购物返利和连环式营销推广方法来激发顾客的参与度和忠诚度?

(4)美丽说在顾客体验设计方面采取了哪些措施来确保顾客获得满意的购物体验?

(5)随着智能手机的发展和移动电子商务的普及,美丽说在未来将如何继续优化其移动战略以保持竞争优势?

1.3.4　线上线下结合的电子商务

线上线下结合的电子商务主要是 O2O（Online-to-Offline）电子商务，通过线上平台与线下实体店铺的结合，实现了线上线下的无缝连接，为消费者提供了更全面的购物体验。O2O 电子商务允许消费者在线上浏览商品、获取信息，并在线下实体店铺进行试穿、试用等实际体验，减少了线上购物无法获得实物感的不便。典型的企业如美团、大众点评、饿了么等。

O2O 电子商务主要有以下几个特点。

（1）优化供应链。O2O 电子商务可以通过对供应链进行优化和整合，提高商品的采购和配送效率，减少库存压力。

（2）信息整合。O2O 平台系统可以整合线上线下的信息资源，为消费者提供全面、实时的商家信息和服务信息。

（3）便捷性。消费者可以通过 O2O 平台系统随时随地了解附近的商家、商品和服务，进行预约、购买等操作，大大提高了消费者的购物体验。

（4）个性化。O2O 平台系统可以根据消费者的需求和喜好，为其推荐合适的商家、商品和服务。

O2O 平台系统可以增加商家与消费者间的互动，从而提高消费者的忠诚度；帮助商家拓展线上市场，吸引更多的消费者关注和光顾。通过 O2O 平台系统，商家可以更方便地管理订单、库存和营销活动，从而提高运营效率；O2O 平台系统，可以通过精准的目标客群定位，降低营销成本，提高营销效果；还可以帮助商家提升品牌知名度和形象，增强其市场竞争力。

案例 1-4：饿了么 O2O 电子商务

饿了么是中国最大的餐饮 O2O 平台之一，成立于 2009 年。其电子商务模式主要包括线上和线下两个部分。

线上部分。饿了么在线外卖平台覆盖全国 2000 多个城市，加盟餐厅达到 130 万家，用户量达 2.6 亿。用户可以通过饿了么的 PC 端和移动客户端 App 在线订餐。此外，饿了么还整合了线下餐饮品牌和线上网络资源，通过组建外卖物流配送团队，实现物流配送。

线下部分。饿了么与大量餐厅建立了合作关系，这些餐厅通过饿了么平台展示自己的菜品和提供外卖服务。同时，饿了么还通过其自建的配送团队，为用户提供高效的配送服务。此外，为满足用户的多样化需求，饿了么还推出了多项服务，如预订餐、自取餐等。

总的来说，饿了么的电子商务模式实现了线上线下的深度融合，通过将餐厅和用户连接在一起，为用户提供更便捷、多样的餐饮服务，同时为餐厅提供了更广阔的销售渠道。这种模式贴近现代人生活节奏快、追求方便快捷的消费习惯，因此在市场上得到了广泛的认可和青睐。

案例思考题：

（1）分析饿了么的电子商务模式如何有效结合线上线下资源，实现餐饮服务的便捷性和多样性?

(2)饿了么如何通过组建外卖物流配送团队来实现高效的配送服务?这种策略对提升用户满意度和保持竞争力有什么作用?

(3)饿了么如何管理其与加盟餐厅的合作关系,以确保服务质量和菜品品质?在合作过程中,饿了么如何平衡自身利益和餐厅的利益?

(4)饿了么推出的预订餐、自取餐等服务是如何满足用户多样化需求的?这些服务对提升用户黏性和促进平台发展有何影响?

(5)随着餐饮O2O市场的不断变化和竞争日益激烈,饿了么应如何持续优化其电子商务模式,以保持自身领先地位并持续吸引用户和餐厅?

1.4 电子商务交易模式

1.4.1 传统电子商务交易模式

按电子商务的参与主体包括企业、消费者、员工、政府等。电子商务交易模式如图1.1所示。

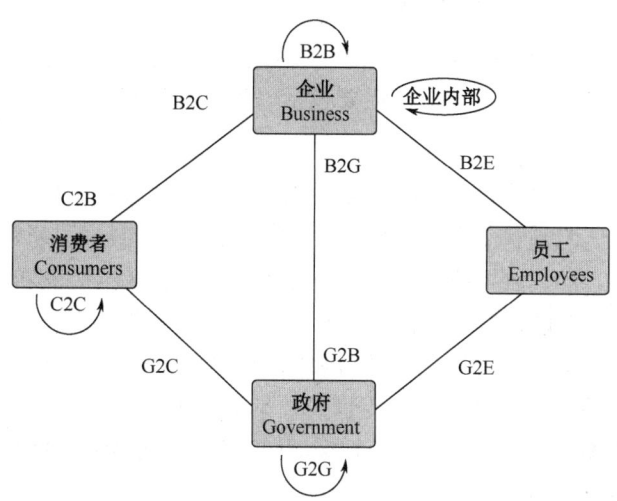

图1.1 电子商务交易模式

1. B2C 及 B2B

B2C(Business-to-Consumer,企业对消费者)。B2C 电子商务是指企业通过互联网向个人消费者销售产品或服务。在 B2C 模式下,消费者可直接在电子商务平台上购买商品,如购物网站、电子商务平台等。

B2B(Business-to-Business,企业对企业)。B2B 电子商务是指企业间通过互联网进行的交易和合作。在 B2B 模式下,企业可以通过电子商务平台寻找供应商、进行采购、销售和合作,如国际贸易平台、供应链管理系统等。

2. C2C 及 C2B

C2C（Consumer-to-Consumer，消费者对消费者）。C2C 电子商务是指消费者间通过互联网进行交易和交流。在 C2C 模式下，消费者可以在电子商务平台上直接买卖二手商品、个人创作或提供服务，如在线拍卖网站、分类广告网站等。

C2B（Consumer-to-Business，消费者对企业）。C2B 电子商务是指消费者向企业提供产品、服务或信息，以满足企业的需求。在 C2B 模式下，消费者可通过互联网平台向企业提供定制化的产品或服务，如自由职业者、创作者等向企业提供专业服务。美团、蘑菇街等都有 C2B 业务。

3. G2C 及 G2B

G2C（Government-to-Consumer，政府对消费者）。G2C 电子商务是指政府机构通过互联网向消费者提供公共服务。在 G2C 模式下，政府可以通过官方网站、在线申请系统等向消费者提供政府服务，如在线缴税、办理证件等。

G2B（Government-to-Business，政府对企业）。G2B 电子商务是指政府机构通过互联网与企业进行交互和合作。在 G2B 模式下，政府可以通过电子招投标平台、政府采购系统等向企业提供政府采购信息、招标公告等。

1.4.2　新型电子商务交易模式

新型电子商务发展模式是在传统电子商务模式的基础上发展起来的，通过打破、重组、拓展传统电子商务模式而形成，主要包括以下几种模式。

1. C2M 模式

C2M（Customer to Manufactory，消费者对工厂）模式是指消费者直连制造商，即消费者直达工厂，强调的是制造商与消费者的衔接。在一个商品的最终定价中，有一大部分是要包含中间成本的。如果能将这一大块成本砍掉，那么制造商和消费者就有可能实现"双赢"——前者可以让自己的商品更有竞争力，从而获得更高的利润；后者可以买到价格更低的商品，从而实现更高的消费者剩余。在 C2M 模式下，消费者直接通过平台下单，工厂接收消费者的个性化需求订单，然后根据需求设计、采购、生产、发货。与常见的销售模式不同，C2M 跳过了品牌商、代理商、最终销售终端等渠道和中间环节，从而实现了中间成本的节省。

2. C2B2S

在信息时代，以厂商为中心的传统模式已逐步被以消费者为中心的 C2B2S 模式所取代。C2B2S 是 C2B 和 B2S 的结合，在 C2B2S 模式中，以消费者价值为导向，让消费者以不同形式参与购物、分享、经营、策划等环节进行群体协作和商业活动。把第三方引入自己搭建的市场，同时支持第三方服务商，共同服务于海量卖家和消费者，让海量个体在互联网上开店和消费成为可能。"线下体验+线上下单+个性化参与+第三方服务"的形态将越发普遍，线上渠道也将与线下渠道实现深度融合。该模式是 C2B 模式的进一步延伸，很好地解决了 C2B 模式中消费者发布需求产品初期无法聚集庞大的消费者而导致与邀约的商家交易失败的问题。

全国首家采用该模式的平台是晴天乐客,该模式很好地实现了消费者、商家、乐客店和平台间的利益共享,达到多方共赢,这是一种全新的互联网购物模式。

3. C2C2B

C2C2B 电子商务模式结合了 C2C 和 C2B 的优势,形成了第四代电子商务模式。在这种模式下,个人可以通过介绍他人去往一个更好的交易平台,为他人提供一个消费或经营的机会,从而让他人也推荐更多的商家入驻或加盟,以拥有更大的消费群体,进而达到增加销量的目的。在这样一个新的交易平台中,消费者、经营者和商家三方达成平衡式的获利模式,这种理念也是国外交互式营销的概念。

在 C2C2B 模式中,消费者不仅可以推荐消费者,还可以推荐企业商家,建立自己的销售联盟和消费者联盟。这一模式的特点是把消费者放在核心地位,让消费者与消费者结合,让消费者与企业结合,使电子商务变得更加有活力,能够发挥群体的智慧。它的一个显著特点就是重视服务,贴合电子商务电子服务化的大趋势。

上述各类型的电子商务模式在实践中往往相互交织和结合,形成了更复杂的商业模式,如 B2B2C(Business-to-Business-to-Consumer,企业对企业对消费者)等。不同的电子商务类型适合不同的市场和业务需求,为消费者和企业提供了更广泛的商业机会和更便利的交易方式。

案例 1-5:必要商城的 C2M 模式

C2M 由必要商城的创始人毕胜率先在中国提出并实施,是一种消费者驱动生产的新型互联网电子商务模式,直接连接消费者与制造企业。必要商城是全球首个 C2M 电子商务平台,致力于"大牌品质,工厂价格"的目标。

随着消费水平和消费需求的变化,消费者越发关注产品质量,有很大一部分消费群体既追求高质量又会考虑价格因素,他们不具备随意消费奢侈品的经济能力,但又希望拥有高质量的奢侈品。

找到了潜在用户,必要商城采用 C2M 经营模式,通过平台让消费者与设计师、制造商直接对接,实现消费者到工厂的直接连线,去除所有中间流通环节。工厂在接到消费者订单后,根据需求设计、采购、生产、发货送至消费者手中,实现了去库存、去中间商、以量定产的新型电子商务模式,使工厂和消费者都能接受比传统模式更低的价格,而消费者又得到了奢侈品质、平民价格的商品。

在必要商城的 C2M 模式下,工厂以自主品牌的身份入驻,必须经过这 4 个条件的严格挑选:必须是全球顶级制造商、必须拥有自己的柔性制造链、必须接受必要的定价体系、必须与全球顶级的设计机构合作。如护肤品有雅诗兰黛、SK-Ⅱ 等品牌产品的制造商,Polo 衫的生产商有 Armani 的制造商等。

在竞争激烈的网购环境下,打造 C2M 电子商务模式,开展差异化竞争,这也是必要商城能异军突起的原因之一。

工业 4.0 时代是以满足消费者的个性需求为主的工业智能化时代,制造业企业走的是"柔性制造+个性化定制"的道路。在必要商城,消费者还可以自行设计 T 恤的图案,在眼镜上定制自己的个性签名等,这种需求驱动型的生产方式实现了与工业4.0时代接轨。

案例思考题:

(1) C2M 电子商务模式如何改变了传统电子商务的供应链流程?它如何减少了中间环节,如何直接影响消费者和制造商?

(2) 必要商城如何通过 C2M 模式满足消费者对高质量和合理价格的双重需求?这种模式的优势是什么?

(3) 在 C2M 模式下,如何确保消费者订单的个性化和定制化需求能够得到满足,同时保证生产效率和成本控制?

(4) C2M 模式对制造商来说有哪些机遇和挑战?制造商如何适应这种模式的变革,并如何从中获得竞争优势?

(5) 随着 C2M 模式的不断发展,必要商城应如何进一步创新和完善其经营策略,以应对市场竞争和消费者需求的变化?同时,它应该如何保障消费者权益和数据安全?

1.4.3 农村电子商务模式

农村电子商务模式是中国农村电子商务发展多样化实践的反映,是人们对其中某些具有典型代表意义的实践做法的理论提炼与总结。农村电子商务的主体包括农民、农村企业、农村合作社、农村电子商务平台和农村电子商务服务商等。内容涵盖了农村电子商务的供给侧和需求侧,即生产和消费的两个方面。

中国农村电子商务具有如下特点。

(1) 以农业为基础。农村电子商务的主要产品包括农产品和农特产品,这些产品的品质、安全和价格受到农业生产条件、政策和市场需求的影响。农村电子商务通过互联网平台可以快速实现农产品的销售和流通,减少了中间环节和物流成本,提高了农产品的流通效率和附加值,有利于增加农民收入。

(2) 地域特色浓厚。农村电子商务常常依托当地的特色农产品、手工艺品、民俗文化等发展,这些特色产品具有独特的地域特色,难以被其他地区所复制,是农村电子商务发展的核心竞争力。

(3) 服务乡村产业发展。农村电子商务的发展对推动乡村产业兴旺具有重要意义,它可以通过互联网平台将分散的农户、中小企业和消费者等各方资源进行整合,形成线上交易与线下产业发展的良性互动。农民是农村电子商务的主要参与者,他们的参与度、能力和意愿会影响农村电子商务的发展。

(4) 电子商务模式多样化。在农村地区,由于消费习惯、消费水平和地理位置等方面的差异,电子商务模式呈现出多样化的发展趋势。因此,针对不同应用场景,利用多样的技术手段、不同的互联网平台、众多交易主体和服务商,与广大农村千差万别的具体应用环境相结合,演化出不同的农村电子商务模式。

综上所述,农村电子商务是一个结合了互联网技术和农业特色的商业模式,它不仅促进了信息的流动和经济的发展,还提升了农民的生活水平和社会经济效益。

近年来,中国农村较为典型的电子商务模式主要有以下几种。

1. 淘宝村模式

以"沙集模式"为代表的淘宝村模式(从"十一五"开始延续到"十二五")。这类模式主要针对的问题是电子商务能否适用于农村和农民。农民通过自主在淘宝上开网店创业形成赚钱效应,通过市场自发复制,实现技术扩散,并在乡村形成局部规模,即淘宝村。早期的淘宝村不仅在沙集出现,还有义乌的青岩刘村、清河的东高庄、沭阳的堰下村、临安的白牛村等。他们所依托的产业各有不同,共同的特征都是市场驱动、草根创业、经自下而上野蛮生长,在当地形成电子商务产业生态。率先对此完成理论提炼的沙集模式成为他们的代表。而后,沙集电子商务因技术要素、参与主体,特别是政府扶持与规制、市场与社会环境变化而不断升级。2024 年,沙集所在县主管领导著书《沙集模式 15 年》,将沙集模式的演化划分为三个阶段(沙集模式 1.0、沙集模式 2.0、沙集模式 3.0)。

2. 赶街模式

遂昌模式也称赶街模式(从"十二五"初开始)。它产生于市场自发力量尚未完全具备的浙西南山区,针对如何用电子商务解决农村工业品上行,特别是解决农特产品上行问题,以及政府在促进电子商务发展中如何作为的问题。遂昌县政府采取与市场相结合的做法,依托赶街公司,成立电子商务协会,在县、乡(镇)村构建电子商务三级服务体系、物流体系、培训体系和农产品上行供给链。这些做法不仅被此后的阿里农村淘宝所仿效,更是"十三五"时期国家以电子商务进农村示范项目推进农村电子商务"规定动作"的参照。此后,遂昌赶街模式在实践中也不断演化,曾在 2018 年前后提出"赶街 3.0"版本。

3. 电子商务扶贫模式

以陇南模式为代表的电子商务扶贫模式,产生于农村电子商务发展条件更差、难度更大的贫困地区,形成的时间是从 2013 年的"433 战略"到 2016 年国务院扶贫办总结推广陇南模式,针对的问题是来自东部沿海地区农村的电子商务模式,能否落地中西部贫困农村,贫困地区如何通过规模化地发展电子商务解决农产品难卖,助力贫困农民脱贫增收。陇南探索出"政府推动+市场运作+百姓创业+协会服务+微媒营销"的多主体联动机制,在学习和移植东部农村电子商务做法时,立足本地条件进行变通,形成更切合贫困地区实际的"多路带贫"的配套做法,为其他贫困地区提供了借鉴。2016 年,在完成国务院扶贫办电子商务扶贫试点工作后,陇南模式也开始经历转型升级。

4. 武功模式

武功模式产生于相对具有一定区位优势和先发条件的西部农村(咸阳),自 2013 年开始,针对的问题是如何跳出本地资源的局限,抢占先机,布局和加快发展本地农村电子商务。武功县利用当时的条件,出台一系列扶持政策,依托和打造电子商务产业园区等农村电子商务载体,招引以西域美农为代表的电子商务龙头企业和一批电子商务资源入驻,采取"买西北卖全国"的模式取得成功。武功模式的创新价值在于,它为更多的农村地区如何在开放市场的理念指导下扬长避短,如何充分利用电子商务发展的契机重构地方发展新优势,探索了经验。

5. 农村社交电子商务模式

以"南砀山北武乡"为代表的农村社交电子商务模式(2014 年前后开始形成局部规

模）。它产生于传统平台电子商务红利期结束和多平台兴起的农村电子商务环境，针对的问题是农村电子商务流量成本增大、开网店容易、交易增收困难，制约农村电子商务创业。安徽砀山和山西武乡都是农业县，当地政府、龙头企业、驻村干部和协会等，组织和培训广大农户和小型农企，通过用微信朋友圈、开微店等粉丝经济的方式销售农产品，以社交电子商务的私域流量突破传统平台的流量制约，并形成具有一定交易规模的微商村，从技术上和业态上丰富了农村电子商务的实践。此后，社交电子商务逐步成为农村电子商务的标配，而传统平台电子商务也在向社交化转型。

6. 综合示范模式

电子商务进农村综合示范模式（2014 年试点，2015 年后分批开展，并以 2016 年商务部两项标准出台为标志）。在脱贫攻坚的大背景下，综合示范模式先后被用于一千多个"示范县"。该模式针对的问题是如何通过加大政府支持力度，加快弥补贫困农村电子商务能力短板，助力电子商务精准扶贫、精准脱贫。它采取"政府主推+财政补贴+规定动作+严格审计"等做法，逐年分批选择贫困县和老区县为支持对象，以整县推进的方式，动员和组织市场力量开展农村电子商务能力建设，主要包括建设县、乡（镇）、村三级服务体系、打通农村物流"最后一公里"、促进农产品上行、开展电子商务能力培训等，开展农村电子商务扶贫。2019 年，随着电子商务进农村示范项目对原 832 个贫困县实现全覆盖，主管部门又提出因地制宜打造农村电子商务"升级版"的要求。

案例 1-6：武功县"买西北卖全国"模式在全国推广

近年来，武功县利用地处西北地区与中东部地区交汇点的区位优势，明确了"立足陕西、辐射西北、面向丝绸之路经济带"的发展思路，强化"五项保障"，实施"三大工程"，提供"一站式服务"，着力打造西北农村电子商务人才培训基地、西北农产品电子商务企业聚集地、西部农副特产品物流集散地，汇聚西部网货，以"买西北卖全国"模式推动武功电子商务发展行稳致远。

1. 强化"五项保障"

一是成立电子商务工作领导小组，组建电子商务服务中心，建立电子商务服务保障机制，强化组织保障。二是出台系列政策，为电子商务发展强化政策保障。三是县财政每年列支 1000 万元电子商务发展专项资金，发挥 2000 万元电子商务进农村综合示范项目资金作用，强化资金保障。四是定期开展"新农人"走进武功等系列活动，与共青团陕西省委联合发起"青桃云客"电子商务人才培养计划，覆盖带动 2 万名高校学生开展电子商务实践，强化人才保障。五是成立武功县特色农产品生产经营者协会、电子商务协会，建设县域电子商务运营中心和农产品电子商务孵化中心、电子商务产业园、电子商务创业基地、西北网红直播基地等，强化环境保障。

2. 实施"三大工程"

一是实施县、乡（镇）、村三级电子商务物流体系和农村电子商务服务体系建设工程。建成公共服务运营中心、仓储物流运营中心、电子商务综合服务站、电子商务综合服务点，整合县内 12 家物流快递企业，实现从武功直发至全国各地。二是建立质量安全追溯体系，建设农特产品品牌培育工程。健全武功猕猴桃质量安全追溯体系，打造武功猕猴桃、"西域美农"干果、"米豆儿"大瓜子等108个本土农产品电子商务知名品牌。"西域美农"入围中国国家品牌榜,"武功小子"猕猴桃被天猫授予"最受消费者欢迎"品牌。三是实施物流信息大数据平台建设和电子商务龙头企业培育工程。建成县电子商务及物流大数据平台,加强电子商务龙头企业培育,支持县域龙头企业主动开发、生产、销售电子商务产品,初步形成了"雁阵式"发展格局。

3. 提供"一站式服务"

在市场监管领域实行"服务型执法",整合市场监管业务职能和技术资源,编制监管服务事项清单,为电子商务企业提供包括标准、计量、质量、知识产权、打假维权等全职能、全领域"一站式"综合服务,贯穿事前、事中、事后的全链条、全环节。2022年,开展营商环境实地走访活动12期,服务电子商务产业园企业45家,开展食品检验检测150批次,减免相关费用16万余元,解决技术难题73个,开展培训1.8万人次,有力助推了武功电子商务的发展。2022年,武功电子商务年销售额达55.06亿元,稳居西部第一。

武功县在农村电子商务发展过程中的策略制订、保障措施、服务提供和人才培训等多个方面,提供了成功经验,作为10种农村电子商务发展的典型模式向全国推广。

案例思考题:

(1) 武功县是如何利用其地理位置优势,打造面向丝绸之路经济带的电子商务发展策略的?

(2) 武功县在发展农村电子商务的过程中,是如何强化"五项保障"和实施"三大工程"的?

(3) 武功县如何通过提供"一站式服务",吸引和聚集西北农产品电子商务企业,从而促进农产品流通和市场发展?

(4) 武功县如何打造西北农村电子商务人才培训基地,满足农村电子商务发展的人才需求?

(5) 武功县的"买西北卖全国"模式是如何推动当地电子商务发展的?这一模式有哪些值得其他地区借鉴的地方?

1.4.4 电子商务的盈利模式

盈利模式是指开展电子商务为获取收益以维持经营而采用的开展业务的方式,即"产品、服务、信息流、供应商和客户收益及效益来源的组织方式"。电子商务的盈利模式主要包括以下几种。

(1) 经纪模式(Brokerage Model)。经纪模式是指电子商务企业作为中间人,为买卖双方提供交易平台,促成交易,从中收取一定的交易费用。这种模式主要适用于B2B和C2C市场,如阿里巴巴、淘宝等平台。

(2) 网络广告模式(Advertising Model)。网络广告模式是指电子商务企业通过向广告商和品牌商提供广告和推广平台,吸引潜在消费者,从而达到其营销目的。这种模式主要适用于B2C市场,如京东、天猫等平台的广告位和推广工具。

(3) 信息媒介模式(Infomediary Model)。信息媒介模式是指电子商务企业通过提供信息、知识和服务，吸引消费者并实现其商业价值。这种模式主要适用于一些专业领域或知识密集型行业，如在线教育、咨询服务等。

（4）销售商模式（Merchant Model）。销售商模式是指电子商务企业自主采购、仓储和配送商品，通过互联网销售给消费者，并从中获得利润。这种模式需要企业具备较高的供应链管理和物流配送能力。

（5）制造商模式（Manufacturer Model）。制造商模式是指电子商务企业通过互联网直接连接生产厂商和消费者，去除中间环节，实现直销。这种模式主要适用于一些标准化、可批量生产的商品，如 3C 电子产品、服装等。

（6）联盟模式（Affiliate Model）。联盟模式是指电子商务企业与其他利益相关者进行合作，共同推广和销售商品，并按照一定比例分配利润。这种模式主要适用于一些中小型电子商务企业或初创企业，可以通过合作实现快速扩张。

（7）社区模式（Community Model）。社区模式是指电子商务企业通过打造线上社区，聚集具有共同兴趣或需求的用户，为用户提供交流和互动的平台，同时结合商业变现，实现盈利。这种模式主要适用于社交媒体平台或论坛等。

（8）订阅模式（Subscription Model）。订阅模式是指电子商务企业通过向用户提供定期付费的服务或产品，获取收入。这种模式主要适用于一些持续性的服务或产品，如在线课程、会员服务等。

（9）效用模式（Utility Model）。效用模式是指电子商务企业通过提供免费的服务或产品，吸引用户，并通过其他方式实现商业价值。这种模式主要适用于一些互联网平台或工具型产品，如搜索引擎、浏览器等。

此外，农村电子商务还衍生出其他几种盈利模式，如基地直营模式、特色小众模式和专业品类模式。这些模式各有优势，如基地直营模式能去除中间环节、保证高毛利；特色小众模式针对特定需求的小众群体，有利于形成稳定的客户群；专业品类模式则通过精细化的产品定位和高标准的生产管理，既提高了利润又降低了成本。

1.5 电子商务模型

1.5.1 K-W 模型

K-W（Kalakota-Whinston）模型是一个典型的电子商务框架结构，如图 1.2 所示，它包括四个层次及两大支柱。四个层次分别为网络基础层、多媒体内容与网络出版层、消息/信息发布与传输层和一般业务服务层。这个框架是为描述电子商务的整体而设计的，可以帮助人们理解电子商务的各方面。

（1）网络基础层。这是电子商务的基础设施层，包括硬件和软件基础设施，如网络设备、计算机硬件和软件等。

（2）多媒体内容与网络出版层。这一层主要包括数字内容的创建、发布和管理，如文本、图像、音频和视频等多媒体内容的创建和发布。

（3）消息/信息发布与传输层。这一层主要包括信息的传输和交换，如电子邮件、即时消息、论坛、社交媒体等各种在线通信工具。

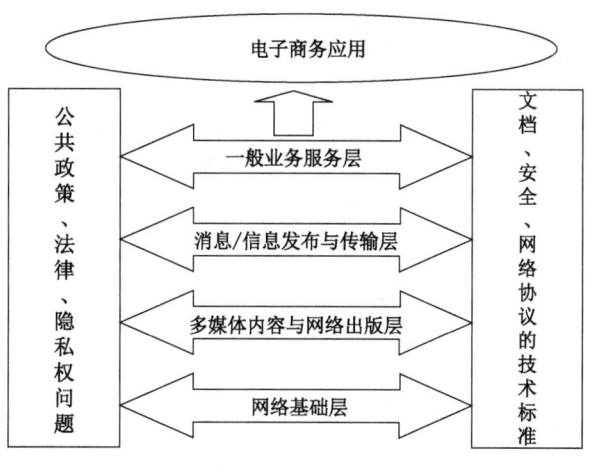

图 1.2 K-W 模型

（4）一般业务服务层。这一层主要包括电子商务的各种服务和应用，如在线购物、电子支付、在线银行、在线旅行预订等。

（5）技术标准。定义了用户接口、传输协议、信息发布标准、网络安全协议等技术细节，是信息发布、传递的基础，是网络上信息一致性的保证。由于电子商务的全球性，非国际化的技术标准将会带来严重的问题，所以许多企业和国际组织已经意识到技术标准的重要性，正致力于联合制订统一的国际技术标准，如 EDI 标准、SET 协议、TCP/IP 协议、XML 标准、HTTP 等技术标准和协议。

（6）政策与法规。主要指用于规范电子商务交易行为，保障交易安全和消费者权益的政策、法律制度及隐私保护等，旨在规范和促进电子商务活动的健康发展，保护消费者的合法权益，维护市场秩序和社会公共利益。包括数据保护、网络安全、隐私保护等方面的规定。

K-W 模型可以用于评估和设计电子商务系统，并指导企业了解如何在电子商务环境中运营和发展业务。它不仅能帮助企业理解电子商务的整体，还可以指导企业根据自身的情况和目标，制订合适的电子商务战略。

1.5.2 Turban 模型

特伯恩等于 2004 年提出了电子商务的 Turban 模型，如图 1.3 所示，该模型包含三个层面，其核心是电子商务战略：应用战略和评价等内容；铺垫是电子商务概况，由电子商务影响、扩散及区域性发展组成。在三个层面中，技术层面相对较为简单，由移动商务、电子商务安全、电子商务支付、内容管理及网站开发等组成；社会与环境层面涵盖电子政务，网上教育，法律、道德及社会影响等；市场与经济层面包括电子市场、B2C、B2B 和以网上拍卖为代表的 C2C 四类。

1.5.3 电子商务链模型

国内学者李琪等于 2004 年提出了电子商务的分析框架，如图 1.4 所示。模型 X 坐标代表商务链环节，如商品与市场的准备、展示、沟通、谈判、签约、付款、送货、售后服务等；Z 坐标代表商业业态维度，根据行业或企业的不同，可以分为多条链，如

B2B、B2C、C2C 等；Y 坐标代表应用维度，如业务模式、经营模式、组织管理模式、技术模式、资金模式、信用模式等。

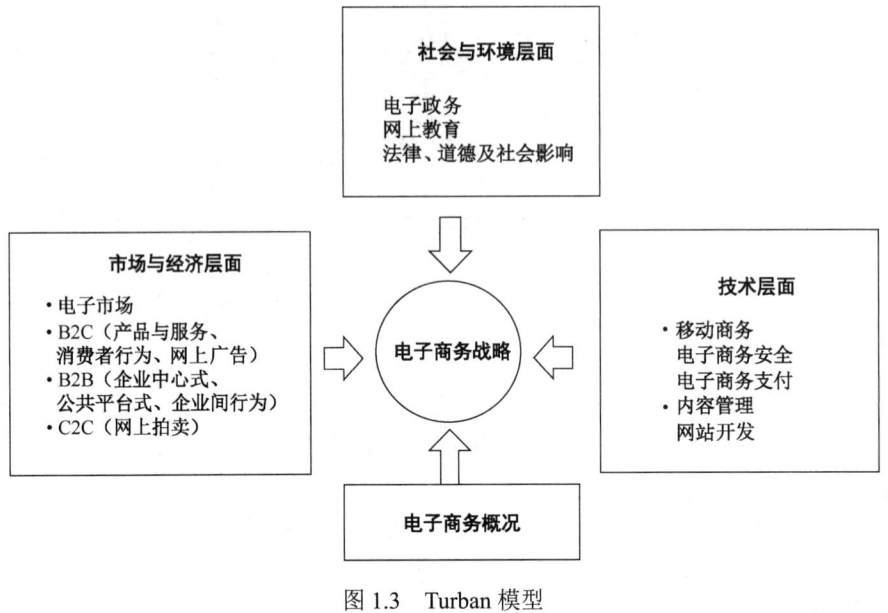

图 1.3 Turban 模型

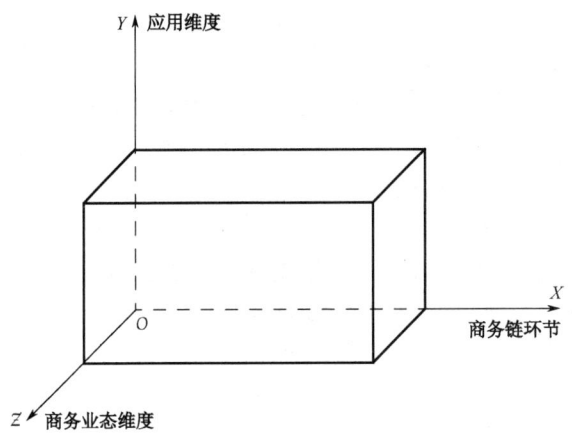

图 1.4 电子商务的分析框架

电子商务链模型是由商务链的一般框架发展而来的，从形式上看，与一般的商务链并没有明显差异。区别在于"电子商务链解释的是电子商务或电子交易的相关活动"。商务链与交易链是将商务和交易活动进行联系与划分，并使其有序化的逻辑链条，它们高度抽象地将商务/交易活动表现为不同的节点，每个节点分别代表一定的经济事务，通过将这些节点有效地串联起来，共同形成一条商务链或交易链。

本章小结

本章主要介绍了电子商务的基本概念、发展历程、主要类型、交易模式及电子商务模型的相关知识。电子商务从萌芽期，经过不断探索与创新，已经发展到稳定期，成为现代社会经济活动中不可缺少的一部分。电子商务的类型多种多样，包括基于 EDI（电子数据交换）的电子商务、基于互联网的电子商务、移动电子商务及线上线下结合的电子商务等。在交易模式方面，电子商务涵盖了传统电子商务交易模式、新型电子商务交易模式、农村电子商务模式等。电子商务模型是电子商务活动的基础，阐述了电子商务活动各要素之间的关系和运作方式。

本章思考题

1. 什么是电子商务？根据你的理解谈一谈。
2. 电子商务有哪几种主要类型？分别简述它们的应用场景。
3. 简述中国电子商务的发展历程。
4. 基于 EDI 的电子商务、基于互联网的传统电子商务、移动电子商务与 O2O 电子商务各自的优势分别是什么？
5. 电子商务系统结构一般涵盖哪几个关键组成部分？电子商务系统的应用架构通常可以分为哪几层？分别简述它们的职能。

第一篇 技术基础篇

第 2 章
电子商务基础技术

学习目标

1. 深入了解互联网的产生和发展历程,理解其重要性。
2. 明晰不同类型的网络及其特点,包括网络分类和网络体系结构。
3. 掌握计算机网络的组成要素,理解其在电子商务系统中的作用。
4. 了解互联网技术的核心概念,如 IP 地址与域名系统、互联网接入方式等。
5. 掌握 Web 开发的相关技术,包括客户端、服务器端和数据库技术的应用。
6. 理解电子商务系统的功能结构,以及如何进行系统的规划、分析、设计和部署管理。

通过本章学习,可全面了解电子商务的基础技术,理解互联网技术与 Web 开发技术等在电子商务领域的应用,掌握电子商务系统规划、分析、设计与部署等。

案例 2-1：海尔内部的电子商务技术应用

海尔是中国企业全面应用电子商务的典型，其网络技术不仅应用于客户服务，也充分应用于企业内部管理及海尔与其合作者之间的合作。海尔在实施电子商务的过程中，首先实现了内部信息化，为电子商务的开展奠定了基础。

随着企业高速发展，海尔的组织机构日益壮大，在海尔园区内员工不断增加的同时，其国内外的分支机构日益庞大，贸易联系也日趋频繁。目前，海尔在全球已有贸易中心 56 个，设计中心 15 个，工业园 7 个（生产 3 种以上产品、占地 600 亩以上的工业园），工厂 46 个，服务网点 11976 个，营销网点 53000 个（其中海外工厂有 10 个，海外营销网点 38000 多个），构成了国际化企业的发展框架。

要及时准确获得并处理分析各种信息，提取出为决策服务的内容，就需要建立一个安全、可靠、高速、及时的基础网络系统。海尔的 Intranet 项目以先进的群件系统 LotusNotes 为应用平台，采用流行的 Client/Server 及 Browser/Server 体系结构，实现了电子邮件应用及内部 Web 服务。

Intranet 构建后，将总裁与职能部门、各事业部之间联系起来。海尔又实施了 OA 项目，目前已完成公文流转、信息检索、分类、会议和日程安排、档案管理、网上培训、日清系统、任务下达与监控等的应用。电子商务技术的应用提高了海尔内部的工作效率。

在工厂里，客户信息的传输更加顺畅，企业根据用户快速的信息反馈，缩短了新产品的设计周期，提高了设计水平，为海尔的个性化定制服务提供了后台保证，为海尔迅速提高市场的占有率，提高其国际地位奠定了基础。现在，只要用户提出定制需求，海尔一周内就可以将产品投入生产，电子商务技术还使海尔在工厂内部基本上实现了"JIT"管理（Justintime，即时管理）。目前，"JIT"管理已使海尔的储备能力提高了 13 倍，取货效率提高了 16 倍，精确率达 100%。

在管理部门，网络技术提高了办公效率，扩大了信息共享的范围，增加了信息收集的渠道，加快了信息的流转，节省了大量的费用。海尔与外界的交流也日益频繁、便捷，国际化企业的形象也越来越深入人心。另外，管理人员的素质和计算机应用水平也得到了提高，增强了其技术竞争力。

案例思考题：

（1）海尔公司为何要建立企业内部网络？网络技术在海尔公司的管理部门扮演了哪种角色？它具体是如何提高办公效率的？

（2）该案例中系统使用了怎样的网络体系结构？

（3）分析该案例中应用了哪些开发技术？

（4）结合本案例，谈谈电子商务应用了哪些基础技术？这些技术是如何增强海尔公司的技术竞争力的？这种提高对企业的长期发展和创新有何意义？

（5）网络技术如何扩大了海尔公司信息共享的范围，增加了信息收集的渠道，并加快了信息的流转？这对企业的决策制定和响应市场变化有何积极影响？

2.1 网络基础知识

电子商务是以互联网为基础的,互联网是人类社会科技进步的产物,它的出现改变了人们的生活方式和社会结构。本章从计算机网络的概念、互联网技术的兴起和发展、Web 开发技术、电子商务系统建设等方面介绍电子商务技术的基础知识。

2.1.1 互联网的产生和发展

1. 互联网技术的起源

互联网技术的起源可追溯到 20 世纪 60 年代,当时由美国国防部高级研究计划署(ARPA)发起的 ARPANET 项目,被认为是互联网的雏形。ARPANET 最初是为了实现计算机间的远程通信,以便在发生核战争时保持通信畅通。随着技术的不断发展,ARPANET 逐渐演化为今天的互联网。

2. 互联网服务的出现和发展

随着互联网技术的不断进步,各种互联网服务应运而生。最早的互联网服务之一是电子邮件,随后出现了远程登录、文件传输、网络新闻组等。到了 20 世纪 90 年代,互联网开始进入商业领域,亚马逊、eBay、谷歌等互联网巨头纷纷涌现。近年来,移动互联网的快速发展又催生了一大批新的互联网服务,如社交网络、共享经济、在线支付等。

2.1.2 网络分类

计算机网络可根据其覆盖范围和通信协议分为不同的类型。

1. 根据覆盖范围

局域网(LAN)。一般用微型计算机或工作站通过高速线路相连,覆盖范围较小,一般是几十米到几千米的区域。局域网在计算机配置的数量上没有太多的限制,少则两台,多则几百台。一般局域网使用广播技术,而广域网使用交换技术。

广域网(WAN)。其覆盖范围通常为几十米到几千千米的区域,因而也称远程网。广域网是 Internet 的核心部分。连接广域网各节点交换机的链路一般都是高速链路,具有较大的通信容量。

城域网(MAN)。城域网的覆盖范围介于局域网和广域网之间,一般来说是将一个城市范围内的计算机互联,这种网络的连接距离为 10~100 千米。城域网大多采用以太网技术,有时也并入局域网的范围进行讨论。

个人区域网(PAN)。是在个人工作的地方将消费电子设备(如平板电脑、智能手机等)用无线技术连接起来的网络,常称无线个人区域网 WPAN,其覆盖范围在 10 米左右。

2. 根据物理连接方式

有线网络:使用物理线缆(如双绞线、同轴电缆、光纤等)作为传输介质的网络。
无线网络:使用无线电波、红外线、微波等作为传输介质的网络。

2.1.3 网络体系结构

国际标准化组织对网络体系结构有一个开放系统互联 OSI（Open System Interconnect）模型，是国际标准化组织（ISO）在 1985 年制订的网络互连模型。这个模型将网络通信分为 7 个层次。

（1）物理层。负责在物理媒体上传输比特流，涉及电气、机械和定时接口的规范，如电缆、集线器和中继器等硬件设备。

（2）数据链路层。负责在相邻节点间建立数据链路，传输以帧为单位的数据，并进行差错控制和流量控制。

（3）网络层。负责在互联网上传输数据包，涉及路由和转发等重要功能。

（4）传输层。提供端到端的传输服务，负责在源端和目的端间建立、管理和终止会话。

（5）会话层。负责建立和维护通信会话，包括会话控制、同步和对话管理等功能。

（6）表示层。用于数据转换和编码，以确保发送方和接收方的数据格式一致。

（7）应用层。为用户提供应用程序使用的网络服务，如电子邮件、文件传输、网页浏览等。

OSI 模型是一种分层的网络体系结构，每层都有其特定的功能和职责，并将数据传递到下一层。这个模型允许不同类型的计算机和操作系统在互联网上实现互通，为网络通信提供了标准化的框架。

2.1.4 计算机网络的组成要素

计算机网络的组成要素主要包括以下几个部分。

（1）通信线路和通信设备。通信线路是连接各计算机系统终端的物理通路，可以是模拟线路，也可以是有线介质。通信设备的选择与线路类型紧密相关，如在模拟线路中，两端需要使用调制解调器（Modem）。

（2）通信处理机。也称通信控制器或前端处理机，是计算机网络中完成通信控制的专用计算机，通常由小型机、微机或带有 CPU 的专用设备充当。

（3）网络软件。包括各种实现资源共享的软件和方便用户使用的工具软件，这些软件大多属于应用层。例如，对于 Windows 操作系统，可以安装相应的网络协议和管理工具，以便实现资源共享和管理网络资源。

（4）操作系统。计算机联入网络后，需要安装相应的操作系统软件，以便实现资源共享和管理网络资源。例如，常见的 Windows 98、Windows 2000、Windows XP 等操作系统都可用于计算机网络管理。

（5）网络协议。这是在网络中进行相互通信时需遵守的规则，只有遵守这些协议才能实现网络通信。例如，TCP/IP 协议是互联网中最常用的通信协议之一。

以上内容仅为计算机网络的基本组成要素，实际上计算机网络还包括许多其他组件和要素，如路由器、交换机、集线器等网络硬件设备，以及防火墙、入侵检测系统和网络安全设备等。这些要素共同协作，才能构建一个完整、稳定、安全的计算机网络系统。

2.2 互联网技术

2.2.1 互联网概述

互联网始于 1969 年美国的阿帕网,其基本要素如下。

(1)网络协议。互联网基于一组通用的协议,如 TCP/IP 协议,这些协议规范了数据如何在网络中传输和路由。

(2)设备和基础设施。互联网包括各种硬件设备和基础设施,如服务器、路由器、交换机、调制解调器等。

(3)软件和应用程序。互联网上的软件和应用程序提供了各种服务,如电子邮件、网页浏览、文件传输、社交媒体等。

(4)全球性互联。互联网将全球各地的计算机和设备连接在一起,实现了信息交换和资源共享。

截至 2022 年年末,中国 3 家基础电信企业的固定互联网宽带接入用户总数达 58965 万。在应用层面,互联网被广泛用于各方面,如网页浏览、电子邮件、文件传输、社交媒体、在线购物、远程工作等。此外,互联网也促进了信息时代的发展,推动了数字经济的增长。

2.2.2 IP 地址与域名系统

IP 地址和域名系统是互联网的基础设施之一,它们在互联网通信中起着关键作用。

IP 地址是互联网协议地址,它是网络中设备的唯一标识,由数字组成,方便网络通信。IP 地址通常由网络号和主机号两部分组成,网络号用来指明网络的位置,而主机号用来定位具体的主机。IP 地址是硬性的标识,可以唯一地指定网络中的设备。

域名系统(Domain Name System,DNS)是将域名和 IP 地址相互映射的系统,使用者可以通过输入域名来访问网站,而不必记住那些复杂的数字。域名一般由多个部分组成,从右至左依次表示不同的级别,例如,".com"表示顶级域名,"baidu.com"则表示二级域名,"百度一下,你就知道"则表示三级域名。域名的注册需要通过 ICANN(互联网名称与数字地址分配机构)进行,一般需要付费。

总之,IP 地址和域名系统共同构成了互联网的基础设施,IP 地址是网络中设备的唯一标识,而域名系统使用户可通过域名来方便地访问网站。

2.2.3 互联网接入方式

互联网接入方式主要分为以下几种。

(1)电话线拨号接入(PSTN)。家庭用户接入互联网普遍采用窄带接入方式,通过电话线,利用当地运营商提供的接入号码,拨号接入互联网,速率不超过 56kbps,主要适用于临时性接入或无其他宽带接入场所的使用。

(2)ISDN。俗称"一线通",采用数字传输和数字交换技术,将电话、传真、数据、图像等多种业务综合在一个统一的数字网络中进行传输和处理。用户利用一条 ISDN 用户线路，可以在上网的同时拨打电话、收发传真，就像有两条电话线一样。

（3）ADSL 接入。其是运用最广泛的铜线接入方式，为一定区域提供高速互联接入。

（4）HFC（CABLEMODEM）。一种基于有线电视网络通信资源的接入方式，具有专线上网的连接特点，允许用户通过有线电视网实现高速接入互联网。

（5）光纤宽带接入。通过光纤接入小区节点或楼道，再由网线连接到各共享点上，提供一定区域的高速互联接入。

以上接入方式可以根据个人或企业的需求进行选择。

2.3 Web 开发技术

2.3.1 客户端技术

客户端技术是指使用终端设备（如计算机、手机等）与服务器进行交互的技术。

根据操作系统平台的不同，客户端技术分为以下几类。

（1）Web 浏览器。Web 浏览器是用于访问和浏览网页的客户端技术。它使用 HTTP 协议与 Web 服务器进行通信，并使用 HTML、CSS 和 JavaScript 等技术显示网页内容。

（2）移动应用。移动应用（如 iOS 和 Android 应用）是运行在智能手机和平板电脑等移动设备上的客户端技术。移动应用通常使用特定的开发语言（如 Java、Kotlin、Objective-C、Swift 等）编写，并使用设备特定的操作系统 API 与设备进行交互。

（3）桌面应用。桌面应用是指在计算机桌面或笔记本电脑上运行的应用程序。它们通常使用特定的开发语言（如 C++、Java、Python 等）编写，并使用操作系统 API 与计算机硬件和软件进行交互。

（4）游戏机应用。游戏机应用是指在特定游戏机（如 Nintendo Switch、PlayStation 等）上运行的游戏程序。它们通常利用专用的开发工具和 API 编写，并针对特定的游戏机和控制器进行优化。

（5）嵌入式系统。嵌入式系统是指被嵌入各种设备中使用的计算机系统。它们通常使用特定的开发语言和工具编写，并针对特定的硬件和软件环境进行优化。

以上仅是一些常见的客户端技术，实际上还有许多其他客户端技术，如智能家居设备、车载娱乐系统等。

2.3.2 服务器端技术

服务器端技术是指用于处理和响应客户端请求，并提供网络服务的技术。

（1）CGI（Common Gateway Interface）。最早用来创建动态网页的一种技术，可使浏览器与服务器间产生互动。它允许使用不同的语言来编写适合的 CGI 程序，然后在 Web 服务器上运行。

（2）ASP.NET。是一种建立动态 Web 应用程序的技术，是.NET 框架的一部分，可以使用任何.NET 兼容的语言来编写 ASP.NET 应用程序。

（3）JSP（Java Server Page）：以 Java 为基础开发的技术，沿用了 Java 强大的 API 功能。

（4）PHP：开源脚本语言，特别适用于 Web 开发，可以直接嵌入 HTML，用于服务器端编程。

（5）Node.js：是一个 JavaScript 运行环境，用于服务器端和桌面应用程序的开发。

（6）Python：是一种广泛使用的服务器端编程语言，特别适合于 Web 开发。

（7）JavaEE（Java Enterprise Edition）：是一种基于 Java 的，用于企业级应用程序开发的服务器端技术。

以上是一些常见的服务器端技术，实际还有许多其他服务器端技术，如 Erlang、Go 等。

2.3.3 数据库技术应用

在信息化时代，数据库技术作为信息系统的核心，扮演着重要的角色。数据库技术应用包括数据库管理、数据模型与设计、数据库查询与操作、数据库安全、商务智能与数据分析、电子商务平台建设、业务逻辑与数据流程、营销策略与数据库应用、供应链管理与优化、客户服务与数据库、企业资源计划与数据库、决策支持系统与数据库等方面。

（1）数据库管理。数据库管理是数据库技术的关键部分，包括数据库的选择、数据备份、恢复模式等。在商务应用中，选择适配的数据库类型需要考虑数据量、数据类型、数据处理需求等因素。同时，为保证数据的安全性和完整性，需要制订严密的备份和恢复计划。

（2）数据模型与设计。数据模型是数据库的框架，它描述了数据的组织方式和关系。数据模型的主要类型包括关系模型和非关系模型。关系模型采用表格形式组织数据，具有高度的结构化和规范化；而非关系模型更加灵活，不用遵循固定的结构。在数据模型设计时，需要综合考虑数据的关系、复杂性和可扩展性等因素。

（3）数据库查询与操作。数据库查询和操作是日常数据处理的重要环节，包括查询语句、条件查询、排序查询、分组查询等。查询语句是 SQL 语言的核心，通过 SELECT 语句可以实现对数据的检索；条件查询用于筛选符合特定条件的数据；排序查询根据指定的字段对数据进行排序；分组查询将数据按照一定的规则分组，以便进行汇总和分析。

（4）数据库安全。数据库安全是商务应用中必须考虑的问题，包括用户权限管理、数据加密、防火墙技术等。用户权限管理可限制用户对数据的访问权限，以确保数据的安全；数据加密则将数据转换为难以直接读取的格式，以防止数据泄露；防火墙技术可以阻止未经授权的访问和攻击。

（5）商务智能与数据分析。商务智能和数据分析是利用数据驱动决策的关键手段。商务智能涵盖了数据采集、数据加工、数据分析等多个环节，通过对数据的深入挖掘和分析，为企业的战略决策和运营管理提供有力支持。数据分析则利用统计学和机器学习等技术对大量数据进行分析，以发现数据背后的规律和趋势，为企业提供有针对性的改进建议。

（6）电子商务平台建设。电子商务平台建设涉及网站建设、支付模式、配送模式等多个方面。网站建设需要考虑用户界面设计、购物流程优化等因素，以提升消费者的购物体验；支付模式包括支付宝支付、微信支付等，需根据用户需求和平台特点进行选择；配送模式则需考虑成本、速度和消费者满意度等因素，以实现高效的物流管理。

（7）业务逻辑与数据流程。业务逻辑和数据流程是电子商务平台的内核，它们规定了如何处理商务活动中的各种事件和数据流。业务逻辑描述了商务活动的规则和逻辑顺序，如购物车的使用规则、订单的处理流程等。数据流程描述了数据的流动和处理过程，包括数据的收集、存储、处理和输出等。

（8）营销策略与数据库应用。营销策略是企业吸引消费者和提高销售额的重要手段。营销策略的制订需要结合数据库技术的应用，如市场定位、客户管理、广告投放等。市场定位需要分析客户群体和消费习惯，以锁定目标市场；客户管理需要建立客户信息数据库，对客户进行细分和服务；广告投放则需要根据目标客户和广告类型选择合适的媒体和渠道。

（9）供应链管理与优化。供应链管理与优化是提高企业运营效率和降低成本的关键。供应链管理包括采购管理、库存控制、物流配送等方面。采购管理需建立供应商数据库，对供应商进行评估和管理；库存控制需准确预测市场需求，以保持合理的库存水平；物流配送则需选择合适的物流公司和配送模式，以确保货物及时送达。通过供应链管理与优化，可以实现整体运营效率的提升。

（10）客户服务与数据库。客户服务是提高客户满意度和忠诚度的关键因素。客户服务与数据库的结合主要体现在客户管理、数据分析、优化服务流程等方面。客户管理需建立客户信息数据库，对客户需求进行深入挖掘和分析；数据分析则需要利用大数据技术对客户行为和反馈进行分析，以提供更好的服务；优化服务流程则需要根据客户需求和服务反馈，不断优化服务流程和提升服务质量。

（11）企业资源计划与数据库。企业资源计划（ERP）是一种集成的业务管理软件，它可以帮助企业实现资源的优化配置和提高生产效率。ERP 系统通常包括采购、销售、库存、财务等模块，这些模块间的高度集成需要数据库技术的支持。同时，CRM 系统和 DRP 系统等也需与 ERP 系统进行集成，以实现全面的企业资源计划和优化管理。

（12）决策支持系统与数据库。决策支持系统（DSS）是一种为管理层提供决策支持的工具。它通过利用数据库和数据挖掘技术来深入挖掘和分析海量数据中有价值的信息，从而辅助管理层做出更加明智和基于数据的决策。数据库作为数据存储和管理的核心组件，为决策支持系统提供了丰富而可靠的数据支持；而决策支持系统通过数据挖掘、交互式查询、模型与模拟及智能推荐等技术手段，深入挖掘和分析这些数据中有价值的信息，为管理层提供科学、准确的决策支持。

2.4 电子商务系统建设

2.4.1 电子商务系统功能结构

电子商务系统的结构可以根据其功能和组成部分进行描述。电子商务系统主要包括前端和后端两部分。前端系统一般包括用户注册、用户登录、商品浏览、商品详情页、购物车、个人中心等，主要为方便消费者进行商品选购和交易操作。后端系统主要是用于电子商务系统的日常运营管理，保障系统的稳定性和安全性，以确保电子商务交易的顺利进行。电子商务系统一般包含以下功能。

(1)用户界面（User Interface）。用户界面是用户与电子商务系统进行交互的界面，它可以是网站、移动应用程序或其他形式。用户界面应该设计友好、易于导航和操作，以提供良好的消费者体验。

(2)数据管理（Data Management）。数据管理是电子商务系统中用于存储、管理和处理数据的部分。它包括数据库和相关的数据管理系统，用于存储商品信息、订单数据、用户信息等。数据管理还涉及数据的备份、恢复和安全性保护等方面。

(3)业务逻辑（Business Logic）。业务逻辑是电子商务系统中用于处理业务流程和逻辑的部分。它包括订单处理、支付处理、库存管理、物流管理等功能的实现。业务逻辑还包括各种规则和算法，用于计算价格、推荐商品等。

(4)订单处理（Order Processing）。订单处理是电子商务系统中用于处理顾客订单的部分。它涉及订单的接收、验证、处理和跟踪等环节。订单处理还包括库存管理、支付处理、发货和退换货等相关流程。

(5)支付和安全（Payment and Security）。支付和安全是电子商务系统中非常重要的部分。它涉及支付方式的选择和集成，以及支付过程中的安全保护措施，如加密技术、身份认证和欺诈检测等。

(6)后台管理（Back-end Management）。后台管理是电子商务系统中用于管理和监控系统运行的部分。它包括对商品信息、订单数据、用户信息等进行管理和维护。后台管理还包括报表生成、数据分析和系统配置等功能。

(7)第三方集成（Third-party Integration）。电子商务系统通常需与其他系统集成，以实现更多的功能和服务。可能涉及与物流服务提供商、支付网关、市场营销工具、社交媒体平台等方面的集成。

2.4.2 电子商务系统规划

随着互联网技术的不断发展，电子商务已成为一种重要的商业模式。为满足市场需求，提升竞争力，需规划一个全面的电子商务系统。

(1)目标与战略。首先，需要明确电子商务系统的目标。这些目标应围绕用户需求，以提高用户体验、增加销售额、降低运营成本为目的。在设定目标后，需要制订相应的战略方案，包括用户定位、商业模式、竞争分析及阶段实施计划。例如，可通过分析用户行为数据来定位目标用户，根据市场需求选择合适的商业模式，并根据竞争对手的情况制订相应的竞争策略。

(2)市场调研。在明确目标与战略后，需对电子商务市场进行深入调研和分析。这包括明晰市场容量、竞争格局、品牌定位及用户需求等。通过收集和分析这些数据，可以更好地了解市场现状，为后续的规划和开发提供重要依据。

(3)系统架构。在确定市场调研结果后，需考虑电子商务系统的技术架构和平台选型，这包括安全性、扩展性、稳定性等各项技术指标。可选择基于云计算的平台，利用分布式架构来提高系统的可扩展性和稳定性，同时采用先进的安全措施来保护用户数据。

(4)功能模块。在明确系统架构后，需规划电子商务系统的功能模块。这包括用户交互、系统流程、数据交互等模块。例如，可以设计一个用户界面模块，用于实现用户注册、登录、浏览商品等交互操作；同时，也可以设计一个系统流程模块，用于实现订单处理、支付等业务流程；此外，还可以设计一个数据交互模块，用于实现数据查询、存储等操作。

（5）开发与实施。在规划好电子商务系统的功能模块后，需着手进行开发和实施。这包括技术难点解决、解决方案制订、开发计划制订和人员分工等。可选择使用敏捷开发方法，以提升开发效率和响应速度；同时，也可采用一些先进的技术框架和工具，以简化开发过程和提高代码质量。

（6）界面设计。在电子商务系统的开发与实施过程中，界面设计也是非常重要的一环。需根据目标用户的需求和偏好，设计出美观、易用、符合用户体验的界面。包括页面风格、色彩搭配、交互操作、视频演示等方面。例如，可以采用简洁明了的页面风格，使用让用户舒适的色彩搭配，优化交互操作流程，添加生动的视频演示等。

（7）数据库设计。电子商务系统需处理大量的数据，因此数据库设计也是一项关键任务。需详细规划数据库的结构、流程和安全策略。例如，可以根据业务需求设计数据表结构，优化查询语句以提高数据访问效率，使用索引来加速数据查询速度，同时采取必要的安全措施保护用户数据。

（8）系统测试。在完成电子商务系统的开发和界面设计后，需进行系统测试。这包括功能测试、性能测试、安全测试和兼容性测试等。需制订详细的测试计划和测试用例，以确保每个功能模块都能正常工作并满足性能要求。此外，还需测试系统的安全性和稳定性，以确保电子商务系统的正常运行和用户体验。

（9）上线与推广。当电子商务系统通过测试后，就能进行上线和推广了。需选择合适的时间节点上线，如节假日或促销季等。同时，也需要制订有效的推广策略，如社交媒体广告、搜索引擎优化、电子邮件营销等。通过这些推广渠道，可吸引更多的潜在用户访问网站，以提高销售额和市场份额。

（10）运营与维护。上线并推广后，需对电子商务系统进行持续运营和维护。这包括监控系统运行状态、优化性能、修复漏洞、更新软件等任务。还需对用户反馈和市场需求保持敏感，及时调整业务策略和优化用户体验。此外，也需合理配置人力资源和预算，以确保电子商务系统的持续发展和竞争优势。

总之，电子商务系统规划是一个精细且具有决定性的过程。需要从目标与战略、市场调研、系统架构、功能模块等进行全盘考虑。

2.4.3 电子商务系统分析

随着互联网技术的快速发展，电子商务已成为一种重要的商业模式。为满足市场需求和提高企业竞争力，这里将探讨电子商务系统的各方面。

（1）系统需求分析。在系统需求分析阶段，需明确电子商务系统的需求，包括用户需求、功能需求和技术需求等。具体来说，需了解用户群体特征、市场趋势和竞争对手情况，以便为后续的规划和开发提供重要依据。

（2）用户需求分析。在用户需求分析阶段，需深入了解目标用户的需求，包括用户群体、需求特征、支付习惯等。这有助于设计出更符合用户需求的电子商务系统，提高用户体验和忠诚度。

（3）系统开发计划。在系统开发计划阶段，需要制订电子商务系统的开发计划，包括时间计划、人员配置方案等。时间计划需明确各阶段的任务和时间节点；人员配置方案则需根据具体任务和技能要求来分配相应的开发人员和测试人员。

（4）确定技术方案。根据系统架构、功能模块和业务流程，选择合适的技术方案，包括使用的编程语言、框架、工具、库等，并考虑系统的可扩展性、可用性、安全性等因素。

（5）系统测试计划。在系统测试计划阶段，需制订电子商务系统的测试计划，包括测试方案、测试流程、测试结果等。测试方案需明确测试的目标、内容和方法；测试流程需明确测试的步骤和时间节点；测试结果则需记录测试过程中的问题和解决方案。

总之，电子商务系统分析是一个繁复且至关重要的过程。需要全面了解市场需求、用户需求和技术要求等，制订合理的开发计划和测试计划，以确保电子商务系统的成功实现和市场竞争力。

2.4.4 电子商务系统设计

电子商务系统设计主要是根据业务需求及电子商务的业务流程进行系统架构设计、产品功能设计、数据库设计和用户界面设计。

1. 系统架构设计

在系统架构设计阶段，需对电子商务系统的架构进行全面的考虑和设计，包括前后端设计、数据存储方案设计等。前端设计需考虑用户界面的布局和交互效果；后端设计则需考虑系统的稳定性、可扩展性和安全性等因素；数据存储方案设计则需考虑数据的存储效率和处理速度等因素。

2. 产品功能设计

在产品功能设计阶段，需根据用户需求分析的结果，针对前端界面设计、系统后端设计和数据库设计等方面进行具体的产品功能设计。例如，可以设计一个用户友好的界面，提供丰富的商品信息和购物车功能；可以设计订单处理、订单取消等功能，以及支付及开发票等功能，以提升用户的购物体验；同时，也可以设计一个高效的系统后端，实现快速响应和订单处理等功能。

3. 数据库设计

在数据库设计阶段，需针对电子商务系统的数据库进行详细的设计，包括数据表设计、数据流程设计等。数据表设计需考虑各种商品信息、用户信息和订单信息等的数据结构；数据流程设计则需考虑数据的读取、存储和更新等操作的处理流程。

4. 用户界面设计

根据用户体验和业务需求，设计电子商务系统的用户界面，包括网页布局、色彩搭配、交互效果等，以提高用户体验和用户满意度。

在电子商务系统设计过程中，需遵循一些原则，如技术先进性、安全性、经济性、方便性等；还需考虑系统的可扩充性、可维护性等。在推行电子商务系统时还需要制订相应的规范和标准，以确保系统的质量和效率。

2.4.5 电子商务系统部署与管理

随着互联网技术的不断发展和应用，电子商务已成为一种重要的商业模式。为了满足市场需求和提高企业竞争力，这里将探讨电子商务系统部署与管理的各方面。

（1）环境配置。在环境配置阶段，需要完成对系统硬件和软件的配置，包括服务器、存储、网络等硬件设备，以及操作系统、数据库等软件。需选择合适的硬件设备，以保证系统的稳定性和性能；同时，还需选择合适的软件平台和工具，以便于系统的开发和维护。

（2）系统实施。在系统开发阶段，需要完成系统的详细设计、编码、测试等工作，并确保系统符合各项功能要求，且性能稳定。具体来说，需根据系统规划阶段确定的功能需求，进行系统设计、编码和测试，并确保系统的可维护性和可扩展性。

（3）测试与优化。在测试与优化阶段，需对系统进行测试，发现并解决系统中的各项缺陷和待优化点，以确保系统的稳定性和可用性。具体来说，需要进行功能测试、性能测试、安全测试等，并及时修复测试中发现的漏洞。

（4）数据迁移。在数据迁移阶段，需完成系统数据的迁移，包括导入和导出数据，并确保数据迁移的安全性和有效性。具体来说，需制订合适的数据迁移计划，选择合适的数据迁移工具和方法，以保证数据迁移的准确性和完整性。

（5）用户培训。在用户培训阶段，需为用户提供系统的使用指导和培训，以确保用户能够熟练使用系统，并提升用户对系统的满意度。具体来说，需要编写详细的用户手册和培训教程，为用户提供系统的操作指南和问题解决方案，还需及时收集用户的反馈意见并进行改进。

（6）系统维护。在系统维护阶段，需定期对系统进行维护和升级，解决系统中出现的问题，并提高系统的稳定性和可用性。具体来说，需定期检查系统的运行状态，及时发现并解决问题；同时，还需定期进行系统升级，添加新的功能和改进现有功能，以提高系统的性能和用户体验。

（7）系统升级。在系统升级阶段，需定期对系统进行升级，添加新的功能和改进现有功能，并确保系统不会存在安全漏洞和性能问题。具体来说，需定期评估系统的性能和市场需求，确定升级方案，并进行升级。在升级过程中，需要注意保持系统的可扩展性和稳定性，以确保升级不会对现有的数据和业务造成影响。

总之，电子商务系统部署与管理是整个电子商务业务的重要环节。通过科学合理地规划、配置、开发、测试、迁移、培训、维护和升级，可以确保电子商务系统的稳定性和可用性，以提高企业的竞争力和业务效率。

本章小结

本章主要介绍了网络基础知识、互联网技术、Web 开发技术及电子商务系统建设。网络分类、网络体系结构与计算机网络的组成要素等构成了电子商务技术的基础，为电子商务的发展提供了基础支持。互联网技术是指在计算机技术基础上开发建立的一种信息技术。Web 开发技术主要包含客户端技术、服务器端技术及数据库技术。互联网技术与 Web 开发技术均在电子商务领域中得到广泛应用。电子商务作为一种重要的商业模式，应当满足市场需求。通过对电子商务系统进行科学合理的规划、分析、设计、部署与管理，以确保电子商务系统的稳定性和可用性，有助于提升企业的业务效率。

本章思考题

1. 简述计算机网络的定义和功能。
2. 计算机网络有哪些分类？
3. 常用的 Internet 接入方式有哪些？
4. 简述 TCP/IP 协议的分层模型，并说明各层次的功能。
5. 什么是 IP 地址？它有什么作用？是如何分类的。
6. Internet 基本服务有哪些？
7. 域名注册的原则是什么？
8. 查看本人使用的计算机的 IP 地址，并将 IP 地址设置成自动获得。
9. 如果一个网上图书商城要设计一个数据库进行数据管理，请整理相关数据，写出相关数据及其相互之间的关系。

第 3 章
电子商务安全

学习目标

1. 深入理解电子商务安全的重要性,以及电子商务安全的需求和内容。
2. 掌握电子商务安全体系的基本构成和功能。
3. 了解常见的电子商务安全威胁,如网络钓鱼、数据泄露、交易欺诈和病毒攻击等。
4. 熟悉并掌握电子商务安全技术,如密码强度、身份认证、加密技术和防火墙等。
5. 了解如何在实际的电子商务环境中应用这些安全技术来提高系统的安全性。

  通过本章学习,可以全面了解电子商务安全的基本概念、需求、内容和体系,掌握相关的安全技术,并熟悉常见的安全威胁,以更好地应对电子商务安全问题,保障电子商务交易的安全和可靠。

案例3-1：社交电子商务平台"云集"的信息保卫战

2019年，云集正式登陆纳斯达克，发行价为11美元，募集资金超过1.2亿美元，成为"中国会员电子商务第一股"。

云集的定位是一家由社交驱动的精品会员电子商务平台，为会员提供美妆个护、手机数码、母婴玩具、水果生鲜等全品类精选商品。

用户仅需交300多元，就可在平台上开店成为店主。货源由平台提供，不用花钱囤货，不用负责发货。只要在微信朋友圈、微信群里做宣传，就能拿到分成。

以这种低门槛、轻投入、低风险的模式，云集迅速吸引了大批用户，很多早期做微商的人纷纷转投云集，这让云集在短时间内积累了大量的数据资源，也让信息保护问题走到了台前。

随着网络技术的迅速发展，计算机网络资源共享进一步增强，大量信息的流动给不法分子提供了便利条件，互联网的开放性特征让他们很容易就能访问或修改在网络中流动的敏感信息，进行窥视、窃取、篡改数据。

互联网金融平台、电子商务、手游内部支付及在线教育都是存在信息安全风险的重灾区，信息安全服务日益成为企业不可缺少的要素。电子商务平台作为用户信息的大量持有者，信息泄露的危害程度极大。

1. 云集的网络安全困扰

根据Akamai统计，在电子商务行业所产生的流量中，来自真实用户及来自"爬虫"的流量几乎处于对半分的状态。也就是说，电子商务IT系统所处理的流量，约有50%来自各类"爬虫"程序。

"爬虫"是一种自动运行、在互联网上检索各类信息的程序。例如，每个人可能都会使用的搜索引擎，就是事先由搜索引擎的"爬虫"程序爬取全网的网页，了解不同网页包含了哪些信息，随后才能提供搜索结果。

"爬虫"用在自家平台上当然是好的，但也会有竞争对手"爬取"商品价格、库存等信息，或恶意开展撞库攻击。

这些网络爬虫不仅会影响商品促销，还会导致用户数据泄露等更严重的后果。换句话说，恶意"爬虫"流量在影响Web系统性能的同时，也进一步增加了基础设施和运维等各方面的成本。

云集在不断扩张与发展的过程中，也面临这些痛点。针对电子商务行业的爬虫往往有变化多端、反复性强的特点，云集希望安全产品能灵活地与"爬虫"对抗，还需要多维度进行网络安全防护，避免攻击乘虚而入。

2. 腾讯云安全解决方案

面对云集的困扰，腾讯云安全提供了T-Sec Web应用防火墙方案：基于AI的一站式Web业务运营风险防护，帮助应对Web攻击、入侵、漏洞利用、挂马、篡改、后门、爬虫、域名劫持等网站及Web业务安全防护问题。

企业只需通过部署腾讯云网站管家服务，将Web攻击威胁压力转移到腾讯云网站管家防护集群节点，分等级获取腾讯Web业务防护能力，为组织网站及Web业务安全运营保驾护航。

云集电子商务平台的商品信息、交易信息、会员信息等重要信息的价值很高，往往是黑灰产业的重点目标。腾讯云 WAF 的 BOT 管理模块，基于 AI 分析引擎，通过流量画像匹配用户爬虫，从而建立模型和行为标签，为云集提供爬虫和 IP 情报，快速识别"爬虫"行为，从而进行相关的干预。

此外，腾讯云 WAF 构建了纵深防御的体系，由外到内从多个维度进行防护，避免木桶效应造成的防御短板，采取监控、识别、处理、优化的链路防护思路，以保证信息的安全。

（1）CC 攻击防护。多维度自定义精准访问控制、配合人机识别和频率控制等对抗手段，高效过滤垃圾访问及缓解 CC 攻击问题。

（2）0day 漏洞虚拟补丁。腾讯安全团队 7×24 小时监测，主动发现并响应，24 小时内下发高危 Web 漏洞、0day 漏洞防护虚拟补丁，受保护用户无须任何操作即可获取紧急漏洞、0day 漏洞攻击防护能力，可以有效缩短漏洞响应周期。

（3）30 线 BGP IP 接入防护。支持防护节点 30 线独享 BGP IP 链路接入，节点智能调度，能有效解决访问延迟问题，保障 1 线至 18 线城市用户的站点访问速度，实现对网站访问速度影响无感知的安全防护部署。

（4）业务风险防护。提供业务风控方案，控制 IP 访问，避免网页篡改带来的负面影响，防止敏感数据泄露，避免 DNS 恶意劫持带来的数据窃取及金融损失等问题。

（5）AI+Web 应用防火墙。基于 AI+规则的 Web 攻击识别，防绕过、低漏报、低误报、精准有效防御常见 Web 攻击，如 SQL 注入、非授权访问、XSS 跨站脚本、CSRF 跨站请求伪造、Webshell 木马上传等 OWASP 定义的 Web 安全威胁攻击。

（6）多种接入模式。支持传统通过 DNS 配置模式接入，更联合腾讯负载均衡推出全新接入模式，通过旁路部署和攻击清洗实现高效转发、高效防护，转发和安全分离，保障业务稳定安全。

案例思考题：

（1）该案例中，云集电子商务平台面临哪些安全威胁？

（2）如何在确保商品价格、库存等敏感信息不被爬取的同时，还能保障用户数据的隐私和安全？有没有可能通过加密技术或匿名化处理来保护这些信息？

（3）如何有效区分合法"爬虫"（如搜索引擎）与恶意"爬虫"或竞争对手的"爬虫"？在不妨碍合法"爬虫"正常工作的情况下，如何实现恶意"爬虫"的识别与拦截？

（4）在解决方案中，采取了哪些安全技术来确保业务的安全？

（5）除技术层面外，还应该采取哪些措施减少安全风险？

3.1 电子商务安全概述

3.1.1 电子商务安全

电子商务是一种基于开放的 Internet 网络环境的商业活动，它利用网络技术来传输和处理商业信息。随着互联网的普及和发展，越来越多的人选择在网上进行交易，因为网络交易具备便捷、快速、低成本等优点。然而，网上交易在带来便利的同时，也伴随着各种安全隐患，如个人信息泄露、交易欺诈、网络攻击等。此时，要能够意识到电子商务过程中的安全问题，并在此基础上针对其进行全面防范。

根据中国互联网信息中心（CNNIC）发布的《第51次中国互联网络发展状况统计报告》，截至2022年12月，中国网民规模达10.67亿人，较2021年12月增长3549万人，互联网普及率达75.6%。中国手机网民规模为10.65亿人，较2021年12月新增手机网民3636万人，网民中使用手机上网的比例达99.8%；20~29岁、30~39岁、40~49岁网民占比分别为14.2%、19.6%和16.7%；50岁及以上网民群体占比由2021年12月的26.8%提升至30.8%，互联网进一步向中老年群体渗透。

2021.12—2022.12各类互联网应用用户规模和网民使用率如表3.1所示。从表3.1可以看出，截至2022年12月，网络支付用户规模达9.11亿人，较2021年12月增长781万人，占网民整体的85.4%；网络购物用户规模达8.45亿人，较2021年12月增长319万人，占网民整体的79.2%；网上外卖用户规模达5.21亿人，较2021年12月减少2300万人，占网民整体的48.8%；在线旅行预订用户规模达4.23亿人，较2021年12月增加2561万人，占网民整体的39.6%。可以看出与生活息息相关的事务，网民更愿意进行网上交易。因此，电子商务的安全尤为重要。《第51次中国互联网络发展状况统计报告》显示，截至2022年12月，65.9%的网民表示过去半年在上网过程中未遭遇过网络安全问题，较2021年12月提升3.9%。此外，遭遇个人信息泄露的网民比例最高，为19.6%；遭遇网络诈骗的网民比例为16.4%；遭遇设备中病毒或木马的网民比例为9.0%；遭遇账号或密码被盗的网民比例为5.6%。网民遭遇各类网络安全问题的比例如图3.1所示。

表3.1 2021.12—2022.12 各类互联网应用用户规模和网民使用率

应用	2021.12用户规模（万人）	2021.12网民使用率	2022.12用户规模（万人）	2022.12网民使用率	用户规模增长率
即时通信	100666	97.5%	103807	97.2%	3.1%
网络视频（含短视频）	97471	94.5%	103057	96.5%	5.7%
短视频	93415	90.5%	101185	94.8%	8.3%
网络支付	90363	87.6%	91144	85.4%	0.9%
网络购物	84210	81.6%	84529	79.2%	0.4%
网络新闻	77109	74.7%	78325	73.4%	1.6%
网络音乐	72946	70.7%	68420	64.1%	−6.2%
网络直播	70337	68.2%	75065	70.3%	6.7%
网络游戏	55354	53.6%	52168	48.9%	−5.8%
网络文学	50159	48.6%	49233	46.1%	−1.8%
网上外卖	54416	52.7%	52116	48.8%	−4.2%
线上办公	46884	45.4%	53962	50.6%	15.1%
网约车	45261	43.9%	43708	40.9%	−3.4%
在线旅行预订	39710	38.5%	42272	39.6%	6.5%
互联网医疗	29788	28.9%	36254	34.0%	21.7%
线上健身	—	—	37990	35.6%	—

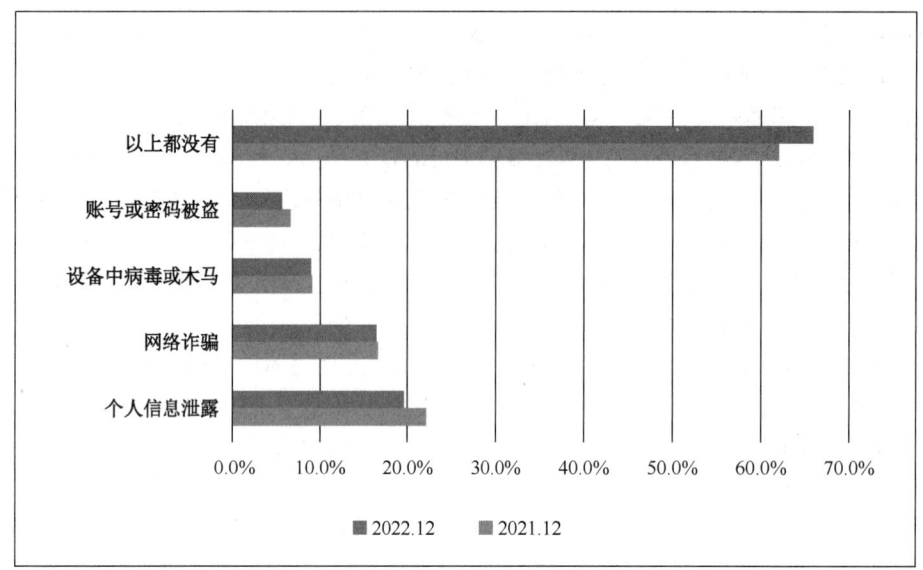

来源：CNNIC中国互联网络发展现状统计调查

图3.1 网民遭遇各类网络安全问题的比例

由图3.1可以看出，个人信息泄露是网络安全问题中占比最大的，因此，用户信息安全是电子商务安全的重中之重。商家应当采取一定的信息保密措施，如对用户的个人信息进行加密存储，并定期进行安全检查，防止未经授权的访问、使用、篡改或破坏。电子商务安全的中心内容是为用户提供稳定的服务，以确保商务数据的完整性。

电子商务安全（Electronic Commerce Security）是指通过采取一定的方法和措施，对电子商务系统进行有效管理和控制，以确保在电子商务交易过程中，信息数据和交易环境得到充分的保护，包括保护用户的个人信息、财务信息、商家的安全管理及商品的安全处理等方面，从而避免出现数据泄露或丢失等风险。

3.1.2 电子商务安全的需求

由于电子商务是在开放的互联网上进行的贸易，大量的商务信息在互联网上存放和传输，从而在信息传输、交易信用、法律等方面存在多种风险。电子商务面临的危险催生了人们对电子商务安全的需求。为真正实现一个安全的电子商务系统，保证交易的安全可靠，要求电子商务能做到信息的保密性、身份认证的真实性、信息的完整性和交易的不可抵赖性，以保证交易数据的有效性，从而保证电子商务交易的顺利进行。

（1）信息的保密性。电子商务作为一种贸易手段，其信息直接代表个人、企业或国家的商业机密。传统的纸面贸易通过邮寄封装的信件或通过稳妥的通信渠道发送商业报文来达到保守机密的目的。电子商务建立在一个较为开放的网络环境中，维护商业机密是电子商务全面推广应用的重要保障。因此，强调信息的保密性就是要预防非法信息的存取和信息在传输过程中被不法分子窃取。信息的保密性一般通过加密技术对传输的信息进行加密处理来实现，常用的加密技术有对称加密和非对称加密。

（2）身份认证的真实性。身份认证是指交易双方可以相互确认彼此的真实身份，在无纸化的电子商务模式下，需要在交易信息的传输过程中为参与交易的个人、企业或国家提供可靠的标识,以确认交易双方的身份。因为在互联网上每个人都是匿名的,因此既要确保发送方在发送数据后不能否认,又要确保接收方在接收数据后也不能否认。

(3) 信息的完整性。电子商务简化了贸易过程,减少了人为的干预,同时带来维护交易各方商业信息的完整性与统一性的问题。数据输入时的意外差错或欺诈行为,可能导致交易各方信息的差异。此外,数据传输过程中信息的丢失、重复或信息传送的次序差异也会导致交易各方信息的不同。交易各方信息的完整性将影响到交易各方的交易和经营策略,维持交易各方信息的完整性是电子商务的应用基础。因此,强调信息的完整性就是要预防对信息的随意生成、修改和删除,同时要防止数据传输过程中信息的丢失、重复,并保证信息传送次序的统一。因此,在信息的传输过程中,应保证交易各方数据的传输、存储及完整性检查的正确与可靠。

(4) 交易的不可抵赖性。电子商务关系到交易各方的商业交易,如何确定要进行交易的各方,是保障电子商务顺利进行的关键。在传统的纸面贸易中,贸易各方通过在交易合同、契约或贸易单据等书面文件上手写签名或印章来鉴别贸易伙伴身份,确定合同、契约、单据的可靠性,并预防抵赖行为的发生。即人们常说的"白纸黑字"。在无纸化的电子商务模式下,通过手写签名和印章已是无法实现的。因此,要在交易信息的传输过程中,为参与交易的个人、企业或国家提供可靠的标识。在电子商务模式下,交易的各方可通过对发送的消息进行数字签名来确保其不可抵赖性。

3.1.3 电子商务安全的内容

在电子商务模式下进行交易时主要利用 IT 技术传输和处理商业信息,因此电子商务安全整体上包含两大部分:计算机网络安全和电子商务交易安全。

计算机网络安全的内容包括:计算机网络设备安全,主要涉及设备的防盗、防毁坏与设备的安全使用等;计算机网络系统安全,主要是计算机网络系统要能安全地运行,防止网络病毒或木马的攻击等;数据库安全,主要是阻止黑客对数据库入侵,非法盗取想要的资料,同时要保证数据独立性、安全性、完整性、并发控制等。其特征是针对计算机网络本身可能存在的安全问题,实施网络安全增强方案,以保证计算机网络自身的安全性为目标。

电子商务交易安全是对电子商务交易中各种数据的可靠性、完整性和可用性进行的保护措施。主要包括数据保密、数据完整性、身份认证、授权、不可抵赖和不可否认、软件资源及网址免受病毒的侵害和黑客的攻击等。在计算机网络安全的基础上,保障电子商务过程顺利进行。

计算机网络安全与电子商务交易安全两者相辅相成,缺一不可。如果没有计算机网络安全作为基础,电子商务交易安全就无从谈起。没有电子商务交易安全保障,即使计算机网络本身是安全的,仍无法达到电子商务所特有的安全要求。

3.1.4 电子商务安全体系

一个全方位的电子商务安全体系包含网络的物理安全、访问控制安全、系统安全、用户安全、信息加密、安全传输和管理安全等。充分利用各种先进的主机安全技术、身份认证技术、访问控制技术、密码技术、防火墙技术、安全审计技术、安全管理技术、系统漏洞检测技术、黑客跟踪技术，在攻击者和受保护的资源间建立多道严密的安全防线，极大地提升了恶意攻击的难度，并增加了审核信息的数量，利用这些审核信息可以跟踪入侵者。

3.2 电子商务安全威胁

电子商务安全威胁是指在电子商务活动中，可能对商家和用户的信息、资金、隐私等方面造成损害的行为或事件。随着互联网的发展和电子商务的普及，这些威胁也日趋严重。常见的电子商务安全威胁主要包括网络钓鱼、数据泄露、交易欺诈、病毒攻击等。

3.2.1 网络钓鱼

网络钓鱼是最常见的一种威胁，攻击者通过伪造电子邮件、网站等方式，诱使用户泄露个人信息或点击恶意链接，从而实施诈骗。

案例 3-2：电子商务网络钓鱼

某电子商务平台是一家知名的在线购物网站，拥有数百万注册用户。该平台提供各类商品的在线购买服务，并且支持多种支付方式。然而，最近该平台遭遇了一起网络钓鱼攻击事件，导致用户的个人信息和支付信息被盗取。

事件经过如下：

（1）黑客通过发送伪装成该电子商务平台的电子邮件，诱使用户点击恶意链接。这些电子邮件声称用户在该平台上的账户存在异常，需要立即验证身份。

（2）当用户点开链接后，他们被重定向到一个与该电子商务平台相似的假冒网站。这个假冒网站要求用户输入他们的用户名、密码和其他敏感信息，以便进行身份认证。

（3）黑客利用社会工程学技巧，通过收集的用户信息登录用户的账户，并获取他们的个人信息和支付信息。这些信息包括姓名、地址、电话号码、信用卡号码等。

（4）黑客利用获取的支付信息，进行非法交易或盗取用户的资金。同时，他们还可能将用户的个人信息出售给其他犯罪分子，用于更多的欺诈活动。

（5）受影响的用户陆续收到银行或支付机构的短信通知，告知他们的账户发生了异常交易。一些用户发现他们的信用卡被盗刷，遭受了经济损失。

（6）该电子商务平台在接到用户投诉后，立即对该事件进行了调查，并封锁了相关的假冒网站。同时，他们向受影响的用户发送了通知，提醒他们更改密码并加强账户安全措施。

案例思考题：

（1）如何识别和防范伪装成合法来源的钓鱼邮件？

（2）电子商务平台应如何加强网站安全性以防止假冒网站的出现？

（3）为什么社会工程学技巧在网络钓鱼攻击中如此重要？其如何影响用户的行为和决策？

(4)当用户信息被窃取后,电子商务平台应采取哪些措施来保护用户免受进一步损害?

(5)如何构建有效的多方合作机制来应对网络钓鱼攻击?

3.2.2 数据泄露

数据泄露是指敏感或重要的数据被未经授权的人或系统访问或使用。这可能是系统的故障、人为错误、恶意攻击等因素导致的。无论是商家的数据库被黑客攻击,还是内部人员的疏忽,都可能导致用户的个人信息泄露。数据泄露可能会导致以下几种后果。

(1)隐私泄露。包含个人敏感信息的 Data Leak 可能会导致个人的隐私被滥用。

(2)商业损失。如果泄露的数据包含公司的商业秘密,则可能导致竞争优势的丧失,甚至可能导致公司破产。

(3)法律责任。根据相关法规,数据泄露可能引发法律责任。

(4)声誉损失。一旦发生数据泄露事件,企业的声誉可能受到严重的损害。

因此,对任何类型的组织来说,保护数据的安全都至关重要。

案例 3-3:电子商务平台数据泄露事件

某知名电子商务平台拥有数百万注册用户,提供各类商品的在线购买服务。为提高用户体验,该平台采用了大数据和人工智能技术,对用户的购物行为、喜好等进行分析,以推荐个性化的商品。然而,在一次安全漏洞扫描中,该平台被发现存在严重的数据泄露风险。该事件的主要经过如下:

(1)安全研究人员发现,该电子商务平台的某个 API 接口存在未经授权的访问,导致敏感用户数据暴露在互联网上。这些数据包括用户的姓名、手机号、邮箱地址、购物记录等。

(2)黑客利用这一漏洞,编写了一个自动化脚本,批量抓取了该平台上数百万用户的个人信息。这些信息被用于诈骗、垃圾邮件发送等非法活动。

(3)受影响的用户陆续收到诈骗电话、短信和电子邮件,要求他们提供银行账户信息、支付密码等敏感信息。部分用户因此遭受了经济损失。

(4)该电子商务平台在接到用户投诉后,立即对 API 接口进行了封锁,并启动应急响应机制。同时,与网络安全公司合作,对事件进行了深入调查。

(5)调查结果显示,该漏洞是开发人员在开发过程中的疏忽导致的。为修复该漏洞,平台方紧急发布了一个安全补丁,并对所有用户进行了通知。

(6)为减少用户的损失,该电子商务平台承诺为受影响的用户提供一定的赔偿。同时,加强内部安全管理,提高员工的网络安全意识。

案例思考题:

(1)如何有效监控和检测 API 接口的未经授权访问?如何设置合理的监控和检测机制,以便及时发现 API 接口的异常行为?

(2)如何评估 API 接口的安全性,以避免类似漏洞的出现?

(3)用户信息泄露后,电子商务平台应采取哪些紧急措施来减少用户损失?

（4）针对自动化脚本抓取用户信息的行为，平台方应采取哪些防御措施？
（5）开发人员应如何避免在开发过程中的疏忽而导致的安全漏洞？

3.2.3 交易欺诈

交易欺诈是指通过欺骗或欺诈的手段，企图谋取他人财物或利益。这种行为通常涉及虚假陈述、隐瞒实情或误导他人。如虚假交易或提供不实服务、恶意刷单等方式均为交易欺诈的表现形式。

以下是一些常见的交易欺诈形式。

（1）信用卡欺诈。攻击者可能会盗用他人的信用卡信息进行非法交易。

（2）身份盗窃。攻击者可能会盗用他人的身份信息，用于申请贷款、信用卡或其他服务。

（3）虚假交易。商家可能会参与虚假交易，以获取非法利益。

（4）钓鱼攻击。攻击者可能会伪装成可信任的实体，诱导用户泄露其敏感信息。

（5）内部欺诈。员工可能会利用职务之便，进行欺诈行为。

（6）二手市场欺诈。在二手市场，卖家可能会出售假货，买家则可能会购买到假货。

交易欺诈是一个严重的社会问题，它不仅对个人造成经济损失，还影响了国家社会信用体系的稳定。为有效预防和打击交易欺诈，需要加强法律法规的制定和执行，提高公众的防范意识，同时借助科技手段提高欺诈识别和防范能力。防范交易欺诈的方法包括提高安全意识、使用安全的支付方式、定期检查账户活动、及时报告可疑活动等。

案例 3-4：理财平台的交易欺诈

案例：李某投资理财被骗案

虚假投资理财平台是一种典型的交易欺诈方式，犯罪分子通过在微博、微信等社交平台发布虚假投资理财广告，吸引受害者关注。受害者在投资后，犯罪分子会以平台维护、提现需要手续费等理由拖延时间，最终关闭平台，导致受害者钱财受损。

李某（女，32岁，某公司职员）在某社交网络平台看到一篇关于投资理财的文章，文章中提到一个名为"财富之星"的投资理财平台。文章称该平台操作简单、收益稳定，且有专业人士指导操作。李某很感兴趣，便根据文章中的提示，扫描二维码下载了相关 App。

李某注册账号后，该平台客服表示需要充值一定的金额以激活账户。李某按照提示，通过微信扫描二维码向该平台支付了 36000 元。

之后，李某在平台上选择了一个为期 30 天的理财项目，并将资金投入。理财期满后，李某准备将资金取出，却发现该平台已无法登录。她联系平台客服，客服称平台临时维护，让李某耐心等待。

当李某再次登录该平台时，却发现平台已经关闭，资金无法取出。她这才意识到被骗，随后报警。

案例思考题：
（1）李某在投资决策前应该如何对"财富之星"这样的投资理财平台进行初步的审查和风险评估？
（2）在使用投资理财 App 时，李某应该如何保护自己的资金安全？
（3）李某在发现平台无法登录后，第一时间采取了哪些措施以使她能够减少损失？
（4）如何通过法律途径追究"财富之星"平台的责任，并为受害者李某追回损失？
（5）如何提高公众的防范意识和识别网络投资诈骗的能力？

3.2.4 病毒攻击

病毒攻击又称恶意软件攻击，是指利用病毒、蠕虫、木马等恶意软件，对计算机或网络系统进行攻击，以达到窃取数据、破坏系统、远程控制等目的。

常见的病毒攻击方式主要有恶意软件、电子邮件钓鱼、操作系统漏洞等。

恶意软件是黑客通常使用的方法，通过制作各种恶意软件，如病毒、木马、蠕虫、间谍软件等。这些软件可以通过电子邮件、即时通信软件、下载链接等途径传播，一旦受害者下载并运行这些软件，黑客就可以远程控制受害者的设备，获取敏感信息或对系统进行破坏。

网络犯罪分子会发送伪装成正常电子邮件的钓鱼邮件，诱骗受害者点击恶意链接或下载恶意附件，一旦受害者打开附件或链接，恶意软件就被植入。

黑客还会利用操作系统的漏洞进行攻击。通常，操作系统厂商会定期发布安全补丁，用户需要及时安装这些补丁，以修复漏洞，避免黑客利用该漏洞进行攻击。

案例 3-5：病毒勒索

2017 年 5 月，WannaCry 勒索软件攻击席卷全球，至少有 150 个国家和地区、30 万名用户、超过 10 万台计算机遭到了勒索病毒攻击、感染，造成损失超过 80 亿美元，影响了金融、能源、医疗等众多行业。

中国部分 Windows 操作系统用户遭受感染，校园网用户最先受到影响，大量实验室数据和毕业设计被锁定加密；部分大型企业的应用系统和数据库文件被加密后无法正常工作，影响巨大。至此，勒索软件攻击正式走入大众视野并引发全球关注。

2022 年，哥斯达黎加财政部的 800 多台服务器受到影响，数字税务服务和海关控制 IT 系统瘫痪，不仅影响了政府服务，还影响了从事进出口的私营部门。此外，另一波与 HIVE 相关的攻击直接影响了该国普通民众，导致该国医疗保健系统被非正常下线。这一系列针对哥斯达黎加政府的攻击，表现了勒索软件攻击可能对政府组织造成的严重破坏性后果。

2023 年 7 月，杭州网警发现各大搜索引擎中出现大量仿 WPS、钉钉等软件的"钓鱼网站"，并携带"水坑攻击"木马，已有 100 万余台计算机被非法控制。侦查发现，该团伙伪造软件官网诱使用户下载，以实现远程控制，通过窃取设备浏览器记录等信息盗取资金或用于诈骗引流。7 月 13 日，杭州公安组织警力赴广东廉江、广西钦州等地抓获 4 名犯罪嫌疑人。

案例思考题：
（1）如何评估一个组织在面对勒索软件攻击时的风险？
（2）勒索软件攻击为何能造成如此庞大的经济损失和影响？
（3）在预防勒索软件攻击方面，企业和政府应该采取哪些有效措施？
（4）针对 WannaCry 勒索软件攻击事件，如何评估全球范围内对网络安全问题的意识和重视程度？
（5）如何加强国际合作以应对日益严重的勒索软件攻击威胁？

3.3 电子商务安全技术

电子商务安全技术是指为确保电子商务交易过程中的信息安全和交易的可靠性而采用的一系列技术和措施，常见的电子商务安全技术包括密码强度、身份认证、加密技术与防火墙等。

3.3.1 密码强度

密码强度，指一个密码对抗猜测或暴力破解的有效程度，直接关系到密码的安全性。密码强度一般包括密码长度、密码的复杂性、不可预测性与更新频率等要素。

密码长度也是密码强度的一个重要指标。通常来说，密码越长，破解难度越大，一般建议使用 8～12 位的密码，更长的密码具有更高的安全性。

密码的复杂性指密码包含的字符类型，如大小写字母、数字、特殊字符等。使用包含多种字符类型的密码，能提高密码的强度。一般建议使用随机生成的密码，或包含大小写字符、数字与特殊字符组成的组合密码，以增强密码的安全性。

不可预测性是指密码的随机性和唯一性。避免使用过于简单的密码，类似于 123456、password 等，也避免使用与个人信息（如生日、名字等）相关联的密码。使用随机生成的密码，或包含大小写字符、数字与特殊字符组成的组合密码，以提高密码的不可预测性。

定期更新密码是一个良好的习惯，建议每 3～6 个月更新一次密码，以降低密码泄露的风险。

评估密码强度时，可使用密码强度检查器。这些工具可以分析密码的长度、复杂性和不可预测性，以帮助用户创建更安全的密码。

3.3.2 身份认证

身份认证是计算机网络和智能卡中的重要步骤，以确保只有授权用户能够访问受保护的资源或系统。常见的认证系统有以下几种。

（1）用户名与密码。这是最常见，也是最简单的身份认证方法之一。用户需提供用户名和密码，系统会验证用户名和密码的匹配度。如果匹配成功，则用户被授权访问受保护的资源或系统。

（2）双因素身份认证。除用户名和密码外，还包括生物识别（如指纹识别、人脸识别、视网膜识别、声音识别等）或数字证书等额外的认证信息。这些认证方法增加了安全性，因为认证过程需要多个因素的匹配，以确保只有授权用户能够访问受保护的资源或系统。

（3）智能卡认证。智能卡是一种内置集成的电路芯片，存有与用户身份相关的数据，由专门的厂商通过专用设备生产。由合法用户随身携带，硬件不可复制，无法被仿制，登录时需将智能卡放置在专用读卡器上读取身份认证信息。

（4）远程访问认证。用户可以通过网络远程访问受保护的资源或系统。为防止未经授权的用户访问，需要使用远程访问认证，也称远程登录认证。这种认证方法需用户发送一个密钥或证书，接收方验证该密钥或证书的合法性，以确保是用户本人。

（5）令牌认证。令牌是一种电子证明，包含一组数字信息。用户需要输入令牌号码和令牌的内容，系统会验证令牌号码和内容的正确性。因为令牌可以在水中或空气中保持完整性，所以这种方法比其他身份认证方法更安全。

（6）移动应用程序身份认证。随着智能手机和平板电脑的普及，移动应用程序身份认证也变得越来越常见。这类认证方法需要用户使用手机或平板电脑应用程序，并提供一些特定的认证信息，如用户名、密码或生物识别。

3.3.3　加密技术

随着互联网的快速发展，计算机信息的保密问题越来越重要。数据保密技术或密码技术是对计算机信息进行保护的最实用和最可靠的方法。加密技术是保证信息安全的关键技术。

1. 加密的基本原理

加密算法（Cryptographic Algorithm）是指一种特殊的算法。它可以被用来将信息加以保护，使其无法被未经授权的人接触到或被破译。其原理是通过一个密钥来将需要被加密的信息转换成一种不可预测的形式，这种形式的信息只有这个密钥的拥有者才能够将其转换回原来的形式。

数据加密的基本过程是对原来为明文的文件或数据按某种算法进行处理，使其成为一段不可读的代码，通常称为"密文"。密文在输入相应的密钥后才能显示出其本来内容，通过这样的途径来达到保护数据不被人非法窃取、阅读的目的。该过程的逆过程为解密，即将该编码信息转化为其原来数据的过程。如图 3.2 所示为数据加密/解密过程。

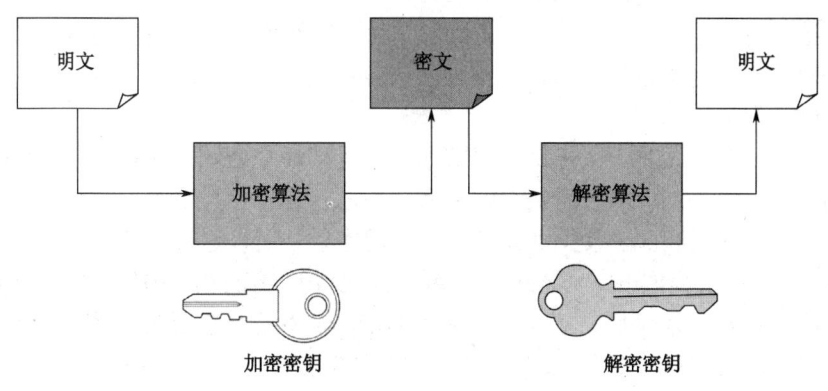

图 3.2　数据加密/解密过程

加密/解密的原理如下：在发送端将数据变换成某种难以理解的形式，并在接收端进行反变换，以恢复数据的原貌。加密/解密的关键是提出加密/解密的算法与加密/解密模块的实现。在加密系统中，算法是公开的，保密的核心在于密钥。密钥就是一串参与加密的字符串，算法在密钥的控制下进行操作，对应不同的密钥，相同的算法和相同的明文可以产生完全不同的密文，从而可以充分发挥已设计的加密算法的作用。

2. 传统的加密算法

传统的加密算法有代换加密（用一个或一组字符代替另外一个或一组字符），如何理解代换加密，可参考以下案例。

代换加密是将明文中的字符替换为其他字符的加密方法。明文 SHANGHAI 在加密后变成 ADFGXDFK，也就是用 A 取代 S，D 取代 H，F 取代 A，G 取代 N，X 取代 G，K 取代 I，而产生的密文。这种字符的映射关系就是对应该算法的密钥，选择不同的密钥会产生不同的密文，这就是传统的代换加密。现在已经无法采用这样简单的方式加密了，因为其很难达到保密的要求。

3. 对称加密和非对称加密

加密算法分为对称加密和非对称加密，其中对称加密算法的加密密钥与解密密钥相同，非对称加密算法的加密密钥与解密密钥不同，还有一类不用密钥的散列算法。

1）对称加密

对称加密也称私有密钥加密，是应用较早的加密算法。只有一个密钥对信息进行加密与解密，发送者与接收者必须知道这个密钥。信息发送者用这个密钥将要发送的信息进行加密，然后将密钥和密文发送给对方。信息接收者用该密钥解密密文，得到明文。对称加密过程如图 3.3 所示。

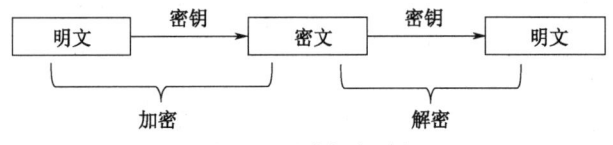

图 3.3　对称加密过程

（1）数据加密过程。在对称加密算法中，数据发送方将明文和加密密钥一起经过特殊加密处理，生成复杂的加密密文进行发送。

（2）数据解密过程。数据接收方收到密文后，需要使用加密使用的密钥及相同算法的逆算法对加密的密文进行解密，才能使其恢复成明文。

2）非对称加密

非对称加密算法也称公开密钥加密算法。它需要两个密钥，信息发送方和信息接收方使用的密钥是不同的。加密密钥与解密密钥不同，并且由其中的一个密钥很难导出另一个密钥。因为加密和解密使用的是两个不同的密钥，所以这种算法称为非对称加密算法。非对称加密的过程如下：发送方收到接收方的公钥，将欲发送的信息用接收方的公钥加密；接收方接收到信息后，用自己的私钥解密。非对称加密过程如图 3.4 所示。

从非对称加密过程可以看出，如果发送方要与接收方进行安全通信，可用对方的公钥去加密，而公钥是不用保密的，所以解决了对称加密中密钥分发困难的问题。接收方只能用自己的私钥解密得到原文，即只有接收方才能解读该信息，从而保证了信息的保密性。

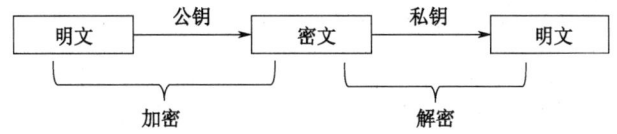

图 3.4 非对称加密过程

现代加密算法将加密密钥与解密密钥区分开来，两个密钥都可用来加密或解密。当用公钥加密时，用私钥去解密；反之，用私钥加密时用公钥去解密。非对称加密的特点对信息的认证具有重要的意义。

非对称加密对当代密码学的发展具有重要影响。当网络用户数量很大时，对称密钥的管理十分烦琐，而公钥密码的密钥管理可大大简化。

非对称加密的优越性就在于其加密密钥可公开，得到了密钥的分发途径；而加密密钥不能用来解密，又保证了信息的保密性。从另一个角度来看，用私钥解密，公钥验证又奠定了数字签名的基础。

3.3.4 防火墙

Internet 的发展给政府机构、企事业单位带来革命性的变革。很多事务都可以直接在网络上办理，提高了办事效率。在获得效率和便利的同时，又要面对 Internet 开放带来的数据安全的新危险和新挑战：网络开放了，访问服务器的不仅是内部的员工、客户、销售商和移动用户等，还可能是无意进入的访客，也可能是恶意入侵的黑客和商业间谍等。如何保障政府或企业内部网络的安全，保护机密数据的访问，建立严格的访问控制策略，是亟待解决的问题。

1. 防火墙的概念

防火墙（Firewall）是网络安全的第一道屏障，保障网络安全的第一个措施往往是安装和应用防火墙。防火墙是位于被保护网络和外部网络间执行访问控制策略的一个或一组系统，包括硬件和软件，以防止对被保护网络产生不可预测的潜在破坏的侵扰。防火墙的位置如图 3.5 所示。防火墙至少应具备 3 个端口，分别为内部网络、外部网络和隔离区。

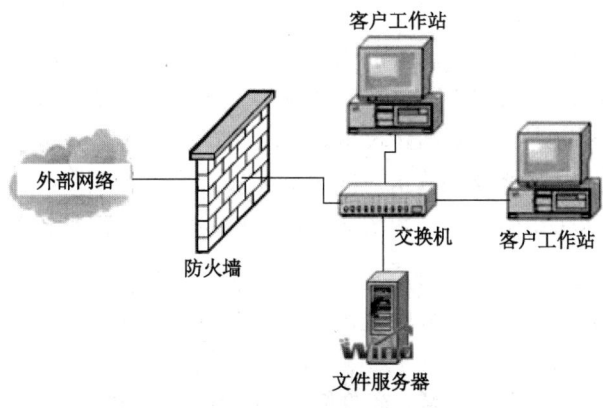

图 3.5 防火墙的位置

防火墙是用在企业内部网络和 Internet 间实施安全策略的系统，它决定内部服务中哪些可被外界访问，外界的哪些人员可以访问内部的哪些服务，同时决定内部人员可以访问哪些外部服务。防火墙被放在两个网络之间，具有以下特性。

（1）所有的从内部到外部或从外部到内部的通信都必须通过防火墙。

（2）只有内部访问策略授权的通信才被允许通过。

（3）系统本身具备高可靠性。

简而言之，防火墙是保护可信网络，防止黑客通过非可信网络入侵的一种设备。

2. 防火墙的功能

随着计算机网络技术的发展，防火墙的功能越来越完善。

（1）保护内部网络。针对应用软件及操作系统的漏洞或"后门"，防火墙采用了与受保护网络的操作系统、应用软件无关的体系结构，使其自身建立在安全操作系统上；同时所有进出内部网络的信息必须通过防火墙，防火墙成为一个检查点，禁止未授权的用户访问受保护的网络，防火墙还可屏蔽受保护网络的信息。

（2）控制协议和服务。针对网络自身的不安全因素，防火墙对相关协议和服务进行控制，使只有授权的协议和服务才能够通过防火墙，从而降低了因某种服务或协议的漏洞而引起事故的可能性。例如，保护网中的 Mail、FTP、WWW 服务器等可被外部网访问，而其他访问则被禁止。

（3）记录通过防火墙的信息内容和活动。防火墙可记录所有通过它的访问，并提供统计数据，具有预警和审计等功能。如果所有的访问都经过防火墙，防火墙就能记录下这些访问，还能提供网络使用情况的统计数据。

（4）对网络攻击进行检测和报警。当出现可疑动作时，防火墙可进行适当的报警，并提供网络是否受到监测和攻击的详细信息。

（5）网络地址转换。在局域网内部使用私有 IP 地址，当内部用户需要与外部网络进行通信时，就在网络出口将私有 IP 地址替换为公用 IP 地址。

但防火墙也并非十全十美，不能认为安装了防火墙就可高枕无忧了，因为防火墙也有其不足之处。

（1）防火墙无法抵御避开其监测的攻击。如果允许从受保护网内部不受限制地向外拨号，一些用户可以形成与 Internet 直接的 SLIP 或 PPP 连接，从而绕过防火墙，造成一个潜在的"后门"攻击渠道。

（2）防火墙不能防止已感染病毒的软件或文件的传输。因为现有的各类病毒、加密和压缩的二进制文件种类太多，不能依赖防火墙逐个扫描每个文件查找病毒。

（3）防火墙不能防止数据驱动式攻击。在表面上看来是无害的数据被邮寄或复制到内部网络主机，一旦执行就发起攻击，防火墙无法防止这类攻击。

（4）防火墙无法防止由于公司泄密者或职员的错误操作而产生的安全威胁。

3. 防火墙的种类

防火墙的分类方法有多种，可以分为软件防火墙和硬件防火墙，也可以分为主机防火墙和网络防火墙。

（1）软件防火墙和硬件防火墙。软件防火墙基于操作系统，能够对访问一个软件的过程进行安全控制。硬件防火墙采用专用的操作系统平台，甚至将操作系统固化在芯片中，从整体上看是一个硬件设备。

(2)主机防火墙和网络防火墙。网络防火墙一般部署在网络边界,主要用于防范外部黑客对内部网络的攻击。主机防火墙部署在用户主机上,主要用于防范恶意代码获取本机上的敏感信息,或对本机实施攻击行为,主机防火墙又可以分为单机式防火墙和分布式防火墙。

网络防火墙主要有分组过滤型、代理服务型与状态检测型三类,在网络性能、安全性和应用透明性等方面各有利弊。

4. 防火墙的应用模式

自第一个最简单的包过滤型防火墙问世以来,在防火墙产品系列中已经出现了应用各种不同技术的不同类型的防火墙。根据网络拓扑结构和安全需求等方面的差异,主要有以下四种应用模式。

1)包过滤型防火墙

包过滤型防火墙是最早的一种防火墙技术,在网络层对数据包进行选择,截获每个通过防火墙的 IP 包,并进行安全检查。如果 IP 包能通过检查,就将该 IP 包正常转发出去,否则就阻止该 IP 包通过。它基于一定的规则对 IP 包进行安全检查,这些规则可以归纳为以下几个方面:协议类型、源地址、目标地址、源端口、目标端口。

其具体的实现原理如下:

(1)通过协议类型控制特定的协议;
(2)通过 IP 地址控制特定的源和目标主机;
(3)通过控制源和目标端口控制特定的网络服务;
(4)通过源/目标控制入网信息和出网信息,即控制信息方向。

更进一步,还可以通过制订 IP 地址和端口的组合规则,要求某些特定服务必须通过某一特定的 IP 地址进行细致的检查。由于包过滤型防火墙逻辑简单、价格便宜、易于安装和使用、网络性能和透明性好,所以通常安装在路由器上。该路由器设置在内部网络与互联网间,根据预先设定的安全规则对进入内部网络的信息流进行安全过滤。包过滤型防火墙结构如图 3.6 所示。

图 3.6 包过滤型防火墙结构

路由器是内部网络与 Internet 连接必不可少的设备,因此在原有网络上增加这样的防火墙基本不产生额外的费用,适合安全性要求较低的小型电子商务系统。但是,包过滤型防火墙也有其不足之处,主要表现在以下 4 个方面。

(1)为完成某一项特定任务,包过滤型防火墙的规则可能比较复杂,且不易验证其正确性。

(2)一般的包过滤型防火墙在审计功能方面显得较弱,因而安全性不足。

(3)由于包过滤型防火墙在较低层次进行工作,防火墙本身所能接触的信息较少,因此无法提供描述细致事件的日志系统。

(4)如果网络结构比较复杂,对管理员而言配置访问控制规则将会非常困难。

2）双穴主机防火墙

这种应用方式采用单一的代理服务型防火墙来实现。防火墙通常由一个运行代理服务软件的主机实现，这种主机称为堡垒主机，具有两个网络接口，因此称为双穴主机。这种应用方式由双穴主机充当内部网络与 Internet 间的网关，并在其上运行代码服务器软件。受保护的内部网络与 Internet 间不能直接建立连接，必须通过堡垒主机才能进行通信，外部用户只能看到堡垒主机，而不能看到内部网络的实际服务器和其他资源。

对大中型企业网络而言，双穴主机防火墙可以通过对应用层协议的控制实现对具体应用的控制和安全管理。堡垒主机的系统软件可用于维护系统日志、硬件复制日志或远程日志，这对于日后的检查具有重要作用。该防火墙主要有以下特点：

（1）可以针对应用层进行检测和扫描；
（2）具有较高的安全性；
（3）代理服务器具有高速缓存，缓存中保存了用户最近访问过的站点内容；
（4）对系统的整体性能有较大影响。

3）屏蔽主机防火墙

这种应用方式采用双重防火墙来实现，一个是包过滤路由器，构成内部网络的第一道安全屏障；另一个是堡垒主机，构成内部网络的第二道安全屏障。堡垒主机是内部网络唯一的系统，允许外部用户与堡垒主机建立连接，并且只能通过与堡垒主机建立连接来访问内部网络提供的服务和内部资源，由于这种应用方式设有两道安全屏障，且由两种不同的防火墙构成，可以优势互补和相互协调，因此，具有较高的安全性，并且较为灵活。缺点是包过滤路由器能否正确配置是安全性能的关键；如果路由器被损害，则堡垒主机被穿过，整个网络对入侵者都是开放的。

4）屏蔽子网防火墙

屏蔽子网体系结构在本质上与屏蔽主机体系结构相同。这种应用方式是在内部网络与 Internet 之间设置一个屏蔽子网，在内部网络与屏蔽子网之间和屏蔽子网与 Internet 间各设置一个屏蔽路由器，因此由两个屏蔽路由器和堡垒主机构成。在这种模式下，内部网络有三道安全屏障：堡垒主机和两个屏蔽路由器。攻击者得先入侵堡垒主机，然后进入内网主机，再返回破坏屏蔽路由器，不易成功，否则攻击者要么进不了内部网络，要么进入内部网络后又会自己将连接切断。因此，屏蔽子网防火墙具有更高的安全性，比较适合大型网络，但成本也较高。

5. 个人防火墙

个人防火墙是防止个人计算机中的信息被外部侵袭的一项技术，它能在个人计算机的系统中监控、阻止任何未经授权允许的数据进入或发出到互联网及其他网络系统。个人防火墙的主要功能为网络数据包处理、安全规则和日志。

目前，个人防火墙产品很多，如 360 木马防火墙、天网防火墙个人版、瑞星个人防火墙等。个人防火墙的优点是成本低、不需要额外的硬件源、可抵挡内部的攻击。缺点是个人防火墙对公共网络只有一个物理接口，本身可能会容易受到威胁。

6. Windows 操作系统的防火墙

Windows 操作系统的防火墙属于个人防火墙，集成在 Windows 各版本的操作系统中，在安装系统时会自动安装，与第三方的个人防火墙相比，由于 Windows 操作系统的防火墙工作在系统底层，所以与 Windows 操作系统的结合较好，效率较高。

Windows 操作系统防火墙的设置只需要依次单击"开始→控制面板"，然后在控制面板经典视图中双击"Windows 防火墙"一项，即可打开 Windows 防火墙控制台，然后按照步骤设置即可。

总之，要保证电子商务安全，不仅需要采用技术，还应建立健全网络安全机制，定期进行安全检查和风险评估，对员工进行安全意识培训，以提高电子商务平台的整体安全水平。

3.4 电子商务安全协议

电子商务安全协议是一系列用于保护电子商务交易过程中的信息安全和交易可靠性的通信规则和安全措施，常见的电子商务安全协议包括 HTTPS 协议、SET 协议、S-Shares 协议。

3.4.1 HTTPS 协议

HTTP（Hypertext Transfer Protocol）是一项在 Web 服务器和客户端之间传输超文本文档的协议。为保护 HTTP 通信的安全和隐私，HTTPS（HTTP Secure）应运而生。HTTPS 是 HTTP 的安全版本，通过加密和身份认证来保护 Web 浏览器和服务器间的通信，它为网站和访问者间的通信提供安全性和完整性。HTTPS 网站可以通过浏览器地址栏前的绿色锁头或 https:// 协议前缀进行识别。

HTTPS 通常使用 SSL/TLS（Secure Sockets Layer/Transport Layer Security）加密、数字证书、加密连接与安全传输数据等技术来提供安全性和隐私性。

SSL/TLS 是用于保护网络通信安全的协议。它在 HTTP 通信过程中使用公钥加密技术对数据进行加密，以确保敏感信息在传输过程中不被窃取或篡改。

SSL/TLS 加密使用数字证书来验证 Web 服务器的身份。数字证书包含服务器的公钥、身份信息（如域名、组织、颁发机构等）及一个称为数字签名的哈希值。数字签名用于验证数字证书的真实性和完整性，以确保用户与正确的服务器进行通信。

HTTPS 使用加密连接（端口 443）而不是明文连接（端口 80），以提高通信安全性。

HTTPS 可以安全地传输用户登录凭据、支付信息、隐私数据等敏感信息，防止这些信息被攻击者截取或篡改。

使用 HTTPS 对于保护用户隐私和确保网络通信安全至关重要。许多网站和在线服务已经开始使用 HTTPS，甚至将 HTTPS 作为网站合规性和可信度的指标。浏览器通常会以绿色锁头或 HTTPS 协议前缀来提示用户当前访问的是加密连接的网站。

3.4.2 SET 协议

安全电子交易（Secure Electronic Transaction，SET）是一种基于信用卡的电子商务支付协议。它旨在为互联网上的电子交易提供安全、可靠和标准化的支付解决方案。SET 协议由 Visa、MasterCard、AmericanExpress 和 Discover 等主要信用卡公司于 1997 年共同推出。主要目标是保护支付信息、防范欺诈、提高交易透明度、支持多种支付方式、提高可扩展性和改善用户体验等。在 SET 协议交易过程中，由于要对卖方、买方、支付网关等交易各方进行身份认证，因此其交易过程相对复杂，其交易流程如下。

（1）买方选择商品并进入支付页面。

（2）买方选择支付方式（如信用卡、借记卡、电子钱包等），输入支付信息（如信用卡号、过期日期、安全码等）并确认订单。

（3）卖方收到支付请求后，生成一个预授权请求（Pre-Authorization Request，PAR）。PAR 包含买方支付信息、订单信息及卖方的数字签名。

（4）商务服务器将 PAR 发送给支付网关。

（5）支付网关使用 SET 协议对 PAR 进行加密，并生成一个交易摘要（Transaction Summary）。交易摘要包含加密后的 PAR 和支付网关的数字签名。

（6）支付网关将交易摘要发送给买方确认。买方确认交易摘要无误后，将交易摘要回传给支付网关。

（7）支付网关收到交易摘要后，生成一个支付请求（Payment Request）。支付请求包含买方支付信息、订单信息、卖方的数字签名及交易摘要。

（8）支付网关使用 SET 协议对支付请求进行加密，并将加密后的支付请求发送给买方。用户输入信用卡的 CVV 码以确认支付。

（9）买方将加密后的支付请求和 CVV 码回传给支付网关。

（10）支付网关解密支付请求并验证 CVV 码。如果验证通过，则支付网关将支付请求发送给信用卡发行银行进行授权。

（11）信用卡发行银行接收到支付请求后，与信用卡持卡人的账户信息进行核对。如果授权通过，银行将授权回复发送给支付网关。

（12）支付网关收到授权回复后，向卖方服务器发送授权确认消息，告知交易成功。卖方服务器收到授权确认消息后，向买方发送订单确认消息，告知交易完成。

通过这个交易流程，SET 协议确保了支付数据的加密和安全，防止支付信息在传输过程中被截取和篡改。同时，数字签名技术确保了参与方的身份和交易数据的完整性，降低了欺诈风险。

SET 协议的主要特点如下。

（1）安全性。SET 协议采用了 SSL/TLS 加密技术，确保了支付信息在传输过程中的安全。SET 还使用数字签名和数据加密技术，确保了支付过程中各方的身份认证和数据完整性。

（2）互操作性。SET 协议定义了一套标准化的接口和数据格式，使不同电子商务平台和支付系统能够互相兼容和协作。

（3）隐私性。SET 协议遵循隐私政策，以确保用户的个人和财务信息不被未经授权地访问和使用。

（4）可追踪性。SET 协议提供了支付交易的可追溯性，有助于防止欺诈行为和追查支付争议。

总之，SET 协议提供了一个安全、可靠的在线支付环境，保护用户和商家的支付信息，防止欺诈行为，提高了电子商务交易的透明度和可扩展性。目前，许多电子商务平台和支付系统已经采用了更先进的安全技术和协议，如 PayPal、Apple Pay、Google Wallet 等。这些新兴支付解决方案提供了更高的安全性、便捷性和普及性。

3.4.3　S-Shares 协议

S-Shares 协议是一种基于区块链技术的数字资产协议，旨在创建一个去中心化、安全、透明且高效的数字资产交易系统。该协议的主要目标是创建一个基于智能合约的去中心化交易平台，使用户能够自由交易各种数字资产，如股票、债券、期货等，该协议允许用户创建自己的数字资产，并利用去中心化的方式进行交换和管理。

S-Shares 的核心组件主要包括 SS1、SSDT 与 Status Network。

SS1 是用于创建和管理数字资产的基本单元。SS1 可代表任何东西，从股票到房地产再到其他类型的代币。

SSDT 是一种特殊的 SS1，其代表某种类型的数据，如投票权或债券。

Status Network 是运行整个 S-Shares 生态系统的平台。它提供了一个去中心化的网络，使 SS1 和 SSDT 可以在其中自由流动。

S-Shares 协议的主要优势包括去中心化、安全性高、透明度高、具有高效性与可拓展性，能抵御市场波动等。

去中心化是 S-Shares 协议的主要优点，所有的交易都在区块链上进行。S-Shares 协议基于区块链技术，消除了传统金融机构的中介和托管功能，使交易更加高效、透明和低成本；S-Shares 协议利用加密技术确保交易数据的安全性和隐私性，智能合约自动执行交易，降低了人为操作和欺诈的风险，从而提高了安全性；由于交易记录被存储在分布式账本上，S-Shares 协议提供了一个公开、透明的交易环境，用户可以随时查看交易历史记录和余额，增加了透明度；S-Shares 协议的去中心化特性使交易不用通过中介机构，从而降低了交易成本和时间，此外，智能合约的自动化执行可实现快速结算，提高了效率；S-Shares 协议具有很强的拓展性，可通过创建新的智能合约来支持各种类型的数字资产交易；S-Shares 协议使用一种特殊的技术，使数字资产可在不增加发行量的情况下进行分割和合并，从而降低了市场波动对交易的影响，可以有效地抵御市场波动。

但 S-Shares 也存在一些潜在的缺点。由于所有的交易都在区块链上进行，因此交易速度可能会较慢。另外，由于 S-Shares 依赖 Status Network 这个平台，因此如果 Status Network 出现故障，S-Shares 也会受到影响。

总之，S-Shares 协议是一种基于区块链技术的创新数字资产交易协议，具有去中心化、安全、透明、高效和可拓展性等优势。它有望为数字资产市场提供一种全新的交易方式，促进数字资产行业的进一步发展。

3.5　电子商务安全管理

随着电子商务的繁荣发展，网络安全问题也日益凸显。为保护用户数据和商业利益，电子商务平台必须实施全面的安全管理措施，包括安全意识培养、用户身份认证、数据加密及恶意攻击应对等方面。通过建立完善的安全管理体系，可以最大限度地保障电子商务的稳定运营和用户的合法权益。

3.5.1 安全培训

安全培训（Security Training）是指向员工、合作伙伴和用户传授安全知识、技能和最佳实践的过程。安全培训旨在提高参与者对信息安全的意识和理解，促进他们在工作和生活中采取安全措施，以保护组织的信息资产和业务运营免受未经授权的访问、篡改、泄露或破坏。

安全培训可以涵盖多种主题，通常包括如下内容。

（1）安全意识教育。提高员工对信息安全和网络安全的认识，了解信息安全的重要性，以及对组织和个人的影响。

（2）认证和访问控制。培训员工如何创建强密码、定期更改密码、避免重复使用密码等，以确保账户的安全。同时，教育员工了解访问控制的重要性，包括权限分配和限制，以确保敏感数据仅对有权限的人员可见。

（3）防病毒和安全软件。教授员工如何使用和更新防病毒软件、防火墙等安全工具，以及如何识别和避免恶意软件的攻击。

（4）邮件和文档安全。培训员工如何识别和避免钓鱼邮件、恶意附件等网络钓鱼攻击。此外，教育员工在处理敏感文档时要遵循正确的安全措施，如加密、备份和存档。

（5）网络安全基础知识。教育员工如何创建和管理安全的 Wi-Fi 网络，以避免连接到公共网络时出现危险，此外，讲解如何识别和避免网络欺诈、网络诈骗等风险。

（6）数据备份和恢复。培训员工了解数据备份的重要性和最佳实践，以及如何在出现数据丢失或损坏时恢复数据。

（7）社交工程防范。教育员工如何识别和避免社交工程攻击，如假冒电子邮件、电话诈骗等。

（8）安全政策和规程。讲解企业的安全政策和规程，使员工了解他们在安全方面的责任和义务。

（9）安全培训评估。定期评估员工的安全培训情况，以确保员工理解并遵守安全政策和规程，及时发现和解决潜在的安全问题。

通过全面的员工安全培训，可以提高员工的安全意识，降低安全风险，保护企业和个人的信息安全与数据安全。安全培训可以通过面对面培训、在线培训、文档阅读、模拟演习等多种方式进行，企业应定期评估和更新安全培训计划，以适应新的安全威胁和最佳实践。安全培训也是企业安全管理中非常重要的一部分。有效的安全培训可以帮助员工提高其安全意识、降低安全风险，同时提高企业的安全文化和风险管理能力。

作为电子商务平台的运营者，提升员工的安全意识至关重要。员工的安全意识直接影响着整个平台的安全运营。为确保员工的意识与技术同步，企业应定期进行安全培训，让员工了解最新的网络安全威胁和防范措施。此外，企业还应制订详细的安全政策和操作手册，以确保员工在操作过程中遵循规范，避免产生安全漏洞。同时，企业可以设立专门的安全监管部门，定期对企业的安全工作进行检查和评估，以确保安全措施的有效执行。只有提升员工的安全意识，才能为企业的安全运营提供有力的保障。

3.5.2 应急处理

应急处理（Incident Response）是指在面对安全事件、安全漏洞或其他与安全相关的紧急情况时，采取的一系列计划、组织和行动，以降低损失、减小风险和恢复正常的业务运营。应急处理的主要目的是迅速识别和应对安全事件，以确保企业的信息系统和业务运营不受到重大影响。

应急处理通常包括以下阶段。

（1）预防。企业应实施安全策略、培训员工、更新补丁、监控和检测等措施，以降低安全事件的发生率。

（2）发现。通过实时监控、日志分析和告警机制等手段，迅速发现潜在的安全事件。

（3）分析。对发现的安全事件进行详细分析，确定其性质、影响范围和严重程度。

（4）反应。根据安全事件的分析结果，采取适当的应对措施，如隔离受影响的系统、封锁访问、通知相关方等。

（5）恢复。在应急处理结束后，企业应进行恢复工作，包括修复漏洞、重建数据、重新启用受影响的系统等。

（6）评估。评估应急处理过程中的经验和教训，识别改进的机会，以提高企业的安全能力和应急响应能力。

应急处理是企业安全管理过程中非常重要的一部分，有效的应急处理可以帮助企业快速应对安全事件，减小损失和风险，同时提高企业的安全意识和风险管理能力。

尽管电子商务平台已经采取了多种安全措施，但仍然可能发生安全事件。因此，电子商务平台需要建立完善的安全事件响应机制，以确保在发生安全事件时能够及时发现、响应和解决。这种机制应包括监控和报警系统，以便及时发现和响应任何异常情况。同时，电子商务平台还需追踪事件的成因和影响范围，以便更好地了解和降低潜在的安全风险。

除建立完善的安全事件响应机制外，电子商务平台还需与相关法律部门和安全服务机构建立沟通渠道。这些机构可以提供必要的支持和协助，帮助电子商务平台更好地应对安全事件。同时，与这些机构保持沟通也有助于电子商务平台及时了解最新的安全威胁和趋势，以保持其安全防护的及时性和有效性。

3.5.3 安全审计

安全审计（Security Audit）是指对软件、系统、设备、服务、网络或其他相关技术组件进行审查和分析，以识别、评估和减小其潜在的安全风险和漏洞。安全审计的主要目的是确保系统和企业在设计、开发和运营过程中符合安全标准和最佳实践，从而保护敏感信息和资产免受未经授权的访问、篡改、泄露或破坏。

安全审计的范围涵盖多种类型的技术组件和领域，包括以下几个方面。

（1）代码审计是检查软件代码以发现安全漏洞、错误或不规范的编程实践。

（2）设备审计主要是评估设备的安全性，包括硬件和固件，以发现潜在的漏洞和弱点。

（3）网络审计是对网络拓扑、协议、配置和安全策略进行分析，以评估网络的整体安全性。

（4）服务审计是审查云计算、托管服务、第三方服务等，以评估其安全性和合规性。

（5）操作系统和应用程序审计主要是评估操作系统、数据库、中间件及第三方库的安全性，对系统日志进行检查与审核，以发现潜在的漏洞和弱点。

安全审计可以采用手动、半自动或全自动的方式进行。安全审计人员通常使用安全工具和技术（如漏洞扫描、渗透测试、静态代码分析等）帮助其识别和评估安全风险。

安全审计是企业进行安全风险管理的重要一环。定期进行安全审计有助于企业了解其安全态势，识别潜在的漏洞和弱点，并采取适当的措施进行改进和提升。

3.5.4 隐私保护

隐私保护（Privacy Protection）是指保护个人、企业和其他实体的个人信息和隐私，以防止未经授权收集、处理、存储和传播。隐私保护的主要目的是确保个人和组织的信息不被滥用和受到侵害，维护他们的权利。常见的隐私保护可以从以下几个方面进行。

（1）法律法规。遵守相关法律法规，如《中华人民共和国网络安全法》《中华人民共和国个人信息保护法》等，确保个人信息的收集、处理、存储和传输符合规定。

（2）数据最小化原则。仅收集和处理必要的个人信息，避免不必要的数据收集和处理，以降低个人信息泄露的风险。

（3）数据加密。将数据转换为密文，使未经授权的人无法阅读和理解。在数据传输过程中，加密技术可有效地保护数据的隐私。

（4）身份认证和访问控制。使用身份认证和访问控制技术可以确保只有授权人员才能够访问和操作数据。这些技术可以是密码、生物识别技术（如指纹、面部识别等）及多重身份认证。

（5）匿名化和去标识化。对个人信息进行处理，使其无法直接关联到特定信息主体，以保护个人隐私。

（6）信息安全培训和教育。向员工和用户传授信息安全和隐私保护知识，以提高个人的安全意识和隐私保护能力。

（7）审计和监测。定期对个人信息处理过程进行审计和监测，发现和纠正可能存在的隐私风险。

（8）意愿原则。确保个人信息的收集和处理基于个人信息主体的明确同意，尊重个人的知情权和选择权。

总之，隐私保护是一个复杂的过程，需要采用多种技术手段和策略来确保个人和企业数据的安全。隐私保护是信息安全和网络安全的重要组成部分。在数字化时代，隐私保护变得越来越重要，通过综合使用上述方法，可降低隐私泄露的风险，保护个人和企业的隐私权。

案例 3-6：某网站数据库被删

2023 年 5 月，某网络公司运营了一个电子商务网站，该网站的用户资料和电子配件数据库被入侵者完全删除，且数据库没有备份，导致网站半年来的用户和资料全部丢失。通过调查，系统管理员找到了破坏者的来源，并采取了相应措施以防止类似事件再次发生。

　　该事件的详细过程如下。

　　某网络公司的网站管理员在某天上午例行检查时，发现其电子商务网站的用户资料和电子配件数据库被清空。经过检查，发现数据库中没有备份，意味着网站半年来的用户和资料全部丢失。管理员仔细检查了网站的 Web 日志，发现有一串 IP 地址多次访问网站的敏感数据。通过分析，管理员确定该 IP 地址是 202.×××.×××.×××。进一步追踪发现，该 IP 地址来自某地一个 ISP（互联网服务提供商）的代理服务器。管理员推测，该代理服务器可能使用了某款代理软件。经过调查，发现该服务器上安装了 Wingate 代理软件，破坏者通过该软件访问网站的敏感数据，并删除了数据库中的所有内容。

　　该网络公司针对此次事件，采取了以下措施防范类似情况再次发生：一是加强网站安全配置，使用安全防火墙和加密技术，以防止未经授权的访问；二是定期备份数据库，以应对突发灾难，减少损失；三是强化内部安全管理，提高员工安全意识，及时发现并处理安全威胁；四是使用具有安全监控功能的网络安全产品，及时发现可疑行为，并提醒管理员采取措施。

案例思考题：

（1）如何评估网站管理员在数据安全方面的责任？尤其是在数据备份、安全审计、漏洞管理等方面的职责？

（2）在没有备份的情况下，网站管理员可以采取哪些紧急措施来最大限度地减少损失？

（3）如何通过 Web 日志和其他可用信息来进一步识别和追踪攻击者？

（4）如何增强 Web 应用的安全性以防止类似的数据库被删除攻击？

（5）如何制订和实施有效的安全策略和程序预防未来的数据丢失和被攻击？

本章小结

　　本章通过一个案例引发人们对电子商务安全问题的思考，主要讲述了电子商务安全的概念，电子商务安全的威胁及相应的电子商务安全技术，并进一步讲解了电子商务安全协议及对电子商务安全的管理等内容。

　　本章探讨了电子商务安全的重要性、需求、内容及相应的安全技术与应用。电子商务安全作为保障线上交易顺利进行的关键因素，涉及信息保密性、完整性、可用性及交易双方的身份认证等多个层面。电子商务安全体系的基本构成和功能包括物理安全、网络安全、系统安全、应用安全及安全管理等多个方面，电子商务面临多种安全威胁，如网络钓鱼、数据泄露、交易欺诈和病毒攻击等。为应对这些威胁，需要理解多种电子商务安全技术，包括强密码策略、身份认证机制、加密技术及防火墙等。这些技术能够有效地保障电子商务系统中的数据安全和交易安全。通过综合运用各种安全技术和管理手段，可以提高电子商务系统的安全性，为用户和企业提供一个更加安全、可靠的交易环境。

本章思考题

1. 2006年12月初，中国互联网上大规模出现"熊猫烧香"病毒及其变种。一只憨态可掬、额首敬香的"熊猫"在互联网上疯狂"作案"。该病毒在卡通化的外表下，隐藏着巨大的传染潜力，短短几个月，给大量的个人用户、网吧及企业局域网用户造成了巨大的损失。针对该案例中"熊猫烧香"病毒的爆发，应该如何加强网络安全防范措施以避免类似事件再次发生？

2. 股民高某在浏览股市信息时，发现一个"某证券公司"的网站，该网站每天推荐3只包涨停的股票。为提前看到推荐的股票，高先生按网站的要求，汇去了9888元的"入会费"，正式成为该网站的会员。后来该网站又以"验证"客户资金为由，要求高某汇入更多的资金到对方指定的账户。可几天过去了，网站并没有归还其资金，高某想再联系该网站的时候，却发现电话打不通，网站也已经被注销。高某遇到的情况是一个典型的网络诈骗案例。对于普通网民，应该如何提高警惕，避免上当受骗？

3. 某日，淘宝网上大量商品标价1元，引发网民哄抢，但许多订单被取消。淘宝公告称该事件为第三方软件"团购宝"交易异常所致。部分网民和商家询问客服得到自动回复称服务器被攻击，已紧急处理。消费者与商家完成交易，成功下单，形成合同关系。作为第三方交易平台的淘宝网关闭交易，是否合法？作为第三方交易平台的淘宝网在此事件中应该承担什么样的责任？如果关闭交易合法，应如何保障消费者和商家的权益？如果不合法，应该如何处理？

4. 李某是某网络游戏的玩家，发现自己的虚拟装备丢失，包括生化装备、毒药、生命水、战神甲等。他联系运营商，运营商仅能查询该装备流向，但拒绝向李某提供详细资料。李某将运营商告上法庭，要求赔偿其丢失的装备。运营商认为网络游戏中的装备只是计算机数据，不存在实体形式，不应为其负责。法院应该如何判决此案？为什么？

5. 阿里巴巴（Alibaba）的一名开发人员使用自己开发的爬虫软件，在8个月内，从阿里巴巴中文购物网站淘宝上抓取了大量用户数据，包括用户名和手机号码。这名开发人员及其雇主收集这些信息是为了自己使用，并没有在黑市上出售。最终，两人均被判处3年监禁。在该案例中，开发人员使用爬虫软件抓取了大量用户数据。这种行为是否合法？为什么？

第 4 章
电子商务新兴技术

学习目标

1. 新兴技术综述：深入了解云计算、区块链、人工智能、扩展现实等电子商务领域的新兴技术，掌握其基本原理、特点及在商业环境中的实际应用。
2. 技术业务融合：探讨新兴技术如何与电子商务业务深度融合，促使业务模式创新和提升服务质量，培养读者在技术与业务之间的跨界思维和实际应用能力。
3. 案例分析：通过分析实际电子商务行业中成功应用新兴技术的案例，引导读者理解各种新兴技术在解决实际业务问题中的作用。
4. 趋势前瞻：着眼未来，探讨电子商务领域新兴技术的发展趋势，培养读者对未来行业走向的洞察力。

通过本章学习，深入了解电子商务新兴技术及其在高质量创新发展中的关键作用，包括云计算、区块链、人工智能、扩展现实等技术的应用，以帮助读者掌握数字技术驱动下电子商务行业的最新趋势和发展方向，进而提升其在该领域的专业能力。

案例 4-1：小米电子商务的科技赋能

小米科技作为中国领先的科技企业，一直致力于提供高性价比的电子产品，并通过其电子商务平台为用户提供全方位的购物体验。近年来，小米电子商务平台积极应用新兴技术，不仅在产品创新上有所突破，还构建了丰富的产品生态链。同时，充分利用新兴技术手段改善了用户购物过程和体验，拓展了其商业边界。

小米电子商务平台充分利用人工智能技术，通过大数据分析用户行为，实现了个性化推荐。此外，小米电子商务平台还通过扩展现实技术为用户提供虚拟试戴等购物体验。随着新兴技术的持续赋能，小米电子商务平台迅速崛起，近年来一直都位列全球十大电子商务平台。

案例思考题：
（1）小米电子商务的发展之路引人深思，新兴技术在电子商务平台竞争力提升的过程中扮演了怎样的角色？
（2）云计算技术如何支持高速增长的电子商务用户需求？
（3）区块链技术如何让电子商务更安全、更可信？
（4）人工智能技术如何全方位提升电子商务行业的生产力？
（5）扩展现实技术会如何革新电子商务用户购物体验？

随着数字化时代的全面来临，电子商务在数字技术环境下继续蓬勃发展。在数字技术的推动下，电子商务的新业态和新模式也不断涌现，电子商务行业迈上高质量创新发展之路。近年来，电子商务领域的技术应用创新层出不穷，云计算、区块链、人工智能、扩展现实等新兴技术得到广泛应用，全方位赋能电子商务行业，为电子商务行业的高质量发展提供了切实保障。

4.1 云计算技术

云计算（Cloud Computing），是一项基于互联网提供计算资源的技术，以最小的管理代价或交互复杂度将包括服务器、网络、存储、应用及业务在内的可动态配置的共享计算资源按实际需求快速地发放给用户。用户可按资源使用量支付费用，不用购买和维护用于计算的基础设施。由此，云计算既可帮助用户降低使用计算资源的成本，也可保持用户使用计算资源的灵活性。

云计算技术自 2008 年被谷歌提出以来，凭借其按需获得的自助服务、快捷的弹性伸缩等特征迅速在信息技术领域占据一席之地。经十余年的发展，云计算已经从概念成长为蓬勃发展的产业，全球市场规模于 2022 年达 4839.8 亿美元，并将以 14.1% 的年平均增长率稳步上升，预计在 2030 年达到 24328.7 亿美元。目前，云计算按照服务模式可以分为 SaaS、PaaS 和 IaaS 三大类，按照部署模式则可分为公有云、私有云、混合云和社区云，适用不同的业务情境和使用群体。云计算的出现，可以使各行各业对产生的大数据开展弹性计算和精准分析，充分释放行业生产力。云计算技术对电子商务更是意义非凡，其高效快捷、安全可靠、成本低廉的优点，弥补了传统电子商务的不足，使电子商务应用更加稳定和可靠。

4.1.1 云计算基本特征

云计算具有五大基本特征，分别是按需获得的自助服务（On-demand Self-service）、广泛的网络接入（Broad Network Access）、资源池化（Resource Pooling）、快捷的弹性伸缩（Scalability and Rapid Elasticity）及可计量的服务（Measured Service）。

（1）按需获得的自助服务。云计算允许用户根据自身实际需求，单方面自主调配和管理计算、存储和网络资源，而不需要通过云服务提供商进行操作，且不需要长时间等待即可使用云服务。

（2）广泛的网络接入。云服务保障用户在任何有互联网连接的地方都可访问计算资源。用户不用担心工作地点、操作系统、平台设备等方面的不同所带来的使用限制。

（3）资源池化。由于云服务的计算资源是动态划分和按需分配给多个用户的，云服务提供商通常会构建资源池，依赖自定义硬件和抽象层来提高安全性并加快用户对计算资源的访问，以最大限度地提高计算资源的使用率。

（4）快捷的弹性伸缩。资源池为云服务提供了快捷的可伸缩性，允许用户请求其计算资源根据实际流量需求自动扩展。这一特点有助于用户优化其在云端托管的工作负载，并能够有效避免终端用户瓶颈。

（5）可计量的服务。云服务提供商通常采用按资源使用量付费的计费模式。它们会监控用户对云服务的使用情况，及时给出使用报告，根据云资源被消耗的确切数量向用户收费。

4.1.2 云计算服务模式

按服务模式划分，云计算服务可分为云基础设施即服务（Infrastructure as a Service，IaaS）、云平台即服务（Platform as a Service，PaaS）及云软件即服务（Software as a Service，SaaS）三种模式。这三者的主要区别在于其服务层次，其中，云基础设施即服务位于底层，云平台即服务处于中间层，云软件即服务则在顶层。这三种服务模式提供了不同级别的控制力、灵活性和管理功能，充分满足了云服务用户不同层次的需求。

（1）云基础设施即服务。

云基础设施即服务（IaaS），是指通过互联网按需提供信息技术基础设施的服务模式，主要包括计算、存储、网络和虚拟化等基础设施。这类云服务主要面向专业开发团队。依托基础设施，用户能够部署和运行任意软件，包括操作系统和应用程序。近年来，大型互联网厂商相继推出各自的IaaS，依托电子商务起家的两大巨头亚马逊和阿里巴巴更是表现出色，它们旗下的AWS（亚马逊云）和阿里云分别占据了全球和中国IaaS云服务的行业龙头地位。

（2）云平台即服务。

云平台即服务（PaaS），是指通过互联网按需提供云平台的服务模式。云平台中包含的软硬件资源可以帮助用户专注开发、部署、运行和管理应用，而不用管理和维护底层基础架构。这类云服务主要面向开发人员，提供包括计算、存储和网络资源，以及开发工具、数据库管理系统和中间件在内的全部软硬件资源。"云平台即服务"这一模式非常适合希望快速且经济地开发和部署自定义应用的企业。

(3) 云软件即服务。

云软件即服务(SaaS),是指通过互联网按需提供软件应用的服务模式。其中,云服务提供商主要负责管理和维护软件应用,根据需要进行软件升级和安全修补。这类云服务主要面向终端用户,通常可通过订阅的方式获得。在电子商务领域,常见的"云软件即服务"应用包括项目管理(Project Management,PM)工具、客户关系管理(Customer Relationship Management,CRM)工具和商业分析(Business Analytics,BA)工具等。

4.1.3 云计算部署模式

按部署模式划分,云计算可部署为公有云(Public Cloud)、私有云(Private Cloud)、混合云(Hybrid Cloud)和社群云(Community Cloud)四种类型。这四种部署模式能够充分满足不同用户群体的多元化需求。公有云、私有云、混合云及社群云基本特征对比如表4.1所示。

(1) 公有云。公有云由第三方云服务提供商运营。它们通过互联网提供计算、存储和网络资源,使用户能够根据其独特的要求和业务目标访问所需资源。公有云具备成本更低、不需要维护、可扩展性高等优势。

(2) 私有云。私有云由单个组织构建、管理和拥有,并以非公开方式托管在本地。相较于公有云,它们可提供更强的数据控制、安全和管理功能。同时,用户仍能够受益于共享的计算、存储和网络资源池。

(3) 混合云。混合云,顾名思义,结合了公有云和私有云模型,使商业组织不仅能获得公有云服务提供的灵活性和创新能力,还能将高度敏感的数据保存在本地数据中心,满足客户需求或监管要求。

(4) 社群云。社群云是由有着类似需求的多个组织共同创立的云服务。这些组织形成特定的社群,有共同的关切事项,如使命任务、安全需求、策略与法规遵循考量等。

表4.1 公有云、私有云、混合云及社群云基本特征对比

项目	公有云	私有云	混合云	社群云
所有者	服务提供者	商业组织	商业组织	社群
用户	个人或组织	组织成员	组织成员	社群成员
成本	低	高	一般	一般
安全性	低	高	较高	较高
可靠性	一般	高	较高	高
可扩展性	高	低	较高	低

4.1.4 云计算赋能电子商务

当前,全球数字基础设施正在加速从传统信息技术架构向云基础设施迁移。以云计算技术为核心的新型数字基础设施是支撑未来经济社会转型的基础,也是电子商务平台发展必须夯实的重要技术底座。近年来,以阿里巴巴为代表的电子商务平台纷纷入局云计算,云计算凭借其高效快捷、安全可靠、成本低廉的优点,弥补了传统电子商务存在

的不足,使电子商务应用更加稳定和可靠,加速了电子商务服务向产业互联网的延伸。具体而言,云计算技术能够大幅提升计算资源的利用效率和交付效率,降低电子商务平台的交易系统成本,提高了研发和运维效率,解决了平台商家的系统稳定和安全问题。可以说,云计算技术支撑着电子商务的发展与创新,电子商务也推动了云计算技术的长足发展,二者相互成就。这种紧密关系在很多电子商务平台中都能看到,尤其是在阿里云与天猫"双11"这十余年的合作奋进中更是体现得淋漓尽致。

案例4-2:阿里云与天猫"双11"

"双11"指每年11月11日的大型电子商务促销活动,由阿里巴巴旗下的淘宝商城(天猫)于2009年发起,现已演变成全行业一年一度的购物活动,成为影响中国乃至世界的现象级社会经济活动。因此,天猫"双11"的发起人张勇将"双11"这一全球商业力量的大巡礼形象地称为"商业界的奥林匹克"。自2009年首次举办以来,天猫"双11"的成交总额逐年上升(见表4.2),已经超过西方传统购物节日"黑色星期五",成为全球最大的购物狂欢节。

表4.2 天猫"双11"各年度成交总额(单位:亿元)

年份	成交总额
2009	0.52
2010	9.36
2011	52
2012	191
2013	350
2014	571
2015	912
2016	1207
2017	1682
2018	2135
2019	2684
2020	4982
2021	5403

屡创新高的成交总额也带来前所未有的挑战,天猫在"双11"时曾遭遇各种系统性技术难题,包括平台无法承载短时超预期访问流量、网银支付系统出现迟滞甚至瘫痪、大量商家面临库存超卖风险等问题。为妥善解决这些问题,阿里巴巴致力于推动电子商务技术体系框架的革新,以保障天猫"双11"能够顺利进行。在这场革新中,云计算技术一直扮演着十分重要的角色,为电子商务发展注入了"强心剂"。阿里云与天猫"双11"这十余年的携手共进也成为业界的一段佳话。

1. 云核心

早年间,天猫"双11"在遭遇流量洪峰时暴露出许多问题。阿里云积极投入研发,在核心虚拟机系统上,自研神龙架构服务器,提供具有高可用性的云计算平台,充分保障天猫"双11"的平稳运转。同时,阿里云还提供弹性的云计算服务,赋予电子商务平台弹性计算能力,支持快速处理大量订单和数据的需求,从而提高效率并节约成本。在平稳度过2019年天猫"双11"流量顶峰后,阿里巴巴正式宣布,其核心交易系统已100%运行在阿里云上。

2. 云原生

云原生(Cloud Native)指在云计算环境中构建、部署和管理应用程序的方法。在2019年实现核心系统100%上云后,阿里云继续发力,于2021年实现应用100%云原生化,显著提升计算效率,持续赋能天猫"双11"。如阿里云自研的云原生数据库,在存储计算分离架构下,利用软硬件结合的优势,为用户提供秒级弹性、高性能、海量存储、安全可靠的数据库服务,在每秒峰值等各项指标上远远超越传统数据库。

3. 云安全

阿里云不仅要应对每年天猫"双11"的高峰流量需求,还需确保交易安全。阿里云为电子商务平台提供了多种安全措施,如DDoS攻击防护和防火墙等,切实保障电子商务平台的安全性。同时,阿里云还提供数据加密服务,以确保用户的数据在传输和存储过程中得到安全保护,努力保护用户隐私。

阿里云与天猫"双11"这一路走来的故事,充分展现了云计算赋能电子商务、助力电子商务腾飞的成绩。将来,阿里云还会继续进步,迎接一轮轮天猫"双11"的洗礼。在未来的电子商务中,云计算将会成为一种随时随地并根据需要而提供的服务,就像水和电一样成为公共基础服务设施。

案例思考题:

(1)分析天猫在"双11"面临的主要技术挑战及其可能的原因,为什么平台无法承载短时超预期的访问流量?

(2)网银支付系统出现迟滞甚至瘫痪可能给消费者和商家带来哪些影响?

(3)如何理解云计算技术在解决天猫"双11"技术挑战中所起的作用?

(4)阿里巴巴推动电子商务技术体系框架革新的重要意义是什么?

(5)阿里云与天猫"双11"十余年的合作对业界产生了哪些影响?

4.1.5 云计算助力韧性发展

近年来,受自然灾害频发、疫情反复冲击和国际格局变动的影响,我国和世界各国的经济发展面临下行压力。得益于云计算技术的支撑,突发疫情以来,部分线下的生产、生活和消费场景得以快速向云端转移,互联网企业顺势而上,各种线上应用服务迎来逆势爆发。"云端经济"彰显中国"韧性",对保障经济社会平稳发展有积极意义。在云计算技术的加持下,电子商务领域也加速转型升级,适应外部冲击,积极拥抱变化,助力韧性发展,推动生鲜电子商务、直播电子商务、跨境电子商务和社交电子商务等新业态、新模式迅速成长。

生鲜电子商务(Fresh-food E-commerce),是指运用电子商务手段在互联网上直接销售生鲜类产品,如新鲜果蔬、生鲜肉类等。自2012年进入大众视线以来,生鲜电子商务一直保持稳步发展。随着疫情改变人们以往的生活方式,生鲜电子商务用户数量激增,囤货需求暴涨,平台经常遭遇"商品秒没"和"订单爆单"的情况。云计算技术能够很好地处理业务量高峰,帮助生鲜电子商务平台快速应对突发流量,实现降本增效,提升平台韧性。

直播电子商务（Live E-commerce），是指通过互联网以直播的方式销售相关商品使受众通过了解商品的各项性能从而购买商品的交易行为。疫情出现后，保持社交距离措施限制了人们的线下互动和出门采购，电子商务平台积极运用云计算、5G 和新一代视频技术为用户开展直播，实现云逛街、云体验和云购物的一条龙服务，助力中国数字经济快速复苏。同时，各地商家也积极接入直播电子商务服务，既可以接收到更多的采购需求，也可以通过在线交易降低账期风险。

跨境电子商务（Cross-border E-commerce），是指分属不同关境的交易主体，通过电子商务平台达成交易、进行支付结算，并通过跨境物流送达商品、完成交易的一种国际商业活动。疫情出现后，线上购物在全球兴起，海外需求暴涨，跨境电子商务蓬勃发展。在后疫情时代，过高的通货膨胀率与全球供应链紧张给跨境电子商务带来巨大挑战。云计算技术能够帮助跨境电子商务企业建立更灵活、更高效、低成本、高拓展性的电子商务运营和交易平台。借助云平台能力，可以整合生产订单、财务、仓储物流、消费等商业全链路各环节的数据，实现精细化业务运营，促进内外贸业务融合，打造更具韧性的跨境电子商务平台。

电子商务新业态、新模式在疫情期间的突出表现并非偶然，云计算依靠其弹性计算的特点，从容应对外部变化。电子商务的韧性发展离不开云计算的保驾护航。在疫情冲击之外，气候变化和逆全球化等因素也会对电子商务造成影响，将来甚至可能还会有其他未知的冲击。在复杂多变的市场环境下，云计算会成为电子商务平台应对外部冲击的标准配置。目前，还有一些电子商务企业对云计算持观望态度，不敢"上云"，不愿"上云"，担心成本问题和安全问题。追求韧性发展的时代正在到来，相信越来越多的电子商务从业者会发现云计算的优势，选择适合自身业务的云服务，促进企业更好地发展。

4.2 区块链技术

区块链（Blockchain），是一种按时间顺序将不断产生的信息区块以顺序相连方式组合而成的一种可追溯的链式数据结构，是一种以密码学方式保证数据不可篡改、不可伪造的分布式账本。用户可以使用区块链技术创建安全共享的数字分类账，以便跟踪订单、付款、账户和其他交易。在没有网络共识的情况下，区块链上的信息是无法被修改或删除的。因此，区块链既可以解决数据质量管理不足的问题，也可以解决数据安全管控薄弱的问题。

自 2008 年被提出以来，区块链凭借其去中心化的共享价值体系迅速扎根互联网世界，逐渐成长为庞大的区块链生态系统，全球市场规模于 2022 年已达到 111.4 亿美元，预计将以 59.9%的年平均增长率继续增长，于 2030 年达到 4694.9 亿美元。在区块链技术体系背后，蕴含着三大核心机制：共识机制、智能合约、代币机制。由于部署时核心机制等方面的差别，区块链可以进一步细分，以应对多元化的使用群体和业务情境。通常，区块链可按照部署后的开放程度分为公有链、联盟链和私有链三大类。

目前，区块链技术在各行各业均有不同程度的应用，其在电子商务行业的应用尤为亮眼，在数字身份、产品溯源和数字存证等方面表现出众，全方位助力信任经济建设。同时，区块链技术仍在不断进步，重点围绕区块链基础理论、区块链系统构建共性关键技术、区块链安全监管与治理技术等方向进行探索。此外，区块链技术既因其可追溯性和透明性为电子商务带来解决痛点和难点的机遇，也因其存疑的自治性为电子商务带来挑战。

4.2.1 区块链核心机制

区块链技术是基于数学、密码学、计算机、信息通信等多学科知识的集成创新，旨在为原生低互信的互联网提供进行信息与价值传递交换的可信通道。区块链技术体系的核心机制体现在三方面：共识机制（Consensus）、智能合约（Smart Contract）和代币机制（Token）。

（1）共识机制。共识机制是区块链节点就新增区块达成全网络一致共识的机制。共识机制的设计决定了整个区块链的可扩展性、安全性和去中心化的程度。当下主流的共识机制包括工作量证明（Proof of Work，PoW）、权益证明（Proof of Stake，PoS）和实用拜占庭容错（Practical Byzantine Fault Tolerance，PBFT）等机制。在工作量证明机制中，参与者依赖运算能力来获取记账权，其他参与者负责验证；在权益证明机制中，持有权益越高的参与者获得记账权的难度越低，并结合运算能力争夺记账权，其他参与者负责验证；在实用拜占庭容错机制中，在区块链上的不同参与者两两进行信息交换和达成共识。

（2）智能合约。智能合约是存储在区块链上的程序，会在满足预先确定的条件时自动执行，并更新数据库记录合约的执行情况。智能合约使不同的实体能够对业务合约进行即时的数字化验证和执行，而不需要律师或公证等第三方中间人的参与。

（3）代币机制。在区块链生态中，代币是指在区块链中可流通的加密数字权益证明，是一种抽象资产。通常，区块链项目都会围绕代币设计其运作机制，以鼓励或阻止各种用户行为。例如，以一定预设机制将代币生成并分发给部分或全部区块链参与者，通过设置数量上限来控制代币的贬值速度。

4.2.2 区块链部署类型

按部署后开放程度的不同，区块链可以被分为公有链（Public Blockchain）、联盟链（Consortium Blockchain）和私有链（Private Blockchain）三种类型。这三类区块链在核心机制等方面有所区别，适用于不同的使用群体和业务情境。

（1）公有链。公有链是指任何人都可读取、发送交易且交易能获得有效确认的、也可以参与其中共识过程的区块链。公有链上的数据是公开透明且不可更改的，被认为"完全去中心化"的区块链。凭借其高效信任建立机制，基于公有链架构的区块链应用发展迅猛，在加密货币、内容平台和游戏平台等领域已有相当多实践。

（2）联盟链。联盟链是指由多个相关联用户组成的联盟来共同参与和管理的区块链，每个联盟成员控制一个或多个节点，共同记录交易数据，并且只有联盟成员能够对联盟链中的数据进行读写和发送交易。基于联盟链架构的区块链应用可有效帮助企业或个人在商业活动中提升效率并降低成本，在数字版权、供应链和跨境支付等商业价值较容易变现的领域已有成功实践。

（3）私有链。私有链是指由集中管理者控制的区块链，仅对受邀用户开放，公众无法随意访问。私有链的管理者可以决定谁能成为用户，以及他们在该区块链中拥有哪些权限，甚至在必要时可以覆盖、编辑或删除任何交易。相较于公有链和联盟链，私有链的交易速度很快，基于私有链架构的区块链应用适用于特定机构的内部数据管理与审计。

总体而言，公有链无准入限制，应用程序部署壁垒低；联盟链需注册许可，属于多方实体共有，其承载能力较公有链大幅提升；私有链则可实现高效率和高透明度，但开放程度较低。公有链、联盟链及私有链特征对比如表 4.3 所示。

表 4.3 公有链、联盟链及私有链特征对比

特征	公有链	联盟链	私有链
准入限制	无	有	有
读取者	任何人	相关联用户	受邀用户
写入者	任何人	获批参与者	获批参与者
所属者	无	多方实体	单一实体
了解参与者	否	是	是
承载能力	交易速度慢	1000～10000 笔/秒	1000～100000 笔/秒
共识机制	工作量证明、权益证明等算法	分布式一致性算法	分布式一致性算法
记账者	所有参与者	联盟成员协商确定	自定义
激励机制	需要	可选	不需要
中心化程度	去中心化	多中心化	中心化
突出特点	信任自建立	高效率和低成本	高效率和高透明度

4.2.3 区块链发展方向

区块链技术以其基于共识的可靠特性受到世界各国的广泛重视。2021 年，区块链重点专项首次被列入"十四五"国家重点研发计划，旨在聚焦区块链领域的紧迫技术需求和关键科学问题，建立起我国自主创新的区块链基础理论体系，突破区块链系统共性关键技术，并探索区块链安全监管和治理机制。未来，区块链很有可能成为互联网基础设施，广泛应用于国民经济各行业的可信数字化协作网络建设。

经典区块链体系架构在性能、可扩展性、安全性、隐私保护等方面均存在不足，区块链技术未来发展的重点方向就是要解决这些不足带来的困难与挑战。例如，为突破大规模区块链网络的性能瓶颈，设计适用于大规模区块链网络的高吞吐、低延迟的共识算法；又如，针对潜在的安全性不足，设计能够被形式化证明逻辑安全的、可确保执行的智能合约；再如，为解决考虑隐私保护带来的性能下降问题，给出可有效加速密码运算和提升交易速度的软硬件隐私保护解决方案；此外，对于跨区块链等衍生应用场景，研发具备可信准入及治理的跨链协议。

区块链技术持续突破，其在产业变革中开始发挥越来越重要的作用。近年来，区块链技术和产业在全球范围内快速发展。区块链应用已延伸到数字金融、知识产权、智能制造等多个领域，展现出广阔的应用前景。区块链技术也为电子商务行业带来机遇，以持续创新助推电子商务发展。

4.2.4 区块链赋能电子商务

互联网生态自诞生以来就存在弱安全和低互信的问题，区块链以基于机器共识的信息自动化技术手段，低成本、高效率地解决了跨多主体协同问题，得到各行各业的广泛重视和应用。区块链技术在电子商务领域的应用尤为亮眼，持续赋能电子商务行业，重塑电子商务信任机制，助力信任经济建设。在诸多成功的"区块链+电子商务"实践中，京东区块链技术与应用最为闪耀：持续用技术信任去推动实体经济数字化转型，保障多方主体信任，确保高效协作，充分发挥信任价值，打造高质量信任经济。

案例 4-3：京东区块链技术助力信任经济

早在 2016 年，京东就开始区块链技术研究，并于 2017 年组建区块链团队，其提出的供应链追溯与防伪平台创新项目获京芽杯"创新种子奖"。经过多年的品牌建设和技术沉淀，京东数字科技旗下的智臻链已成为区块链核心技术领军者，其充分发挥自身具备的丰富电子商务应用资源禀赋和技术先发优势，在数字身份、产品溯源、数字存证等应用场景中表现出色。

1）数字身份

区块链具备去中心化、开放性、自治性、不可篡改性和匿名性等特征，是解决数字身份领域的身份孤岛、身份认证效率、身份隐私安全、身份信息权威性、传统身份证明覆盖度等问题的技术支撑。京东区块链技术在数字身份领域积极实践，基于区块链实现身份认证、身份亮证、统一身份登录三大功能，帮助生态内的平台建立统一的身份服务，实现高效安全的数字身份信用网络，以助力信任经济。

2）产品溯源

区块链具备不可篡改的特性，有助于解决传统电子商务交易中的产品溯源问题。京东联合品牌商、检测机构、政府监管部门等共同打造了基于区块链的全流程防伪追溯平台，提升了产品安全性、信息透明性和查询便捷性。具体而言，不同相关主体将产品信息统一写入基于区块链技术搭建的防伪追溯平台，包括原材料信息、生产加工信息、检测检验信息、仓储运输信息、快递运输信息等。由此实现产品从原材料到用户手中的全流程信息可追溯，同时保证数据不可篡改性和隐私保护性，营造令人放心的产品购买环境，以助力信任经济。

3）数字存证

区块链具备多方见证、防篡改、可追溯的特性，适用于解决电子商务交易中的信任问题。因此，京东开发数字存证平台，提供电子数据存证的一站式服务，包括电子数据取证、自动化网页取证、电子数据固化存证、在线获取存证证书、电子证据一键调取、电子证据法院验证、电子律师函、在线公证等。通过技术和联盟合作的方式赋予电子数据公信力，使企业或个人可以更为方便和快捷地达成数据可信，提供安全可靠的交易环境，以助力信任经济。

用户购买产品形成在线交易是在电子商务平台中最为基本的经济行为。依托于区块链技术，京东在用户、产品和交易层面开展可信数字化协作网络建设，实现用户可信、产品可信、交易可信的全方位可信，充分发挥信任价值，助力信任经济建设。

案例思考题：
（1）分析京东为何早在 2016 年就开始区块链技术的研究，并讨论这对其长期竞争策略的影响。
（2）如何理解京东智臻链作为区块链核心技术领军者的角色？其在推动京东区块链应用方面发挥了哪些作用？
（3）京东如何通过区块链技术在用户、产品和交易层面构建可信数字化协作网络？
（4）讨论京东区块链技术在数字身份、产品溯源、数字存证等应用场景中的具体表现及其优势。
（5）京东如何通过充分发挥信任价值助力信任经济建设？这种信任关系是如何促进整个电子商务生态健康发展的？

4.2.5 区块链为电子商务带来的机遇与挑战

区块链技术为电子商务行业带来解决痛点和难点的机遇，"区块链+电子商务"这一模式在数字身份、产品溯源和数字存证等领域已形成场景化示范应用。然而，推动区块链技术在电子商务中应用仍面临很多挑战。

首先，为使区块链技术充分发挥其效用，电子商务行业中的所有参与方——包括消费者、供应商、平台、物流等，都要积极接纳区块链技术融入交易过程，否则区块链技术的优势将大打折扣。然而，出于部署成本和学习难度等方面的考虑，并非所有参与者都有动力或能力去将区块链技术纳入自身已有流程。

其次，区块链技术目前仍在不断精进的过程中，基于区块链的电子商务应用还需要不断进行迭代，以提升电子商务行业参与者的使用体验。例如，现有区块链技术的可扩展性可能造成交易处理速度变慢和网络维护成本增加，急需研发适用于大规模区块链网络的核心机制。又如，电子商务行业十分重视数据安全，若数据由于区块链部署时的失误出现泄露，后果将不堪设想。

最后，目前而言，区块链技术的自治性是存疑的。基于区块链的电子商务交易在法律和监管方面还有很多实务问题需要去探讨，还有很多法律边界需要去明确，还有很多发展困境需要去解决。例如，基于区块链技术的跨境电子商务服务，需要充分考虑分属不同关境的交易主体各自对区块链合规和电子商务的立法情况。

科学技术的发展具有两面性，既可能产生正面结果，也可能产生负面结果，区块链技术也不例外。在享受区块链技术为电子商务带来的便利时，相关从业者也需要关注其存在的问题和挑战，既把握机遇，也直面挑战，助力电子商务行业的高质量发展。

4.3 人工智能技术

人工智能（Artificial Intelligence，AI），指由人造的机器来模拟人类智能过程的技术，主要目标是让计算机能像人类一样学习、推理、思考和规划。自 1956 年被提出以来，人工智能已走过近七十年的发展历程，但其发展并未一帆风顺，而是寒冬与热潮交替，在几经沉浮后日益成熟。当下正处于第三次人工智能浪潮，作为引领未来的战略性技术，人工智能成为国际竞争的新焦点,世界各国纷纷把发展人工智能作为提升国家竞争力、维护国家安全的重大战略。中国也不例外,积极制订并执行《新一代人工智能发展规划》,以期把握人工智能发展新阶段国际竞争的战略主动,打造竞争新优势、开拓发展新空间,有效保障国家安全。

作为新一轮产业变革的核心驱动力,人工智能技术正在逐渐渗透至各行各业,帮助人们解决各类行业问题,为经济社会发展注入新动能。2022年,人工智能全球市场规模已接近1000亿美元,预计2030年将会达到当前水平的20倍。第三次人工智能浪潮的启动主要归功于数据可用性的改善、算法技术的发展和计算能力的提升三个方面。随着核心要素的进步,人工智能得以充分发挥自身数据驱动、自动化、智能化和个性化的技术优势,将预测性分析、自然语言处理、语音识别和计算机视觉等重要技术突破应用于各行业。尤其对电子商务行业而言,通过全方位赋能,人工智能已成为不可缺少的一部分。例如,人工智能可以帮助跨境电子商务行业实现降本增效、实施智能营销和改善风险控制。随着人工智能生成内容变得火爆,本次人工智能浪潮正迎来其高光时刻,引发包括电子商务在内的各行业新一轮的变革。

4.3.1 人工智能核心要素

近年来,人工智能技术突飞猛进,主要归功于推动人工智能发展的三大要素:数据(Data)、算法(Algorithm)、算力(Compute Power)。数据是人工智能的基础素材,算法是人工智能的核心,算力是人工智能发展的动力引擎。这三个要素缺一不可,相互促进,相互支撑,是人工智能技术创造价值和取得成功的必备条件。

(1)数据。是指对客观事物的性质、状态或相互关系进行记录并可以鉴别的符号。它不局限于狭义上的数字,还可以是文字、声音、图像等。随着移动互联网的发展和智能手机的普及,体量庞大、种类多样且具有价值的数据正在高速积累,大数据已渗透到各行各业,成为重要的生产要素。而人工智能的发展和迭代恰恰依赖大数据的支撑,随着可用的数据越来越多、数据粒度越来越细、数据质量越来越高,人工智能得以展现其技术优势。

(2)算法。在计算机科学中是指一系列定义清晰且计算机可在有限时间和空间内执行的指令。自人工智能诞生以来,研究者致力于设计各类算法(监督学习、无监督学习、强化学习等)来实现特定任务(评分预测、机器翻译、语音识别和图像处理等)。凭借优异的自动特征提取能力,以神经网络为基础的深度学习算法迅速成为人工智能算法大家庭中的明星,主导着目前人工智能的发展。

(3)算力。是指计算机硬件和软件配合共同执行计算需求的能力。人工智能算法在训练和推理的过程中,需要强大的算力支撑。可以说,在数据和算法保持一致的情况下,算力的高低直接决定了人工智能应用的迭代速度和落地前景。近几十年来,硬件算力持续增长,以人工智能刚需的图形处理器(Graphics Processing Unit,GPU)为例,自2000年以来,计算性能每10年增长1000倍。目前,全球都积极推动算力建设,基础算力、智能算力、超算算力都稳定增长,能够从容应对越来越大的数据量和越来越高的算法复杂度。

4.3.2 人工智能技术优势

随着数据可用性改善、算法技术的发展和计算能力的提升，人工智能得以充分发挥自身技术优势，解放和发展社会生产力。具体而言，人工智能技术优势主要集中在数据驱动（Data Driven）、自动化（Automation）、智能化（Intelligence）和个性化（Personalization）四个方面。

（1）数据驱动。是指以数据为中心依据进行决策和行动。人工智能算法往往需要大量数据进行训练，由数据驱动而不是基于直觉能够削弱主观情绪带来的影响。并且，数据被用于效果评估，核验人工智能算法的有效性，既能及时避免不必要的损失，也有助于形成更有效的人工智能解决方案。

（2）自动化。是指不依靠人工而独立自主地执行工作流程。相较于手动执行工作流程，自动化既可以用于替代人力处理重复任务，使被占用的人力资源能去解决其他重要的问题，也可以用于处理原本需要手动执行的枯燥、肮脏或危险的任务，还可不受时段、休息需求或其他人类负担的限制，极大地解放了生产力。

（3）智能化。是指机器可以智能地满足人类各种需求的属性。以数据驱动和自动化为基础，面对复杂的人类任务，人工智能技术展现了比肩甚至超越人类的能力。人工智能具有处理高维数据的天然优势，可以通过表征学习、价值函数近似、特征选择等方式避开传统分析技术的诸多限制，往往能取得更好的预测和决策效果。在大数据条件下，人工智能的优势更为明显，既可以快速处理更多数据，也可以发现人类可能错过的数据关系模式，还可以减少数据处理、数据分析、数据计算时的人为错误。

（4）个性化。是指通过分析用户特征和历史行为来推断用户偏好，为用户提供独一无二的体验。人工智能技术具备强大的学习能力，可以从海量数据中准确捕捉用户需求的个体化差异，实现"千人千面"。在处理海量独立个体的个性化需求时，这一技术优势体现得更为明显，能够为用户快速提供更为精准和科学的服务。

4.3.3 人工智能重要技术

人工智能涵盖许多不同的学科，包含计算机科学、数据分析与统计、硬件和软件工程、语言学、神经学，甚至哲学和心理学。其中，最具有代表性的技术包括预测性分析（Predictive Analytics）、自然语言处理（Natural Language Processing，NLP）、语音识别（Speech Recognition）和计算机视觉（Computer Vision，CV）等。

（1）预测性分析。旨在利用机器通过分析历史数据和过往模式生成的预测结果，结合人类本身具备的洞察力，来积极推动业务发展。根据待预测变量的不同，预测性分析可分为分类分析和回归分析两大类。分类分析技术会试图将数据对象归入预先定义好的类别，如预测用户是否违约；回归分析技术则会尝试拟合连续数据，如预测房屋成交价格。

（2）自然语言处理。是人工智能与语言学交叉的技术，探究如何使机器处理及运用自然语言，包括如何认知、如何理解、如何生成等。常应用于垃圾邮件过滤、网页搜索、机器翻译、文档摘要、情感分析及拼写检查等任务。

（3）语音识别。是指机器自动将人类语音内容转换为相应文字的技术。通常与自然语言处理技术相结合，以构建更复杂的应用。例如，语音识别技术在与机器翻译和语音合成技术结合后，可以实现语音到语音的翻译；又如，在语音识别技术基础上，结合语义理解和问答系统技术,可以实现语音客服机器人服务。

(4)计算机视觉。是解决如何使机器从图像或视频中获取信息的人工智能技术。借助于深度学习强大的表征学习和函数拟合能力,计算机视觉技术在一系列任务中都有突出表现,包括图像分类、目标检测、图像分割、图像生成等。

4.3.4 人工智能赋能电子商务

近年来,人工智能发展势头强劲,被应用于诸多业务场景,都取得了不错的实践效果。尤其对电子商务行业而言,通过全方位赋能,人工智能已成为不可缺少的一部分。运用人工智能解决电子商务中的业务问题,不但能够挖掘和实现商业价值,还可以促进经济社会的发展和进步。因此,商务智能已成为人工智能产业的热点领域之一。

目前,产业界主要从用户、产品和平台等多角度出发,致力于将人工智能技术全面融入电子商务应用,覆盖电子商务交易流程的前、中、后。在交易前,用户习惯于使用搜索功能,由语音识别技术实现的语音搜索和由计算机视觉技术实现的视觉搜索不仅有助于改善用户搜索体验,还能够提升体验型产品的业绩表现,同时增加平台的用户黏性。在交易中,用户可以依据由自然语言处理技术从在线评论中提取的产品总结进行购物决策,产品可以借助预测性建模技术进行差异化定价实现智能营销,平台则可以通过分析历史交易记录和实时浏览行为努力提升转化率。在交易后,用户在线评论挖掘可以帮助智能客户关系管理,改善用户售后体验,提升产品售后效率,促进平台生态建设。

近年来,随着数字技术的突破式发展,电子商务的新业态和新模式不断涌现,生鲜电子商务、直播电子商务、跨境电子商务和社交电子商务等新赛道上的竞争也日趋激烈。综合分析各赛道中的佼佼者,不难发现人工智能技术在它们脱颖而出的过程中都承担着重要任务。结合不同赛道的特点,人工智能持续提供技术支持,这种"对症下药"的能力在其对跨境电子商务蓬勃发展起到的帮助中可见一斑。

案例4-4:人工智能如何帮助跨境电子商务

跨境电子商务,由分属不同关境的交易主体参与,其业务痛点离不开"跨"这个字,跨区域、跨语言、跨文化等因素都是从业者在运营决策时要仔细考虑的。因此,跨境电子商务面临供应链难整合、营销渠道难拓展、交易安全难保障等问题。对于这些实际问题,人工智能技术一一给出解决方案,助力跨境电子商务扬帆远航。例如,中国某跨境电子商务巨头利用自然语言处理(NLP)和机器学习技术,创建了一个智能客服系统。该系统能够自动识别用户语言,提供实时翻译和客服支持,从而解决了跨国语言沟通障碍问题。此外,该系统还具有主动推荐商品、提供购物建议等功能,提高了用户的购物体验。

1)降本增效

与境内电子商务相比,跨境电子商务的供应链链条更长,涉及采购供应、物流配送、报关清关、电子支付、售后服务等多个环节,任何环节出现差错都会影响全局。在过去,往往需要大量的交易经验,以及花费大量人力、物力进行市场需求调研,以保障供应链稳定。借助人工智能技术,跨境行业能够快速分析业务数据,准确评估用户需求,及时向上反馈数据,不仅便于上游生产商及时调整产品的设计和生产,还能帮助中间交易方改进交易策略,下游销售方也能及时优化销售方式和产品布局,有效提升供应链效能。

2)智能营销

针对跨境业务中普遍存在的跨语言问题,国内外电子商务平台积极投身自然语言处理技术研究与应用,以克服语言不通的障碍,拓宽产品营销渠道。同时,针对境外消费群体文化背景不同的情况,电子商务平台还积极整合个性化推荐技术,力争准确捕捉用户需求。例如,阿里巴巴借助其云计算和人工智能的产品能力,为跨境电子商务提供语言翻译、素材变换、视频生产、商品推荐等一站式智能营销解决方案。

3)风险控制

由于跨境电子商务涉及国内外不同的市场环境,跨境业务面临来自物流、财务、竞争、知识产权等各方面的风险。风险一旦发生,受限于语言、法律、时差等因素,商家通常难以及时应对与解决问题。部署基于人工智能的风险控制系统,可以实现全天候、全方位、全流程的风险预警,帮助商家做好规避风险和采取应对措施。

人工智能给予跨境电子商务的帮助只是人工智能持续赋能跨境电子商务的缩影。每个在不同行业或细分市场深化运营的电子商务模式,都有其自身特点及伴生的业务难点,如何运用人工智能技术予以有效解决是学术界和产业界共同关心的问题,依然任重道远。

案例思考题:

(1)分析跨境电子商务在跨区域运营时面临的主要挑战,并探讨人工智能技术如何帮助其解决这些问题。

(2)跨境电子商务如何借助人工智能技术整合供应链,以减少运营成本和提升效率?

(3)营销渠道拓展是跨境电子商务面临的另一个难题,人工智能技术在这方面能发挥怎样的作用?

(4)如何利用人工智能技术来保障跨境电子商务交易的安全性?

(5)人工智能技术在解决跨境电子商务业务痛点时可能会遇到哪些限制或挑战?

4.3.5 人工智能生成内容引发电子商务变革

内容是互联网的重要组成部分,常见的有文本、音乐、图片和视频等形式。回顾内容生成的发展历程,大致可分为三个阶段:专家生成内容(Professional Generated Content,PGC)、用户生成内容(User Generated Content,UGC)和人工智能生成内容(Artificial Intelligence Generated Content,AIGC)。三者之间的特征对比如表 4.4 所示。

表 4.4 专家生成内容、用户生成内容及人工智能生成内容特征对比

内容特征	规模	质量	成本
专家生成内容	小	较高	高
用户生成内容	较大	较低	低
人工智能生成内容	大	有待观察	趋近于零

早期，互联网内容以专家生成内容为主，由拥有相关领域资质的专业人士或团队进行创作，参与门槛和投入成本均较高，但胜在内容质量有一定保障。之后，随着智能手机的普及和移动互联网的发展，任何用户都能够便捷地产出内容并传播内容，用户生成内容凭借其庞大的用户基数得以迅速在内容规模上超过并遥遥领先于专家生成内容，但由于用户异质性的普遍存在，用户生成内容的质量参差不齐，整体质量低于专家生成内容。从 2023 年年底开始，人工智能生成内容崭露头角，它是指利用生成对抗网络（Generative Adversarial Networks，GAN）和预训练大模型（Large-scale Pre-trained Models）等前沿人工智能技术，通过寻找已有数据模式自动生成的各类数字内容。人工智能生成内容主打由人工智能帮助甚至取代人类进行内容创作，由于内容通过自动化的方式生成，不受时间和精力限制，可以快速生成大量内容，边际成本趋近于零。目前，人工智能生成内容虽然与专业内容在深度和整体质量方面仍存在差距，但已展现出巨大的潜力。

目前，人工智能生成内容的发展正处于爆发期，各种类型内容生成技术的迭代可以说是日新月异。在文本生成方面，ChatGPT（Chat Generative Pre-trained Transformer）仅推出两月后，月活跃用户量就突破一亿，成为史上用户增长速度最快的消费级应用程序；在图像生成方面，稳定扩散（Stable Diffusion）已然取代生成对抗网络成为主流模型，而对比式无监督预训练（Contrastive Language-Image Pretraining，CLIP）则推动了跨模态生成技术的发展。随着算法迭代和算力提升，人工智能生成内容将引发一个新的内容生产革命。

新一代数字技术赋能引发了生产模式、流通模式和消费模式的深刻变革，在推动经济社会高质量发展、带动产业转型升级、释放消费潜力、创造高品质生活等方面发挥着不可替代的作用。作为引领内容生成革命的技术，人工智能生成内容正积极融入市场营销、社交媒体、电子商务等领域。例如，人工智能生成内容正用于商品展示和虚拟试用，为用户提供沉浸式的购物体验；又如，人工智能生成内容有助于客户关系管理，智能客服的广泛使用能有效提升客户管理效率；再如，依托人工智能生成内容可以打造虚拟主播，为用户提供全天候不间断的产品推介和在线服务，促进直播产业生产力的提升。然而，在为技术突破感到振奋之余，仍要对其定位保持清醒的认识，受制于技术的成熟度，当前人工智能在内容生成中还只是辅助角色，有待进一步提升。

4.4 扩展现实技术

扩展现实（Extended Reality，XR），是指通过计算机将真实与虚拟相结合的沉浸式技术，其核心主要包括虚拟现实（Virtual Reality，VR）、增强现实（Augmented Reality，AR）和混合现实（Mixed Reality，MR）。虚拟现实让用户完全沉浸在虚拟环境，增强现实创建虚拟内容叠加于真实环境，混合现实则是虚拟现实和增强现实的混合体。通过实现虚拟世界和现实世界之间的无缝转换，扩展现实技术正在创造人类"虚实融合"的新世界模式，迅速改变人类体验周围世界的方式，全方位提高效率、加强协作和促进创新。

基于人们对缩短人与人之间的距离和更丰富的视觉内容需求的不断增长,扩展现实产业的市场规模越来越大,全球市场规模2022年已达到645亿美元,预计将以43.5%的年平均增长率高速增长,在2028年达到6043亿美元。国内扩展现实产业也发展得如火如荼,预计2025年市场规模将达到2500亿元。国家五部委联合发布了《虚拟现实与行业应用融合发展行动计划》,努力加快扩展现实与产业应用的融合发展,构建完善扩展现实产业发展生态。

扩展现实产业的蓬勃发展,离不开技术的进步。扩展现实的技术体系现已初步成形,在近眼显示、渲染计算、感知交互、网络传输、内容制作等关键技术方向持续发力。随着技术的进步,扩展现实应用创新也层出不穷,在社交、教育、风控等领域正得到规模化应用。依托于扩展现实提出的"元宇宙"更是在近几年引发热潮,国内外互联网厂商纷纷入局。对电子商务领域而言,扩展现实技术使原本在真实世界中的交易过程拥有了与虚拟世界产生各种关联的可能性,正在重塑用户体验购物的方式。然而,在技术高速发展的背后,扩展现实与电子商务的融合也面临机遇与挑战并存的局面,有待进一步探索。

4.4.1 扩展现实核心概念

虚拟现实,指的是用数字生成的三维空间来代替真实空间的技术。创造这种新的环境,虚拟现实通常需要借助特殊设备(如头戴式的显示屏)的帮助,营造一个完全独立于外部真实世界的虚拟空间,并通过与其的互动来模拟沉浸感和临场感,强调模拟新的现实。相较于虚拟现实,增强现实则是将数字生成的虚拟内容映射至真实空间的技术。增强现实往往不是创造一个独立于现实的新环境,而是创造应用于现实世界的虚拟内容,强调在现实中融入虚拟。要使用增强现实,只需要一部带摄像头的智能手机或平板电脑和一个增强现实应用即可,不需要特殊的增强现实设备。虚拟现实与增强现实都属于扩展现实技术,经常被相提并论,但两者在技术目的、用户体验、用户浸入度、用户设备和技术重点等方面均有明显区别,如表4.5所示。

表4.5 虚拟现实与增强现实的主要区别

项目	虚拟现实	增强现实
技术目的	创建虚拟世界代替真实世界	创建虚拟内容叠加于真实世界
用户体验	75%虚拟+25%真实	25%虚拟+75%真实
用户浸入度	完全沉浸	部分沉浸
用户设备	需要特殊的虚拟现实设备	不需要特殊的增强现实设备
技术重点	模拟新的现实	在现实中融入虚拟

混合现实则更为复杂,一般可认为虚拟现实和增强现实的结合体。具体来说,在混合现实中,现实世界与虚拟世界融为一体。因此,它为用户提供了一个重建在现实世界之上的虚拟世界,让用户在与前者互动的同时,又不完全与后者脱离。例如,将任何一个虚拟物体放置在现实环境中,它们都会接收到现实空间和周围环境的信息,这就使像灯光等因素会直接影响用户对虚拟物体的感知。混合现实是当今扩展现实技术领域中最令人兴奋和最有希望的途径之一,但实践中仍有很多棘手的问题亟待解决。

4.4.2 扩展现实关键技术

扩展现实旨在利用硬件设备结合多种技术手段,将虚拟内容和真实场景相融合。在扩展现实技术体系中,近眼显示技术、渲染计算技术、感知交互技术、网络传输技术、内容制作技术起到了重要作用。

(1)近眼显示技术。近眼显示,是指通过置于人眼非明视距离内的显示设备在眼前构建虚拟世界的技术。作为实现虚拟现实和增强现实的重要技术支撑,近眼显示技术不断演进,正朝着高分辨率、大视场角、轻薄、小型化方向发展,旨在为用户提供足够轻薄和便携,同时内容反馈足够舒适、真实且流畅的近眼显示设备。

(2)渲染计算技术。渲染计算,指的是通过计算的方式在重建虚拟世界的过程中对物体和场景进行高效呈现的技术,主要包括光线追踪、阴影计算、反射和折射效果等。速度和质量是评价渲染技术的重要维度,学术界和工业界正在积极应用人工智能技术推动扩展现实的渲染计算处理向软硬耦合、质量效率兼顾的精细化方向发展。

(3)感知交互技术。扩展现实技术将真实世界和数字世界融合起来,创造出不同以往的交互和感知体验。感知交互技术也应运而生,旨在从视觉到听觉,从触觉到嗅觉,甚至味觉,实现追踪感知和多通道交互。其中,追踪定位技术主要包括手势追踪、眼动追踪、表情追踪、全身动捕、沉浸声场等;多通道交互技术主要包括肌电传感、气味模拟、虚拟移动、触觉反馈、脑机接口等。目前,感知交互技术正向着自然化、情景化、智能化方向继续迈进。

(4)网络传输技术。扩展现实技术需要高速的网络连接和低延迟的网络传输,以保证用户的流畅体验。尤其对虚拟现实而言,网络传输技术是满足其高交互性和实时性的重要保障。因此,工业界主推5G和千兆宽带等对扩展现实的适配,以构建全场景实时宽带通信能力,而学术界主攻近场超宽带传输技术,并探究利用云计算技术的协同架构。

(5)内容制作技术。内容观看方式和媒介的改变,也对内容制作技术提出新的要求。具体而言,内容制作过程中需要应用多模态数据采集技术,对图像、声音等内容进行高分辨率、高动态范围、高帧率的全景采集。进一步还可以结合压缩编码技术,使制作内容在高保真的前提下,能够高效传输。

4.4.3 扩展现实应用场景

依托于扩展现实技术的进步,扩展现实产业发展迅速,相关技术已在社交、教育、风控等领域得到规模化应用,创造出巨大市场价值,并保持高速增长。

(1)社交。由于扩展现实技术带来了不同于以往的感知交互体验,迅速得到Facebook、腾讯等互联网社交巨头的高度重视。Facebook于2021年正式更名为Meta,标志着其将从社交媒体扩展至虚拟现实等领域。腾讯于2022年成立扩展现实部门,加入社交网络新赛道的竞争。此外,还有很多新势力入局"扩展现实+社交",努力打造让新时代人群满意的社交服务。相较于线下社交,基于扩展现实的社交可以不受真实世界物理距离的限制,保持身临其境的沉浸感。区别于传统的线上社交,基于扩展现实的社交打通了真实世界和虚拟世界的壁垒,真实用户可以化身虚拟角色,在线上如线下般体验演唱会和博物馆等各种社交活动,在真实和虚拟间穿梭。

(2)教育。扩展现实技术,尤其是虚拟现实技术,在教育行业的应用落地也发展很快，在课堂教学和科研教学中已有很成功的应用。例如，在课堂教学中，虚拟现实技术可通过自然的交互方式，将抽象的学习内容可视化、形象化，为学生提供传统教材无法实现的沉浸式学习体验，提升学生获取知识的主动性，实现更高的知识保留度。又如，在科研教学中，由于成本因素制约，供学生进行真实练习的资源往往有限，且无法重复利用。虚拟现实技术能以相对较低的成本让学生在虚拟环境中反复练习，虽然尚未完全取代真实练习，但已经可以作为学生提前演练和强化训练的手段，在生物医学等学科中有很高的推广价值。

（3）风控。扩展现实技术对于真实世界中的风险控制同样有着很大的帮助。例如，在工业生产制造过程中，扩展现实技术可以帮助生产人员远程对设备运转状态、生产环境及潜在隐患等关键信息进行监测和排查，有利于全面、准确、实时了解整体生产制造情况，从而提高生产安全系数和生产效率，并有效降低基层运维巡检的工作量和危险性。又如，在自动驾驶领域，虚拟现实技术可以模拟真实道路环境进行测试，帮助工业界在不能无限扩大自动驾驶测试车队规模的情况下提升快速迭代能力。

4.4.4 扩展现实赋能电子商务

扩展现实技术的持续进步，使电子商务购物体验从平面页面拓展到更为广阔的领域，消费者也乐于接受虚拟与现实相结合的购物环境。有数据显示，64%的消费者在2021年曾购买过虚拟产品或尝试过扩展现实体验或服务，83%的消费者表示对在虚拟世界中购物感兴趣。电子商务可从全息构建、全息仿真、虚实融合和虚实联动这四个层级在虚拟世界中重塑"人—货—场"之间的关系，实现全新的沉浸式多感官交互购物体验。例如，消费者在选购服装鞋帽时，可以借助虚拟现实应用进行试穿，得到更为直观的审美体验。又如，消费者在选购家具饰品时，可以使用增强现实应用，看到家具饰品在居住空间中的效果。

通过进一步集成云计算、人工智能、区块链等技术，元宇宙（Metaverse）这一概念也在电子商务领域生根发芽。具体而言，元宇宙指的是人类运用数字技术构建的，由现实世界映射或超越现实世界的，可与现实世界交互的虚拟世界，具备新型社会体系的数字生活空间。元宇宙电子商务便是基于元宇宙的扩展现实购物场景，具有打破时空限制、增强互动体验、降低经营成本等优势。近年来，中国企业也纷纷探索元宇宙电子商务场景，以寻求业务发展新动能。

案例4-5：中国企业探索元宇宙电子商务场景

随着国内扩展现实产业在多项关键技术上取得重大突破，中国企业纷纷探索元宇宙电子商务场景，构建虚拟的购物空间，开启沉浸式购物体验，已然成为淘宝、天猫、京东、拼多多等电子商务企业竞争的新方向。

2022年天猫"双11"期间，一个名为"未来城"的虚拟空间在手机淘宝上线。在这个虚拟空间中，有商业街、有广告屏，用户可以通过淘宝人生以虚拟形象进入，在其中逛街、购物、与他人互动。与传统电子商务应用相比，虚拟空间具有更强的真实感和沉浸感。除淘宝外，阿里巴巴旗下的天猫也拥有元宇宙通道"任意门"，用户可以在手机天猫体验逛街、看展、露营,甚至"试驾"汽车,遇到心仪的商品,更可360°查看细节,试穿试戴,预览真实效果。

无独有偶,京东还将部分购物消费场景搬进元宇宙空间以吸引用户。2022年10月18日,京东科技支持的太一集团与大唐不夜城联手打造的中国首个文旅电子商务元宇宙——大唐灵境,正式开放虚拟商业街。在古长安城造型的场景中,有数百个品牌和数千家商家已预约入驻。用户可以在"大唐灵境"实现虚拟逛街、购物,也可以与小伙伴们一起游玩、看直播和各种现场表演。

2022年,在上海五五购物节期间,东方卫视首次打造的"元宇宙"互动场景,集购物街区、品牌商店、文旅景点、数字场馆等业态于一体。让用户在体验新电子商务消费乐趣的同时,也能感受扩展现实技术驱动下带来的创新变化。

近年来,元宇宙为电子商务领域带来许多新的机遇,越来越多的国内企业和品牌开始布局元宇宙电子商务。但头部公司在元宇宙发展上纷纷陷入困境,元宇宙电子商务的发展并不会一帆风顺,会遭遇如社会接受度、数据安全、硬件瓶颈等挑战。如何培养核心竞争力在这场关于元宇宙电子商务的长跑中胜出,是国内企业需要思考的问题。

案例思考题:

(1)请分析"未来城"和"任意门"这两个虚拟空间案例,并讨论它们为电子商务行业带来哪些新的可能性?

(2)思考"大唐灵境"虚拟商业街对于品牌和商家的意义,以及它如何推动电子商务行业的新发展?

(3)如何理解"元宇宙"互动场景在电子商务消费中的应用,以及它对用户体验的提升?

(4)在文旅电子商务元宇宙中,如何保障用户隐私和数据安全?

(5)分析文旅电子商务元宇宙未来可能面临的挑战和机遇,以及企业如何抓住这些机遇来推动业务发展?

本章小结

本章揭示了电子商务行业在数字技术环境下蓬勃发展的态势,并通过深入剖析云计算、区块链、人工智能、扩展现实等新兴技术在电子商务领域中的应用,阐述了这些技术如何全方位赋能电子商务行业,为其实现高质量创新发展提供了强有力的支撑。在未来,电子商务从业者需要保持对这些新兴技术的敏感性,不断学习并将其应用于实际业务,以赢得在竞争激烈的市场中的优势地位。

本章思考题

1. 云计算技术如何改变了电子商务的基础架构和运营方式?

2. 云计算如何提高电子商务的可靠性和稳定性？尤其是在高流量期间？
3. 区块链技术如何应用于电子商务的供应链管理？有哪些潜在的优势？
4. 区块链技术如何增强电子商务中的身份认证和用户隐私保护？
5. 人工智能技术如何优化电子商务中的库存管理和预测需求？
6. 人工智能技术在电子商务中的价格策略和促销方面有何应用？
7. 扩展现实技术如何在电子商务中促进线上和线下的融合体验？
8. 扩展现实技术在电子商务中的虚拟试衣间和产品定制方面有何潜力？
9. 人工智能生成内容的出现是否会引发电子商务的新一轮变革？
10. 除以上新兴技术之外，还有哪些技术值得电子商务领域关注？

第二篇　运营管理篇

第 5 章
电子商务营销

学习目标

1. 掌握网络营销的含义、特点及其与传统营销的区别与联系，了解网络营销的发展过程。
2. 深入理解各种网络营销理论，并能够在实际中运用。
3. 掌握网络营销策划的基本流程，包括市场调研、目标市场选择、产品定位、营销组合策略的制订等，能够根据企业实际情况制订有效的营销策划方案。
4. 学习如何确定营销策略，并根据营销效果对其进行评价，以便不断优化营销方案。
5. 了解关系营销的概念，掌握客户关系管理的基本原则和方法，能够运用 CRM 系统进行客户关系的维护和管理。

    通过本章的学习，从整体上了解网络营销基础知识体系与发展趋势，熟悉网络营销运作的技术环境，掌握网络营销的常用工具、基本方法体系和网络营销的实用技能，初步具备网络营销运营实施的能力。

案例 5-1：海尔微博营销

海尔集团创产于 1984 年，是全球大型家电品牌，目前已从传统制造家电产品的企业转型为面向全社会孵化创客的平台。在互联网时代，海尔致力于成为互联网企业，颠覆传统企业自成体系的封闭系统，变成网络互联中的节点，互联互通各种资源，打造共创共赢新平台，实现攸关各方的共赢增值。提起海尔，很多人的印象还停留在海尔兄弟动画片和民族企业的形象上，但是如今的海尔在国内最大微博平台上却悄然走红。

这件事还是要从一位网友的微博文章说起。2016 年 10 月 24 日，微博网友发布了一条微博称苦恼如何选择豆浆机，并@了豆浆机几大厂商的官方微博，如图 5.1 所示。

图 5.1　网友微博截图

令大家都没想到的是，该条微博随后引发了各大豆浆机品牌的关注，甚至波及各行各业的企业官方微博，成为一场微博企业官方微博营销大事件。在这场热闹的网络炒作中，海尔的身影也出现在该条微博的评论中。能在如此现象级的微博中拔得热门回复的头筹，可见海尔的网红潜质已经开始显露，如图 5.2 所示。

企业官方微博是企业向民众表达自己企业发展理念和发展动态的工具，企业官方微博作为企业产品和理念传声筒的刻板印象早已深入人心，微博里不外乎广告和抽奖，此次联合的互动，让众多网友惊叹：没想到你们是这样的企业号！此次互动不但让众多企业的曝光度大大提升，广告硬植入的不适感也完全消失，可以说这是一次典型的互联网思维方式的成功网络营销案例，如图 5.3 所示。

海尔的身影自然也出现在了该条微博的评论中，并且以 47064 点赞量位列热门回复首位，成为带头"搞事情"的官方微博之一，如图 5.4 所示。

图 5.2 网友微博讨论　　　　图 5.3 企业官方微博回复

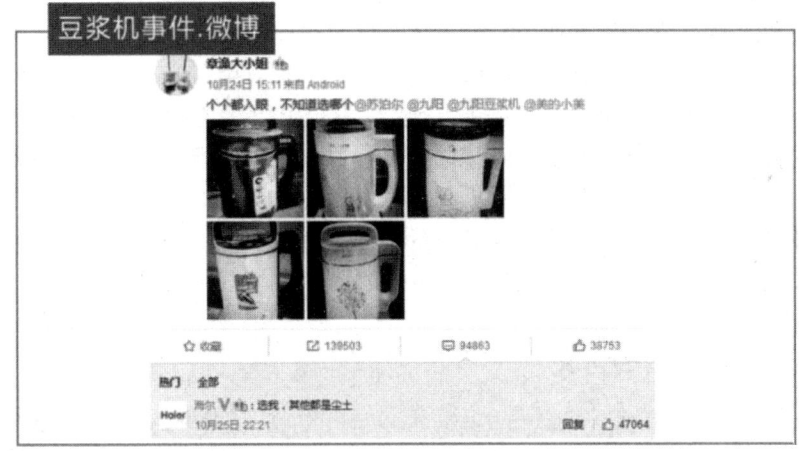

图 5.4 微博转发分析

总有人认为微博福利的年代已经过去,微博营销和微博不再引人注目了,所以当这次微博的热门事件过去后,有人认为,企业的微博红利期高峰已过,在 99%的企业账号都开始降低更新频次,削减运营团队之时,海尔却反其道而行之,不断更新微博,在各大微博红人区抢热门评论,抢回复,与网友互动,看起来和普通"吃瓜群众"一样,在众多网友感叹的同时再次在微博上形成一股热潮:没想到你是这样的海尔!在这次的微博营销中,海尔无疑取得了巨大的成功,其成功在于勇于破旧迎新,在微博上的去官方化,致力于趣味化、年轻化,不但顺应了时代的潮流,在更接地气的同时,也实现了人们对企业新的观感和美誉度。

案例思考题：
（1）分析海尔在微博营销中的策略，并探讨其与其他企业不同的地方。
（2）在许多人认为微博营销红利期已过的时候，海尔为什么选择继续加大微博营销力度？
（3）海尔与微博红人和网友互动的策略对其营销效果有何影响？如何增强品牌的亲和力和用户黏性。
（4）海尔微博营销的成功给我们带来哪些启示？总结海尔微博营销案例中的成功要素，提炼出适用于其他企业的营销经验和教训。
（5）如何理解"勇于破旧迎新"在海尔微博营销中的重要性？

5.1 网络营销概述

从第一次工业革命到第二次工业革命开始，营销就不断伴随着社会主流时代特征的变化而发展，当时的营销以平面媒体作为主要传播途径，有代表性的传播内容就是文字和图片，这就是"营销1.0"时代。从20世纪初到20世纪80年代，也就是人类社会从电气时代到科技时代，从第二次工业革命到第三次工业革命时期，多媒体广告的崛起标志着"营销2.0"时代的来临，这一时期音视频成为营销的代表性传播内容。"营销3.0"时代主要是指互联网飞速发展的20年，这一时期被称作科技时代、信息时代及互联网时代，生物技术、新能源和空间技术都开始得到了广泛应用，这一时期营销的代表性传播途径开始由传统媒体向互联网媒体进行转型，传播内容呈互动化、碎片化的特点。目前营销已经经历了3个不同的发展时代，而随着数据时代和智能互联网时代的到来，第四次工业革命、人工智能和物联网等全新的技术开始改变人们的生活方式，营销也将在这场社会变革中迎来全新的"营销4.0"时代。未来的"营销4.0"会涉及大数据深度应用，全新的内容交互模式，人与机器、机器与机器的互联在内的各方面。

5.1.1 网络营销的含义

1994年是网络营销发展的重要一年，在网络广告诞生的同时，基于互联网的知名搜索引擎Yahoo、Webcrawler、Infoseek、Lycos相继诞生。在这一年发生了"第一起利用互联网赚钱"的"律师事件"，促使人们开始对E-mail营销进行深入思考，也直接促成了网络营销概念的形成。1994年4月12日，美国亚利桑那州两位从事移民签证咨询服务的律师Laurence Canter和Martha Siegel（两人为夫妻关系），把一封"绿卡抽奖"的广告信发到他们可以发现的每个新闻组，这在当时引起了轩然大波，他们的"邮件炸弹"让许多服务商的服务处于瘫痪状态。有趣的是，两位律师在1996年还合作出版了一本书——《网络赚钱术》，书中介绍了他们这次的辉煌经历：通过互联网发布广告信息，只花了20美元的上网通信费用就引来了25000名客户，赚了10万美元。

网络营销的概念是在20世纪90年代最早被提出的，即利用计算机技术，以网络为媒介，对各种产品和服务的信息资源实现有效收集、整理、传递与应用的一种新型的商业运营方式。从广义上说，它是指在全球范围内，以电子化的手段来完成的商务活动。

网络营销是指企业以互联网为载体，以网络信息的交互性为基础，通过对市场的定位、目标顾客群的挖掘、产品的设计和宣传等一系列活动来实现营销的一种新型的商业运营模式。Philip Kolter 首先提出"在线营销"这一概念，他指出企业营销的方式从地点营销转向计算机营销。John Flower 认为网络营销是一种新型的营销模式，它利用现代网络和媒体来实现企业的营销目标，它是如今在世界上发展旺盛的电子商务的主要成分，是网络和传统营销模式相互影响所产生的结果。冯英健认为网络营销的关键在于网络营销的职能，通过职能体现其具体流程。孔伟成指出企业必须实现信息化才能得到更好的发展，而企业要想实现信息化，网络营销是必由之路。卢泰宏将网络营销定义为一个战略管理的流程，在这个流程中，网络营销以网络为基础，为顾客完成服务并进行交流。

企业网络营销即在网上进行产品销售，是现代化企业销售的主要方式与手段，不仅能满足各类顾客的需求，也能从时间与空间上节约运营成本。随着网络技术的深入应用，企业能够通过网络营销拓展市场，进一步提高其经济收益。网络营销需要进行顾客分析与产品调研，了解顾客的真实需求，设计完善的销售方案，还需提供完善的售后服务，持续保障顾客的经济利益。网络营销已经逐渐取代了传统的营销方式，能够打破消费限制，让企业与顾客间建立更加完善和谐的关系。网络营销不仅能让顾客有更多的自主选择权利，还能让企业的销售管理更加完善，企业需要不断创新网络营销方式，发现更多优质的销售渠道，还需要加强营销管理，用系统化的管理手段来满足网络营销的需求，让企业不断发展壮大。

可以看出学术界对网络营销的概念还没有一致的认定，对网络营销的内涵，至少可以从以下几个方面来理解。

（1）网络营销充分利用网络的快速、便捷、不受时间和空间限制的特点，可以进行跨越时空的营销活动。

（2）网络营销不仅是营销手段的变革，而且是营销观念和营销文化的变革，迫使企业树立"以顾客的需要"为中心的营销观念。

（3）网络有自己独特的文化。企业进行网络营销是以融合于网络文化的营销文化为核心的。企业网络营销文化只有融合于网络文化中，使企业被网络所接纳，成为网络的一员，才能开展有效的营销活动。

（4）以顾客的效用最大化为目标是进行网络营销的唯一选择，其原因在于：只有以顾客的效用最大化为目标，才能真正提高顾客满意度，吸引顾客访问企业的站点，购买企业的产品，并且只有以顾客的效用最大化为目标才能真正赢得竞争优势。

5.1.2 网络营销的特点

在传统的销售模式中，企业会根据细分市场的不同，积累一定的固定顾客群体，但受工作环境约束和销售的限制，并不能完全满足顾客群体的需求。在网络营销方式中，针对每位顾客，要有更多的服务举措，在服务时间、空间、方式、内容和形式上不断量化服务细节，以满足顾客个性化的服务需求。网络技术可以不受地域和时空局限，帮助企业扩大服务范围和受众群体，而顾客通过网络营销服务，可以增加选择机会，从而确保线上企业和顾客黏性。网络营销以实际的交易来往为基础，是一种营销贸易的活动。以网络为媒介进行营销和贸易，同时利用网络技术，企业营销人员可以收集顾客购买物品的偏好和数量等信息，分析顾客潜在的需求，逐渐提高其产品特征，并根据实际情况，制订营销策略，提高企业的市场占有率。

随着互联网技术的进步，网络营销得以快速发展，高信息性、技术性、针对性及低成本性等特点使网络营销具备了传统营销无法取代的竞争优势，成为企业整体营销战略中重要的组成部分。由网络社交而产生发展起来的社会化媒体对传统媒体的冲击，既打破了传统媒体单向传递信息的方式，也突破了现有的网络营销模式，社会化媒体营销应运而生，并以其高参与性、社区化的深度交流性成为网络营销的首选模式。

网络营销具有传播范围广、速度快、不受时间空间限制、营销成本低等优势，与传统营销相比，网络营销与传统营销在商业本质上相同，都需要经历一系列的经营活动，达到满足用户需求的目的，但其具有传统营销无法比拟的特点，具体表现如下。

（1）互动性。在传统营销中，顾客处于被动的地位，而在网络的虚拟环境中，顾客可以与商家进行充分沟通和交流，并能够随时随地获取所需要的商品或服务。

（2）个性化。在网上购物时，顾客会根据自己的爱好选择相应的商品或服务，并且会对其价格作出一定的选择，使其更加符合自己的需求。

（3）成本低。由于网络具有开放的特性和共享性，使买卖双方的交易变得非常简便，还能节约时间，降低了企业的经营费用。因此，对大多数中小型企业来说，利用这种新方式来提高自身的竞争力是十分有必要的，同时有利于其扩大规模，增强实力，促进经济的发展与进步。

（4）双向互动交流。网络营销不再是传统的 1 对 N 的信息沟通，而是 1 对 1 的沟通，具有双向交互反馈功能，企业可随时与顾客进行实时交流，进行产品测试、顾客满意度调查等活动，不仅提高了顾客的参与性和积极性，也提高了企业营销的针对性，有助于实现企业的全程营销目标。

（5）方便性和自主性。网络营销为顾客提供了一个产品信息的聚集地。而顾客可以根据自己的需求自主选择感兴趣的且符合自身需求的产品，电子支付等工具的产生使这种消费过程变得便捷和迅速。

5.1.3　网络营销与传统营销的区别与联系

网络营销与传统营销活动相比，有着本质的区别。网络营销基于互联网技术实现，传统营销则基于线下实际情况开展。与传统营销方式不同，网络营销要求企业部门、人员配置主要围绕信息流、资金流和物流三方面开展，其管理方式更趋现代化。

网络营销与传统营销相辅相成，网络营销要想取得较好的成果，必须建立在传统营销的经验基础上。网络营销并不是简单的网络销售，它包含传统营销的全部内容，拓宽了传统营销的渠道，将企业营销置于互联网领域，从而降低企业的营销费用，使企业有更多的资金研发产品或开拓新市场。

网络营销与传统营销的区别。

1）空间对象的区别

与传统营销相比，网络营销打破了空间上的限制，将营销场所从现实空间转移到了虚拟空间，营销的对象也从有限人群拓展到了全球的网络用户。传统营销面对的是有限的人群，提供的销售服务也相对单一，而网络营销能够更全面地满足顾客需求，为顾客提供更加便捷的服务。

2）营销策略的不同

传统的市场营销是通过产品、价格、渠道及促销手段进行实体市场的生产与销售，而网络营销是在传统营销的基础上，建立与顾客之间的联系，能够节约销售的时间与成本，为顾客提供更加便利的服务，也能及时与顾客完成深入沟通，实现以市场为导向的发展目标。传统营销是围绕企业产品进行的实体化销售，网络营销则更注重顾客的体验感，以服务顾客为主要目的，改变市场的销售模式，也为企业的发展提供了更多可能性。

3）沟通方式的差异

销售是建立在沟通基础上的企业运营活动，传统营销主要通过电视与媒体进行销售宣传，方式相对单一，内容也受到一定的限制，再加上传统营销面向的是实体市场，只能满足部分顾客的需求，企业无法了解顾客的真实需求，也无法得到顾客的详细反馈，长此以往不利于企业的创新发展，不能完全打开市场销路。网络营销是通过互联网技术进行的创新性销售实践，与单向的信息沟通模式不同，网络营销采取了互动的沟通方式，能够及时了解顾客的真实需求，以网络为媒介，企业能够与顾客建立互动关系，能够实现与顾客的深入交流。现代网络资源较为丰富，顾客能按照自己的需求寻找合适的产品，企业也能从顾客的反馈中了解到产品的问题，这样有利于信息时代的沟通发展，能让企业与顾客实现双向对话，这是传统营销无法实现的，也是未来企业发展需要的创新性改革突破。

4）营销理念的不同

传统的市场营销观念，如生产观念、产品观念、推销理念等，以企业的利益为中心，未能充分考虑顾客的需求。网络营销具有传统营销无法比拟的优势，不仅大企业可以利用，中小企业也可以利用此发掘商机，进行商业活动，将小企业做大。

5）信息传播模式和内容的转变

传统营销争取顾客的手段是单向的信息传播方式（如广告宣传），顾客处于被动地位，他们只能根据企业提供的固定信息来决定购买意向，存疑之处无法反馈。网络营销的互动性极强，有助于实现企业的全程目标，除了便于企业与顾客双向沟通，还能使企业了解国际市场同类产品的相关信息，即时收集到顾客的反馈信息。

6）对顾客需求的态度不同

网络营销的一个突出特点是网络用户个性化日益突出，同传统营销相比，网络营销更关注顾客的变化，把握顾客需求的变化。

7）网络营销使顾客在消费过程中更加容易、理智

顾客足不出户便可了解所需要商品丰富的相关信息，扭转了传统模式中顾客的劣势位置，可以选择到更适合、更满意的产品。

8）营销竞争方式的差异

传统营销是在现实空间中进行的面对面竞争，游戏规则是"大鱼吃小鱼"，而网络营销是通过网络虚拟空间进入企业、家庭等现实空间，游戏规则是"快鱼吃慢鱼"。后者使各中小企业在更有望实现全球营销的同时，还能有效降低企业的成本费用，增加竞争优势。

5.1.4 中国网络营销的发展历程

中国网络营销起步较晚，1997年是中国网络营销的诞生年，中国网络营销的发展历

程可以分为四个阶段。

第一阶段：网络营销的传奇阶段（1997年前）。

在1997年前，中国已经有了互联网，但那个时候的互联网主要是为政府单位、科研机构所使用，还未用于商业，直到1996年，中国的企业才开始尝试使用互联网。那个时候网络营销的特点：网络营销概念和方法不明确，绝大多数企业对上网几乎一无所知，能否产生效果主要取决于偶然因素。

因此，那个时候的网络营销事件具有传奇色彩，如"山东农民网上卖大蒜"堪称网络营销神话：当拥有"中华蒜都""大蒜之乡"西李村的农民自己生产的菠菜每斤两三分钱还无人问津时，1996年5月，山东省金乡县村民李敬峰走进Internet，注册了自己的一个域名，把西李村的大蒜、菠菜、胡萝卜等产品信息一股脑儿搬到Internet，发布到世界各地。1998年7月，青岛外贸通过网址主动与李敬峰取得了联系，两次出口大蒜870吨，销售额270万元。Internet让他们把菠菜卖到每公斤1元多的好价钱还供不应求。

第二阶段：网络营销的萌芽阶段（1997—2000年）。

1997—2000年是我国网络营销的萌芽阶段，随着互联网在企业中的广泛使用，电子商务呈现快速发展的态势，越来越多的企业开始注重网络营销，根据相关数据统计：1997年10月底，我国上网人数为62万，万维网站点数大约1500个，到2000年年底，国内上网人数已经达2250万，万维网网站数量达到265405个。

1997—2000年，国内发生了好几起具有标志性意义的网络营销事件：1997年2月，ChinaByte开通免费新闻邮件服务，同年12月，新闻邮件订户数接近3万；1997年3月，在ChinaByte网站上出现了第一个商业性网络广告；1997年11月，首家专业的网络杂志发行商"索易"开始提供第一份免费的网络杂志；1999年，B2B网站阿里巴巴、B2C网站8848等网站成立……

在这个阶段，越来越多的企业开始涉足互联网，电子商务也开始从神话转向现实。而2000年上半年互联网泡沫的破灭，刺激了网络营销的应用。

第三阶段：网络营销的应用和发展阶段（2001—2010年）。

网络营销服务市场初步形成，企业网站建设发展迅速，专业化程度越来越高；网络广告形式不断创新，应用不断发展；搜索引擎营销向更深层次发展，形成了基于自然检索的搜索引擎推广方式和付费搜索引擎广告等模式；网络论坛、博客、RSS、聊天工具、网络游戏等网络介质不断涌现和发展。

第四阶段：网络营销社交移动化阶段（2011年至今）。

互联网+、O2O电子商务体系的冲击带动营销业走上更快的发展轨道。社交营销占据主导方向，以移动网络营销、微信公众号、微营销为主，博客、论坛等渠道为辅。

5.2　网络营销理论

网络营销虽然是一个比较新的学科分支，同其他许多学科一样，网络营销也有着广泛而深厚的理论基础，网络营销的环境日新月异，越是如此，就越要重视理论，因为理论阐明的正是变化中的不变量。

5.2.1 电子商务经济学

电子商务经济学是研究因电子商务而引发的各种经济现象及其规律,从而为电子商务实践提供理论指导的一门经济学分支学科,它主要讨论同电子商务有关的重要的微观和宏观经济学问题。电子商务经济学是电子商务专业的核心课程之一。

电子商务经济学研究的问题涉及范围很广,从大的方面可以分为微观经济学和宏观经济学两类。前者主要涉及消费者和企业在电子化市场和传统市场(跨市场)上的行为,后者主要关心电子商务对一个经济体在宏观上的影响。微观经济学包括电子商务的基本模式;电子化市场的各种形式及其特点;动态定价的优点和局限性;消费者和商家上网交易的经济学原因;网上交易对消费者和商家的影响;个性化技术和智能代理技术对商家和消费者的影响;价格歧视、产品差异化、一对一营销和批量定制对商家和消费者的影响;各种 B2B 的交易模式,如一对一模式、一对多模式和多对多模式的比较;谈判理论在电子商务中的应用等。宏观经济学包括电子商务对经济周期的影响;电子商务对通货膨胀和就业的影响;电子商务对经济增长的贡献;税收政策对电子商务的影响等。

谢康教授认为,电子商务经济学研究由三类基本问题构成。

一是将电子商务作为一个市场和一种数字服务产品而展开的研究,包括电子商务市场的形成、电子商务市场规模的测度与分析(如数字商品市场的测度与分析等)、市场构成、市场的演化和发展及电子商务对企业和消费者福利的影响等。

二是着重研究在线市场如何影响离线市场的竞争和发展,或者研究离线市场的竞争如何影响在线市场的结构,包括在线市场价格离散和灵敏度等内容的分析、数字产品定价与价格歧视、中介作用、垄断与竞争分析、知识产权管理、企业盈利模式与商业模型等。此外,还包括电子商务如何创造市场价值,特别是离线市场价值与在线市场价值之间如何相互转移等问题的研究。电子商务的价值创造和价值转移问题构成电子商务经济学研究的基本问题,甚至可以说这个问题始终贯穿于电子商务经济学研究和发展的全过程。

三是侧重于研究电子商务的宏观经济影响,包括电子商务对国家福利的短期与长期影响,电子商务对技术进步、市场效率、就业、税收、金融、投资和国际贸易及国际关系等方面的影响等。

三类问题中同网络营销关系最直接的是前两类问题,但第三类问题对网络营销者分析市场环境的变化也有指导意义。例如,电子商务的出现被证明对商业周期、通货膨胀率和就业率等都有影响,而这些构成了市场环境的重要方面。经济工程是经济理论(包括市场工程)到企业经营管理间的一个桥梁,电子商务(包括网络营销)是实践经济工程的理想领域。

5.2.2 消费者行为理论

消费者行为理论是市场营销的基础理论之一,但最早开始研究消费者行为理论的专业群体却是经济学家。不过,经济学家的研究局限于消费者行为的经济学分析,并且使用了过多的理想化假设。要全面理解消费者行为必须同时考虑经济、社会和消费者心理等方面,20 世纪 60 年代后,消费者行为理论发展成市场营销的一个独立分支。从定义上看,消费者行为理论是研究个人、群体或组织为满足自身需求而选择、获取、使用和处置产品、服务、体验或观念的过程及该过程对消费者和社会的影响的学科。

（1）消费者行为理论既涉及个人行为也涉及群体行为，不仅要研究个人自身的行为，也要研究人与人之间行为相互影响的机制。

（2）消费者行为理论不仅关心消费者的商品购买行为，还关心消费者使用和处置商品的行为。一般的企业往往强调前者而忽略了后者，但孤立地研究消费者购买行为只能形成对消费者不完全的了解，处置商品的方式还可能对人类生存环境产生长期影响，所以一个有社会责任感的企业应该鼓励消费者正确地处置因使用自己售出的商品而产生的各种垃圾。

（3）消费者行为理论不仅研究实物商品的选购和消费，还研究数字产品、服务和观念的选购和消费。

（4）消费者行为对社会的影响也是消费者行为理论要研究的一个问题，因为有社会责任感的企业不是要鼓励或利用消费者的不理智消费行为，而是要引导其向理性的方向发展。

（5）消费者行为理论又称为买方行为理论，因为它不仅研究最终消费者的购买行为，也研究企业的采购行为。消费者行为理论研究的核心是消费者如何进行购买决策，即消费者为什么会购买、何时购买、向谁购买、怎样购买等问题。对网络营销而言，消费者的网络使用习惯也是研究者关注的一个焦点。

5.2.3　整合营销传播理论

整合营销传播理论（Integrated Marketing Communications，IMC），简称整合营销理论，整合营销传播理论的名称很容易让人误解为是有关营销传播的理论，实际上它是一种相当系统的营销理论，整合营销传播理论的倡导者有句格言："营销就是传播"。同时，他们认为当前能为企业带来竞争优势的领域只有两个：一是传播，二是物流。这一貌似极端的看法其实大有深意，商务最重要的流程可以被分成四类：物流、信息流、资金流和商流，其中以物流和信息流最为基本。营销传播理论就是有关营销的信息流理论。

整合营销传播理论指由于网络信息沟通的双向互动性，使消费者真正参与到企业的整个营销过程成为可能，消费者参与的主动性、选择性加强，消费者在整个营销过程中的地位比传统营销得到了提高。网络整合营销是把营销战略和互联网技术结合起来的一种结构性方法，有助于综合运用一系列互联网技术来销售产品和服务，影响利益相关者（特别是消费者）的态度，从而实现营销目标。它指导网络营销对营销策略的研究更加注重互动性和整合性，既要体现消费者参与营销的思想，又要把各类互联网技术与新的营销变量结合起来，达到与广泛利益相关者进行沟通的目的。网络互动的特性使消费者真正参与到整个营销过程中，消费者参与和选择的主动性都得到增强，在满足个性化消费需求的驱动下，企业必须严格执行以消费者需求为出发点，以满足消费者需求为归宿点的现代市场营销思想，否则消费者就会选择其他企业的产品。这样，网络营销首先要求把消费者整合到整个营销过程中，从他们的需求出发开始整个营销过程。它的理论模式：营销过程的起点是消费者的需求；营销决策是在满足 4C 要求前提下的企业利润最大化，最终实现的是消费者需求的满足和企业利润的最大化，而由于消费者个性化需求的良好满足，他们对企业产品、服务产生了良好印象，在他们第二次需求该种产品时，会对该企业的产品、服务产生偏好，他们会优先选择该企业的产品和服务。第二轮交互产品和服务可能更好地满足他们的需求，如此循环往复，企业和消费者间的关系就变得非常紧密，形成一对一的营销关系。

5.2.4 网络直复营销理论

网络直复营销是指企业通过网络分销渠道直接销售产品，并实现企业和消费者之间的交互。在传统营销中，企业的产品往往要经过多层中间商的传递，市场反应和消费者的反馈周期长，而网络营销是典型的直复营销。直复营销中的直（其实是"直接"，是Direct的缩写），是指不通过中间分销渠道而直接通过媒体连接企业和消费者，通过网络销售产品使消费者可以利用网络直接向企业下订单、付款，没有中间分销渠道。直复营销中的"复"（其实是回复，是Response的缩写）是指企业和消费者间的交互。消费者对企业这种营销努力有一个明确的回复，且可以统计到这种明确回复的数据，由此可以对以往的营销效果作出评价。网络直复营销最大的特点就是企业和消费者的交互，不仅可以获得订单的交互，还可以获得消费者其他数据，甚至建议。

5.2.5 网络关系营销理论

关系营销的核心是保持消费者，为消费者提供高度满意的产品和服务价值。通过加强与消费者的联系，提供有效的消费者服务，保持与消费者的长期关系，并在与消费者保持长期关系的基础上开展营销活动，实现企业的营销目标。实现关系营销并不是以损害企业利益为代价的。研究发现，争取一个新消费者的营销费用是保持老消费者费用的5倍。因此加强与消费者的关系并建立消费者的忠诚度，是可以为企业带来长远利益的。它提倡的是企业与消费者的双赢策略，互联网作为一种有效的双向沟通渠道，使企业与消费者之间可以实现低成本的沟通与交流，是企业与消费者建立长期关系的有效保障。首先，利用互联网企业可以直接接收消费者的订单，消费者可直接提出自己的个性化需求。企业根据消费者的个性化需求，利用柔性化的生产技术，最大限度地满足消费者的需求，为消费者在消费产品和服务时创造更多的价值。企业也可以通过消费者的需求了解市场，细分市场并锁定市场，最大限度地降低营销费用，提高对市场的反应速度。其次，利用互联网企业可以更好地为消费者提供服务和与消费者保持联系，互联网不受时间和空间限制的特性，能最大限度地方便消费者与企业进行沟通。消费者可以通过互联网在最短时间内获得企业的服务。同时通过互联网交易方式，企业可以实现对产品质量、服务质量和交易服务过程的全程质量控制。最后，通过互联网企业还可以与其他相关企业建立联系，实现双赢发展。互联网作为最廉价的沟通渠道，它能以低廉的成本帮助企业和企业的供应商、分销商等建立协作伙伴关系。

5.2.6 网络软营销理论

网络软营销是指在网络环境下，企业向消费者传送信息及采用的促销手段。更具理性化，更易于被消费者接受，进而实现信息共享和营销整合。软营销理论是从消费者心理变化方面导出的一个网络营销理论。导出这个理论的原因仍是网络本身的特点和个性化消费需求的回归。个性化消费需求的回归，使消费者在心理上要求自己成为主动方，而网络的互动性又使他们成为主动方有了可能。他们不欢迎不请自到的广告，但他们会在某种个性化需求的驱动下，自己到网上寻找相关的信息和广告。软营销的特征就体现在遵循网络礼仪的同时，通过对网络礼仪的巧妙运用，从而获得一种微妙的营销效果。与软营销相对应的是工业化大规模生产时代的强势营销。传统营销中最能体现强势营销特征的是两种促销手段：传统广告和人员推销传统广告是以一种信息灌输的方式在消费者心中留下深刻印象，但却很少考虑到消费者需不需要这类信息，喜不喜欢他的产品和服务。推销人员一般不事先征求推销对象的允许或请求，而是主动敲开消费者的门，这些促销手段会使消费者越来越感到厌倦和不信任。在网上这种以企业为主动方的强势营销（无论是有直接商业利润目的的推销行为，还是没有直接商业目标的主动行为）是行不通的。网络营销必须遵循一定的规则，即"网络礼仪"，网络礼仪是网上一切行为都必须遵循的规则，网络营销也不例外。概括地说，软营销和强势营销的根本区别就在于：软营销的主动方是消费者，而强势营销的主动方是企业。

5.2.7 数据库营销理论

数据库营销是通过建立、维护和利用消费者数据库及其他数据库（有关产品、供应商和分销商）达到交易的目的。消费者数据库是有关每个消费者或潜在消费者个人的有组织的数据集合。这些数据是实时的、可以查询的，并且出于一些市场营销目的，如产品开发和市场定位、产品或服务的销售、关系的保持等，企业可以依照数据采取行动。

如今，所有拥有数据库的公司都在利用直复营销技术，如制造厂家、服务行业、零售企业，甚至非盈利机构。他们运用直复营销技术来应对大众化市场的"小众化"趋势，依靠了解消费者个人的需求来识别市场层次。因为计算机技术使收集和更新消费者信息成为可能，商家获得了比以往任何时候都多的信息和数据。它们来自消费者态度、地理位置、生活方式、财务和调查等。这些数据可以帮助企业识别不同类型消费者的特征，即对企业来说是最佳的、最糟的和介于两者之间的消费者类别。数据为消费者群的细分提供了基础，使消费者可以被归类为相似特征、态度和需求的相对统一的群体，数据也对企业辨识潜在消费者起到重要作用，可以帮助企业找出与最佳消费者具有相似特征的人。数据库人士做名单分类所使用的一个著名规则为"RFM 选择"，3 个字母分别代表 Recency（最近）、Frequency（频率）、Monetary（金额）。其理由是新近订购的人比一年以前订购的人更有可能再订货；经常订货的人是公司想获得的消费者，因为他们能为公司带来更多的业务；消费者每次购买的平均金额越大，对公司的价值也越大。其中最重要的是第一个因素，因为数据库要实时更新，否则就会失去其利用价值。

网络营销是一种典型的数据库营销。互联网为销售者们提供信息、产品和服务的快速、经济的沟通方式。在互联网上有各种各样的数据库，它们提供了广泛的、多样化的行业信息，任何人都可以得到。网上营销商通过各种途径（网上交易记录、网上调查、用户注册等）收集到消费者数据，然后在此基础上与消费者沟通，推荐产品或服务。其中，技术的支持相当关键，如神经网络技术可以使具有分辨力的软件在载有消费者数据的收账单中"嗅出"可能暗示其未来消费行为的信息，以此来表明未来消费行为的可能性。因此，数据库营销是网络营销不可缺少的技术手段。

5.2.8 拉菲·穆罕默德的网络营销理论

拉菲·穆罕默德、罗伯特·菲谢尔等人合著的《网络营销》一书中定义的网络营销为通过在线活动建立和维护消费者关系,以协调满足企业与消费者之间交换概念、产品和服务的目标。这个定义中包括五个因素。

(1) 过程。与传统营销一样,网络营销伴随着一个过程,而网络营销计划的过程包括七个阶段:框定市场机会、制订营销战略、设计客户体验、精心构思客户界面、设计营销计划、通过技术利用消费者信息及评估整个营销计划的结果。这七个阶段必须协调一致。虽然该过程是以简单的直线方式描述的,但营销战略家通常都会在这七个阶段中间来回穿梭。

(2) 建立和维护消费者关系。营销的目的是建立和创造持久的消费者关系,所以要将重点从寻找消费者转移到培育足够数量立场坚定的、忠诚的消费者上。成功营销的目标客户关系建立在三个阶段推进:认知、探索和承诺。网络营销的目标不是仅限于与在线消费者建立关系,其目标是既建立在线关系也建立离线关系。网络营销计划很可能是那些满足同时使用在线和离线服务的消费者的大型营销活动的一部分。

(3) 在线。网络营销要运用网络世界中一些可利用的营销手段。

(4) 交换。在线和离线营销计划的核心是交换的概念。在网络经济中,企业必须对跨渠道交换非常敏感。也就是说,评估在线营销计划必须依据其对整体交易的影响,而不限于对在线交易的影响。所以,在线营销可能促进零售商店的销售。如果企业需要测量在线和离线营销计划的独立影响,就必须对这些跨渠道影响越来越敏感。

(5) 企业和消费者双方需求的满足。不能只是消费者的满意,如果企业无法维持其收入,不能偿还对员工、供应商或股东的债务,那么这种交换就是不稳定的。因此,要使交换能延续下去,双方必须都感到满意。

5.2.9 企业对企业营销理论

企业对企业(Business to Business)营销有时也称为产业营销(Industrial Marketing)、组织营销(Organizational Marketing)、商务营销(Commercial Marketing)或 B2B 营销,企业对企业营销理论源于 20 世纪 60 年代末的美国,它的核心内容是组织采购行为模型(Organizational-Buying-Behavior Model),企业对企业营销目前已成为现代市场营销理论的重要组成部分。虽然基本的营销学原理同时适用于企业对企业营销和消费品市场营销,但企业用户的采购行为有着与个人消费者购买行为迥然不同的特征,这些特征使企业对企业营销成为一个相对独立的营销领域。

在我国,因为改革进程等方面的原因,人们对 B2B 营销的特殊性和重要性普遍认识不足。李桂华在一篇文章中写道:"西方发达国家非常重视企业对企业(B2B)营销理论的研究与应用,而我国只是近年来在发展电子商务过程中才开始使用 B2B 营销这个术语,关于这方面的理论研究还很落后。"网络营销当然不局限于消费品营销,实际上,电子商务最早也是最成熟的应用,是企业对企业的电子商务而不是企业对消费者的电子商务,B2B 市场电子商务的销售额通常是 B2C 市场的 5~10 倍,因此将企业对企业营销理论应用到网络营销中是非常自然的,虽然美国已经有多本 B2B 网络营销方面的专著问世,但中国的绝大多数网络营销著作却对 B2B 网络营销视而不见,更不用说出版

B2B 网络营销方面的专著了。这种认识上的偏差曾经使我国在 B2B 电子商务的实践中走了不少弯路。例如，因为企业市场上的需求是派生需求，这种需求的短期价格弹性并不高，并且，对企业买家而言，谈判成本、物流成本等交易成本在总成本中占有相当的比例，如果供求双方能建立长期的伙伴关系，将非常有利于降低谈判成本，所以企业买家并不十分看中每次采购商品本身的价格高低，他们更关心长期的总采购成本，另外企业买家非常看中降低采购行为中的各种风险。因此，企业买家对于主动寻找要价更低的新供应商并不热心，忽略了这一点正是国内某些 B2B 市场的造市商（Market Maker）遭受挫折的原因。

5.2.10 全球营销理论

全球营销理论试图解决以同一方式向全球提供同一商品的成本优势与营销策略按区域差异化的高效率之间两难的冲突，它的基本思想是要确定出向不同地区提供的产品或服务必须做出哪些调整并设法将这些必要调整的数量减到最少。不同的营销传播方式适合不同的地理跨度范围：如果企业的市场仅是一个社区，店面和户外广告效率最高；如果市场是一个城镇，最适合的传播媒体就是地方性的报纸；如果企业面对的是全国性的市场，最有效的传播渠道就是可以覆盖全国的电视频道；只有当企业的市场是全球性的市场时，互联网才最能显示出其优越性。实际上，世界上发达国家的人口总量虽然不及中国，但他们的购买力比中国高许多倍，考虑到发达国家网络基础设施好于我国，网上市场几乎就是发达国家居民的俱乐部。这表明国际市场对中国企业开展网络营销的重要性。"入世"为中国企业带来进军国际市场的机遇，也迫使中国企业必须在国内市场迎接国外公司的竞争，在这种条件下，互联网对企业发展绝对具有战略上的重要性。

企业网站是企业向世界打开的窗口，互联网常常为企业带来"出乎意料的国际业务"。例如，位于美国宾州的一家小公司——利海安全鞋业公司为扩大其在本地区的销售而建立了企业网站，没料到网上的第一个订单竟来自印度尼西亚，随后还收到了来自韩国、中国和菲律宾的订单。又如，位于我国西安的一家网上手机销售店——"2000 通"移动网——本来只打算服务于西安本地的客户，有一天竟然接到了来自加拿大的询盘，令人惊异的是，"2000 通"的网站是全中文的，而加拿大的那位客商并不会讲中文，他是通过在搜索引擎上搜索 Siemens（西门子）发现了"2000 通"网站，然后通过在网站上找到的联系电话与"2000 通"建立了联系。所以说，所有的企业网站都是国际性的站点，无论网络营销的主体是否愿意或有没有心理准备，他都必须考虑自己在网上的一举一动所可能产生的国际影响，必须考虑网站区域化和全球化结合的问题，在这里全球营销理论便成为企业行动的指南。

5.3 网络营销策划

网络营销是一个快速发展和不断完善中的概念，目前网络营销在世界各国企业中的应用非常普遍，但理论研究相对较为滞后。在中小型企业网络营销的过程中，还存在着各种各样的问题。企业网络营销最简单的可以是零投入，即企业利用外部网络环境直接上网，开展经营和商务活动。同时可借助商务网站进行。基于商务网站和网络媒体进行消费观念的引导、经营理念的传播、商务信息的推广等。

网络营销的决策主要为产品要素服务。结合大众的审美观，合理地设计，要求在不失产品宣传的同时给人美感。网络营销策划的步骤：①企业网站定位。要求与传统产品营销不同，目标放在顾客的期望上，而不只是需求上。应根据市场调查的需求，将顾客分成各种等级。尽量做到保住老顾客，挖掘潜在顾客，扩大市场。并且必须为顾客提供参与网络营销全过程的条件。②找出顾客的期望值。网络营销把焦点放在重要顾客身上，找出企业心目中的网络营销最佳值与顾客期望值有何差异，再通过努力减小这种差异。网络营销的质量=实际质量（顾客购买力）-顾客期望的质量（点击率、点评率）。③设定顾客的期望。拟定一套沟通的网络营销计划，要求网站的内容与形式，尽可能满足顾客所期望的水准，适应顾客的需求。④建立相应的监督和信息反馈系统。

所以，网络营销策划并不单指网站推广，也并不单是一个网上销售。因而，网络营销工作所带来的效果也有多种表现，如网络营销对顾客服务的支持，对线下产品销售的促进，对企业品牌拓展的帮助等。网络营销策划就是为实现特定的网络营销目标而进行的策略思考和方案规划的过程。

5.3.1 确定企业的使命

每个企业从其建立开始，就应当承担相应的责任并具有相应的使命，确定使命是制订公司战略的第一步。所谓的使命就是公司区别于其他公司而存在的根本原因或目的。它不是公司经营活动具体结果的表述，而是公司经营应当坚持的一种原则。

历史上企业的使命曾经有广义和狭义之分。狭义的使命是以产品为导向的。如一家准备进入管理咨询领域的公司可以将其使命定义为"为中国的企业提供咨询服务"。这种表述虽然明晰了公司的基本业务领域，即生存的目的，但也限制了公司的活动范围，甚至可能剥夺其发展机会。广义的使命则是从公司实际条件出发，将使命高度提升到更高的角度来看，可以从提供的产品开始不断地去问"为什么"，"为什么要为中国企业提供咨询服务？为了提升中国企业的管理能力，为打造中国企业的航空母舰提供服务"。一个好的使命应当具备以下四个方面的特征：

（1）应该明确企业生存的目的；
（2）应该宽泛，以允许企业创造性地发展；
（3）应该明确区别于其他企业并长期有效；
（4）应该清楚、明白，容易理解。

企业使命一般包含九个要素：
（1）顾客，企业的顾客是谁；
（2）产品服务，企业的产品、服务项目是什么；
（3）市场，企业在哪些领域竞争；
（4）技术，企业的技术是不是最新的；
（5）对生存、增长盈利的关切；
（6）哲学，企业的基本理念、价值观、志向和道德倾向是什么；
（7）自我认知，企业最独特的能力和主要竞争优势是什么；

（8）企业的形象关切，是否对社会和环境负责；

（9）对雇员的关心，企业是否关心员工的生存和发展。

使命超越财富最大化。赚钱是企业经营的目标之一，但企业不能把赚钱作为使命，企业使命必须超越财富最大化，使命必须在企业目标之外去寻找。

5.3.2 寻找目标用户

在企业目标受众用户中，有核心用户、潜在用户、外围用户的区分，必须紧紧抓住核心用户，企业销售转化率中很大一部分由他们贡献；影响潜在用户，经过一段时间培育后，这个群体中会有一定比例的用户转化成核心用户，成为实际的客户；辐射外围用户，在这个群体中，他们可能现在还不是客户，但却能够参与分享和传播。因此寻找目标用户是企业营销的核心问题，如果不能明确这个核心问题，企业中的一切运营工作都是无目标、无意义的。

在网络营销运营实践中，按照产品是否已经具有实际用户来分，寻找目标用户包括以下两种不同的情形。

1）虚拟的目标用户分析

这种场景主要适用于企业产品当前还没有实际使用的用户。经营方希望按照业务逻辑假设或"一厢情愿"地圈定一些典型的用户特征，用于代表未来实际使用用户的特征。例如，公司研发了一个新产品可帮助用户更好地管理其网店的买家、询盘等信息，并可对相关的信息进行记录。虽然该产品还没有上线，即暂时还没有用户使用该产品。但业务方为制订该产品的运营计划，销售目标也需要提炼出目标用户的虚拟用户特征，这就是典型的虚拟目标用户分析。针对类似的虚拟分析，主要通过产品的相关功能、卖点来模拟相应的行为特征或属性特征。需要强调的是，虚拟的目标用户分析只是在实际用户产生前的权宜之计，等到实际用户产生后，需要根据真实的用户数据进行用户特征的修正和完善。

2）真实的目标用户分析

与虚拟的目标用户分析对应的是真实的目标用户特征分析。在进行真实的目标用户特征分析时，其分析数据全部来自实际使用用户的行为数据和属性数据，因此基于这些真实用户数据的用户特征更加可靠、更加可信。真实的目标用户特征分析的结论，可以帮助企业有效锁定目标群体。

5.3.3 目标用户的特征

企业在做品牌营销推广前，都必须做精准的市场定位，目标用户分析是对用户进行画像，做精准的人群定位。互联网用户画像是根据用户的社会属性、生活习惯和消费行为等信息，抽象地做标签化的用户模型。用户画像的本质就是"标签化"的用户行为特征。用户画像制作的核心就在于给用户"打标签"，如年龄、性别、地域、用户偏好等，每个标签通常是人为规定的特征标识，用高度精练的特征描述一类人。用数据来描述人的行为和特征，而标签是通过对用户信息分析而得来的高度简练的特征标识。用户画像可用于辅助产品设计，评价需求是否有价值，避免产品偏离核心用户的需求。目标用户不一定等同于目标消费群体，不过目标消费群体要源于目标用户，网络营销才可能达到预期的效果和目的。

因此，用户画像可以为企业提供足够的信息，能够帮助企业快速找到精准的用户群体及用户需求等更为广泛的反馈信息。同时，在从真实的用户行为中抽象出典型用户模型后，企业通过收集与分析用户的社会属性、消费行为和生活习惯等，完整描述产品和服务的目标用户特征，就能为企业中所有与用户有关的决策过程提供有效信息，指导企业的产品服务研发和市场营销。一般根据以下四个方面寻找目标用户的特征。

1）用户的自定义属性

用户的自定义属性是由用户的性格特征、兴趣爱好、关注的东西、平常购物的习惯及其他属性等因素组成的。通过对用户这些组成因素的收集、整理、分析，可得到一份完整的用户自定义属性报告。

2）用户的基本属性

用户的基本属性一般由用户的年龄、职业、性别、所在的地区、信用等级、手机号、邮箱等内容组成。

3）用户的交易属性

用户购买产品的金额、购买了什么商品、是否对正在做的活动敏感等属于用户的交易属性。可以结合用户的交易属性分析用户的购买行为。

4）用户的 RFM 属性

根据用户的属性数据分析对用户进行归类，能够更加精准地推送和转化。主要包括用户最近一次的消费、用户在某个时间段的总消费金额、用户某个时间段的消费频次。用户标签一般会用一些概括性强、特征明显的词语对用户的兴趣爱好及行为特征进行描述，按用户从事行业、用户性格、用户兴趣等条件设置标签。用户标签化能够直观地对目标用户群进行区分描述。分析用户的属性，按照用户的特征可以设置不同的标签，为今后的精细化产品管理工作、实现精准营销奠定基础。

5.3.4 目标用户的痛点

什么是痛点？所谓痛点，就是用户在日常生活中所碰到的问题、纠结和抱怨，如果这个事情不解决，他就会浑身不自在，会很痛苦，而这个问题就是痛点。哪里有抱怨，哪里就有机会。所以发掘用户的痛点，就是在为产品和品牌创造营销的机会。如果说痛点是用户必须解决的问题，即刚性需求，痒点则更多的是用户的潜在需求，多为感性需求。营销的本质其实就是"找用户痛点—提供痛点解决方案—消除或缓解用户痛点"这样一条传播链条。

痛点不一定是需求，如果是需求也只是需求的子集。痛点是个模糊的概念，可能是对某一种现状强烈不满的表现。但引起这种不满现状表现的原因有很多，有些是需求本身，有些是不满本身。用户痛点是用户的困难点，即其面临的问题，用户需求就是针对痛点你能给予什么。用户需求往往是表面或表象，痛点则是需要通过挖掘才能发现的。例如，如何提高学习成绩，这是很多学生的痛点之一，这时辅导班等就是一个需求点。那要思考一下，这个辅导班在什么情况下学生们才会报名等。

在挖掘用户痛点时，经常要问这样的几个问题：产品的目标用户群体是哪些？产品能够满足用户的哪些强烈需求？产品能给用户带来什么价值？从中不难看出，对用户痛点的界定如下：界定核心用户群体—界定用户的核心需求—界定产品的核心价值。

1）界定核心用户群体

生产一款产品前，企业首先要清晰地界定核心用户群体，然后根据核心用户的特点和需求，进行有针对性的研发和营销。这样一来，企业就能够迅速抓住用户的眼球，为产品成功打开市场做好前期准备。只有赢得用户的认同，产品才能引爆市场，成为爆品。

2）界定用户的核心需求

用户的核心需求，往往是他们最想得到满足的需求，是他们做出购买决定的主要动力。企业必须思考如何更好地界定用户的核心需求，在打造产品之前，企业要从深层挖掘用户的需求，并从用户的诸多需求中找到核心所在，并努力满足其核心需求。唯有如此，用户才能产生购买的欲望。

3）界定产品的核心价值

在研发产品的过程中，企业需要清晰地认识到产品的核心价值。生产的产品有什么优势？能为用户带来怎样的消费体验？能给用户带来实用价值还是精神享受？对于这些问题，企业应该有明确的答案。用户购买产品，通常是为满足自己的某种需求。当产品的核心价值能够帮助用户实现这一目标时，用户自然愿意为产品或服务付费。

5.3.5 你的用户在哪里

企业经营的目标是实现未来的愿景，当前要做的是企业的经营发展。最重要的前提是找准目标用户。不知道目标用户在哪，经营增长就无从谈起。在互联网上如何找到目标用户？

（1）从用户角度出发，搜索用户痛点问题。可以看哪些用户在批评、吐槽直接竞争者，因为直接竞争者跟你的用户匹配度很高，用户在吐槽就说明直接竞争者没有很好地解决他们的问题。这恰好是个好时机，可以通过私信、邮件等形式和这些用户取得联系。

（2）通过意见领袖寻找目标用户。"物以类聚，人以群分"，关注同一个意见领袖的人群会具有很明显的相同点，找到目标用户的意见领袖，从那里找到首批访谈用户名单；还可以尝试直接与意见领袖沟通，如果他能够接受访谈，后续还可能帮忙进行传播，但前提是你的产品能够打动他。

（3）在论坛、专题、问答网站等目标用户聚集的地方做引流。在这些平台找到要解决的问题，在回答、评论中寻找目标用户，或者以留言的方式吸引目标用户。

案例 5-2：电子价签在电子商务领域的应用

现在新零售的概念很火，在新零售领域，有一款产品叫作电子价签，即用 LED 液晶显示屏取代传统的纸质标签。电子价签的生产厂商有两种类型的客户：一类是传统的商场、超市，如家乐福、沃尔玛等；另一类是互联网企业，如盒马鲜生及各种无人超市等。

电子价签兴起于欧美国家，早期属于小众产品，用户面不广，价值感知不强，对欧美大型商超来说，电子价签可以节约人工成本。特别是它帮助超市解决了一个长期以来难以解决的管理问题。超市不同位置的货架及货架的不同位置货品的销量是有差异的，所以就有了"黄金货位"的说法。以前超市的管理过程中有一些灰色地带，有些厂家为了能够拿到比较好的货位会向超市的管理者输送利益，以便把自己的货品摆放到较好的货位上，但这变相地损害了超市的利益，有些用户群体更大、利润更高的商品，由于摆放位置不合适而销量不佳。对这种情况，超市一直没有很好的解决方案，国外的大型商超有几千家店，用巡店的方式解决，显然是事倍功半；而让各店自检，拍照上传，但谁也不会上传摆错货品的货架照片，给自己找罚。

直到电子价签出现，这个问题才得以解决。电子价签与货架连成一体，没有专用的工具拆不下来，强行拆除则会触发报警系统。而电子价签的数据由系统统一下发，这就保障了货品与数据的一致性。当电子价签传入中国，电子商务蓬勃兴起后，电子价签被发掘出更大的价值。首先，它能够提供的信息更丰富，如产地、保质期、商品的用法等；其次，用它变价更方便，它让店家可以根据不同时段、不同人流设置不同的促销方案，最后，电子价签还可以提供在线结算、线上线下一体化购物的方案，超市对用户的服务范围进一步扩大了。

传统商超与互联网企业的超市存在竞争关系，对传统商超而言，它的特点是规模大、货品全，但店铺的位置一般比较偏僻，因为要考虑租金成本。电子价签技术可以帮助传统商超向互联网转型，这是在其原有能力基础上的加成，让传统商超可以抵御互联网企业的跨界冲击；而对互联网企业而言，社区超市的布局是企业商业模式中的一个环节，超市数量多但每家店的商品种类少，主要是常用的快消品，超市对互联网企业的价值在于它可以通过这种方式采集用户数据，使互联网企业完成对用户群体年龄结构的分析、消费能力的分析及生活轨迹的分析，并以此挖掘出更大的商机，如精准的广告投放等。商品售卖不是唯一的利润来源。因此，互联网企业的商业模式决定了它可以为了获取用户流量，以低价、平价，甚至亏本价销售商品。

电子价签厂家与传统商超是一种商业互补的关系，可以共生，并且存在长期的共同利益。所以，电子价签厂家必须帮助传统商超对抗互联网企业，否则传统商超有可能被互联网企业的新兴商业模式打败，就像当年360用杀毒软件免费的策略，打败了所有传统的杀毒软件一样，而对互联网企业而言，电子价签厂家与其在短期内是合作关系，从长期来看，二者有可能是竞争关系。

案例思考题：
（1）电子价签取代传统的纸质价签，对用户的价值是什么？
（2）对生产电子价签的厂家而言，传统的商场、超市与互联网企业有什么不同之处？
（3）为什么说电子价签厂家与互联网企业在短期内是合作关系，从长期来看，二者有可能是竞争关系？
（4）如果只关注用户给的订单，而不对用户的业务进行长期深入的分析，可能带来哪些风险？
（5）电子价签如何解决了"黄金货位"的问题？

案例解析：电子价签对超市的价值
根据案例所述，在新零售领域，电子价签对超市的管理、服务、营销及转型等方面都有很大的价值：第一，电子价签与货架紧密连接并由数据系统进行统一管理，确保了货品与数据的一致性，使货位分配更加合理，有效提高了超市利润；第二，电子价签扩大了提供给用户的信息量，提高了用户在超市购物的便利性；第三，电子价签变价方便，更有利于超市及时变更促销方案，为传统超市带来更多营销手段；第四，电子价签为传统超市向互联网转型提供了可能，电子价签有利于传统超市扩展线上业务，进一步扩大其服务范围，更好地应对互联网企业的跨界冲击。

5.3.6 确定营销策略

在传统的营销方式下，企业没有办法精准预测用户的需求，在产品从制造到销售的全部过程中，无法得到具体、准确的数据支持，企业只能"踩着石头过河"，但是，在大数据技术的支持下，企业能够精准地评估用户的购买行为，并有针对性地做出市场需求的预测，从而提供更加专属化的产品。产品和服务也可以在正确的渠道投放精准化的广告。在大数据环境下做到精准的产品推广和广告投放，采用基于用户画像的精准营销，一般有以下七个步骤。

第一步：确定目标用户。构建用户画像，首先确定要关注哪方面用户，想知道用户的什么信息及为什么要知道这些信息，形成目标用户样本库。

第二步：设计产品并不断更迭。数据是一切分析的基础，用户画像的互联网数据内容非常广泛，根据使用场景可以分为静态数据和动态数据。静态数据比较固定，改变的频率相对比较低。例如，用户的地域、职业、爱好、消费等级、消费内容偏好等。通过不断对用户群体的分析与迭代，保证画像的精准性与时效性，形成更加丰富的用户标签。

第三步：选准渠道和时机。通过用户在网上发布、社交等行为，分析用户的生活习惯、性格、能力，了解用户的行为特点，用于确定产品传播渠道。

第四步：策划内容，设计活动。通过对用户群体的关注点、痛点、诉求的分析，了解用户的痛点和功能诉求，用于确定产品品类、功能、卖点。通过对用户群体在饮食、娱乐、旅游、社交等方面的分析，了解用户的兴趣爱好，用于确定产品卖点和特性。

第五步：选择区域市场。通过对用户群的性别、年龄、地域的分析，了解用户的构成、分布，用于选择细分用户群。

第六步：确定价格及营销规模。通过对用户群的性别、年龄、地域、职业、受教育程度的分析，了解用户的构成、分布、阶层、消费水平及竞品价位，以确定用户乐于接受的价格。

第七步：激活用户，提升销售转化率。对用户群体进行整体分析后，建立形象立体的用户画像，通过产品特性与用户需求的高度匹配，激活用户购买欲望，提升销售转化率。

5.3.7 营销效果评价

营销策略是为了实现企业制订的市场营销目标而产生的市场经营活动方案。即为了把企业的产品或服务通过一系列方法推荐给有需求的用户群体。市场营销人员会根据企业选定的目标市场及该市场人群的特点，考虑在有限的预算下达成最好的营销效果及目标。因此营销效果评价要从以下几个方面考虑。

1）市场营销总支出

在市场营销领域最基础的衡量指标莫过于营销总支出。换句话说，每个月在市场营销上花了多少钱？如果把市场营销的钱花在了不同的渠道上，就必须对不同的渠道进行单独汇总，以便对不同渠道的投入产出比进行追踪和分析。例如，如果在搜索引擎上的支出是 5000 美元，在行业垂直网站上的广告支出是 500 美元，在专业期刊上进行宣传的支出是 2500 美元，那在统计市场营销总支出时，就不应笼统地说"本月市场营销费用为 8000 美元"，统计方式可以是"本月线上市场营销支出为 5500 美元，线下市场营销支出为 2500 美元"。

对市场营销总支出进行追踪统计的正确方法是精确地分别统计不同市场营销渠道的花销。此外，所有其他行业市场营销的指标也都应该按照不同渠道分别统计，这样才能准确了解不同市场营销战略的实际效果。

为什么要统计市场营销总支出？如果统计出来的市场营销总支出高于获得的实际回报，那么市场营销就真的是在浪费钱。因此，为确保营销计划真实有效，就必须持续、准确地统计在市场营销上的总支出。

2）生成的客户线索总数

这里的客户线索总数是不同营销渠道产生的客户线索总数了。客户线索（通常被称为"潜在的新客户/业务"）本质上只是对你的业务提出过问题、表现出兴趣的人。跟踪客户线索的工作通常包括记录对方的姓名、基本的联系信息，以及他们提问的方向和大致内容。管理客户线索则是有效市场营销策略的基本组成部分。将潜在客户的联系信息写在便利贴上（然后贴在墙上），收集无数名片，或者对邮箱里陌生地址发来的未读邮件置之不理，都不是有效的客户线索管理方式。

为什么要统计生成客户线索总数？因为这个数字将会被用于计算其他所有该行业市场营销的关键绩效指标（市场营销总支出除外）。因此，追踪、统计产生的客户线索总数是市场营销规划当中非常重要的一环。市场营销最直接目的就是产生尽可能多的客户线索，并在此基础上创造更多的实际业务。这就是如果团队体量足够大，需要追踪、组织、管理数量庞大的潜在客户线索时，启用客户关系管理系统的原因。

3）转化率

转化率是用来衡量相关行业和团队在将客户线索转化为付费客户这件事上做得怎么样的客观指标。

转化率=留存付费客户总数/客户线索总数

例如，如果在 1 月，通过搜索引擎产生了 100 条客户线索，其中产生了 25 个实际的业务机会或 25 个新的付费客户，转化率就是 25%。像所有其他评价指标一样，需要单独计算不同市场营销渠道或客户来源的转化率，这对于制订和调整市场营销方案非常重要。

为什么要统计转化率？转化率在绝对意义上并不重要。换句话说，转化率到底是 95%，还是 25%，并不重要。但在相对意义上，它非常重要。因为它可以帮助比较不同的营销方法，并监控该行业或团队的"销售流程"。

转化率会反映两个方面：客户线索的质量，如果获得的客户线索本身质量很差，就不大可能会发生转化，如客户的服务需求与你的执业领域可能并不匹配，或者本身的财力不足以支付你的费用；销售流程的有效性，即便是那些质量较好的客户线索，如果不对他们进行有效追踪和管理，也不会发生转化，这也是要持续不断地优化自己的销售流程的原因。如果转化率非常低，要么是因为特定的营销渠道并没有产生质量合格的客户线索，要么是因为没有做好跟踪、追访和落地销售的工作。市场营销和销售是两辆并驾齐驱的马车。如果没有向潜在客户进行有效销售，那用在市场营销上的那些钱基本上就是"打水漂"了。

4）平均获客成本

在市场营销和业务拓展方面，需要了解的另一个重要指标就是平均获客成本。换句话说，为了获得一个付费的新客户，需要在市场营销上花多少钱？

平均获客成本=总营销费用/留存客户总数

仍然沿用搜索引擎的例子，如果1月在搜索引擎上投入了5000美元，得到100条客户线索，其中25人被成功转化为付费客户，那平均获客成本就是200美元。

为什么要统计平均获客成本？现在这种竞争环境中，在市场营销上投入的人力和财力是迅速发展的。与此同时，"赔本赚吆喝"的市场营销结果可能会成为所面临的难题。市场营销应该是有利可图的，如果无利可图，应该立刻停下现在正在进行的所有市场营销工作，重新思考。获客成本在决定市场营销的"盈利能力"方面起着关键作用。如果获客成本超出了获得的收益，那营销活动自然就不再有利可图。因此，获客成本是各行各业市场营销的重要评价指标。

5）客单价

收入是所有企业和商业组织各种关键绩效指标列表中最重要的。根据每个月的总收入，可以确定有没有足够的钱支付下个月的账单和员工工资。但这并不能帮助你有效评估市场营销工作的实际效果。要想有效评估市场营销工作的实际效果就要提到客单价，即每个客户为你带来的收入。

客单价=总收入/留存客户总数

例如，某月从搜索引擎上获得的25个客户一共支付了5万美元的费用，那么这条市场营销渠道的客单价就是2000美元。

为什么要统计客单价？客单价可以帮助企业准确地了解市场营销规划的"盈利"情况。可以通过对比客单价和平均获客成本判断企业制订的市场营销规划是否"有利可图"。依然沿用上面的例子，在搜索引擎上的平均获客成本是200美元，而客单价是2000美元。客单价远远超出平均获客成本，因此"搜索引擎"对这家企业来说是一个能带来丰厚利润的市场营销渠道——但对其他企业可能并非如此。计算客单价可以帮助确定企业最佳的市场营销渠道和策略，为业务带来实际的、利润最大化的有效增长。

6）市场营销的投资回报率

投资回报率也称投入产出比。投资回报率是一个被广泛应用的可以评估从股票到房产，再到营销活动等任何投资形式的重要指标。基本上，通过与原始投资之间的比例，投资回报率可以反映投资产生了多少收益或造成了多少损失。

投资回报率=（总收入-总支出）/总支出

仍然使用之前的例子，如果在搜索引擎上投入的营销成本为5000美元，1月的收入为50000美元，投资回报率就是900%。

为什么要计算投资回报率？评估、比较不同市场营销渠道的实际效果有时候并不能直接得出一个一目了然的结论。这就需要投资回报率发挥作用了，它能有效地对所有使用过的市场营销渠道进行横向比较，确定哪些渠道最"有利可图"，哪些渠道需要加大人才和财力投入，哪些渠道应该被及时放弃。例如，如果搜索引擎广告能够产生 900% 的投资回报率，也就是每投资 1 美元就能获得 10 美元的回报，这种效果是十分惊人的。如果另外一个渠道的投资回报率只有 400%，虽然也已经达到了理想的水平，但与搜索引擎广告相比，显然其效用大打折扣。基于这些数据和信息，可以考虑加大在搜索引擎广告上的投资力度，以加速发展自身业务，因为它是可以用最小成本获得最大收益的一条营销渠道。

5.4 电子商务环境下客户关系管理

所谓"客户关系管理"，通常是指"企业为提高核心竞争力，利用相应的信息技术及互联网技术来协调企业与客户在销售、营销和服务上的交互，从而提升其管理方式，向客户提供创新式、个性化的客户交互和服务的过程。"从客户关系管理的工作目标来看，是为了能够更好地吸引新客户、保留老客户，并尽可能地将已有客户转化为忠实客户，促进企业产品市场占有率的提升。由于信息技术和互联网技术的发展打破了原有的企业客户关系管理的维系方式，因此，在当前市场经济环境下，企业客户关系管理也可以理解为"企业利用信息技术和互联网技术实现对客户的整合营销，是以客户为核心的企业营销的技术实现和管理实现。"尽管不同的观点在客户关系管理的定义及其理解方面存在一些差异，但有一点却保持着高度的统一性和一致性，那便是企业客户关系管理注重的是企业与客户间的沟通与交流，企业试图通过加深与客户沟通和交流来改进产品和服务，提升客户对企业产品的满意度、忠诚度和信任度。

良好的客户关系管理对企业的市场营销具有重要作用，它不仅可以使企业在营销领域巩固既得的市场，还可以使企业以此为基础建立新的客户市场关系，拓展新的市场空间，提升企业营销的市场份额，使企业在市场营销中拥有广泛的客户基础。

电子商务中新的衍生模式社会化商务，借助社交网站、网络媒介的传播途径，通过社交互动、用户生成内容等手段来辅助商品的购买和销售行为。在 Web 2.0 时代，越来越多的内容和行为是由终端用户产生和主导的，如微博。商家和客户之间建立良好的信任关系是最困难的，买卖双方本质上是利益对立的，而这种信任关系恰恰可以通过社会化关系的介入来产生影响。企业需要倾听客户，与客户交流。

社会化客户关系管理是一种基于客户参与和互动的经营战略。在社会化客户关系管理中，销售只是其中的一部分，最重要的是让客户参与进来。社会化客户关系管理包含了传统客户关系管理的所有内容，即社会化客户关系管理同样需要一个客户反馈和沟通的机制，以及一套高效、专业的流程管理系统，帮助企业更好地管理客户关系和处理客户数据。

5.4.1 新型网络环境给客户关系管理带来的影响

在新型网络环境下，客户的主导地位越来越重要，这种变化趋势正在逐步动摇和瓦解传统企业对客户关系的主导权，主要体现在以下 3 个方面。

（1）客户以网络为载体实现"聚团"。在新型网络环境下，客户之间的互动与分享增强。客户网络内部呈现一定形式的自组织和自管理，部分网络角色特殊的客户对整个客户网络的影响力日益凸显。客户网络中因各客户网络角色不同，呈现出明显的复杂社会网络特性。

（2）客户网络所聚集的情绪能量正在"剥夺"传统企业对客户关系的话语主导权。社会化的关系网络正在日益成为话语权的重要筹码。

（3）客户网络所汇聚的信息能量使传统的企业与客户间的信息不对称现象发生反转。客户拥有的知识是企业进行客户关系管理所赖以分析的数据基础之一，也是企业最难收集和管理的客户知识类型。在新型网络环境下，客户以社会化媒体为载体，形成了复杂的社会化客户网络，发表消费评论、共享消费体验、浏览社区信息、转发购物心得，使客户拥有的知识激增，而企业一旦被排除在客户网络之外，就更难以获得客户拥有的知识，从而在与客户的关系中显得更加被动。

新型网络环境对客户关系管理的影响主要体现在以下9个方面：

（1）影响客户的购买决策过程；

（2）影响客户心理（客户满意度、品牌忠诚度等）和客户行为；

（3）影响客户价值驱动；

（4）影响企业营销人员行为方式及培养具有价值客户的方式；

（5）影响客户间差异：消除客户间的地域和文化差异；

（6）影响信息的质量和数量（包括潜在客户收到的信息）；

（7）影响企业产品的扩散过程（口碑、评论、交流）；

（8）影响客户之间建立关系的途径，可通过邮件、社交网络、兴趣小组等途径建立关系；

（9）影响客户对企业活动的参与程度。参与程度越高，客户期望越高，也越容易失望，从而给企业带来负面的影响。

尽管如此，新型网络环境也为企业的客户关系管理带来新的机遇。

（1）新型网络环境为企业的客户关系管理提供了更加廉价、便捷的社会化管理技术工具，从而有可能以最小的代价赢取最大的商业化回报。在新型网络环境下，巧妙运用社会网络分析技术，采用社会化媒体营销就可以达到事半功倍的效果。

（2）借助新型网络环境中复杂联通的社会化客户网络，企业有可能在最短时间内最大程度地延伸客户的市场空间。

（3）借由新型社会化网络中沟通去中心的特性，企业有可能建立、维护和巩固更加亲密的客户关系。传统的企业与客户间的沟通多为企业主导，具有中心化的特点。在沟通过程中，企业始终牢牢掌握着沟通的主动权，分散的、无序的和孤立的客户被动地处在传播过程的终端。因此，企业很难建立与客户之间的亲密关系。社会化网络使沟通模式从高度集中化向分布式转变，很难有绝对的超级节点可以管控网络中的信息流动，网络中任意一个节点的观点和意见都有可能引起广泛的关注和讨论，并使一些得到更多网络赞成投票的节点得到更多的赞成，得到最高网络支持率的节点将拥有数量最多的超级粉丝。

在新型网络环境下，企业大量的既有客户及潜在客户越来越多地卷入社会化网络中，在涉及企业方方面面的话题中参与、互动、交流、分享，更多的客户不再是通过企业广告，而是更愿意从"与自己同类型的人"那里获得企业信息，这推动传统的客户关系管理向社会化客户关系管理发展。正是由于 Web 2.0 的这些特点，客户关系管理模式将实现以下突破。

（1）交易费用大幅降低。在传统经济中，企业和客户处于信息不对称地位，商品要经过多次流通，借助于各种中介才能完成交易，交易双方通常要付出较高的交易费用。

（2）市场时空无限延伸。在经济活动中，由于时空间隔所造成的成本大幅降低，7×24 小时销售成为现实。

（3）客户关系管理活动无边界运行。社会化客户关系管理不再受时间、空间的限制，客户与企业的互动实现了"无论何时何地，客户关系管理一刻不能松懈"。

（4）客户定位和品牌效应更为突出。虽然保持客户忠诚度变难，但只要拥有客户就意味着拥有成功的机会，与此同时，有吸引力的品牌会在网络平台上获得更大的收益。

5.4.2 电子商务客户关系管理

客户关系管理业界的意见领袖保罗·格林伯格认为，社会化客户关系管理是一种被技术平台、业务规则、工作流和社交特性所支撑的商业哲学和策略，其目的在于通过互动和对话来更紧密地联系客户，从而在透明和互相信任的商业环境中为企业和客户提供互惠价值。其实质上是企业对客户掌握话语主动权的一种策略反应。Gartner 咨询公司认为，社会化客户关系管理是一种商业策略，旨在通过与客户进行协作对话来提供个性化服务并优化客户关系。

1．客户关系管理的目标

第一阶段：共鸣。社区、社群、客户对企业品牌产生认同和共鸣，开始沟通或互动。

第二阶段：共享。基于共鸣，客户对企业建立初步的信任，可以开始共享知识、信息、目的、兴趣、意向等，或已经有初步的交易和商业关系。

第三阶段：共创。在忠诚度越来越高、交互越来越深入时，多方协作、共同创造，甚至客户自己创造内容，形成一个融合互动的环境。

第四阶段：共生。社会化客户关系管理体系的未来境界是能够共同生活、互助自助、共同社会化，形成一个真实的关系网络化的和谐社会体系。

强有力的新型社会组织和知识交流形式正在出现。客户正在变得更明智、更有学识和更有组织。加入网络化的市场，将从根本上改变人们的思想和行为，网络化市场中的人们已经领会到他们相互交流所得到的信息与支持远好于供应商提供的信息与支持。

2．客户关系管理的功能

社会化销售、社会化营销及社会化服务是电子商务社会化客户关系管理的三大主要功能。

社会化销售就是要将企业的静态客户数据与社会化网络中的动态客户数据相互整合，在此基础上提高交易的成功率。

社会化营销就是要充分调动客户网络中的客户情绪与行为，从而为营销创造环境和机会。

社会化服务就是借助社会化的网络，以友好、亲密的方式，主动、个性化地为客户提供服务。

3. 电子商务社会化客户关系管理与客户关系管理

电子商务社会化客户关系管理与客户关系管理的对比如表 5.1 所示。

表 5.1　电子商务社会化客户关系管理与客户关系管理的对比

项目	电子商务社会化客户关系管理	客户关系管理
定义	是一种哲学和业务策略，由系统和技术支持，旨在通过协作交互与客户接洽，从而在可信和透明的业务环境中提供互惠互利的价值	是一种哲学和业务策略，由系统和技术支持，旨在改善业务环境中的人员交互
客户策略的性质	战略性：客户策略就是企业战略	战术性和运营性：客户策略是企业战略的一部分
企业和客户的关系	企业和客户之间的关系被视为一种协作	企业和客户之间的关系为企业管理客户，在很大程度上类似于父母管理子女
聚焦点	聚焦于各种关系（企业、业务合作伙伴、客户之间的所有关系），特别是聚焦于识别、吸引和支持"有影响"的节点	聚焦于企业和客户之间的关系
客户地位	在开发和改进产品、服务及企业与客户的关系中，从一开始客户就被视为合作伙伴	企业试图引导和塑造客户对产品、服务及企业与客户的关系的看法
业务中心	业务以客户接洽环境和体验为中心	业务以满足客户需求的产品和服务为中心
客户面对的对象	客户面对的是既有功能，又有负责开发和提供这些功能的人	客户面对的是功能——销售、营销和支持
市场营销的中心	市场营销以建立与客户的关系，使客户参与活动和讨论，观察并引导客户之间的对话和活动为中心	市场营销以向客户发送已改进的、有针对性的、非常具体的企业消息的过程为中心
知识产权	知识产权是客户、合作伙伴、供应商和问题解决者共同创造并拥有的	知识产权受所有适用法律的保护
企业洞察力	洞察力是比较动态的	能通过跨所有渠道的单一客户视图（数据）以最适宜的方式获得洞察力和效果
系统归属	归属于客户生态系统	归属于以客户为中心的业务生态系统
技术	技术同时聚焦交互的运营性和社会性两个方面	技术主要针对销售、营销和支持等运营方面
工具	将社会媒体工具集成到应用服务中	工具与自动化功能相关
系统设计	风格和设计同样重要	注重实用性、功能性、运营性
企业与客户的沟通方式	始终是双向的	大多是单向的

4. 电子商务社会化客户关系管理的优势

（1）销售团队可以通过在线沟通和数据分析相结合的方式，利用更多客户的信息来武装自己，从而达到销售目的。

（2）市场营销团队可迎合需求点的期望，通过交易过程中的在线沟通及时地听取意见和进行监控，更早地与客户取得联系。市场营销人员也可以更好地洞察客户的行为、心情及他们的市场营销和沟通努力的效果，并以此来定义或重新定义他们的创意、信息和渠道。

（3）产品研发团队相比于原先简单地设计、形成产品并测试产品，可以在研发中加入客户想法甚至直接与客户合作，这样可以赢得更显著的客户信任和积极的口碑效益。

如戴尔（Dell）公司就鼓励客户有自己的想法，其征集客户对新产品的想法并要求客户来评估这些想法；杜卡迪（Ducati）公司也通过论坛、社区、测试和投票等与客户合作设计和研发自己的摩托车新产品。

（4）客服团队可以借助前瞻性的客户问答来提供有记忆性的客户服务。

（5）在线社区和社会媒体团队通过更低成本的资源和更丰富的方式来发展企业的粉丝群体。

5.4.3 电子商务社会化客户关系管理中出现的新问题

1）客户价值管理：如何通过海量互联网用户评论来洞悉客户需求

客户价值管理的起点是了解客户需求，面向客户需求的产品研发成为企业制胜的关键，企业必须快速收集客户需求、快速迭代，不断进行产品改进和研发。小米手机利用粉丝经济进行迭代研发，然后将手机生产外包给代工企业，并不断在社区中收集发烧友的需求，既保证了产品拥有早期的客户，又可以不断完善产品，增加客户黏性。

传统的客户需求分析基本上都依靠调查问卷来获得数据，随着电子商务和社区的发展，客户乐于在网上分享自己生活的方方面面，如购物、升学、工作等。这些在线分享内容透露了客户对产品和服务的购买记录、使用体验、个人偏好等，为企业捕捉客户行为，挖掘客户需求提供了便利。这些在线分享内容描述了客户购买和使用产品后的真实体验，是客户主动发布的，真实且容易获取，然而在线分享内容数量巨大，且都是不规范的文本表达形式，因此企业在挖掘客户需求时面临严峻挑战。

2）客户价值管理：如何在考虑客户价值网络倍增的前提下评估客户价值

对传统客户而言，客户网络比较有限，忠诚客户与一般客户的客户价值相差较小，对客户价值的估算通常以计算客户终生价值为主，即主要计算客户直接的经济价值，并依据不同客户的客户终生价值来为客户管理配置合适的企业资源。

社会化客户则正好相反，忠诚的社会化客户或是发表正面消费评论的社会化客户往往具有显著的客户网络价值，但客户终生价值却不一定很大。已有研究表明，贡献客户终生价值的客户群和贡献客户网络价值的客户群是不相互重叠的两个客户群，并且往往是客户终生价值较小的客户群贡献较大的客户网络价值。因此，对社会化客户而言，最重要的不是计算其客户终生价值，而是计算其客户网络价值。到目前为止，如何对客户网络价值进行评估并实施管理还是一个有待解决的问题。

3）客户互动管理：如何在去中心化特性下实现社会化客户的沟通管理

在传统的企业与客户沟通模式中，沟通主要基于问题而发起，企业通过实体店、呼叫中心、邮件、传统网站等客户接触点与客户进行沟通。企业在沟通中往往占据中心主导地位，客户处于相对被动的状态。虽然沟通的互动性、实时性及双方之间的亲密感较差，成本较高，但沟通过程的可控性较强。

在新型的企业与社会化客户沟通模式中，企业除要通过传统的客户接触点与客户进行沟通之外，还需要借助社会化网络媒体，以"社交性"对话方式与客户进行对等而透明的沟通。这种新型的、成本低廉的沟通方式，能够拉近企业与社会化客户间的距离，有助于社会化客户形成对企业的认同感，但企业无法像对待传统客户那样主导和控制沟通过程。因此，如何整合客户接触点及如何适度地运用社会化媒体沟通渠道，成为当今企业与社会化客户互动管理的一个难题。

4) 客户风险管理：如何有效管控社交媒体上的客户关系风险

客户满意度和客户忠诚度是客户情感表达的两个重要方面。与传统客户相比，社会化客户的情感管理更为重要，但也更为困难，一是社会化客户情感表达真伪难辨。社会化媒体的开放性，加上社会化客户身份的虚拟性及其动机的多样性，容易导致各类与企业相关的信息和评论真伪难辨。某些蓄意发表的负面言论可能会使企业的声誉一落千丈，严重恶化企业的整体客户关系乃至危及企业的生存。有些网络言论虽然不属于蓄意的商业破坏，但出于种种原因，其内容也可能缺少客观性，企业如果不加甄别当作决策的依据，可能会产生重大决策失误。二是现在社会化客户情感表达快捷，传播扩散呈指数级特征，大大增加了企业引导和干预客户情感的难度。传统客户满意或不满意的信息传播是一种有时延的有限次传播，企业可以根据传播的时延，有针对性地介入信息传播过程并实现干预。在社会化客户关系管理中，满意的客户会通过社会化的客户网络，将其满意的消费经历分享给网络中的所有人，该网络中的部分信息受众又有可能在其他社会化网络中转载和传播该客户的满意评论，如此反复，可使该消费评论长期驻留在网络上。企业很难介入和干预客户的满意度管理。

在社会化客户管理中，社会化客户的情感信息不仅真伪难辨，而且可在瞬间呈指数级、无限量地传播，加大了传播的管控难度。企业只有及时、科学地获取和甄别社会化客户情感信息，科学地展开客户满意度管理和客户忠诚度管理，才能有效干预客户情绪扩散趋势并科学地展开客户满意度管理和客户忠诚度管理。

案例 5-3：盒马鲜生的营销之道

盒马鲜生是阿里巴巴集团旗下以数据和技术驱动的新零售平台，是阿里巴巴对线下超市完全重构的新零售业态。盒马鲜生希望为客户打造社区化的一站式新零售体验中心，用科技和人情味带给客户"鲜美生活"。与传统零售最大的区别是，盒马鲜生运用大数据、移动互联、智能物联网、自动化等技术及先进设备，实现人、货、场三者之间的最优化匹配，从供应链、仓储到配送，盒马鲜生都有自己的完整物流体系。商品的到店、上架、拣货、打包、配送业务等，作业人员都是通过智能设备去识别和作业，简易高效且出错率极低。整个系统分为前台和后台，客户下单后 10 分钟内分拣打包，20 分钟实现三公里内的配送，实现店仓一体。

盒马鲜生将食品零售与餐饮业结合，采用线上+线下的 O2O 模式。线上 App 主打门店三公里范围内最快 30 分钟送达的服务，线下主营生鲜商品零售，所有商品都标准化售卖，产品低数量、高质量；线上与线下的商品品质、价格完全相同；线上线下高度融合，通过背后数字化和智能化的技术支持最终实现线下体验，线上下单的闭环消费模式。盒马鲜生与京东到家的区别在于，盒马鲜生一开始就瞄准 App 快速而生，定位是电子商务体验店，而非超市，在卖场布局、商品选择和包装、系统设计开发、拣货配送方面都完美贴合 O2O 特性。

（一）经营目标

盒马鲜生的战略目标是为客户打造社区化的一站式新零售体验中心。2018 年，盒马鲜生以 140 亿元年销售额和 149 家门店数量位居超市便利店百强第 18 位。盒马鲜生未来的市场规划将重点从以下几个方面展开。

（1）建立全球采购网络。在全国乃至全球建立盒马鲜生自己的种植基地、养殖基地、捕捞基地。

（2）建立强大的供应链体系。大力建设常温、冷链物流中心、加工中心、中央厨房、海鲜圈养中心，提高企业的核心竞争力。

（3）建设盒马鲜生自有品牌，打造盒马鲜生研发能力。盒马鲜生希望在三年内做成50%以上的自有品牌，主要由供应商专供盒马鲜生来买断这些单品的供应权，全球成功的零售企业自有品牌的比例都在50%左右。

（二）目标客户

盒马鲜生的最终目标客户为中高端年轻消费群体。盒马鲜生的目标消费群体是80后、90后的年轻消费者，他们相比60后、70后的消费者更注重产品本身品质而非产品价格，他们更加追求高质量、高效的生活方式，也就是说，他们的价格敏感性较低。因而盒马鲜生的价格策略是通过高性价比的产品吸引客户，利用其他中高端产品获取利润，同时筛选出中高端消费者，培养忠实客户，为其他业务服务。

（三）产品和服务

（1）多样化的生鲜产品、食品半成品。

盒马鲜生的线下门店以场景定位的方式销售来自103个国家、超过3000种的商品，主要有海鲜、生鲜食材、冻品、半成品食材，甚至还有罕见野味，如99元一只的波士顿龙虾、245元一斤的俄罗斯帝王蟹、5000元一条的野生黄鱼等。

（2）现场加工食品原材料。

客户可以到线下门店购买食品原材料并当场加工。加工完成后可以在门店食用，也可以打包带走，如果客户食用后觉得满意，可以再次购买原材料回家烹饪。这种线下体验方式，集合了生鲜超市与餐厅的角色，全套完整的一站式服务非常适合忙于工作，没时间做饭的年轻上班群体。

（3）三公里内半小时送达。

针对线上App，盒马提供了三公里内半小时送达的服务。即客户可以通过盒马鲜生App线上下单，配送员会从距离用户收货地址三公里以内的线下门店将产品送达用户手中。因为距离的严格控制及配送团队的完善管理，能够保证在用户下单后30分钟送达，完美解决了生鲜电子商务"最后1公里"的配送问题。

（四）盈利模式

盒马鲜生通过网络购物所培养的采购网络，实现了源自国内外丰富的商品品类。在库存管理中活用大数据，减少销售剩余。如生鲜蔬菜和农民共享信息，将每天的收货量和接下来做的品种进行细致的调整，同时，店内现金支付很少，店铺本身也兼具线上购物的仓库功能。盒马鲜生目前的盈利主要来源于商品溢价。

（1）品牌溢价。

从商品品牌来看，通常可以分为传统的品牌商品、自有品牌商品和海外品牌商品，这里最大的溢价并非来自传统的品牌商品，而是自有品牌和国外品牌。自有品牌要求零售商可以清楚地了解客户特征，并整合生产厂家做出自己的自有品牌，进而形成超高溢价；国外品牌就看能否以客户所接受的价格提供网上较少销售的商品。因此无论是自有品牌还是国外品牌，都对企业的供应链体系有着较高的要求。盒马鲜生目前更注重产品引进，利用供应链优势和高新技术的熟练应用提供了种类繁多的产品。种类齐全、价格优惠成为盒马鲜生赚取溢价的主要来源之一。

（2）便利溢价。

生鲜产品属于快消品，如饮料、奶制品、零食等。对蔬菜水果来说，"无品牌"商品是最为常见的，类似于传统的菜市场，不仅溢价低，损耗率也惊人。年轻客户注重产品的颜值，希望能有高品质、高形象的蔬菜水果。于是，盒马鲜生将生鲜产品加工包装好，在降低人为损耗的同时，也增加了便利性和美观性。目标客户愿意为便利付费。

（3）体验溢价。

对厨艺不精的客户来说，再昂贵的生鲜都无法满足客户享用美食的需求。盒马鲜生线下门店提供现场烹饪服务，完美地解决了客户的厨艺问题。这种融合了生鲜超市和海鲜餐馆的经营方式，极大地提高了客户的消费体验。另外，盒马鲜生极力打造场景体验的消费方式，将商品按照不同的生活场景分类，方便客户根据不同生活场景的需要挑选商品。

（五）核心竞争力

（1）较强的资金实力。

盒马鲜生的经营目标是打造社区化的一站式消费体验中心。这意味着盒马鲜生的线下门店要有足够的面积，以构建丰富的商品品类，同时需要保留一定的就餐、厨房、仓储等面积。另外，盒马鲜生所构建的全渠道，需要供应链的重构和物流方案的升级，在运营过程中都存在巨额资金消耗。而盒马鲜生作为阿里集团的一员，得益于来自阿里巴巴的资金投入与支持。雄厚的资金实力为店铺的快速扩张提供了可能，同时为其他行业进入者打下了较高的资金壁垒。

（2）大数据技术的有效应用。

建设完善的高科技设备有利于积累大数据，通过 Wi-Fi 探头、视频捕捉、盒马鲜生 App 等技术手段，从门店周边、货架陈列、线上平台等渠道抓取用户数据，建立数据模型，再加上阿里巴巴的大数据与云计算技术支持，从而为新门店选址、实体店优化商品结构、升级门店陈列、感知消费者偏好、增强客户黏性等方面提供了参考。

（3）高效的物流配送系统。

盒马鲜生综合运用大数据、移动互联、智能互联网、自动化等技术及先进设备，实现"人、货、场"三者之间的最优化匹配，从供应链、仓储到配送，盒马鲜生都有自己的完整的物流体系，尤其是冷链物流技术的完善，大大提升了物流效率。另外三公里范围内 30 分钟送达的高效配送服务，也完美地解决了物流"最后 1 公里"配送难题，极大程度地提高了客户体验。

（4）新鲜的全渠道体验。

商店、店内系统、闪电配及支付宝快速支付的共同作用，构成了盒马鲜生的全渠道体验，并打通了线上线下的商品信息及资金流，可为客户提供多种渠道形式。客户可以选择到店下单、送货上门；通过手机 App 下单，送货上门；线上下单，然后门店自提或直接到店购买。盒马鲜生通过 App、电子价签等方式实现实体店的智能前台服务，方便客户扫码支付，并可以通过电子价签背后的系统随时查看店内所有商品的库存量和实时价格,从而降低成本、提升效率。

(5)场景带来的全新购物体验。

从定位、商品结构来看,盒马鲜生已经改变了传统零售以商品为中心的经营模式,走向以场景为中心的商品组织模式。盒马鲜生为客户购买生鲜商品提供了极致的场景化设计和参与性更强的生态空间。通过购物空间及细节的全面打造,为客户带来愉悦的购物体验。商品、服务与人交互连接而形成"共享时光",场景满足了客户的自我身份认同,引发客户文化、情感与价值观的共鸣,形成独一无二的竞争优势。

案例思考题:

(1)分析盒马鲜生线上与线下结合的 O2O 模式,讨论这种模式是如何提高客户体验和购物效率的?

(2)如何理解盒马鲜生将食品零售与餐饮业结合的策略?这种策略对盒马鲜生的业务有何影响?

(3)盒马鲜生如何通过数字化和智能化的技术支持实现线上线下高度融合?

(4)盒马鲜生与京东到家有何主要区别?这些区别如何影响各自的市场定位和竞争策略?

(5)在 O2O 模式中,盒马鲜生如何确保线上线下商品品质和价格的完全统一?这对客户有何好处?

本章小结

本章深入探讨了电子商务营销的相关理论和实务。首先,介绍了网络营销的含义和特点,它与传统营销方式既有联系也有区别,主要体现在传播渠道、互动性和数据驱动等方面。其次,详细阐述了各种网络营销理论,并强调了其在实际应用中的重要性,有助于深入理解网络营销的复杂性。此外,重点学习了网络营销策划的基本流程,如何确定营销策略,并根据营销效果进行评价。最后,介绍了关系营销的概念及客户关系管理的基本原则和方法。通过运用 CRM 系统,可以更有效地维护和管理客户关系,从而提高客户满意度和忠诚度。

本章思考题

1. 网络营销的含义是什么?与传统营销有何区别?
2. 网络营销有哪些特点?如何充分利用这些特点来开展营销活动?
3. 请简述网络营销的发展过程,并分析每个阶段的特点和影响。
4. 电子商务经济学在网络营销中起什么作用?如何运用电子商务经济学理论来指导网络营销实践?
5. 消费者行为理论在网络营销中有何重要性?如何运用消费者行为理论来制订有效的营销策略?

6. 整合营销传播理论的核心思想是什么？在网络营销中如何实现整合营销传播？

7. 网络直复营销理论的特点是什么？如何运用网络直复营销理论来提高营销效果？

8. 网络关系营销理论在网络营销中的重要性是什么？如何建立和维护企业与客户的关系？

9. 数据库营销理论在网络营销中有何应用？如何建立和维护有效的数据库来支持网络营销活动？

10. 在全球化背景下，全球营销理论对网络营销有何启示？如何开展全球化网络营销活动？

第 6 章
供应链与物流

学习目标

1. 理解物流的基本概念,掌握电子商务与物流的关系及其相互作用。
2. 掌握电子商务物流的四种主要管理模式:自营物流、第三方物流、物流联盟和第四方物流,了解各自的特点和适用场景。
3. 了解电子商务供应链管理的基本理论、策略及在数字经济背景下的变化,深入思考数字经济背景下的电子商务供应链管理问题。
4. 掌握跨境电子商务物流的基本概念、增值服务、模式和特点。

案例 6-1：京东商城的物流配送

随着电子商务的发展，我国网购市场也在迅速成长，国内物流的发展水平需要满足电子商务行业的配送需求。电子商务企业随着市场竞争环境的变化，结合自身实力与需求特点，第三方物流成为他们的主流选择。据了解，目前国内大多数电子商务企业都选择将物流配送环节外包给专业物流公司，而京东商城，这个 B2C 市场中的佼佼者，在准备突破行业瓶颈时，选择了自建物流。

第三方物流是目前大多数电子商务企业解决配送问题的主要方式，然而面对顾客需求的个性化、多样化，第三方物流的配合不到位又成为制约电子商务企业发展的重要因素。中国的第三方物流企业规模较小，其单一的服务功能无法满足电子商务企业和客户的需求。第三方物流企业物流管理信息系统不完善，电子商务企业无法对配送环节进行掌控，易造成配送不及时等问题，同时无法及时对客户满意度进行监管。为了更好地满足客户需求，持续提升企业利润，京东商城以其敏锐的视角选择了自建物流。

物流配送模式一般分为自营配送模式、第三方物流配送模式、物流一体化配送模式和共同配送模式。京东在自建物流之后，选择自营配送模式，且并没有完全放弃第三方物流配送模式，相反，京东将两种配送模式合理地进行了结合。京东自建物流体系如图 6.1 所示。

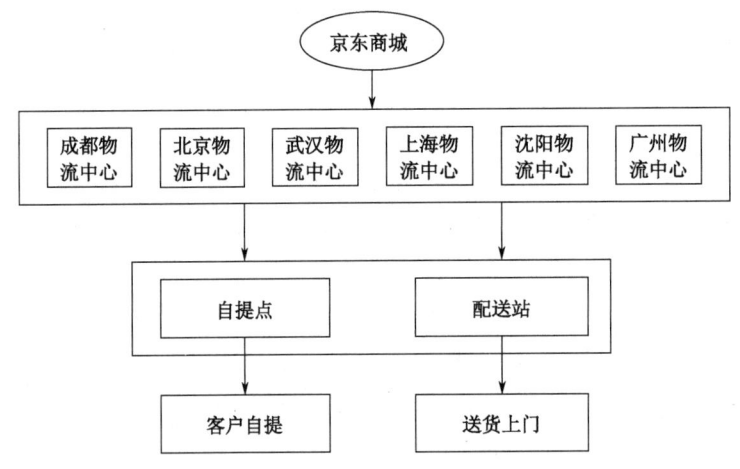

图 6.1 京东自建物流体系

2009 年，京东宣布成立自己的快递公司后，在北京、上海、广州、成都这四个主要城市建立了自己的物流体系。随着互联网应用的深入和京东自身业务的发展，其业务阵营已经拓展到二线、三线城市，京东欲在全国范围内建立起自己的配送网络，但如果在全国每个二线城市都建立自己的物流或运输公司，成本将高达数百亿元。因此，京东在北京、上海、广州之外的其他城市，通过选择与当地快递公司合作来完成配送任务，这样大大提高了配送的灵活性。

目前，京东物流拥有 110 多个海外仓、十余个保税仓及跨境口岸、近千条全球运输链路及中国全境的配送网络和信息系统。借助这一强大的资源，2010 年，京东物流开创"211限时达"服务,为整个电子商务行业物流配送服务树立标杆,并且迅速在全国各大重点城市推广。所谓"211限时达"服务,是指以每日两个11点作为时间分割点进行快速投递服务,具体为:上午11:00前提交现货订单,当日送达;夜里11:00前提交现货订单,第二日上午送达。经过十年的不断积累、创新,京东物流"211限时达"已从最初的6座城市扩展到覆盖京津冀、长三角、成渝、长江中游、中原、关中平原等全国十余个城市群的200多个城市。以京东物流"211限时达"服务为代表的时效产品,已成京东物流超高时效的金字招牌。

京东的这一大胆创举与成功运营为我国电子商务企业突破行业瓶颈提供了范例,应该引起我国第三方物流企业的思考。从长远来说,在购物模式逐渐改变、电子商务行业逐渐发展的今天,京东所面临的既有机遇也有挑战,京东还必须在不断发展的过程中完善物流系统并保持和第三方物流企业的最佳平衡,这样京东才能走向更加成熟美好的明天。

案例思考题:

(1)分析京东在主要城市(北京、上海、广州、成都)建立自己的物流体系的优势是什么?这些优势是否在所有城市都适用?

(2)随着京东业务向二线、三线城市拓展,京东面临哪些挑战?京东通过选择与当地快递公司合作的方式来解决这些问题,其背后的考虑是什么?

(3)如何理解京东选择与当地快递公司合作的策略?这种策略对京东和当地快递公司分别有何影响?

(4)在全国范围内建立起自己的配送网络对京东来说有哪些潜在的风险和挑战?京东应如何应对这些风险?

(5)京东与当地快递公司合作的方式是否可能带来服务质量的不一致?京东应如何确保合作过程中的服务质量和效率?

6.1 电子商务物流

电子商务是实现客户的网上购物、商家间的网上交易和在线电子支付及各种商务活动、交易活动、金融活动和相关的综合服务活动的一种新型的商业运营模式。电子商务中的任何一笔交易,都包含着信息流、商流、资金流和物流。其中,物流在电子商务活动中处于重要地位。

6.1.1 物流概述

1. 物流的含义

国内外关于物流的定义很多,下面列举一些较有代表性的权威解释。

美国物流管理委员会:物流是指为满足客户需要而进行的原材料、中间库存、最终产品及相关信息从起点到终点的有效流动,以及为实现这一流动而进行的计划、管理、控制过程。

日本工业标准:物流是将实物从供应者物理性地移动到客户这一过程的活动,一般包括输送、保管、装卸及与其有关的情报等各种活动。

联合国物流委员会：物流是为了满足客户需要而进行的从起点到终点的原材料、中间过程库存、最终产品和相关信息有效流动和储存的过程。

中国 GB/T 18354—2006 物流术语：物流是指物品从供应地到接收地的实体流动过程。根据实际需要，将运输、储存、装卸、搬运、包装、流通加工、配送、信息处理等基本功能的实施有机结合。

2. 物流的分类

物流活动在社会经济领域无处不在，对于不同领域的物流，根据物流对象、物流目的和物流范围的不同，可以将物流分为社会物流和企业物流。

社会物流是指超越一家一户的、以整个社会为范畴、以面向社会为目的的物流。它是国民经济部门与部门间、地区与地区间、企业与企业间为实现商品流动的各种经济活动。这种社会性很强的物流往往是由专门的物流服务者承担的。社会物流主要研究如何形成服务于社会的物流，研究社会中的物流体系结构和运行模式。

在企业运营过程中与物品实体流动有关的所有物流活动统称为企业物流。它从企业角度研究与之有关的物流活动，是具体的、微观的物流活动的典型领域。企业物流又可以分为不同类型的具体物流活动，如供应物流、生产物流、销售物流、回收物流和废弃物物流。

生产企业、流通企业或客户购入原材料、零部件及其他物品的物流过程称为供应物流（Supply Logistics），也就是物品在提供者与需求者间的实体流动。供应物流管理的重点是在保质、保量、经济、及时地供应生产经营所需各种物品的同时，对采购、储存、物料管理等一系列供应过程进行计划、组织、协调与控制，以确保企业经营目标的实现。

生产物流（Production Logistics）是指在企业生产过程中，原材料、在制品、半成品、产成品在企业内部的实体流动过程。这种物流活动是由整个生产工艺过程所产生的，与生产流程同步。生产物流管理的重点是生产物流过程的安排，各生产活动环节如何衔接才最有效，如何缩短整个生产的物流时间，与工艺过程有关的物流机械装备如何选用配合等。

销售物流（Distribution Logistics）是指生产企业或流通企业出售商品时，商品在提供方与需求方之间的实体流动。在现代社会中，销售物流活动带有极强的服务性，销售往往以送达客户并提供相应的售后服务才算终止。销售物流主要研究送货方式、包装水平、运输路线等物流活动的合理化。

回收物流（Returned Logistics）是指不合格物品的返修、退货及周转容器的回收所形成的物流活动，也包括企业在生产、供应、销售活动中产生的各种边角余料和废料的回收。在一个企业中，如果回收物品处理不当，往往会影响整个生产环境，甚至影响产品质量。回收物品品种多、流通渠道不规则，而且变化多样，因而管理和控制回收物流的难度很大。

废弃物物流（Waste Material Logistics）是指将经济活动中失去原有价值的物品，如开采矿山时产生的土石、炼钢生产中的钢渣、工业废水等，进行收集、分类、加工、包装、搬运等，并分送到专门的处理场所过程中所形成的物流活动。废弃物如不能妥善处理，不仅会污染环境，还会妨碍生产的持续开展。这类物流有时也被称为"环保物流"或"绿色物流"。

3. 物流的产生与发展

物流的概念最早产生于美国，经历了由传统意义上的实物分销（Physical Distribution，PD）到目前的现代物流（Logistics）的转变过程。

1915 年，美国市场营销学者阿奇·萧（Arch W. Shaw）在 *Some Problems in Market Distribution* 一书中首次使用了 Physical Distribution 这个概念，其实质是指"分销物流"。1935 年，美国营销协会对其作了进一步阐述，认为"物流是包含于销售之中的物质资料和服务与从生产地点到消费地点流动过程中所伴随的种种经济活动"。

在第二次世界大战期间，美国陆军根据军事上的需要，运用 Logistics Management（当时译为后勤管理）方法，对军火等战时物资的生产、采购、运输、配给等活动进行全面管理，以求战时物资补给的费用更低、速度更快、服务更好。后来，Logistics Management 理论和方法逐渐由军事领域渗透到工商领域，产生了如 Business Logistics 之类的新概念，定义为"包括原材料的流通、产品分配、运输、购买与库存控制、储存、客户服务等业务活动"，其领域包括原材料物流、生产物流和销售物流，是一个包含范围更广泛的物流概念，并得到各国实业界和理论界的广泛认同。

日本于 1964 年开始使用"物流"这一概念。在使用物流这个概念以前，日本把与商品实体有关的各项业务统称为"流通技术"，相当于美国的"Physical Distribution（实物分销，PD）"，后改为"物的流通"，简称"物流"。

中国开始使用"物流"一词始于 1979 年。1979 年 6 月，我国物资工作者代表团赴日本参加第三届国际物流会议，回国后在考察报告中第一次引用并使用"物流"这一术语。1988 年，中国台湾地区也开始使用"物流"这一概念。1989 年 4 月，第八届国际物流会议在北京召开，"物流"一词的使用日益普遍。

近 30 年来，Logistics 逐渐取代 PD，成为现代物流和物流科学的代名词。那么，Logistics 与 PD 二者有着怎样的区别呢？其主要不同在于，Logistics 已突破了商品流通的范围，把物流活动扩大到生产领域。物流已不仅仅从产品出厂开始，而是包括从原材料采购、加工生产到产品销售、售后服务，直到废旧物品回收等整个物理性的流通过程。这是因为随着生产的发展，社会分工越来越细，大型的制造商往往把成品零部件的生产任务包给其他专业性制造商，自己只是对这些零部件进行组装。在这种情况下，物流不但与流通系统维持了密切的关系，还与生产系统产生了密切的关系。这样，将物流、商流和生产三个方面连接在一起，就能产生更高的效率。

4. 物流管理

"物流"一词从 Physical Distribution 发展到 Logistics 的一个重要变革，是将物流活动从被动、从属的职能活动上升到企业经营战略的一个重要组成部分，因而要求对物流活动作为一个系统加以管理和运行。也就是说，物流本身的概念已经从活动的概述和总结上升到管理学层次。

所谓物流管理（Logistics Management），是指在社会再生产过程中，运用经济学、管理学的思想、理论和方法，研究物流活动中的各种规律，对物流活动进行计划、组织、协调、控制和监督，使各项物流活动实现最佳的协调与配合，以降低物流成本、提高物流效率和经济效益。

物流管理的内容主要包括信息处理等环节的管理；对物流系统要素的管理，即对其中人、财、物、设备、方法和信息六大要素的管理;对物流活动中具体职能的管理,主要包括对物流计划、质量、技术、经济等职能的管理等。

6.1.2 电子商务与物流的关系

在电子商务时代,人们越来越愿意花一部分钱(运费)完成足不出户的网上购物活动;同时,随着电子商务发展而产生的大小卖家也更愿意将实体店搬到网上,因为这样既可以打开市场,又不用考虑店铺的租金。物流环节联系着买家和卖家,物流的水平,如运费的高低、送货的时间、商品的安全等因素都是双方非常关心的。电子商务在改变传统商业模式的同时,对物流也产生了深刻的影响。可以说,电子商务的发展把物流业提升到了前所未有的高度,为物流企业提供了一个空前的发展机遇;而现代物流的发展又促进了电子商务的进一步发展。

1. 电子商务对物流的影响

在电子商务环境下,物流系统由供给推动变为需求拉动,当物流系统内的所有方面都得到网络技术的支持时,客户对产品的可得性将极大地提高。同时,将在物流系统的各功能环节上极大地降低成本,如降低采购成本,减少库存成本,缩短产品开发周期,为客户提供有效的服务及增加销售的机会等。可以看出,电子商务对物流会产生巨大的影响。

1)对物流系统结构的影响

由于网上客户可以直接接触制造商并可获得个性化的服务,因此,传统物流渠道中的批发商和零售商等中介将逐步淡出,区域销售代理将作为制造商产品营销和服务功能的直接延伸,其地位将得到提升。

网上时空"零距离"的特点与现实世界的反差增大,客户对产品的可得性的心理预期加大,导致企业准时交货的压力变大。因此,物流系统中的港、站、库、配送中心、运输线路等设施的布局、结构和任务将面临较大的调整。在企业保留若干地区性仓库以后,更多的仓库将被整合为配送中心。

大规模的电信基础设施建设,将使那些能够在网上直接传输的有形产品的物流系统隐形化。这类产品主要包括书报、音乐、软件等,即已经数字化的产品的物流系统将逐步与网络系统重合,并最终被网络系统所取代。

随着电子商务的发展,物流服务的社会化趋势也越来越明显。在网上订购、网上支付实现后,最关键的环节就是物流配送,如果企业完全依靠自己的力量来完成肯定是力不从心的,特别是面对跨地区、跨国界的客户时,更是束手无策。因此,物流的社会化也是电子商务发展的重要趋势之一。

2)物流服务空间的拓展

如果将电子商务中的物流需求仅仅理解为门到门运输、免费送货或保证所订的货物能即时送到,那么这种理解是片面的,因为电子商务需要的是增值性的物流服务(Value-Added Logistics Service),而不仅仅是传统的物流服务。增值性的物流服务是指在完成物流基础任务的基础上,根据客户需要提供的各种延伸业务活动。

一切能够简化手续、简化操作的服务都是增值性服务。简化是对客户而言的,并不是说服务的内容简化,而是指以前需要客户自己做的一些事情,现在可以由商品或服务提供商以各种方式代替客户做了，从而使客户获得这种服务变得简单。在提供电子商务的物流服务时，推行一条龙门到门服务、提供完备的操作或作业提示、省力化设计或安装、代办业务、24小时营业、自动订货、传递信息和转账、物流全过程追踪等都是对电子商务销售有用的增值性服务。

快速反应已经成为物流发展的动力之一。现代物流的观点认为，可以通过两条途径使流通过程变快，一是提高运输基础设施和设备的效率，这是一种速度的保障，但在需求方对速度的要求越来越高的情况下它也会变成一种约束，因此必须考虑其他办法来提高运输速度。二是优化电子商务的流通渠道，并以此简化物流过程，提高物流系统的快速反应性能。

电子商务发展的初期，物流成本居高不下，有些企业可能会因承受不了这种高额成本而退出电子商务领域，或者是选择性地将电子商务的物流服务外包出去。因此，如果要发展电子商务，就应该不断寻找能够降低物流成本的物流方案。

3）对物流信息化的影响

物流信息化是电子商务的必然要求。物流信息化主要表现在物流信息获取、存储、处理、传输和应用等环节。因此，条码技术（Bar Code）、电子订货系统（Electronic Ordering System，EOS）、电子数据交换（Electronic Data Interchange，EDI）、企业资源计划（Enterprise Resource Planning，ERP）、地理信息系统（Geographic Information System，GIS）、智能交通系统（Intelligent Traffic System，ITS）等技术与观念在物流中将会得到普遍的应用。

电子商务可使物流实现网络的实时控制。传统的物流活动在其运作过程中，无论是以生产为中心，还是以成本或利润为中心，其实质都是以商流为中心，从属于商流活动。而在电子商务下，物流的运作是以信息为中心的，信息不仅决定了物流的运动方向，也决定着物流的运作方式。在实际运作过程中，通过网络上的信息传递，可以有效地实现对物流的控制，实现物流的合理化。例如，在电子商务方案中，可以利用电子商务的信息网络，使一些生产厂商和下游的经销商、物流服务商共用数据库，共享库存信息等，尽量减少实物库存水平，但并不降低供货服务水平。

网络对物流的实时控制是以整体物流来进行的。在传统的物流活动中，虽然也依靠计算机来对物流进行实时控制，但这种控制都是以单个企业的运作方式来进行的。而在电子商务时代，网络的全球化可使物流在全球范围内实现整体的实时控制，客户可以实时看到所购商品的物流活动状态。

信息化是一切的基础，没有物流的信息化，任何先进的技术设备都不可能应用于物流领域，信息技术及计算机技术在物流中的应用将彻底改变物流的面貌。

2. 物流对电子商务的影响

1）物流是电子商务的重要组成部分

电子商务中的任何一笔交易，都包含着四种基本的"流"：信息流、商流、资金流和物流。其中，信息流包括商品信息、交易信息、物流信息、技术支持和售后服务等内容。商流是指商品在购、销之间进行交易和商品所有权转移的运动过程，具体是指商品交易的一系列活动。资金流主要是指资金的转移过程，包括付款、转账等。物流作为四"流"中最为特殊的一种，是指物质实体（商品或服务）的流动过程，如运输、储存、配送、装卸、保管等各种活动。对少数商品和服务来说，可以直接通过网络传输的方式进行配送,如各种电子出版物、信息咨询服务等。而对大多数商品和服务来说,物流仍要经由物理方式传输。因此,物流在交易中占据十分重要的地位。

2)物流现代化是电子商务的基础

电子商务通过快捷、高效的信息处理手段可较为容易地解决信息流、商流和资金流的问题,而将商品及时地配送到客户手中,即完成商品的空间转移(物流)才标志着电子商务过程的结束,因此物流系统效率的高低是电子商务成功与否的关键,而物流系统效率的高低在很大程度上取决于物流现代化的水平。

物流现代化中最重要的部分是物流信息化。物流信息化是电子商务物流的基本要求,是企业信息化的重要组成部分,表现为物流信息的商品化、物流信息收集的数据化和代码化、物流信息处理的电子化和计算机化、物流信息传递的标准化和实时化、物流信息储存的数字化等。物流信息化能更好地协调生产与销售、运输、储存等环节的联系,对优化供货程序、缩短物流时间及降低库存成本都具有十分重要的意义。

3)物流是实施电子商务的重要保证

目前的电子商务是靠网络订货,靠物流体系送货,因而物流是实现电子商务的重要环节和基本保证。

无论是在传统的贸易方式下,还是在电子商务下,生产都是商品流通之本,而生产的顺利进行又需要各类物流活动的支持。生产的全过程从原材料的采购开始,便要求有相应的供应物流活动,即将所采购的材料送到位,否则,生产就难以进行;在生产的各工艺流程之间,也需要原材料、半成品的物流过程,即生产物流,以实现生产的流动性;部分余料、可重复利用物资的回收,就需要回收物流;废弃物的处理则需要废弃物物流。可见,整个生产过程实际上就是系列化的物流活动。合理化、现代化的物流,通过降低成本、优化库存结构、减少资金占压、缩短生产周期,保障了现代化生产的高效进行。

在商流活动中,商品所有权从购销合同签订并支付货款的那一刻起,便由供方转移到需方,而商品实体并没有因此而移动。在传统的交易过程中,除了非实物交割的期货交易,一般的商流都必须伴随相应的物流活动,即按照需方(买方)的需求将商品实体由供方(卖方)以适当的方式、途径向需方(买方)转移。而在电子商务下,客户通过网络购物来完成商品所有权的交割过程,即商流过程,但电子商务的活动并未结束,只有商品和服务真正转移到客户手中,商务活动才算终结。

随着电子商务的日趋成熟,跨国、跨区域的物流已经彰显其重要性,没有物流网络、物流设施和物流技术的支持,电子商务将受到极大的抑制;没有完善的物流系统,电子商务即使能够降低交易费用,但也无法降低物流成本,电子商务所产生的效益终将大打折扣。

6.2 电子商务物流管理模式

电子商务物流模式是指电子商务企业从一定的物流管理理念出发,以市场为导向、以满足客户要求为宗旨,获取系统总效益最优化的适应现代社会经济发展的模式。在电子商务环境下,主要有四种物流模式,即自营物流、第三方物流、物流联盟和第四方物流。电子商务企业要根据不同行业和不同规模的要求选择合适的物流模式。

6.2.1 自营物流

1. 自营物流的概念

由于目前国内的物流水平不能满足电子商务的要求,部分电子商务营运商选择自营物流。电子商务企业借助自身的物资条件,自行开展经营的物流,称为自营物流,即电子商务企业自建物流配送中心为客户服务。

企业自建物流系统的核心是建立集物流、商流、信息流于一体的现代化新型物流配送中心。自建供应链物流配送系统,适用于那些规模较大、资金雄厚、企业自身的物流管理能力强大、物流在整体业务中战略地位重要、物流成本所占比重大、对物流服务要求较高的大型或超大型电子商务或制造型企业。

目前中国采取自营物流模式的企业主要有以下两类。

一类是资金实力雄厚且规模较大的大型电子商务公司,作为国内电子商务的领头羊——京东商城是其典型代表。这类电子商务公司凭借其庞大的连锁分销渠道和零售网络,利用电子商务技术构建自身的物流体系,进行物流配送服务,自行建立适应自身业务需要的畅通、高效的物流系统,并可向其他物流服务需求方(如其他的电子商务公司)提供第三方综合物流服务,以充分利用其物流资源,实现规模效益。

另一类是传统的大型制造企业或批发企业经营的 B2B 电子商务网站,由于其自身在长期的传统商务中已经建立起初具规模的营销网络和物流配送体系,在开展电子商务时只需将其加以改进和完善,即可满足电子商务条件下对物流配送的要求。海尔集团的自建物流配送系统就是这类模式的典型应用。

自营物流模式的特征是电子商务企业拥有自己的物流运行和管理机构,可以根据自身情况在高层战略、中层战术和低层物流运作层面制订出适合本企业发展的物流设计方案、运作计划和策略。电子商务企业凭借自己雄厚的物流实力可以建立所需的设施设备,如仓库、配送车辆、物流设备等。由于是本企业所有,因此不仅使用方便,而且风险较小。

2. 自营物流的优势与劣势

1)优势

企业拥有对物流系统运作过程的有效控制权。自营物流的企业能够及时获得供应商、销售商及最终客户的第一手信息,合理地规划管理流程,并以较快的速度、较高的质量解决物流活动管理过程中出现的任何问题,使物流与资金流、信息流、商流结合得更加紧密,从而大大提高物流作业乃至全方位的工作效率。

(1)对物流系统进行有效控制。企业可以控制物流运作的各环节,对供应链的控制能力强,容易与其他业务环节紧密配合,使企业的供应链协调和稳定,从而提高物流的运作效率。

(2)提高企业品牌价值。自营物流以服务于企业的生产经营为目的,与企业管理部门有着密切的关系,企业可以为客户提供更好的服务,以提升企业形象。

(3)避免企业机密外泄。企业可以有效地防止因引入第三方物流企业,将掌握的企业经营中的商业秘密泄露给竞争对手,削弱企业的市场竞争力。

2)劣势

(1)增加了企业投资负担,削弱了企业抵御市场风险的能力。企业采用自营物流,需要投入大量的资金，会减少对其他重要环节的投入，从而削弱企业的市场竞争力。

（2）需要很强的物流信息化平台的开发建设能力。现代物流运作需要物流信息化平台做支撑，如果企业不具备物流信息化平台的开发能力，那么物流平台功能很难满足其设想的要求。

（3）需要专业的物流管理人才。企业自营物流，不仅需要在物流硬件上大量投入，还需要引进物流管理人才来管理企业的各项物流活动。

（4）企业物流配送效率低下，管理难以控制。对绝大多数企业来说，物流活动并非企业所擅长，自营物流就等于迫使企业从事不擅长的业务活动，容易导致物流工作没有抓起来，关键性工作也会受到拖累。

6.2.2　第三方物流

1. 第三方物流的概念

第三方物流（Third Party Logistics，TPL）是20世纪80年代中期由美国学者提出的，是指物流渠道中的专业化物流中间人，以签订契约的方式，在一定期间内，为其他公司提供所有的或某些方面的物流专业服务。

中国国家标准《物流术语》（GB/T 1842）中对第三方物流的定义：由供方与需方以外的物流企业提供物流服务的业务模式。在第三方物流运作模式中，以签订外包协议或合同的形式，将与物流有关的活动外包给第三方物流公司，由专业化的物流公司对所有物流活动进行全权负责并实施。第三方物流企业在提供"低成本-高质量"物流服务的同时还能够对多变的市场作出各种敏捷反应。企业与第三方物流之间通常会建立战略合作伙伴关系，以实现双方共赢为目标。

第三方物流一方面是指"第三方"，表明在主体上是独立的第三方企业，而不是依附于供方或需方等任何一方的非独立性经济组织；另一方面，在行为上是指"物流"，表明第三方物流从事的是现代物流活动，而不是传统意义上的运输、仓储等。

企业自营物流虽然在一定程度上带来交易成本的节约，但同时存在着弊端，如企业物流资源的重复投资、难以取得规模效益、缺乏更专业化的物流管理、多元化经营导致主业不清等。随着社会分工的进一步发展，生产企业便集中主业，优化配置资源，将物流事业部从生产企业中剥离出来，并逐渐发展成为专门从事第三方物流服务的独立企业（如海尔物流、安得物流），真正意义上的第三方物流应运而生。正如管理学大师彼得·德鲁克所说：物流管理是"降低成本的最后边界"，是降低资源消耗、提高劳动生产率之后的"第三利润源泉"。第三方物流企业出现之后，生产企业不仅避免了自营物流诸多的固有弊端，还最大限度地节约了物流成本。

2. 第三方物流的特点

与其他服务相比，第三方物流服务的特点非常明显，具体表现在信息网络化、功能专业化、服务个性化及经营规模化。

第三方物流是建立在现代电子信息技术基础上的。信息技术的发展是第三方物流出现的必要条件，信息技术实现了数据的快速、准确传递，提高了仓储管理、装卸运输、采购订货、配送发运、订单处理的自动化水平，使订货、保管、运输、流通加工实现一体化。企业可以更方便地使用信息技术与物流企业进行交流和协作。

第三方物流的核心竞争能力，除了信息优势就是物流领域的专业化运作优势。第三方物流是一种专业化物流服务组织，它熟悉市场运作，具有专门的物流和信息手段，又有专业人才。专业化的物流运作不但可以提高物流效率，降低物流成本，使经济效益大幅提高，而且有利于提高物流服务的质量，满足客户企业的需求。

第三方物流企业需要根据客户在企业文化形象、业务流程、运输产品特征、顾客需求特征、竞争合作需要等方面不同的要求，提供针对性强的个性化服务和增值服务。第三方物流企业也因为市场竞争、物流资源、物流能力的影响需要形成自己的核心业务，不断强化所提供物流服务的个性化和特色化，以增强其在物流市场的竞争能力。

第三方物流企业最基本的特征是规模化物流业务。物流业务的规模化可以使企业的物流资源被充分利用，发挥最大的经济效益。规模效益是第三方物流企业一个最重要的效益源泉。

3. 第三方物流的服务内容

第三方物流根据合同条款规定的要求提供多功能甚至全方位的物流服务。完整的第三方物流解决方案包括以下内容。

（1）为企业设计全盘物流方案。包括涵盖企业生产和销售组织构架在内的管理框架设计、产品生产和销售的流程及控制设计、生产和销售的衔接与配合、销售的预测和生产计划的制订、物流的协同定位等。

（2）企业生产基地和仓库的选址。包括各分生产基地、组装基地、配件基地，以及原材料仓库、产成品仓库、分销仓库等的选址和建设方案等。

（3）原材料的采购和产成品的包装。包括原材料采购计划（时间、数量和规模）和实施方案、产成品的集成包装和拆分包装等。

（4）运输服务。指所有与原材料采购、产成品生产、销售有关的各种方式的干线运输、联合运输、分包运输和配送运输等。

（5）仓库管理服务。包括原材料和产成品的入库管理、出库管理、收货和发货管理、货品保管、货品移动、货物调整、货物控制、货物盘点等服务活动。

（6）物流中心的配送服务。包括由原材料和产成品的生产地到各加工地或分销地的运送服务，由各分销中心至分销商的配送服务，以及由各分销中心或分销商到终端客户的配送服务等。

（7）搬运装卸服务。指由机械或人工完成的货物装卸、短距离搬运或移动，包括装卸车作业、吊装作业、货物空间位置的短距离移动等。

（8）回收物流服务。任何企业的物流运作都不可避免地要发生退货、损坏品的回收、废弃物及包装物的回收。

4. 第三方物流的优势和劣势

1）优势

由于任何企业的资源都是有限的，很难在各种业务上面面俱到。电子商务运营商应将其有限的人力、物力、财力等资源集中于核心业务，集中精力做好核心业务，而把物流等辅助功能外包给第三方物流服务商。这样双方都是在自己熟悉的业务范围内工作，实现了资源的优化配置，可更好地提高工作效率，降低成本，增加企业收益。

企业自营物流需要投入大量的资金用于基础设施、设备及信息系统的建设，这些资源对大多数企业特别是中小企业是个沉重的负担。采用第三方物流，可以减少资金占用。

第三方物流提供者利用规模物流的专业优势和成本优势，不仅为客户提供了先进的物流管理方案和服务，还能减少客户的成本投入。

第三方物流提供者是物流专家，它们利用完备的设施和训练有素的员工实现对供应链的完全控制，利用遍布全球的物流网络和服务商，提升客户服务。

2）劣势

电子商务运营商将物流业务外包给第三方物流企业后，第三方物流提供者介入企业的物流环节，成为企业的物流管理者，企业自身对物流的控制力减少，物流的服务质量与效率得不到完全的控制和保障，甚至可能出现物流管理失控的风险。

电子商务运营商把物流业务外包给第三方物流企业，相当于把"第三利润源"让给了第三方物流企业，减少了自己的利润。

第三方物流服务商从采购渠道到市场策略，从经营状况到客户服务策略等方面都可能得到企业内部相关信息，所以存在企业核心机密被泄露的风险。

采用第三方物流时，产品配送和售后服务，甚至客户信息资料都是由第三方物流服务商直接接触和管理的，企业同客户直接的关系可能会被削弱。

6.2.3 物流联盟

1. 物流联盟的概念及特点

所谓物流联盟，是为了达到比单独从事物流活动更好的效果，在物流方面通过签订合同形成优势互补、要素双向或多向流动、相互信任、共担风险、共享收益的物流伙伴关系。同其他物流模式相比，物流联盟模式一般具有相互依赖、动态性、分工明确、强调合作等特点。

一般来说，组成物流联盟的企业之间具有很强的依赖性，这种依赖来源于社会分工和核心业务的回归。

联盟是动态的，只要合同结束，双方又变成追求自身利益最大化的单独个体。

物流联盟的各组成企业明确自身在整个物流联盟中的优势及担当的角色，内部的对抗和冲突减少，分工明晰，使供应商把注意力集中在提供客户指定的服务上。

不同地区的物流企业通过联盟共同为电子商务客户服务，满足电子商务企业全方位的物流服务需要。电子商务企业通过物流联盟可以降低成本、减少投资、控制风险、提高企业竞争能力。

2. 物流联盟的类型

根据物流联盟建立的方式不同，物流联盟主要有纵向物流联盟、横向物流联盟、混合型物流联盟等类型。

1）纵向物流联盟

纵向物流联盟是基于供应链一体化管理的基础形成的，是指处于物流活动不同作业环节的企业之间通过相互协调形成的合作性、共同化的物流管理系统。纵向联盟在按照最终客户的要求为其提供最大价值的同时，也使联盟总利润最大化。但这种联盟一般不太稳固，主要是在整个供应链上，不可能每个环节都能同时达到利益最大化，因此打击了一些企业的积极性，使它们有随时退出联盟的可能。

2）横向物流联盟

横向物流联盟是指相同地域或不同地域的服务范围相同的物流企业之间达成的协调、统一运营的物流管理系统。组建横向一体化物流联盟能使分散的物流产业获得规模经济和集约化运作，从而降低成本和风险。但是这种联盟必须吸引大量的商业企业加盟，并有大量的商品存在，才可发挥它的整合作用和集约化的优势。

3）混合型物流联盟

混合型物流联盟既有处于平行位置的物流企业，也有处于上下游位置的中小企业加盟组成，它们的核心是第三方物流机构。由于联盟中的中小企业存在相似的物流需求，可将自己的物流业务外包给第三方物流机构，共同采购、共同配送，形成相互信任、共担风险、共享收益的集约化物流伙伴关系，使社会分散的物流获得规模经济，提高物流效益。这种物流联盟使众多中小企业联盟成员共担风险，降低企业物流成本，并能从第三方机构得到过剩的物流能力与较强的物流管理能力，提高企业经济效益。

3. 物流联盟的优势和劣势

1）优势

物流联盟的建立能减少在交易的全过程、交易主体行为和交易特性等领域和环节中产生的各种交易费用，通过优势互补与合作获得长期、稳定的共同利益。通过物流联盟能提高企业的物流效率，节约物流成本，可使企业专注其核心业务以增强其核心竞争力。

电子商务企业与物流企业联盟，一方面有利于电子商务企业降低经营风险，提高竞争力，还可以从物流伙伴处获得物流技术和管理技巧；另一方面也使物流企业有了稳定的货源。

2）劣势

由于目前我国的企业之间存在低水平竞争，许多可以共享的资源被视为商业秘密，企业担心核心技术和商业秘密外泄会影响并削弱企业未来的市场地位，使物流联盟缺乏有效的组织和信息沟通。企业还会担心被置于物流管理之外，失去对物流渠道的控制能力，并且难以在目标、理念、利益分配等方面达成共识，所有这些都会导致物流联盟实施效果欠佳。

6.2.4 第四方物流

1. 第四方物流的概念

随着市场竞争的加剧，企业对降低物流成本的追求使物流供应商有必要站到更高的角度来看待物流服务，把提供物流服务从具体的运输管理协调和供应链管理上升到对整个物流供应链的整合优化和供应链方案的再造设计。

1998年，美国埃森哲咨询公司率先提出了第四方物流（Fourth Party Logistics，4PL）的概念：一个调配和管理组织自身的及具有互补性的服务提供商的资源、能力和技术，来提供全面的供应链解决方案的供应链集成商。

第四方物流是通过利用自身资本规模、管理经验和资源优势，并且依靠优秀的第三方物流供应商、技术供应商、管理咨询商及其他增值服务商，为客户提供一套独特的、广泛的、完整的供应链解决方案。

2. 第四方物流的特点

第四方物流集成了管理咨询和第三方物流服务商的能力，为客户提供一整套最佳的供应链解决方案。重要的是，第四方物流服务商领导下的供应链将是一个前所未有的、使客户价值最大化的统一的技术方案，其设计、实施和运作需要管理咨询公司、物流技术公司和第三方物流公司齐心协力才能够实现。

第四方物流商主要负责供应链职能和流程的正常运行，其工作远远超出了传统外包运输管理和仓储管理运作的范围，包括制造、采购、库存管理、供应链信息技术、需求预测、网络管理、客户服务管理和行政管理等。

第四方物流负责供应链流程一体化、系统集成和运作的衔接，可以帮助客户实施新的业务方案，包括业务流程优化、与物流服务供应商之间的系统集成，供应链实施过程中要重视组织变革。

第四方物流商主要负责通过技术开发和设备改造实现各供应链职能的加强，变革的努力集中在优化供应链中的具体职能，包括销售和运作计划、分销管理、采购策略和客户支持等，供应链管理技术对方案的成败至关重要。

第四方物流商主要负责供应链流程再造和供应链过程的再设计。再造是第四方物流最高层次方案的最高境界，流程再造通过供应链中企业的通力合作，将各环节的计划与运作协调一致来实现。通过再造，使整个供应链流程更合理、效率更高，供应链各环节更协调，从而使每个环节的企业客户都受益。

第四方物流充分利用了一批服务提供商的能力，包括第三方物流、信息技术供应商、同物流供应商、呼叫中心、电信增值服务商等，再加上客户的能力和第四方物流自身的能力，可以实现迅速、高质量、低成本的配送服务。因此说，第四方物流通过提供一个全方位的供应链解决方案来满足当前公司所面临的广泛而又复杂的需求。

3. 第四方物流的优势和劣势

1）优势

第四方物流的核心竞争力在于对整个供应链及物流系统进行整合规划的能力，这也是降低客户企业物流成本的根本所在。第四方物流可以整合供应链服务商，为客户企业提供个性化、多样化的供应链解决方案。

随着专业化发展，第四方物流已经开始形成高覆盖率的信息网络，并且积累了丰富的物流专业知识，包括运输、仓储与其他增值物流服务，会在全球范围内整合最优的第三方运输、仓储和配送网络，将更多的资金投入供应链优化。

第四方物流往往与独立的软件供应商结盟或共同开发定制化的内部信息系统，这使它们能够最大限度地利用运输、仓储与配送网络，有效地进行跨运输方式甚至跨物流环节的货物追踪，提高供应链管理效率，并提供相关增值服务。

第四方物流公司拥有大量高素质、国际化的物流和供应链管理专业人才和团队，可以为客户企业提供全面卓越的供应链管理解决方案，实施与企业战略相适应的物流发展战略。

2）劣势

第四方物流虽然发展前景广阔，但进入门槛非常高。企业要想进入第四方物流领域，必须拥有国际水准的供应链策略制订和管理能力，能全面集成供应链技术和各方资源，拥有一大批富有经验的供应链管理专业人员，能同时管理多个不同的供应商，具有全球化的地域覆盖能力和支持能力，具有对组织变革问题的深刻理解和管理能力。

第四方物流组建阻力大、风险控制难度大。首先，第四方物流是多方资源和能力的整合，很多企业担心企业内部管理运作的机密外泄，为减少外部企业渗透到企业内部运作管理的风险，不愿意与竞争者或其他企业进行合作物流管理和服务。其次，第四方物流组建时要求委托客户与第四方物流签订长期合作协议，确立长期、稳定的交易关系才能保证完整的供应链管理和物流服务。但对委托客户企业来说，一旦客户对第三方代理提供的物流运作和管理服务不满，寻求其他物流服务提供商时，契约反倒成为委托企业最大的阻碍。最后，不同的行业性质和结构大相径庭，这就要求第四方物流对所在行业有深刻的理解，掌握经营管理的能力，而且要具有柔性化经营的能力。

案例 6-2：华夏媒体信息技术公司——第四方物流服务

2000 年，飞利浦在全国有 40 多家物流供应商，其中有一些相对专业的第三方物流商，有些只是车队。市场上有品牌的第三方物流供应商不超过 20 家。当时还没有 EDI（电子数据交换）的 40 多家供应商，所有的东西都靠"人海战术"——传真、打电话。一共 18 台传真机超负荷运转，处理着几百个品种上百万张的单据。

2001 年开始，飞利浦和物流供应商之间进行电子数据交换（EDI），与国内知名的第三方物流公司合作，该第三方物流供应商由于成本上无法承受，要求飞利浦涨价，而涨价的幅度超过了飞利浦可以承受的幅度，双方只好"分手"。由于其间双方一起搭建了 EDI，"分手"给飞利浦带来较大的影响，之前投入的 IT 成本，包括时间和金钱，由于这家供应商的退出而"打了水漂"。当时国内规模最大的几个第三方物流可以为飞利浦及飞利浦的客户提供服务的能力与飞利浦的物流要求相距甚远。要想达到飞利浦的物流要求主要途径是培训，帮助第三方物流企业提高业务能力，使第三方物流企业能够适应飞利浦的业务需求。由于飞利浦对物流合作伙伴的培训周期长，培训成本高，因此，如果要更换一个物流商，其成本也是很高的，并且需要差不多三个月的时间磨合，最终，会浪费相当多的人力和物力。

"那么能不能把系统整合交给一家公司去做？这样飞利浦家电就能够避开对物流商的培训、与物流商的磨合所产生的巨大沉没成本。"带着这个想法，2002 年 11 月，飞利浦找到一家从事供应链平台开发的软件服务公司——华夏媒体信息技术公司。该公司在供应链解决方案上有丰富的经验，并对欧美在物流系统整合的先进做法有很深入的了解。华夏迅速搭建新的业务架构并很快开发出各种系统，搭建了 NET-X 平台。X 意味着无限和不确定。

通过引入"第四者"，飞利浦精简了自己的流程和队伍并对物流供应商进行淘汰和精简。作为一个选择第三、第四物流服务的公司，飞利浦在挑选第三方物流商时最关心的是成本和所得到的服务——性价比，第三方物流的 IT 能力，第三方物流的网络覆盖能力。对于第四方物流商，飞利浦看重的是实力、技术领先度，能保证解决方案可以提高工作效率，能够帮助飞利浦完成设计方案，实现和供应商的对接。

案例思考题：

（1）分析飞利浦选择华夏媒体信息技术公司作为其供应链解决方案合作伙伴的原因是什么？华夏媒体信息技术公司在此案例中的核心竞争力体现在哪些方面？

（2）描述华夏媒体信息技术公司如何通过 NET-X 平台为飞利浦提供供应链解决方案。NET-X 平台的"X"代表什么？它在飞利浦供应链整合中起到了怎样的作用？

（3）"第四者"在飞利浦的供应链整合中扮演了怎样的角色？飞利浦为何选择引入"第四者"来精简流程和队伍？这样的策略对飞利浦的物流成本和效率有何影响？

（4）在选择第三方和第四方物流服务商时，飞利浦的考量标准是什么？这些标准如何确保飞利浦获得高性价比的物流服务及高效的网络覆盖能力？

（5）飞利浦对第四方物流商的要求有哪些？为什么飞利浦特别看重第四方物流商的实力和技术领先度？这些要求如何确保飞利浦设计的方案得到高效实施，并实现与供应商的顺畅对接？

6.3 电子商务供应链管理

6.3.1 电子商务供应链管理基础理论

1. 供应链的概念

供应链管理（Supply Chain Management，SCM）的概念于 20 世纪 80 年代末提出。进入 21 世纪，随着世界经济的飞速发展，全球数字化、网络化、信息化的特征日益明显，工业经济已由主要是制造业转变为制造业和服务业逐步一体化的模式。以客户需求为中心的现代营销理念逐步取代了以生产和产品为中心的传统营销观念。市场竞争也不单单是企业内部的竞争了，已逐步拓展为整个供应链之间的竞争。因此，国际上一些先驱企业摒弃了过去那种从设计、制造直到销售都自己负责的经营模式，转而在全球范围内与供应商和销售商建立最佳合作伙伴关系，与他们形成长期的战略联盟，结成利益共同体。

美国是首先对供应链管理理论进行研究的国家。当时，美国服装纺织行业由于激烈的市场竞争而处于不景气状态，为寻求对策，他们进行了调查分析。调研结果表明尽管行业中各企业自身的生产经营效率都不错，但是从供应、生产到销售的全过程看，各企业之间的关系不协调，从而导致全系统的效益低下。由此，供应链的研究开始形成。

中国 2006 年颁布实施的《物流术语》国家标准（GB/T 18354—2006）对供应链的定义是"生产及流通过程中，为了将产品或服务交付给最终用户，由上游与下游企业共同建立的网链状组织。"如服装制造企业上游是纤维和布料生产厂家，下游是批发商和零售商，最终到达客户，这个供应链体系中所有的企业都具有相互依存的密切关系。

根据供应链的定义可知，供应链是一个网链结构，它围绕一个核心企业，对生产和流通过程中各环节所涉及的物流、资金流、信息流进行整合，将供应商、零售商、分销商和有关中间商等连接成一个具有整体功能的网络。因此，供应链是一条连接供应商和客户的增值链，如图 6.2 所示。

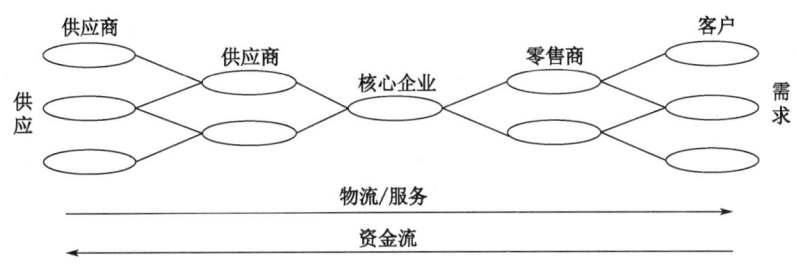

图 6.2 供应链网络结构

可以看出,供应链由所有加盟的节点企业组成。一般有一个核心企业,节点企业在需求信息的驱动下,通过供应链的职能分工与合作,以资金流、物流和服务流为媒介实现整个供应链的不断增值。

供应链中的信息流可以向上或向下流动,或从最终客户开始流动,或在中间供应商和客户之间流动。物料、产品或货物在供应链中向下流动。一个企业是一个节点,节点企业和节点企业之间是一种需求与供应的关系。

供应链因企业战略和适应市场需求变化而变化,其中的节点企业会不断地更新,这就使供应链具有明显的动态性。供应链的形成、存在、重构,都是基于一定的市场需求的,客户的需求是供应链中信息流、物流/服务、资金流的驱动源。供应链往往由多个企业构成,其结构模式更为复杂,增加了协调管理的难度。

2. 电子商务与供应链管理

随着电子商务、网络通信技术的迅猛发展,国际上一些著名企业如惠普公司、IBM公司、戴尔公司等在供应链实践中取得的成就,更使人坚信供应链是企业适应全球竞争的一个有效途径,因而吸引了许多学者和企业界人士对供应链管理进行研究与实践。

电子商务的发展为供应链管理的有效实施奠定了基础,而供应链管理是企业开展电子商务的最佳也是唯一可行的切入点。电子商务与供应链管理之间存在如下关系。

(1)电子商务使供应链管理思想得以实现。供应链管理思想强调核心企业与优秀的企业建立战略合作关系,通过重新设计业务流程,做好本企业能创造特殊价值的、比竞争对手更擅长的关键性工作,这样不仅能提高本企业的竞争能力,更能使供应链上的其他企业受益。电子商务是以管理人员为中心的人机交互式的管理信息系统,它将先进的管理思想运用到企业内外各层面,借助计算机实现供应链管理的全过程。

(2)电子商务的应用促进了供应链的发展。从基本设施的角度看,传统的供应链管理一般建立在私有专用网络上,需要投入大量资金,只有一些大型的企业才有能力进行自己的供应链建设,并且这种供应链缺乏柔性。而电子商务使供应链可以享受全球化网络,使中小企业以较低的成本加入全球化供应链中。采用电子商务,许多供应链概念可以借用更高效率的方法在实践中应用,如信息共享、多方合作、供应链管理设计、大规模定制、外包等。

(3)供应链管理是执行电子商务当中重要一环。供应链管理是电子商务的一个重要部分,又是企业提高业务经营管理的重要手段。利用电子商务的优势,企业可以及时收集终端客户信息并进行统计分析,以运用到企业内部日常经营管理与外部上下游供应链的优化管理整合中。供应链管理提供制造商与其他企业体系间的供需联系渠道,通过电子商务快速反应客户的需求,以适时、适地、适量提供客户所需的产品或服务,为客户、供应商及企业三方创造价值。

（4）供应链管理是实现电子商务的理论依据。企业建立电子商务是通过现代化的管理手段，用新的管理模式代替旧的管理模式的一场变革。而通过计算机网络实现企业供应链管理，提高企业竞争力是一种新的思想和方法，是一次管理革命，是实现电子商务的基础。

6.3.2 电子商务供应链管理策略

1. 快速反应

快速反应（Quick Response，QR）是美国纺织与服装行业发展起来的一项供应链管理策略。20世纪六七十年代，美国的杂货行业面临着国外进口商品的激烈竞争。20世纪80年代早期美国国产的鞋、玩具及家用电器在市场的占有率下降到20%，而国外进口的服装占据了美国市场的40%。面对国外商品的激烈竞争，美国纺织服装企业一方面要求政府和国会采取措施阻止纺织品的大量进口；另一方面进行设备投资来提高企业的生产率。但即使这样，廉价进口纺织品的市场占有率仍在不断上升，而本地生产的纺织品市场占有率却在连续下降。1984年，美国服装、纺织及化纤行业的一些主要经销商成立了"用国货为荣委员会"，委托零售业咨询公司Kurt salmon从事提高竞争力的调查。Kurt Salmon公司进行了供应链分析，结果发现，尽管系统的各部分具有高运作效率，但整个系统的效率却十分低，并发现供应链的长度是影响其高效运作的主要因素。整个服装供应链，从原材料到客户购买，时间为66周，其中11周在制造车间，40周在仓库或转运，15周在商店。这样长的供应链不仅各种费用多，更重要的是，其建立在不精确需求预测上的生产和分销，因数量过多或过少造成的损失非常大。整个服装供应链系统的总损失每年可达25亿美元，其中约2/3的损失来自零售或制造商对服装的降价处理及零售商的缺货。因此，Kurt Salmon公司建议零售商和纺织服装生产厂家合作，共享信息资源，建立一个QR系统来实现销售额增长，客户业务的最大化及库存量、商品缺货、商品风险最小化的目标。

我国《物流术语》国家标准（GB/T 18534—2006）中对快速反应的定义是：供应链成员企业之间建立战略合作伙伴关系，利用EDI信息技术进行信息交换与信息共享，用高频率、小数量配送方式补充商品，以实现缩短交货周期，减少库存，提高客户服务水平和企业竞争力为目的的一种供应链管理策略。

QR是零售商及其供应商密切合作的策略，应用这种策略，零售商和供应商通过共享POS系统信息、联合预测未来需求、发现新产品营销机会等对客户的需求做出快速反应。从业务操作的角度来讲，贸易伙伴需要用EDI来加快信息的流动，并共同重组他们的业务活动以将订货提前期和成本极小化。在补货中应用QR可以将交货周期缩短为原来的25%。

QR策略为他们的客户提供了更好的服务，同时减少了整个供应链上的非增值成本。Blackburn的研究结果显示零售商在应用QR系统后，销售额大幅增加，商品周转率大幅提高，需求预测误差大幅下降。Wal-Mart、Nike、Panasonic等很多企业利用实施快速反应系统提高了对业务信息的处理速度，缩短了前置时间、周转期及调整时间，降低了物流成本，加快了物流速度，满足了客户的多方面需求。

2. 有效客户反应

20 世纪六七十年代，日杂百货业的竞争主要是在生产厂商之间展开，竞争的重心是品牌、商品、经销渠道和大量的广告和促销，在零售商和生产厂家的交易关系中，生产厂家占据支配地位。进入八九十年代以后，零售商开始占据主导地位，竞争的重心转向流通中心、商家自有品牌和供应链效率。同时在供应链内部，零售商和生产厂家之间为取得供应链主导权的控制，为商家品牌和厂家品牌占据零售店铺货架空间的份额展开了激烈的竞争，这种竞争使在供应链的各环节间的成本不断转移，导致供应链整体成本上升。

于是，美国食品市场营销协会（US Food Marketing Institute，FMI）联合包括 COCA-COLA，P&G，Safe-Way Store 在内的 16 家企业与 Kurt Salmon 公司一起组成研究小组，对食品业的供应链进行调查总结分析，于 1993 年 1 月提出有效客户反应（Efficient Consumer Response，ECR）的概念和体系。ECR 的含义是高效的客户反应或有效的客户反应，这是美国食品杂货行业开展供应链体系构造的一种实践，是更好、更快并以更低成本满足客户需要的供应链管理系统。

我国《物流术语》国家标准（GB/T 18534—2006）将 ECR 定义为：以满足客户要求和最大限度降低物流过程费用为原则，能及时作出准确反应，使提供的物品供应或服务流程最佳化的一种供应链管理策略。

ECR 的最终目标是建立一个具有高效反应能力和以客户需求为基础的系统，使零售商及供应商以业务伙伴方式合作，提高整个商品供应链的效率，而不仅仅是单个环节的效率，从而大大降低整个系统的成本、库存和物资储备，同时也为客户提供更好的服务。要实施这一战略思想，首先，应联合整个供应链所涉及的供应商、分销商及零售商，改善供应链中的业务流程，使其最合理有效；然后使这些业务流程自动化，以进一步降低供应链的成本和时间。具体地说，实施过程中需要将条码、扫描技术集成起来，在供应商之间建立一个无纸系统，以确保产品能够在供应链中循环、快速流动。

QR 和 ECR 之间既有差异也有共性，具体如下。

（1）QR 和 ECR 的差异。ECR 是杂货业供应商和销售商为消除系统中不必要的成本和费用从而为客户带来更大效益，而进行密切合作的一种战略。ECR 的主要目标是降低供应链各环节的成本，这与 QR 的主要目标——对客户的需求做出快速反应有所不同。

（2）QR 和 ECR 的共性。他们都以贸易伙伴间的密切合作为前提，他们需要共同的支持技术，通过合作追求物流效率最大化。零售商将原来不公开的 POS 系统商品管理数据提供给制造商/分销商，制造商/分销商通过对这些数据的分析来实现高精度的商品进货、调配计划和生产计划，从而能保障物流的高效运作。企业间订货、发货业务全部通过 EDI 来进行，实现订货数据或出货数据的信息传递，来促进企业相互间订货、发货业务的高效化，并及时适应市场变化。

3. 供应商管理库存

为降低库存成本，整合供应链资源，越来越多的企业开始尝试一种新型的供应链管理策略——供应商管理库存（Vendor Managed Inventory，VMI），是指供应商等上游企业基于其下游客户的生产经营、库存信息，对下游客户的库存进行管理与控制。具体地说，生产厂家基于零售商的销售信息，判断零售商的库存是否需要补充，自动补充零售商的库存。相较于按照客户发出的订单进行补货的传统做法，VMI 使供应商可以更有效地计划、更快速地应对市场需求。VMI 管理模式如图 6.3 所示。

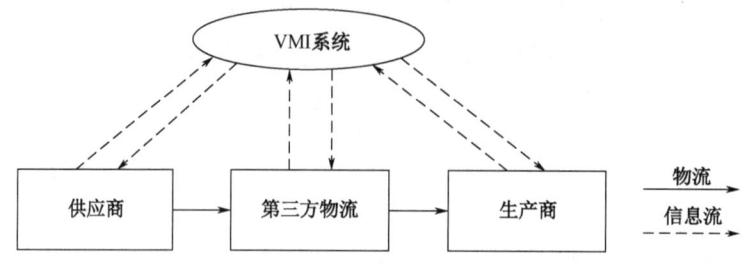

图 6.3　VMI 管理模式

实施 VMI 的优势如下。

（1）供应商通过销售点（POS）数据透明化，简化了需求预测工作，不仅能更好地安排生产计划，还能减少分销商的订货偏差，减少退货。

（2）对分销商而言，VMI 提高了供货速度，减少了缺货，并降低了库存；将计划和订货工作转移给供应商，降低了运营费用。

（3）通过计算机互联通信，减少了数据差错，提高了整体供应链处理速度，提升了总体物流绩效；各方更专注提供优质的服务，实现真正意义上的供应链合作伙伴关系。

4．准时制方法

在 20 世纪后半期，整个汽车市场进入一个市场需求多样化的新阶段，对质量的要求也越来越高，随之给制造业提出的新课题是如何有效地组织多品种小批量生产，否则生产过剩将引起设备、人员、库存费用等一系列浪费，从而影响企业的竞争能力，甚至生存。在这种历史背景下，1953 年，日本丰田公司的副总裁大野耐一综合了单件生产和批量生产的特点和优点，创造了一种在多品种小批量混合生产条件下高质量、低消耗的生产方式即准时制生产（Just In Time，JIT）。JIT 生产方式在推广应用过程中，为日本汽车工业的腾飞插上了翅膀，这一生产方式也为世界工业界所瞩目，被视为当今制造业中最理想且最具有生命力的新型生产系统之一。

JIT 的实质是保持物流和信息流在生产中的同步，实现以恰当数量的物料，在恰当的时候进入恰当的地方，生产出恰当质量的产品。这种方法可以减少库存，缩短工时，降低成本，提高生产效率。

JIT 生产方式的基本思想是"只在需要的时候，按需要的量，生产所需的产品"，也就是追求一种无库存或库存达到最小的生产系统。JIT 生产方式以准时生产为出发点，首先暴露出生产过量和其他方面的浪费，然后对设备、人员等进行淘汰、调整，达到降低成本、简化计划和提高控制的目的。

在生产现场控制技术方面，JIT 将传统生产过程中前道工序向后道工序送货，改为后道工序根据"看板"向前道工序取货，看板系统是 JIT 现场控制技术的核心，但 JIT 不仅仅是看板管理。JIT 可以使生产资源合理利用，包括劳力柔性和设备柔性，当市场需求波动时，要求劳动力资源也做相应的调整。JIT 强调全面质量管理，目标是消除不合格品，消除可能引起不合格品的根源。JIT 以订单驱动，通过"看板"，采用拉动方式把供—产—销紧密地衔接起来，使物资储备、库存成本和在制品大为减少，提高了生产效率。

JIT 作为一种现代管理技术，能够为企业降低成本，改进企业的经营水平，具有如下主要特征。

（1）以消除非增值环节来降低成本。JIT 生产方式力图通过一种方法来增加企业利润，即彻底消除浪费，也就是排除不能给企业带来附加价值的各种因素，如生产过剩、在制品积压、废品率高、人员利用率低、生产周期长等。

（2）强调持续地强化与深化。JIT 强调在现有基础上持续地强化与深化，不断地进行质量改进工作，逐步实现不良品为零、库存为零、浪费为零的目标。

5. 企业资源计划

企业生产经营活动的最终目标是获取利润，为了达到此目标，就必须合理地组织和有效地利用其设备、人员、物料等制造资源，以最低的成本、最短的制造周期、最高的质量生产出满足客户需求的产品。因此，必须采取先进且十分有效的生产管理技术来组织、协调、计划与控制企业的生产经营活动。20 世纪七八十年代，制造资源计划（Manufacturing Resources Planning，MRPⅡ）应运而生，它将生产、销售、财务、采购、工程紧密结合在一起，一切生产经营活动均与财务系统结合起来，实现了物流、信息流与资金流在企业管理方面的集成，组成了一个全面生产管理的集成优化模式。MRPⅡ成为制造业所公认的管理标准系统。MRPⅡ的逻辑流程如图 6.4 所示。

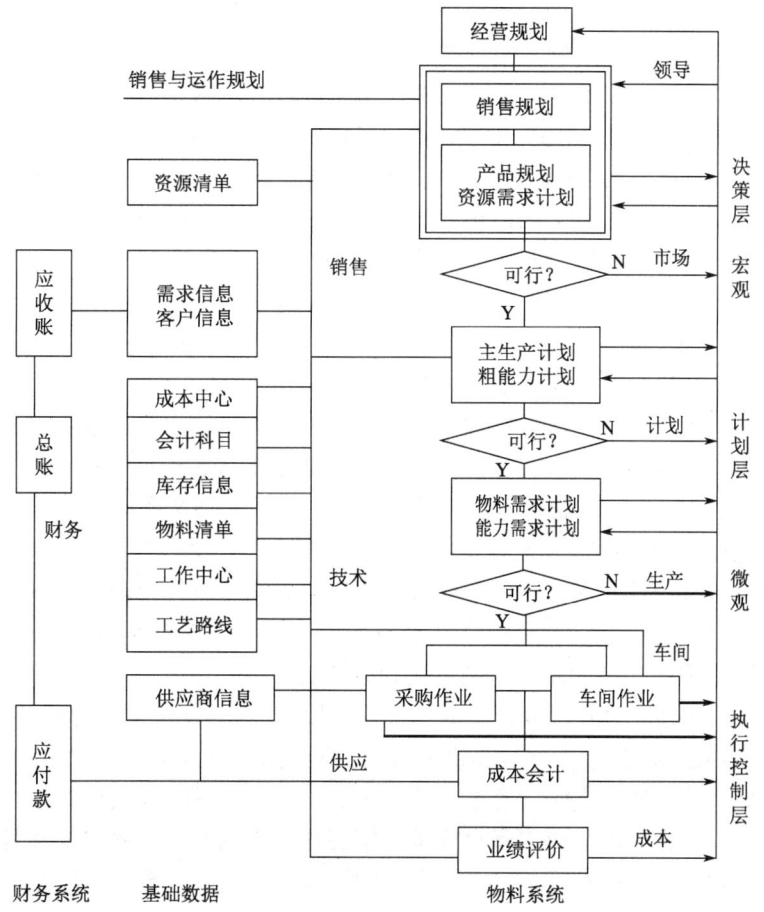

图 6.4　MRPⅡ逻辑流程

在知识经济时代，企业仅靠自己的资源不可能有效参与市场竞争，企业间的合作联盟逐渐形成，现代企业的竞争已经从单个企业间的竞争发展为供应链之间的竞争，必须把经营过程中的有关各方（如供应商、制造工厂、分销网络、客户等）纳入一个紧密的供应链中，并实现供应链资源的有效管理，才能快速高效地满足生产经营的需求，进一步提高效率和市场竞争优势。20世纪90年代初期，企业资源计划（Enterprise Resource Planning，ERP）这一概念由美国著名的Gartner咨询公司提出，ERP是对物流、资金流和信息流三种资源进行全面集成管理的信息系统，是建立在信息技术基础上，利用现代企业的先进管理思想，全面地集成企业的所有资源信息，并为企业提供决策、计划、控制与经营业绩评估的全方位和系统化的管理平台。

ERP可以使企业内部的信息通行无阻，通过网络与系统的有效结合，ERP可以与SCM系统整合，根据市场的需求对企业内部和供应链上各环节的资源进行全面规划、统筹安排和严格控制，以保证人、财、物、信息等各类资源得到充分、合理地应用，从而达到提高生产效率、降低成本、满足客户需求、增强企业竞争力的目的。

6.3.3 数字经济下电子商务供应链管理

随着大数据、云计算、移动互联网、物联网等信息技术逐步成熟，以信息内容服务为主的数字经济生产方式为国民经济体系和社会生活带来革命性变化。数字与数据不再是记录现实的简单符号，而成为实现经济价值的核心生产要素。数字经济的发展，将供应链管理与电子商务紧密联系在一起，通过电子商务技术将生产、供应、经销、物流等建立一体化模式，借助互联网能及时更新、传递信息的优势，在展现出一个能全面发展的电子商务链的同时，将每个环节的最大作用发挥出来，实现利润最大化。基于数字经济背景下的电子商务，对于市场信息的传递与分享、市场的拓展、业务的增强、服务的改善、运作机制的有效运转等都有着积极的影响。

1）大数据背景下的供应链管理

在不断变化的市场环境下，企业需要准确掌握客户的需求变化，以便做到知己知彼，实现个性化创新，提高整体供应链的效能。

在大数据背景下，企业信息化建设要充分利用市场信息反馈，建立信息无障碍沟通体系，在企业供应链各环节上实现信息共享，通过对信息数据的挖掘和分析，实现企业原材料采购、生产、销售与服务信息的直接转化，建立以ERP系统为核心的管理模式，在采购环节进行货物数量精准采购；在生产环节进行规范化管理，采用标准化生产模式，确保产品质量符合设计要求；在销售环节进行销售流程可逆化管理，准确掌握销售订单状态、货物库存状态和货款回流状态；在服务环节进行个性化服务，利用客户反馈信息，建立多元化服务机制，以提高客户满意度和忠诚度。

在大数据环境下，建立功能强大的库存优化模型可以实现在保持很高的客户满意度基础上，把供应成本降到最低并提高供应链的反应速度，可以帮助企业提升预测准确性，降低成本，提高销售额和市场占有率。从供应链和生产现场收集大量数据，对数据进行更紧密的整合与分析，可以提高库存管理、销售与分销流程的效率，以及对设备进行连续监控，对设备进行预测性维护。多样产品的销售供应链的整合非常困难，大数据平台建设将驱动整体供应链的整合。

2）大数据在供应链管理中运用的关键问题

（1）数据的生成问题，即如何利用物联网技术获取实时过程数据，虚拟化供应链的流程。通过全面挖掘这些数据，并结合来源广泛的信息，就可能获得全新的决策方向。企业可以开发全新的流程，并与产品全生命周期的各方面直接关联。根据生成的报告和各种分析结果，为流程提供反馈，从而创建一个良性的循环。

（2）数据应用的问题，即如何让供应链各环节产生的数据具有商业价值，这是发挥数据部署生产力的根本。大数据在供应链的应用已经不是简单的可视化交易状态，而是支撑管理决策，传统 ERP 无法完成数据应用变革。企业必须做好数据应用的顶层设计，建立强大、全面的大数据应用分析模型，才能使复杂海量的数据充分发挥其巨大的价值。

当前大数据的概念超出了传统数据产生、获取、转换、应用分析和存储的概念，出现非结构化数据，数据内容也出现多样化，大数据部署将面临新的挑战。针对如今所生成、传输和存储的海量信息进行简单处理所带来的挑战，大数据在供应链领域的应用刚刚起步，随着供应链的迅速发展，大数据分析、应用和存储在供应链领域蕴含巨大的发展潜力，大数据只有与供应链结合，才能产生可持续、规模化发展的产业。

3）"互联网+"时代的供应链管理

互联网不仅深刻改变了消费习惯，还催生出商业模式和管理方式的变革，对传统企业形成冲击。随着市场竞争越来越激烈，企业快速响应市场需求，是企业在竞争中获取优势的关键，网络化为企业供应链提供了信息快速传达的便利条件。在网络环境下，企业间可建立信息共享、技术共享的框架，通过对客户需求的分析，准确并快速地作出决策，形成供应商、制造商、销售商、客户之间的综合关联体，建立战略合作伙伴关系。

随着信息网络技术的发展，电子商务作为"互联网+"背景下的一种新兴的交易平台出现在当今经济交易市场。电子商务的出现掀起了社会经济交易形式的巨大变革，其不仅能够快速便捷、系统全面地收集市场信息，用于满足企业供应链中各交易节点的信息需求，从而达到企业满足客户个性化需求的目的；还能简化供应链管理的中间环节，增强供应链管理效率；最重要的是电子商务可以提供实时信息，企业根据最新信息调整供应链从而提升企业供应链的稳固性。

随着国家"互联网+"战略的全面实施，"互联网+"成为最热门词汇。从供应链管理的角度来看，传统的工业化思维是批量生产，追求低成本运作，再通过不同的渠道影响终端客户。而互联网技术倒逼企业从 B2B 模式向 C2B 模式转化，将客户需求驱动的概念，扩展为如何与客户互动，做到深入理解并服务客户。

虽然"互联网+"与供应链相遇给企业提出了更高的要求，但也让不少业内人士看到了未来，互联网不仅改变了传统的供应链模式、市场结构，也为行业带来巨大的商业机遇和发展机会。借助互联网促进信息流与物流同步，可以有效地提高管理效率和透明度，让供应链管理更适应互联网时代的发展规律。

6.4 跨境电子商务物流

6.4.1 跨境电子商务物流概述

跨境电子商务指分属不同关境的交易主体（个人或企业）通过跨境电子商务平台开

展交易、进行支付结算,并通过跨境物流送达商品、完成交易的一种国际商业活动。

跨境电子商务物流是伴随跨境电子商务的发展而产生的,是跨境电子商务发展的有力支撑。跨境电子商务物流除提供传统的商品运输、配送、货代、报关等服务之外,还提供物流优化解决方案、退换货处理、海外仓等增值服务。

跨境电子商务物流指分属不同关境的交易主体通过跨境电子商务平台达成交易并进行支付结算后,通过跨境物流服务送达商品、完成交易的国际商务活动。

关境是"海关境界"的简称,是执行统一海关法令的领土范围。国境是指一个国家行使全部主权的领土范围,包括领陆、领海、领空。跨境电子商务物流中的"境"指关境。通常情况下,关境与国境是一致的,而有些国家和地区的关境与国境并不完全一致。如一国境内有自由港或自由区,它们就不属于该国关境范围之内,在此情况下,关境小于国境;对缔结关税同盟的国家或地区,它们的领土成为统一的关境,在此情况下,关境则大于国境。

跨境电子商务的供应链指包括客户、外贸厂商、跨境电子商务平台、第三方支付平台、第三方物流、境外转运公司、海外仓、国际干线运输商、关务代理公司、供应链整合服务商、政府监管部门等在内的运作体系。跨境电子商务的供应链如图 6.5 所示。

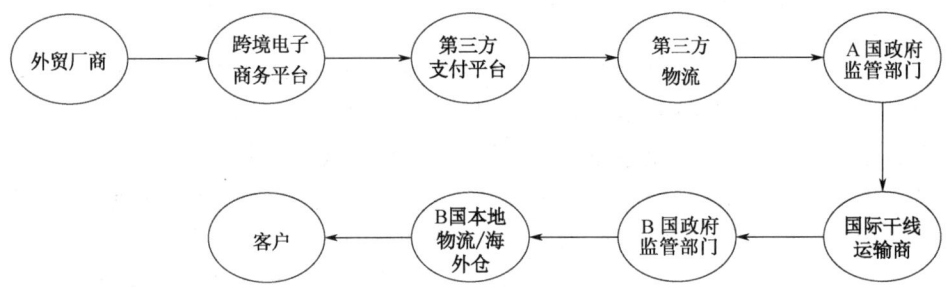

图 6.5 跨境电子商务的供应链

6.4.2 跨境电子商务物流的增值服务

在跨境电子商务环境下,许多传统物流服务商加入跨境电子商务物流市场的竞争中,行业竞争压力越来越大。在未来,物流服务商真正提供给商家的不仅仅是流于表面的、粗放式的基础运输服务,而是越发精细化的增值服务。而这些需求点绝大多数集中在发货建议、咨询、物流跟踪、索赔等中间环节。

1)提供境外合规建议及咨询

很多商家对跨境电子商务物流输送商品的相关规定并不是特别了解,错误、不合规的操作导致亚马逊、Wish 等跨境电子商务平台上因货物被退而诱发的账号关闭事件层出不穷。因此,一些物流服务商专门成立了合规的、独立运营的部门,为商家提供包括《出口美国注意事项》、FDA 认证等在内的合规性建议。

2)境外扣件处理

商品被海关扣件主要有以下原因:一是无法联系到进口商清关交税;二是商品缺乏某些信息,不能完成申报,如缺乏商品型号和商品描述;三是缺乏合规性声明,如全面型号认证(Full Type Approval,FTA)申报;四是商品的描述和申报不清晰;五是商品缺失进口资质。

专业物流服务商提供的境外扣件处理服务可以有效地帮助跨境电子商务客户解决这些问题。例如，对无线蓝牙音箱，部分国家（地区）的海关需要商家提供蓝牙认证号；对益智玩具，需商家提供塑玩标签等。只有手续齐全，证书合理，商品才能被合理清关。

3）退货换标处理

以海外仓商品为例，商家往往会遇到账号被关闭、商品无法上架、客户退货等问题。造成这些问题的原因有运输过程中商品包装损坏，不能作为新品登记入仓；产品页面审核不合格或无效；商品被告侵权，账号被封。

其实这些滞销商品大多数都是可以经过处理重新销售的，但多数商家人在境内，没办法处理这些商品，导致海外仓积压的滞销商品越来越多，造成了很大的损失。因此，一些物流服务商在海外仓提供换标处理服务，重新打包商品，可以让商品重新获得价值。

4）海外仓库存索赔处理

海外仓指建立在境外的仓储设施。对于海外仓造成的损失，商家可以发起索赔。以亚马逊为例，亚马逊代发货服务（Fulfillment by Amazon，FBA）是亚马逊的特色，也是其区别于其他平台的主要特征。由于亚马逊业务迅速发展，近年来在亚马逊上开店的中国商家也逐渐增加，但亚马逊的仓储和运作能力达不到现有的业务发展要求水平。只要商家未违规，商家就可以向亚马逊发起索赔。很多商家因为不了解相关规则而错过了可以得到的赔偿。因此，一些物流服务商提供 FBA 库存索赔服务。物流服务商根据情况写出申诉邮件，由商家把邮件发给亚马逊，便可以在 48 小时内拿到赔偿。

6.4.3　跨境电子商务物流的模式

跨境电子商务企业为了能够为客户提供更优质的跨境电子商务物流配送服务，并有效降低跨境电子商务物流成本，会选择自建物流或与第三方物流企业进行战略合作，以通过创新的跨境电子商务物流模式来构建较强的核心竞争力。具体来看，我国的跨境电子商务物流模式主要有以下三种。

1）"单一"跨境电子商务物流模式

境外上游供应商会将跨境电子商务企业需要的商品运送至其在境外的物流配送中心，而物流配送中心负责商品备货及仓储管理等。在收到跨境电子商务平台发送的订单后，物流配送中心就会进行拣选、包装及出货，将订单所需的商品以单件包裹的形式交付给具备跨境电子商务物流服务能力的国际快递公司。

这种物流模式不需要跨境电子商务企业建立专业的转运物流配送中心，并且不用考虑目的地对跨境包裹的特殊规定。这些都由专业的第三方国际快递公司全权负责，其在通关及报税等方面往往具备较大的优势。此外，由于包裹是单件配送，不用积累足够规模的订单后再交给国际快递公司，从而有效降低了配送的时间成本。

这种物流模式的缺陷也很明显，即单件包裹的国际运费十分高昂。除了利润相对较高的奢侈品、艺术品等，跨境电子商务企业很少采用这种物流模式。

2）"两段中转"跨境电子商务物流模式

跨境电子商务企业的境外供应商首先将商品配送至跨境电子商务企业在境外的物流配送中心。收到订单后，物流配送中心进行拣选、包装及出货，这与"单一"跨境电子商务物流模式完全相同，但这种物流模式需要物流配送中心对订单及包裹进行整合，将货物通过国际快递公司整批运送到中转国际物流中心（境外转运中心）。中转国际物流中心收到货物后，会将整批货物进行拆分，然后以单件包裹的形式交付给国际快递公司运送至目的地。

由于这种物流模式包含两段运输路程，且转运点位于中转国际物流中心，因此称为"两段中转"跨境电子商务物流模式。这种物流模式不用跨境电子商务企业考虑目的地的特殊政策，并且能够整合大量的单件包裹，明显降低了物流成本。

这种物流模式也存在一定的缺陷，如运输方案相对复杂，同时涉及单件运输与整批运输，对国际快递公司的配送能力提出了极高的要求；客户查询物流信息时，需要分成两个阶段；由于商品需要通过中转国际物流中心进行转运，因而增加了配送时间。

3）"两段收件"跨境电子商务物流模式

由境外供应商将商品配送至跨境电子商务企业位于该国（地区）的物流配送中心。收到订单后，物流配送中心对商品进行拣选、包装及出货，还要根据目的地的不同将其整合为不同的整批货物，再交给国际快递公司运送到目的地物流配送中心。随后，目的地物流配送中心对整批货物进行拆分，最后使用当地的快递体系将包裹运送到目的地。

这种物流模式同时包含整批运输及单件运输，且转运点位于目的地，所以将其称为"两段收件"跨境电子商务物流模式。这种物流模式也整合了大量的单件包裹，可以有效降低物流成本，并且使用目的地的快递体系完成配送，所以在成本方面会更具优势。不过，这种物流模式需要跨境电子商务企业在收件人所在国（地区）建立物流配送中心。

受世界各地物流业发展水平的影响，跨境电子商务企业很难给客户一个明确的包裹预计到达时间。物流信息查询同样分为两个阶段：一是国际快递公司运输阶段，二是收件人所在国（地区）快递体系运输阶段。

6.4.4 跨境电子商务物流的特点

与境内物流相比，跨境电子商务物流涉及范围更广、影响更深远，其不仅与多个国家（地区）的社会经济活动紧密相连，更受到多个国家（地区）间多方面、多因素的影响。具体来看，跨境电子商务物流主要有如下特点。

1）物流成本高

目前，中国跨境电子商务物流成本占跨境电子商务总成本的30%~40%，远高于欧美发达国家。物流成本主要由资金成本、人力成本和时间成本构成。跨境电子商务的客户遍布全球，跨境电子商务企业在跨境电子商务物流中所投入的人力、物力和所用的时间也比一般贸易多。跨境电子商务涉及境内配货运送、跨境通关、境外配送交付等环节，而且在运输过程中还涉及跨境检查，这些都导致跨境运输流程具有复杂性，从而造成运输成本的增加。

2）运输周期长、安全性差

在我国，跨境电子商务起步较晚，跨境电子商务物流的全球布局在2013年后才得到重视。四大主要国际快递公司最快可在3天内完成跨境派送，而我国境内快递公司的跨境业务一般需要一周甚至半个月才能完成。此外，跨境电子商务物流还存在一个比较严重的问题，就是物流信息难以被全程追踪，不能保证货物按时且安全无损地送到客户手中。目前，只有美国、英国、澳大利亚等跨境电子商务物流发达的国家（地区）才能提供包裹查询服务。这主要是因为大部分国家（地区）的物流系统信息化水平不高，我国跨境电子商务物流企业还未与其他国家（地区）的物流企业建立物流信息共享网络。跨境电子商务物流的运输周期问题成为跨境电子商务发展过程中的重大问题。

3）退换货困难

对跨境电子商务交易来说，能否实现退换货在很大程度上影响着客户的满意度。一个完整的跨境电子商务物流需要经历境内配货、境内运输、目的地运输和目的地配送等环节，周期长、流程复杂，导致退换货非常困难。同时，跨境电子商务物流领域往往涉及缴纳行邮税，不同的商品按不同的税率征收税费。由于税费征收具有复杂性，因此当发生退换货时，在税费重复缴纳和分摊方面，买卖双方可能会存在一定的分歧，从而影响跨境电子商务交易中退换货的顺利进行。

本章小结

本章首先深入探讨了物流的基本定义和其在现代商业环境中的作用。然后详细阐释了电子商务物流的四种主要管理模式。深入研究了电子商务供应链管理的基本理论，供应链不仅是物流的延伸，还包括从原材料采购到产品生产的整个过程。最后，介绍了跨境电子商务物流的基本概念、模式及其主要特点。物流在电子商务中发挥着关键作用，电子商务物流的不同管理模式和供应链管理策略直接影响着企业的运营效率和市场竞争力。在数字经济时代，理解并掌握这些概念和策略对于企业的成功至关重要。

本章思考题

1. 如何理解电子商务与物流之间的关系？
2. 在电子商务环境下，共有哪几种主要的物流模式？它们各自的优势是什么？
3. 物流联盟共有哪几种类型？请简述他们的特点。
4. 电子商务与供应链管理之间存在着怎样的关系？
5. 什么是 ECR 的最终目标？怎么做才能实现 ECR 的最终目标？
6. JIT 生产方式是如何助力日本汽车工业发展的？
7. MRP II 为何会向 ERP 发展？
8. 在大数据背景下，企业应该如何提高整体供应链效能？
9. 作为"互联网+"背景下一种新兴的交易平台，电子商务的出现为什么能掀起社会经济交易形式的巨大变革？
10. 请简述跨境电子商务物流的特点。

第 7 章
电子支付

学习目标

1. 掌握电子支付的基本概念、类型及其发展历程,理解传统支付的局限性。
2. 理解支付体系的基本概念,掌握支付系统的构成和主要功能,了解国内外主要的支付系统。
3. 了解电子货币的概念、特点和作用,以及它在现代支付体系中的应用。
4. 掌握第三方支付的交易模式、流程和发展历程,理解其在电子商务中的重要性和作用。
5. 掌握移动支付的概念、特点、分类和应用,理解其在现代支付中的优势和发展趋势。

通过本章学习,可以全面了解电子支付的发展历程、各种类型、支付体系和主要支付系统,以及第三方支付和移动支付的运作机制和发展趋势。

案例 7-1：辽宁朝阳警方破获一起电子支付诈骗案

现如今，电子支付正逐渐替代传统货币成为人们日常生活中的主流支付手段，无论是用户还是商家，都省去了带现金和找零钱的麻烦。那么如此便捷的电子支付有没有容易疏忽的环节会被不法分子利用了呢？近日，辽宁省朝阳市公安局南塔分局就成功破获了一起利用电子支付扫码诈骗的案件，为群众挽回了 2000 多元的损失。

7 月 12 日，南塔公安分局接到指挥中心 110 指令，称有一名男子在南塔广场附近的摊位上购买了两个陶瓷大象，现场谎称扫码付款，但未实际支付，蒙混过关、逃离现场，商家的直接经济损失达 800 余元。

民警到达现场后，经初步工作，判定此人为故意实施，且手法娴熟，可能系惯犯。侦查行动就此展开，经对商家周边进行细致走访追踪，民警最终确定了嫌疑人沈某的真实身份和实际住所。与此同时，南塔警方还对此前发生的类似案件进行了梳理，初步研判出全市共有 11 起案件疑似沈某所为。7 月 19 日，民警在友谊大街附近成功将嫌疑人沈某抓获。

到案后，沈某如实供述了其自 2021 年年初至今，先后在朝阳市区 14 家微小企业内通过电子支付扫码但不付款的方式实施诈骗，共作案 16 起。

在日常经营活动中，商家要时常注意自己的收款二维码，发现有改动、更新的情况一定要及时检查，以防止二维码被调包。在用户付款后，商家一定要确认资金是否入账，现如今网络延迟现象已极少发生，扫码后资金未入账的情况一定要引起警惕。用户与商家在进行交易时一定要当面理清商品和钱款，以免事后发生纠纷。

互联网的出现和爆炸式发展，给各行各业带来革命，信息的跨时空传递，促使商业的流程更加追求效率、便捷、安全、低成本。支付作为交易中的重要环节，受到了极大的挑战。尤其是电子商务的发展，将产品展示、洽谈、订货等大部分交易流程转移到了网上，这也要求有一个更加高效的支付结算手段作为支撑。近年来，随着网络的发展和普及，尤其是安全技术的不断进步，网络支付结算方式也在不断地完善，商家和用户在无纸化、电子化、数字化支付手段的应用中日趋积极，金融行业也在不断地进行网络银行和手机银行的研发，力求为用户构建一个服务功能完善、信息传递安全、交易流程便利的支付结算环境。

案例思考题：

（1）分析沈某诈骗行为的特征，为什么他选择南塔广场附近的摊位和朝阳市区的微小企业作为诈骗目标？

（2）沈某在诈骗过程中为什么选择使用电子支付扫码但不付款的方式进行诈骗？这种方式的优点和缺点分别是什么？

（3）作为电子支付的用户，你在日常支付中还经历过哪些风险事件？

（4）在日常经营活动中，对于二维码的使用可能存在哪些风险？

（5）从预防类似诈骗案件的角度出发，商家和微小企业应该如何加强自我防护？同时，公安机关和社会各界可以采取哪些措施来减少此类犯罪的发生？

7.1 电子支付概述

7.1.1 传统支付的局限性

随着商品经济的不断发展,商务活动的规模、涉及的范围、参与的对象、运作的复杂度等均有不同程度的增加,对支付过程的高效、便利、安全等方面都提出了挑战,快节奏的生活和商务交易活动,也要求支付能够充分支撑现有的交易流程。近年来,网络信息技术为支付方式和支付手段的改进提供了强大的技术支撑,迫使支付必须朝着效率高、操作简单方便、安全可靠、成本更低的方向发展,此时,传统支付就表现出其诸多局限性,具体表现如下。

(1)效率低且准确率低。在众多的传统支付方式中,需要非常多的参与方,尤其涉及人的参与,且工序手续繁杂,多为手工处理,牵扯到诸多中间环节,不仅速度较慢,而且极易造成差错,这种差错不仅会给支付的双方带来麻烦甚至会带来损失,对支持支付的金融机构来说,也容易造成损失,不利于支付的顺利进行。

(2)便利性差。在传统支付方式中,支付的复杂性较高,便利性较差。例如,使用现金支付,若遇到大额支付的情况,就需要付款方携带大量的现金,非常不便;若使用信汇的方式支付,需要借助邮局将汇款委托邮寄给付款行,流程和手续较多,难以适应快节奏的商务交易活动,因此,便利性差成为传统支付发展的一大瓶颈。除此之外,传统支付很难提供全天候的支付服务,往往会因为银行等机构的工作时间问题无法满足支付的需求,使整个交易流程陷入停滞状态,影响交易的顺利进行。

(3)安全性差。因为涉及资金的问题,安全性是支付过程中最低限度的保障。在传统支付方式中,安全性会因支付工具和支付手段的问题而使不确定性大大增加。现金造假、空头支票等现象屡屡出现且屡禁不止,极大地增加了支付过程中的风险。尤其是时间较长、距离较长的支付过程,无论是携带现金还是携带票据,都会有损坏或丢失的危险,容易造成损失。

(4)成本较高。传统支付方式通常需要投入很大的成本,无论是对交易双方来说,还是对金融机构(银行等)来说,都是耗费人力、物力、财力的一个过程。首先,金融机构需要大量的设备支持支付流程的顺利进行,是一笔不小的开支;其次,传统支付所需要的硬币、纸币、票据等支付工具,都需要付出成本专门打造;再次,对交易的双方来说,面对面的交易或支付票据的传递都需要大量成本,尤其对远距离的交易来说,要完成支付环节,额外的支出必不可少;最后,传统支付涉及的业务部门、工作人员等,需要具备非常高的专业性,其培训和薪资都需要投入巨大的成本。

由此可见,传统支付方式在经济发展和商务模式的改进过程中,已经体现出较为明显的不适应性,难以支持现阶段经济的高速发展。而且,随着科技的不断发展,还将给支付带来更大的冲击,尤其是电子商务的发展,将交易流程转移到网络上,而支付作为交易流程的一部分,必然会走向网络化、电子化。

信息技术的发展、互联网的普及及商务活动流程的转变迫使支付活动必然引发变革。曾经烦琐的操作流程、低效且失误频发、高风险的传统支付方式已经不再适应当今社会和经济的发展,因此,支付活动正在经历着一场集便利、高效、安全于一体的变革。

7.1.2 电子支付的发展历程

电子支付的发展伴随着信息技术的发展,按照电子支付所能支持的功能,其发展历程可以分为以下几个阶段。

(1)银行内部电子化。信息技术的出现首先为银行间实现电子化信息传递和电子化资金转账结算提供了可能,同一银行的不同分支机构之间及不同银行之间的电子资金转账可以通过专用的网络进行,减少了管理费用并提高了效率,简化了流程,使交易信息的传输和账户间的结算更加安全。

(2)生活支付业务电子化。随着电子化办公的不断发展,银行可以与其他机构的计算机之间进行资金结算,形成一张支持日常生活服务的网络。在这一阶段,银行可以帮助企事业单位代发工资,也可以代缴水、电、煤气及通信等费用,为人们的生活提供便利。

(3)银行服务终端化。随着自动柜员机(ATM)大规模进入人们的视野,银行营业网点不再是人们办理业务的唯一选择,大部分的个人银行业务可以通过随处可见的ATM机办理,如存取款、查询余额、更改密码、资金转账等服务,持卡人自我服务成为主流。

(4)支付过程自动化。POS机的出现为商业支付提供了便利的条件,用户可以通过借记卡、信用卡等工具,在各种商业交易中进行简单的刷卡支付,只需要输入密码,即可完成支付环节,体验方便快捷的支付过程并减少现金交易带来的一系列麻烦。

(5)电子支付网络化。网络的普及将支付过程转移到随处可见的网络终端,电子支付进入随时随地转账结算的时代,电子信用卡、电子现金、电子支票等工具层出不穷,扫码支付、快捷支付等移动支付手段日益更新,人们的购物和生活也进入崭新的时代。

7.1.3 电子支付的内涵

经济社会电子化是互联网时代和信息技术发展的必然趋势,而电子支付是支撑经济电子化的重要手段,在现代支付体系中,电子支付是极其活跃,并具有极大发展前景的支付方式,是信息时代发展的产物。

不同的机构和学者对电子支付的定义如表 7.1 所示。

表 7.1 不同的机构和学者对电子支付的定义

机构或学者	年份	定义
日本银行	1997	电子支付手段指运用包括 IC 卡、数字密钥和电信网络在内的信息通信技术进行支付的系统设施。电子支付手段(Electronic Means of Payment)包括储值型产品(Stored-value Products)和通道产品(Access Products)
Humphrey	2001	电子支付是运用电子手段进行的资金交易,通常要用到互联网系统和数字储值系统。这类系统使人们可以直接从银行账户支付账单,不需要亲自到银行,也不需要填写邮寄支票
国际清算银行	2003	电子支付系统分为批发支付系统和零售支付系统。批发支付系统主要处理大额资金或对时间要求很紧的资金的转账支付业务,一般属银行之间的业务;零售支付主要指额度较小或时间要求不紧的消费支付
中国人民银行	2005	电子支付是指单位、个人直接或授权他人通过电子终端发出支付指令,实现货币支付与资金转移的行为

在借鉴前人研究的基础上，本书对电子支付进行如下定义：电子支付是指在电子识别技术、通信技术和计算机技术的支撑下，以数据作为货币价值的表现形式，并以加密技术进行传输而实现资金转移的支付活动的总称。

电子支付在支付活动的发展过程中起到了非常重要的作用，使支付流程无论是在便利性还是成本上，都有了飞跃式的发展。随着电子支付的发展及支付场景的丰富，其特点也越来越突出。

电子支付是在收付款双方之间进行的货币交换，是通过电子化的设备和各类电子化的金融工具完成的，如电子现金、电子支票、银行卡等。电子支付与传统支付的区别如表 7.2 所示。

表 7.2　电子支付与传统支付的区别

项目	电子支付	传统支付
支付的载体	数字流转完成信息传输	通过现金、票据等物理实体支付
支付的平台	开放的互联网平台	封闭的传统支付系统
通信的手段	先进的通信手段，如互联网、移动网络	传统的通信媒介，如面对面支付、邮局等
支付的设施	对软硬件有特殊的要求，需要有能够上网的电子设备	无特殊要求
支付的性能	方便、快捷、高效、经济	—

通过以上电子支付与传统支付的对比可知，电子支付的应用具有以下特点。

（1）电子支付的便利性。首先，在支付的流程上，电子支付以数据作为货币价值的表现形式，让资金转移双方免去了面对面交易及携带大量现金的麻烦；其次，在资金转移的手续上，电子支付将大部分的流程交给网络技术，让支付双方不用办理烦琐的手续即可完成资金的转移；最后，在资金的识别上，无论是资金的真伪还是数量的正确与否，电子支付都能够提供高效便捷的识别方式。

（2）电子支付的高效性。电子支付在操作流程上，往往只需要简单的按键操作，即可完成资金的转移，为支付双方提供高效的支付服务。而在支付的技术方面，电子支付的本质是资金的数据传输，能够在互联网环境下实现瞬间的资金转移，完成支付的全部过程，体现出流程的高效性。

（3）电子支付的安全性。电子支付过程不需要现金的传递，也不需要传统纸质票据的转移，整个过程通过网络数据的加密传输完成，避免了现金和票据在传递过程中的丢失和损坏，将支付过程中的安全性提升到一个新的高度。

（4）电子支付的经济性。电子支付只需要一台能够上网的终端，无论是计算机还是移动设备，都能够完成支付，节省了传统支付产生的如现金流通、票据防伪等各种成本。通过先进的通信手段，加上一些软硬件的配套设施，即可完成支付，支付费用大大减少。因此支付双方所降低的交易成本也是非常可观的。

（5）电子支付的开放性。电子支付的业务流程基于一个开放的系统平台，在互联网或移动网络上即可完成，支付双方通过网络提供的平台，实现资金的转移，完成支付。电子支付的开放性特点使电子支付具有极强的兼容性，接受范围更广，接受程度更高，成为电子支付得以发展的重要保证。

7.1.4 电子支付的类型

电子支付建立在货币数字化的基础上，采用数据代替了实体货币的流通和存储功能，进而改变了人们的支付方式和支付习惯，让人们在电子化的环境下，享受更为便捷和高效的支付过程，同时，在资金的存储形式方面，电子支付也有着深刻的影响。

为进一步理解电子支付，以电子支付目前的发展为背景，从不同角度对电子支付进行划分。

1. 按照电子支付应用的支付手段划分

电子支付可分为网上支付、电话支付、电视支付和金融专网支付四类。

1）网上支付

网上支付是指参与支付的双方，通过能够接入网络的终端设备（包括互联网和移动网络），以电子化的手段完成支付流程的一种支付方式。交易双方可以采用信用卡、电子现金、电子票据等工具完成网上支付。按照提供支付服务的主体不同，网上支付又可以分为银行网上支付和第三方支付。

（1）银行网上支付。互联网的发展让银行意识到，客户需要更加便利、周到的服务，而电子商务的发展让网上支付成为必然。因此，银行需要在为客户提供简单的信息查询功能外，增加支付的功能。

网上银行是一种不受时间和地点限制的客户服务系统，它能够依靠计算机和互联网技术，通过持卡人绑定信用卡或借记卡，并开通相应服务的方式，让客户在网上购物时，将货款转入商家的账户，也可以实现非购物活动的资金转账服务。

随着银行网上支付的发展，其认证方式和支付的便利程度也取得了一定的进步，从最初的通过 E-mail、电话、短信确认，到口令卡、外接设备（U盾等）确认，再到支付密码确认，客户可以通过越来越简单的操作实现支付功能。但银行网上支付的问题在于，通常银行网上支付会将支付的货款直接从付款方转账给收款方，并没有解决商品交易中双方信任的问题。

（2）第三方支付。第三方支付的实质是一个交易的信用平台，它的作用是消除交易过程中买卖双方不信任的问题。电子商务产生后，由于网络交易双方身份的不确定性，且代替了传统交易中"一手交钱、一手交货"的面对面交易方式，难免出现买方付钱收不到货物、卖方发货收不到钱的纠纷。第三方支付的出现避免了这种情况的出现，买方付款后，货款首先进入第三方支付平台暂存，随后，卖方发货，待买方收到货物后，再通知第三方支付平台将货款转给卖方。虽然买卖双方没有实际的接触，但第三方支付保障了双方在交易过程中的利益。

2）电话支付

目前，几乎所有的商业银行都拥有自己的电话银行，通过电话银行，客户能够按照指令享受到传统银行营业网点提供的部分服务业务。电话银行的优势在于，电话是点对点的数据传输，在通话过程中，只涉及两个角色，一个是银行卡持有人，另一个是银行工作人员，是相对封闭的、独立的语音系统，在安全性上更有保障。客户在使用电话支付时，首先通过商家的网站下单，再拨打银行的服务电话，按照电话中语音的提示完成支付，商家收到货款后，根据客户的订单为客户配送货物或提供服务。但电话支付依然无法解决买卖双方不信任的问题。

3）电视支付

电视支付是指支付方通过电视的机顶盒实现相关业务的支付，通常会涉及一些简单的日常缴费功能，如水、电、煤气费、有线电视费等。通过"机顶盒+遥控器"的方式，能够方便地进行实名认证，安全性较好，而且成本低廉，易于推广。而随着网络电视的发展，电视支付不仅局限于简单的生活缴费功能，客户可以将银行卡绑定在网络电视上，利用电视的上网功能享受和计算机终端相同的购物功能，并通过事先绑定好的银行卡进行支付，即"网络电视+遥控器"的支付方式，简单快捷。

4）金融专网支付

金融专网支付是指通过金融专用网，实现支付双方资金转移。金融专网相对互联网来说，是一个封闭的网络，只允许金融系统终端接入，相对更加安全。金融专网支付主要包括以下几种类型。

（1）ATM 支付。ATM 支付是我国金卡工程的产物，它能够通过银行在不同地点设置的 ATM 机，使用存储客户个人基本资料（包括账户资料、账单详情等信息）的借记卡或贷记卡，实现查询账户余额、存取现金、转账等功能。

ATM 机通常会设置在银行营业网点附近、热门商圈、医院、学校、社区等人流量大、资金需求频繁的地点，主要为客户提供便捷的银行货币服务。

（2）POS 机支付。POS 机的出现，让消费者能够通过银行卡（包括借记卡和贷记卡）向商家直接支付货款，商家可以和银行签订合约，成为银行的特约商家和受理网点，通过网络实现资金自动转账。POS 机支付不受银行卡发卡行的限制，任何银行的银行卡都可以在 POS 机上刷卡支付，让交易能在短时间内迅速完成。近年来，随着消费快速化的转变，消费者对支付的便捷性也有了更高的要求，因此，部分银行开通了小额支付免签名的服务，提升了支付的效率。

（3）电子汇兑。电子汇兑也称汇款，汇款人将所需支付的款项（现金或银行账户余额）交给受理银行，由银行通过电子化的手段向收款人所在地的银行发出付款指令，收款人即可收到相关款项，是一种电子化的资金结算方式。电子汇兑能够快捷方便地进行资金支付，通常仅需 24 小时即可到账。

2. 按照电子支付所应用的支付场景划分

电子支付可分为固定地点支付和移动支付两类。

1）固定地点支付

在电子支付兴起之初，网络的发展还不足以让消费者随时随地发起支付活动，因此，支付的地点相对固定，消费者只有在有相应的电子化支付设备的场所才能够实现支付，如消费者在商场购物时，可以通过银行卡和 POS 机进行支付；在需要转账或存取款时，需要找到有 ATM 机的场所。这样的支付方式虽然相对于传统支付更加便捷，但仍然没有做到随时随地的支付，依然无法满足支付双方对安全性和便捷性的要求。

2）移动支付

移动支付是随着移动网络的发展而逐步走入人们生活的，可以说，移动支付的产生，在一定程度上改变了人们的生活方式和消费习惯。在实际应用中，移动支付有两种方式，一种是移动运营商和金融机构合作，为消费者提供购物、缴费、账号管理等支付活动；另一种方式是通过银行 App 或第三方支付平台，实现一系列支付活动。狭义的移动支付是通过手机完成的，消费者通过带有 NFC 功能的手机绑定银行卡，即可在接受手机支付的商家进行支付，或安装支付 App 通过扫码进行支付；广义的移动支付所使用的终端包括手机、移动 PC 等一切可以使用移动网络的设备进行支付，也包括手机短信、互动式语音应答等方式。

7.1.5 电子支付的应用场景

电子支付的应用领域正在不断拓宽，也体现着电子支付产生和发展的价值所在。对便利性最大化的追求使各行各业产生了对支付方式改进的渴望，同时，电子商务的快速兴起和迅猛发展，使电子支付的应用成为必然。目前，电子支付的应用领域主要体现在以下几个方面。

1）商务交易

资金流的运作是商务交易中的重要环节，资金流的安全高效是保障商务交易顺利完成的必要途径。电子支付在商务交易方面的应用是其产生和发展的原动力，也是其应用的主要场景。电子支付不仅能够应用在传统的商务交易中，负责买卖双方的支付环节，如利用在线转账汇款，买方可以将任意金额的货款支付给卖方；同时，电子支付也可以应用于在线购物的支付环节，以完善整个在线交易流程，实现全面的电子商务；而且，第三方支付也可以解决在线交易过程中买卖双方不信任的问题，促进电子商务的发展。

近年来，随着移动通信技术的发展和移动终端功能的逐渐完善，移动支付作为电子支付的新型支付模式，其在个人线下购物支付中发挥了重要的作用，扫码支付、NFC 近场支付等多种便捷的支付模式逐渐改变了人们生活和消费的方式，逐步取代了现金在线下支付中的应用，成为线下购物支付的主流模式。

此外，跨境电子商务的发展也为电子支付的应用开拓了新的空间，跨境电子支付逐渐被各国商家接受和支持，尽管在实际的应用过程中，跨境电子支付出现了如虚假支付、违规操作等金融监管问题，但对于跨境电子支付的法律法规依然在不断完善中。随着未来跨境电子商务的不断发展，跨境电子支付成为必然趋势。

2）生活缴费

从生活缴费的需求方面来看，电子支付能创造更加便捷的支付方式，以网络银行和第三方支付平台为代表的电子支付方式，为用户提供了各种生活缴费的渠道。基于电子支付平台和各种生活缴费机构的合作，用户可以足不出户，完成水、电、煤气等生活服务的缴费，为用户的生活提供了极大的便利，同时也提高了生活缴费的效率，实现了多方共赢。

3）出行付费

电子支付的应用还体现在出行方面，如高速公路的不停车收费、地铁公交的扫码付费等，在很大程度上解决了出行收费方式单一的问题。银行的 ETC 服务连接了高速公路收费系统和车辆，可以实现自动识别、自动缴费、自动通过，避免了长时间困扰高速公路的排队收费问题，为高速公路和车主双方提供了便利。

4）个人资金流转

电子支付的出现解决了个人资金流转的问题，在传统的资金流转体系中，邮局和银行充当了重要的环节，资金转账双方需要通过邮局汇款或银行汇款，以单据的形式实现，操作复杂，安全性也得不到保障。电子支付的出现，将传统的转账方式由票据转换为在线操作，在速度、便捷性和安全性等方面得到了提升，尤其是第三方支付平台的出现，让个人资金流转变得更加频繁和快捷。

5）其他

此外，电子支付在教育缴费、医疗缴费、企业税务缴费等方面也得到了不同程度的应用，社会也在持续为电子支付创造各类应用场景。同时，电子支付也得到各国政府的高度重视，不断采取各种措施引导和推动电子支付的健康发展，随着"无现金社会"概念的提出，电子支付的应用场景将更加广泛，发展趋势也将更加明朗。

7.2 支付体系

7.2.1 支付体系的基本概念

在一个国家的金融体系中，支付体系是其中重要的基础设施，也是最为重要的组成部分，负责对整个支付过程及其涉及的各环节、各组成部分进行统一的协调和管理，以保障支付过程的有序进行，并能够促进金融工具的创新，形成一整套金融服务标准，并不断提高服务水平，保障金融秩序。

按照国际清算银行的定义，支付体系由特定的机构及一整套用来保证货币流通的工具和过程组成。由此可知，支付体系的重要作用在于通过各种类型的支付工具，在接收到付款方的支付指令之后，由金融机构或非金融机构支付服务企业进行资金货币的转移服务，经过清算组织的清算，最终完成支付的全过程，并在整个过程中负责监督和管理，通过一系列法规政策，对涉及的各组成部分进行监管。

支付体系主要由支付工具、支付服务组织、支付系统和支付体系监督管理等要素构成，如表 7.3 所示。

表 7.3 支付体系的构成及基本功能

构成部分			基本功能
支付工具	现金		实现债务清偿和资金转移的载体
	非现金支付工具	票据	
		银行卡	
		电子支付工具	
支付服务组织	中央银行		银行间的结算、制订规章制度
	商业银行		提供各类支付服务
	支付清算组织		提供支付信息转接、交换及数据清分和汇总
支付系统	支付清算系统	国际清算系统	支撑各种支付工具应用
		中央银行系统	实现资金清算
		中国银联系统	完成资金最终转移
		非金融机构支付系统	
	支付结算系统	银行业金融机构行内系统	
支付体系监督管理	中央银行		对支付市场、支付服务组织和支付业务的监督管理
	国家金融监督管理总局		

支付工具是支付过程中必不可少的载体，承载着传达支付指令、实现债权债务清偿和货币资金转移的责任。随着技术的不断提升和支付工具表现形式的创新，支付工具由最初的实体，发展为金银、现金等一般等价物，随后又出现了票据、银行卡等非现金支付工具，而在计算机和网络环境下，电子支付工具为支付双方提供了更加便利的支付条件，也对支付的服务和监管提出了更高的要求和挑战。同时，支付工具类型的丰富也为支付双方提供了更多的选择，尤其是信用支付工具不仅承担了货币转移的功能，在辅助金融监管、促进货币流通、优化资金配置等方面也发挥着重要的作用。

7.2.2 支付服务组织

支付服务组织的主要任务是向客户提供支付账户、支付工具和支付服务，并为这些机构的正常运行提供清算和结算网络服务，是提供支付服务的市场主体。支付服务组织包括三个部分，分别是中央银行、商业银行和支付清算组织。

（1）中央银行。中央银行是银行间资金转移的核心，是支付服务的法定提供者，商业银行需要在中央银行开立资金结算账户，用以办理划拨转账业务，凡是发生在商业银行或非金融机构的资金往来，都需要通过中央银行提供资金结算服务完成资金的转移。同时，中央银行还负责制订相关的规章制度，规范支付结算业务，维护支付结算秩序。

【小知识·我国的中央银行】

《中华人民共和国中国人民银行法》规定，中国人民银行是中华人民共和国的中央银行，在国务院领导下，制订和实施货币政策，对金融业实施监督管理。

（2）商业银行。商业银行直接面对有资金服务需求的客户，服务涵盖开户、账户信息查询、转账、货币兑换、信贷等。商业银行通过遍布全国各地的营业网点，提供各种类型的金融服务。随着网络信息技术和电子货币的兴起，商业银行开始探索创新的服务方式，客户可以通过各种非柜台服务的形式，享受金融服务，如自动取款机、网上银行、手机银行等，提升了客户享受服务的便利性。

【小知识·我国的商业银行】

我国银行业金融机构目前分为两大类，一类是外国及港澳台银行分行，另一类是银行业金融机构法人。其中，银行业金融机构法人包括开发性金融机构、政策性银行、国有大型商业银行、股份制商业银行、金融资产管理公司、城市商业银行、住房储蓄银行、民营银行、农村商业银行、农村信用社、村镇银行、农村合作银行、农村资金互助社、外资法人银行、信托公司、金融租赁公司、企业集团财务公司、汽车金融公司、贷款公司、消费金融公司、货币经纪公司及其他金融机构。截至2021年6月底，我国有外国及港澳台银行分行115家，银行业金融机构法人4608家。在银行业金融机构法人中，开发性金融机构1家、政策性银行2家、国有大型商业银行6家、股份制商业银行12家、金融资产管理公司5家、城市商业银行130家、住房储蓄银行1家、民营银行19家、农村商业银行1569家、农村信用社609家、村镇银行1642家、农村合作银行26家、农村资金互助社41家、外资法人银行41家、信托公司68家、金融租赁公司71家、企业集团财务公司257家、汽车金融公司25家、贷款公司13家、消费金融公司29家、货币经纪公司6家及其他金融机构35家。

（3）支付清算组织。支付清算组织是提供支付信息转接和交换及清分和汇总的非银行机构或非金融机构。其中，清分主要是对商业银行的支付指令进行归类、排序、分析、计算机传递等操作的过程，根据清分的结果，资金可以在相关账户之间进行实际的转移。我国的支付清算组织包括中国银联股份有限公司、城市商业银行资金清算中心和农信银资金清算中心。

支付的过程中涉及各种支付工具的使用及各支付服务主体的信息传递和资金转移等问题，而这些问题的解决需要一个统一的、有效的、贯穿整个支付流程和支付处理过程的基础设施，这个基础设施就是支付系统。支付系统是金融市场和经济运行的核心，是支撑整个金融市场的重要网络，能够支撑金融市场的发展和货币政策的实施。

支付系统一般分为支付清算系统和支付结算系统。其中，支付清算系统包括国际清算系统、中央银行系统、中国银联系统、非金融机构支付系统，负责各种不同支付服务组织的清算；支付结算系统主要是银行金融机构行业系统，支付结算系统的任务是完成资金转移，并通知收付双方。

支付体系由各种复杂的机构构成，并结合不同机构之间的沟通、结算等环节，在运作的过程中，需要特定的立法和管理机构制订相关法律、法规和标准，来规范和管理支付的程序和支付的行为，让支付流程能够在合理、规范的环境中顺利运行，使支付受到法律和行政手段的监督和约束。

在我国的支付体系中，负责监督和管理的角色主要包括中央银行和国家金融监督管理总局。按照我国的法律，中国人民银行作为中央银行，负责支付结算规则的制订、支付结算市场的准入，以及作为清算系统的组织者为金融机构提供支付清算服务和对金融机构之间的资金清算行为进行监管；国家金融监督管理总局负责对支付结算业务的日常管理和对具体违法行为的处罚。

【小知识·国家金融监督管理总局】

国家金融监督管理总局成立于 2018 年，是国务院直属事业单位，其主要职责是依照法律法规统一监督管理银行业和保险业，维护银行业和保险业合法、稳健运行，防范和化解金融风险，保护金融消费者合法权益，维护金融稳定。

7.2.3 支付系统的构成

支付的全过程包括两个层次：一个层次是商业银行与客户之间的资金支付往来与结算，即客户在商业银行开立账户，通过客户账户之间的转账实现资金的支付过程；另一个层次是中央银行与商业银行之间的资金支付与清算，即商业银行在中央银行开立账户，通过中央银行实现商业银行同业间的债务清算，使支付过程最终完成。支付系统将两个层次进行有机结合，形成复杂的系统整体，发挥"枢纽"的作用。

1. 支付系统概述

支付系统是市场经济体系中不可或缺的一部分，通过各种支付的技术手段向商业银行和其他非银行金融机构提供货币资金清算服务，并制订货币所有权转移的相关法规，用以约束和管理各成员间货币转移的流程和规范。

支付系统是以提供清算服务的中介机构为主导，以支付指令为清算依据，以资金清算专业技术为手段，以一系列的运作规章和法律法规为约束，实现债权、债务在成员之间清偿及资金在成员之间转移的功能系统。

支付系统是一个完整的金融服务整体，其中每部分都是保障支付系统能够正常运作并能够实现资金转移的重要组成部分，中介机构的权威性、技术的稳定性和高效性、支付工具的有效性及规章制度的完整性缺一不可。支付系统的构成如图7.1所示。

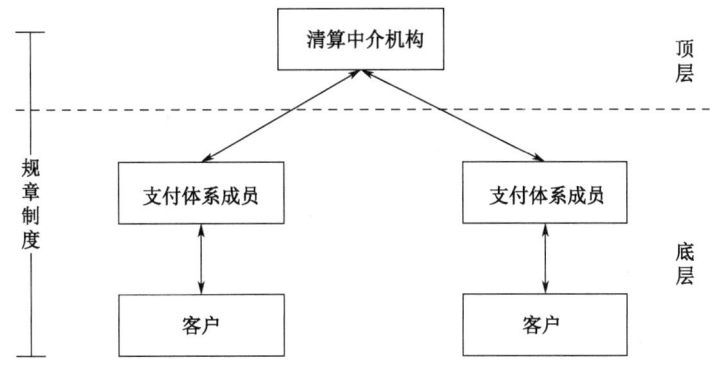

图 7.1 支付系统的构成

在支付系统中，清算中介机构承担着管理者的角色，负责制订整个支付系统的运作流程及规章，并负责维护系统日常的运作，具有极强的权威性。通常，清算中介机构由各国的中央银行承担，如在中国，由中国人民银行负责制订和执行货币政策、发行人民币、管理人民币流通、维护支付及清算系统的正常运行（根据《中华人民共和国中国人民银行法》），根据不同国家的经济情况和金融体系的构成，清算中介机构也可以由民间组织担任，如环球银行金融电信协会 SWIFT、美国的 CHIPS 等。

在支付系统的底层，支付体系成员通常为商业银行，客户通过在不同的商业银行开设账户，当客户之间产生资金转移需求时，就会向开户银行发起指令，由商业银行根据指令完成客户的资金转移需求。而在不同的商业银行之间，是通过上层清算中介机构进行债权、债务清偿的，同样也是通过指令的形式完成，并使用中央银行货币进行最终清算的。

支付系统的有效运行需要依赖合理合法的规章制度，覆盖支付系统流程的各细节，包括信息传递及资金转移的费用、指令的生效时间、账户资金不足的解决方案、清算的方式等。支付系统的规章制度应符合国家的经济情况及金融市场发展情况，需要综合考虑各方实际情况，并随着经济的发展不断修改和完善。

2. 支付系统的分类

支付系统是随着一个国家经济发展应运而生的，需要根据一个国家的经济、法律等实际情况，选择构建不同种类的支付系统，包括结算的方式、核心清算机构的类型、交易金额的大小、结算的时效等。

1）按照结算的方式划分

支付系统结算是指将债权债务在支付双方所开户的金融机构之间进行相应的记录和处理，最终完成货币资金转移的过程。根据支付系统结算的方式，可以分为全额结算支付系统和净额支付结算系统，其中，净额支付结算系统还可以分为双边净额结算系统和多边净额结算系统。

（1）全额结算支付系统（Real Time Gross Settlement，RTGS）。

以银行为例，全额结算支付系统是银行之间的支付信息交换和资金转移，每笔交易信息和资金的转移都单独完成，只要接收到结算的指令，中介机构就会按照实际支付的金额进行实时的转账结算，风险较小，如图 7.2 所示。

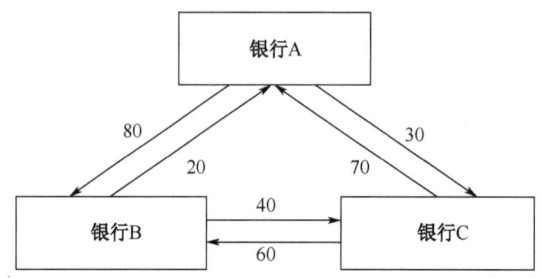

图 7.2　全额结算支付系统的资金往来

例如，在银行 A 和银行 B 之间的债权债务关系结算时，银行 A 接收到客户的转账指令，将 80 个单位货币转账给银行 B 的客户，银行 A 会将这笔支付信息指令直接传递给结算机构，结算机构在接收到指令后，实时进行结算，立即将 80 个单位货币从银行 A 的账户转移到银行 B 的账户，实现最终的结算。同样，如果银行 B 的客户需要转账 20 个单位货币给银行 A 的客户，这笔交易也是实时进行的。

按照图 7.2 中的资金往来关系，三个银行间在全额结算支付系统中共需要建立 3 条信息传递渠道（每两个银行间建立一条信息传递渠道），支付信息传递了 6 次，资金实际转账 6 笔，转账的实际金额为 300 个单位货币。

（2）净额结算支付系统（Net Settlement，NS）。

同样以银行为例，在净额结算支付系统中，银行间的结算并不是每笔都实时进行的，而是将每笔支付的信息传递到清算所，在一段时间内，清算所将所有的支付信息累积起来，计算出银行之间的支付净额（净头寸），并在约定的时间结束时，将银行间的净额进行转移。通常，由负责结算的中介机构在每日的规定时间（也可以是计算出净头寸后的一个或几个营业日之后）进行银行间净额资金的结算。

净额结算支付系统包括双边净额结算支付系统和多边净额结算支付系统，以图 7.2 中的各银行之间的资金往来数目为例，这两种净额结算支付系统的资金往来分别如图 7.3 和图 7.4 所示。

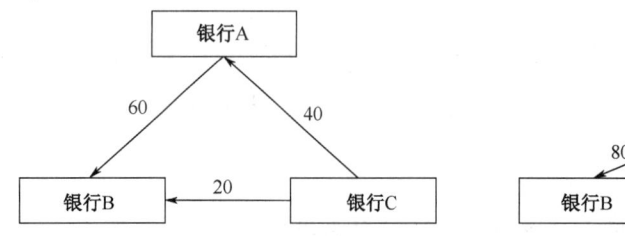 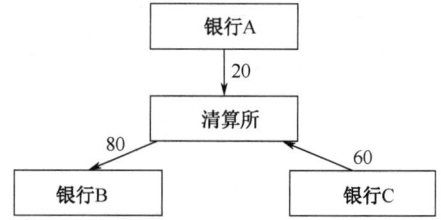

图 7.3　双边净额结算支付系统的资金往来　　图 7.4　多边净额结算支付系统的资金往来

① 双边净额结算支付系统。以银行 A 和银行 B 之间的资金往来为例，银行 A 要转账 80 个单位货币给银行 B，而银行 B 需要转账 20 个单位货币给银行 A，这样，在最终结算时，因为银行间相互抵消了一些双边债务，结算机构只需要从银行 A 的账户中将净

头寸 60 个单位货币转账给银行 B 即可。在双边净额结算支付系统中，尽管信息传递渠道数量不变，但是，支付信息仅传递了 3 次，资金实际转账 3 笔，转账的实际金额为 120 个单位货币。

② 多边净额结算支付系统。多边净额结算支付系统增加了清算所的参与，每个银行之间不是直接建立信息传递渠道的，而是通过清算所将结算资金净额划拨到各个银行，并对各银行账户进行监督。在多边净额结算支付系统中，信息传递渠道数量仍然为 3 条，支付信息传递了 3 次，资金实际转账 3 笔，转账的实际金额为 160 个单位货币。当参与结算的银行数量增多时，多边净额结算支付系统的信息传递渠道数量、支付信息传递次数和资金实际转账笔数都将减少，简化了结算流程，提升了结算效率。

2）按照核心清算机构的类型划分

支付系统核心清算机构是支付系统的管理者，是保证支付系统顺畅运行的重要因素之一。目前国际上支付系统的核心清算机构主要包括中央银行和民间清算机构两种。

(1) 由中央银行作为核心清算机构的支付系统。

支付系统在国家经济发展中的重要性决定了国家对支付系统的建设和运行高度重视，而中央银行由国家赋予了职能和权限，在货币的发行、管理、流通及金融机构的监管等方面承担着特定的责任，且不存在信用方面的风险，因此，由中央银行作为核心清算机构是最科学和合理的，如我国的中国人民银行，通过支付系统参与支付清算活动。

(2) 由民间清算机构作为核心清算机构的支付系统。

在目前运行的国际清算系统中，有众多私营民间清算机构拥有并经营的支付系统，它们通过中央银行的账户进行最终的结算，并在中央银行的审计和监管下运行，如纽约清算所协会的 CHIPS 系统、英国的 CHAPS 系统等。

3）按照交易金额的大小划分

按照交易金额的大小，支付系统可以分为大额支付系统和小额支付系统，二者在服务对象、支付金额、运作效率、系统性能、安全风险要求等方面均体现出一定的区别。

(1) 大额支付系统。

大额支付系统服务的对象通常为商业银行或支付工具的交易商，这些主体在货币的流通和交易中承担服务的职能，一般交易的笔数并不多，但对交易货币的数量要求较高，即支付金额较大。因此，需要支付系统能够在准确的时间内快速完成资金的转移，对支付系统的运作效率有较高要求。同时，在大额支付系统中，系统的稳定性和资金转移的时效性要求更加严格。大额支付系统在金融体系中的地位较高，影响也较大，因此，其安全性和信用风险至关重要，系统对用户的资质审核也较为严格，从而避免因风险问题导致的经济体系动荡。

(2) 小额支付系统。

小额支付系统服务的对象通常为个人用户或商品交易的商家等，对资金数量的要求不高，每笔交易的资金数额较小，但交易频繁，要求系统具备更高的灵活性，对系统数据的吞吐量要求较高。

4）按照结算的时效划分

按照结算的时效划分，支付系统主要分为实时结算支付系统和非实时结算支付系统，区分的标准在于当参与结算的成员向结算中介机构发出指令后，结算中介机构转账的时间长短，如立即完成结算，即为实时结算支付系统，反之，则为非实时结算支付系统。

一般情况下，全额结算支付系统能够实现实时结算，当支付双方中的一方发出资金转移指令后，全额结算支付系统能够根据该笔指令，将资金全额转移到另一方账户，转移的速度完全依赖系统运行的效率，是实时结算的理想状态。

而净额结算支付系统由于结算周期的存在，要在结算周期末进行不同成员间资金转移净头寸的计算，必然无法实现实时结算，结算周期的长短影响着结算的时效性。因此，净额结算支付系统通常为非实时结算支付系统。

3．支付系统的工作流程

支付系统的运作涉及各种角色的运作，包含一系列的运作环节，以支付双方在不同商业银行间的转账为例，这一转账过程的实现就涉及商业银行之间的资金转移，发出一系列的指令，涉及多次的资金划拨。支付系统的工作流程如图7.5所示。

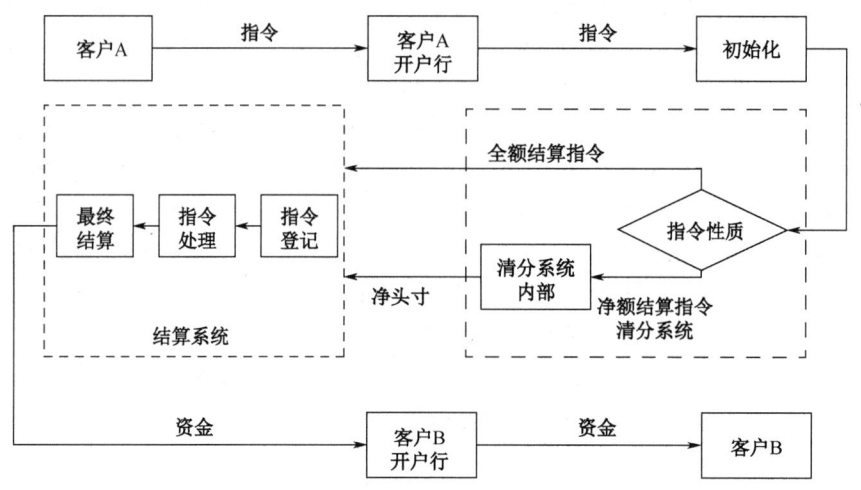

图7.5 支付系统的工作流程

（1）支付过程。

支付过程主要由交易环节组成，基于各种交易系统，完成商品的批发、零售或股票等金融产品的买卖等活动。在支付过程中，支付的一方将资金转账的指令发送给自己的开户行，由开户行向支付系统的清分系统发送指令，开始进入清分环节。尽管交易系统不属于支付系统的一部分，但通过交易系统所发出的指令，支付系统能够得到资金转移数额的信息，也能够对交易全过程中的数据进行记录，让客户能够了解交易的详细信息，不仅是支付系统能够开始运作的起点，也是安全支付的保障。

（2）清分过程。

当支付的指令进入支付系统后，首先要进行清分的操作。清分是指对进入支付系统的支付指令进行归类、排序、分析或计算，使随机传入支付系统的支付指令被整齐地分类，以便系统进一步处理。

支付指令是以支付工具为载体进行传递的，对于不同的支付工具，对清分系统的要求也不同，如以纸质的支付工具（汇票、支票等）为载体发出的支付指令，指令的传递时间较长，对支付工具的填写和识别也需要特殊的设备完成；如以电子的支付工具为载体发出的电子支付指令，在传递时效上较高，清分的过程可以由软件自动处理，效率较高。

在清分的过程中，首先，清分系统会对指令的属性进行判断，如支付的指令是全额结算指令，则清分系统直接将指令传递给结算系统，完成清分；如支付指令是净额结算指令，则清分系统会在结算周期末根据银行间的交易额进行轧差操作，将债务双方的净头寸信息生成结算指令，传递给结算系统，完成清分环节。

（3）结算过程。

结算过程是资金实际转移的环节，一方面，在结算过程结束后，资金的支付双方在商业银行账户上的资金数额会有所变化，表现为债务方银行账户数额减少，债权方银行账户数额增加；另一方面，支付双方所在的商业银行在结算机构所开设的账户上的数额也会随之变化。

在结算的过程中，结算系统通过清分系统发来的结算指令，按要求进行资金的转移，在全额结算的情况下，支付指令和结算指令是一一对应的；在净额结算的情况下，多条支付指令对应一条结算指令。结算系统在接收到结算指令后，对付款方银行和收款方银行的账户进行相应的操作，完成资金在银行账户之间的转移，进而完成最终的结算。

结算过程主要分为以下三个环节。

（1）指令登记环节。指令登记是为进入结算系统的结算指令分配处理代码，并记录指令信息，包括付款方、收款方和付款金额。在指令登记环节，结算系统还会对指令的真伪进行判别，当结算指令为纸质时，需要手工操作，对结算指令上的印鉴、签名或密押等进行识别；当结算指令为电子指令时，主要通过数字加密、数字签名和数字信封等技术进行安全判别，以保障结算过程的安全性。

（2）指令处理环节。指令处理过程是指结算系统根据结算指令的内容，将结算指令进行分别处理，进入不同的结算缓冲区。例如，结算指令中要求在某段时间后进行结算，则该指令将被放进等候队列，等待结算时间终止时再进行结算；如结算指令要求进行净额轧差操作，则该指令会被放进净额结算堆栈，等待同一堆栈结算指令到达后进行差额计算，并通过实时处理线实现最终结算；如结算指令为实时结算，则该指令立即进入实时处理线，当即结算。

（3）最终结算环节。最终结算是结算过程的最后一个环节，在经过最终结算后，资金将彻底从支付方账户转移到收款方账户，完成资金转账。最终结算环节是不可以撤销的，同时会向付款方发出确认信息，账户信息也会随之更新。但是，当付款方账户的资金余额不足以完成结算时，支付系统会根据规定和系统的设计，进行如下处理：

① 将指令放进等待队列，当支付方账户内拥有足够的资金后，再进行最终结算；

② 结算机构可以向付款方提供日内贷款，付款方可以先使用日内贷款进行结算，并于当日的指定时间内归还贷款；

③ 结算机构可以向付款方提供隔日贷款，如果付款方无法在当日还清贷款，可以采取这种方式。

7.2.4 国内外的主要支付系统

世界各国经济情况不同，产生了不同的支付系统。随着支付工具的不断发展，支付系统所提供的服务及其管理方式也不尽相同，呈现出不同的特点。基于对支付系统的基本要求，各国的支付系统所提供的服务主要有金融信息的传递、资金的调拨、清算转账等。

1. 我国支付系统的发展

在我国的支付系统中，中国人民银行作为我国法律规定的中央银行，一直致力于进行支付系统的建设，推动我国支付系统从手工联行向电子联行再到现代化支付系统迈进，在支付系统的技术水平、服务功能、支付工具、覆盖范围、安全措施、运行效率等方面不断突破、不断完善，形成一个满足经济发展和社会经济活动需求的中国支付清算体系。我国的支付系统经历了以下几个发展阶段。

1）同城清算阶段

同城清算所是我国最早的货币清算机构，由中国人民银行牵头建设，在借鉴了国外先进结算模式和经验的基础上，覆盖了全国 2500 多个县级以上的城市，提供同城票据交换服务，集中为同城范围内各种金融机构进行资金清算服务。

同城清算所的主要功能在于为同城范围内同一银行的不同分支机构及不同银行的分支机构之间进行票据交换和资金清算服务。同城清算所由中国人民银行负责清算，可以采取全额清算的方式，即对提出提入票据进行分别汇总，随后由中国人民银行向支付双方清算往来资金；也可以采取差额清算的方式，即对支付双方的提出提入票据金额进行轧差，得到头寸，再通过各银行在中国人民银行的存款账户进行清算。

同城清算是我国支付系统建设的雏形，也是我国支付系统的基本组成部分，随着信息技术的不断发展，同城票据交换及清算业务逐渐转为计算机网络处理，使同城清算的运作有了质的飞跃。

2）异地跨行清算阶段

随着经济的发展，银行客户对异地资金转账有了更多的需求，异地同行清算和异地跨行清算系统急需建设。在异地跨行清算阶段，各商业银行自成联行系统，负责行内分支机构之间的支付清算，各专业银行（商业银行）大额汇款通过中央银行转汇和清算资金。

在异地跨行清算阶段，各商业银行之间依然是"手工联行往来"，但是，中国人民银行与商业银行之间的资金是严格区分开来的，这对强化货币和信贷的宏观控制、减少清算差错、提高工作质量起到了重要的作用。

3）电子联行跨行清算阶段

全国电子联行系统的建设，是我国支付系统由手工联行转为电子联行的跨越式进步，从此，异地跨行清算可以通过电子化的手段进行指令的传递及资金的周转，解决了纸质票据传递的缓慢和清算流程烦琐的问题，在途资金大大减少，准确率和速度进一步得到提升。

全国电子联行系统采用卫星通信技术，在全国总中心的主站和中国人民银行各地分支小站之间传递支付指令，处理全部异地跨行支付、商业银行行内大额支付及中国人民银行各分支机构之间的资金划拨等业务。

虽然全国电子联行系统在业务处理效率和资金周转速度等方面上得到了提升，但由于信息技术发展的制约，该系统与实时清算的需求还具有相当大的距离，自动化水平和设备的稳定性还有很大的提升空间。

4）现代化支付系统阶段

经济的快速发展使经济活动中的主体对资金转移的需求日趋频繁，资金量的大小也更为灵活，因此，金融环境中需要更为快捷、高效、安全的支付清算系统。同时，技术的进步也为支付系统提升效率和安全性提供了强有力的支持,现代计算机技术和网络通信技术保障了信息传递的高效和安全,实现了各种额度、各种支付工具、各地不同范围的资金转移和清算。同时,电子化的信息传输也让数据备份系统更加完善,在完善在途资金的运作流程方面得到了巨大的提升,也让金融数据能够在更为集中的条件下强化管理,满足各种社会经济活动对支付的需求。

5)银行卡跨行支付系统

除在技术手段上保证金融信息传递和资金清算的高效和安全外,在支付工具上,我国的支付系统也在不断发展。2002年3月,"银联"系统的运行,解决了我国银行卡发展的运营机制问题,该系统能够根据客户的需求,提供随时随地支付的功能,只要客户有支付的需求,即可在任何标注"银联"标志的终端上进行查询、消费、转账、存取款等业务,无须考虑银行卡开户行,也无须考虑客户所在的地理位置,为客户的支付创造了便捷的环境。银行卡的广泛应用,也证明了目前我国银行卡系统运行状态稳定,具有较高的安全性。

2. 我国支付系统的功能

经过多年的发展,在中国人民银行的组织和推动下,我国逐步建立并运行了功能较为全面的支付系统。支付金额、支付平台、支付工具、支付范围的不同,对支付系统的要求也不同,目前,我国支付系统主要支持大额支付、小额支付、支票影像交换、电子商业汇票、网上支付跨行清算及境内外币支付等功能。

1)资金清算功能

我国支付系统的首要功能是资金清算功能,这也是支付系统最基本的功能。支付额度的不同对系统资金清算功能的需求也不同,通常,大额支付需要系统具备实时清算的功能,而小额支付需要系统具备批量发送指令和轧差的功能。我国支付系统分别针对大额支付和小额支付两种支付额度不同的业务设计了不同的支付系统,有针对性地提供不同的功能。

(1)大额支付功能。

在商业银行之间、大型企业之间及其他金融机构之间往往会涉及较大资金额度的交易,因此,对大额支付的需求日渐增加。通常,大额支付系统会为客户提供高效的实时清算服务,无论是同城还是异地,都能够实现短时间内的转账,且费用较低。大额支付系统要求支付方发送的指令是不可撤销的,是最终性的支付,因此,系统的安全、可靠是大额支付系统实施的关键。

我国大额实时支付系统(High Value Payment System,HVPS)是中国人民银行针对我国大额支付清算的需求,利用现代化计算技术和通信网络开发建设的,能够高效、安全处理我国各银行办理的异地、同城各种支付业务及其资金清算和货币市场交易的资金清算的应用系统。该系统以中国人民银行及其营业部为核心,用户覆盖各商业银行、农联社、外汇交易中心、国债登记公司等机构,连接各参与者,实施支付指令从发出到接收的全自动化处理,实时跟踪各清算账户的资金情况,并建立完善的风险防范机制。

(2)小额支付功能。

小额支付的特点在于单笔交易金额较低,但交易的频率较高,因此,需要支付系统的反应速度快、效率高、运行稳定。通常,对于小额支付,支付系统会采取净额结算的方式进行金融机构间的借贷支付，对业务进行定时批量处理。

在支持的业务方面，我国的小额批量支付系统（Bulk Electronic Payment System，BEPS）主要支持个人用户之间的转账业务，企事业单位的工资、津贴发放，养老金、保险金等发放及一些日常缴费等服务，并在一定时间内对多笔业务进行批量轧差处理，以净额结算银行间资金；在服务的时间方面，小额批量支付系统实行"全天候"不间断服务，商业银行可以实时接收用户的支付指令，并完成支付双方之间的支付转账，而商业银行间的清算则在规定的结算时间内进行；小额支付的主要目的是满足社会上大业务量、低成本的服务需求，完善各种支付业务的使用。

2）票据类支付工具传递与兑换功能

票据是经济活动中重要的支付工具之一，票据信息的传递及票据的承兑是各金融机构需要面对的重要问题。随着互联网的发展，市场交易效率和交易频率不断提升，传统的纸质票据传递必然无法满足经济主体的需求，随之而来的电子票据的广泛应用对支付系统的技术和效率提出了更高的要求。

（1）支票影像交换功能。

传统的支票核对业务由人工完成，不仅精度低，而且无法实现通存通兑，因此，中国人民银行于2006年12月开始试运行全国支票影像交换系统（Cheque Image System，CIS），支持支票影像信息的在线传递和资金清算功能，该系统于2007年5月底彻底实现了支票全国通用。

我国支票影像交换系统充分应用了计算机技术，将纸质支票进行微缩、图像采集、要素识别、签字识别、加密及数字签名等环节，转换为支票影像信息，并通过网络进行传输，提示出票人的开户银行付款，再通过小额支付系统向支票提入行发送回执完成付款。

（2）电子商业汇票承兑功能。

商业汇票是出票人签发的，委托付款人在指定日期无条件支付确定的金额给收款人或持票人的票据。随着互联网的发展，商业汇票向电子化发展，逐渐形成以数据电文为表现形式，以数字加密和数字认证技术为保障的新型票据。

我国电子商业汇票系统（Electronic Commercial Draft System，ECDS）以计算机和互联网技术为基础，提供电子商业汇票数据电文的接收、存储、发送、验证等功能，同时完成电子商业汇票的货币给付和资金清算服务。

3）互联网支付功能

互联网的发展及电子商务的不断创新，让电子支付方式成为更多企业及个人乐于选择的支付方式，银行业务的网络化及层出不穷的第三方支付平台，在丰富了支付方式选择的同时，也挑战了支付系统的功能。为满足客户网络支付的需求，中国人民银行建设了网上支付跨行清算系统（Internet Bank Payment System，IBPS）。

网上支付跨行清算系统主要的目的在于提升商业银行的网银服务水平，更好地履行清算职责。主要负责处理银行客户在线账户信息查询（同行查询、跨行查询）、在线零售支付、在线转账等，实行7×24小时不间断运行，客户可以实时得到银行处理结果的回应，而银行之间的支付与大额清算系统共享同一个清算账户，运行的方式与小额批量支付系统相同。同时，随着客户需求的提高，网上支付跨行清算系统还接受其他支付服务组织接入，在客户、商家、金融机构之间提供货币支付、资金流转与清算、查询统计等功能，最终实现基于互联网的公共清算。

4）境内外币支付功能

随着我国外贸业务的增加及近年来跨境电子商务的迅猛发展，外币支付成为我国支付系统中较为重要的功能之一。2008年4月，中国人民银行组织建设的境内外币支付系统（China Domestic Foreign Currency Payment System，CDFCPS）正式上线运行，支持各币种的外汇支付清算服务，其快捷的资金到账速度、安全的外币资金信息传递方式为外币支付提供了更加便利的支付条件，也为我国对外贸易的发展提供了良好的支付平台。

我国境内外币支付系统主要通过两个机构提供服务，分别为外币清算处理中心和代理结算银行。

（1）外币清算处理中心。主要负责接收外币支付指令，并对指令进行实时的清算，如账户可用额度不足，则需对支付指令进行排队处理，并将最终的清算结果转发给代理结算银行。实质上，外币清算处理中心的功能是实现支付系统中的支付指令清分环节。

（2）代理结算银行。主要负责开立外币结算账户、对外币资金进行结算、日终对账、在信用额度内提供日间授信，并进行授信额度的管理。代理结算银行由中国人民银行指定或授权，通常由四大国有商业银行担任，三年一届。

跨境电子商务的发展及个人跨境消费使小额外币支付逐渐加入外币支付系统，频次高、额度低的支付方式也成为目前境内外币支付系统提供的功能之一。

3．国际资金清算系统

环球银行金融电信协会（Society for Worldwide Interbank Financial Telecommunications，SWIFT）成立于1973年，总部位于比利时，是一个由金融机构共同拥有的私营股份公司，为全球大多数银行提供自动化的金融交易服务，采用标准化的信息传递和接口软件，高效地完成资金清算，解决了跨国银行间传统的电报传递所造成的效率低、费用高、错误率高等问题，并能够带领全球的金融行业共同发展。

SWIFT目前由比利时国家银行主导并负责日常监管，G10国家的中央银行协助，参与的成员包括会员、附属会员及一般参与者，成员的属性正在不断扩大。1983年，SWIFT拥有了第一位中国用户，目前，中国银行、中国工商银行、中国建设银行、中国农业银行等超过500家金融机构和企业成为SWIFT用户，加速了中国与海外市场的连接。

1）SWIFT提供的服务

SWIFT主要通过信息通信技术为其成员提供通用的接口服务、标准化的金融信息传递服务、高效的交易处理服务及多样化的数据分析工具，保证成员能够在SWIFT环境中安全高效地完成跨国金融需求。

（1）接入服务。

SWIFT的成员之间可通过SWIFT提供的接口软件系列产品，接入SWIFT的全球网络系统，使用SWIFT-NET和FIN服务，实现与全球的合作伙伴进行通信。SWIFT接入服务包括金融信息传递接口软件、接入SWIFT-NET的窗口和桌面软件及文件传输接口软件，用户可以通过这些软件进入SWIFT信息传递系统，获得后续的一系列服务。接入服务是SWIFT为其成员提供的一个标准化入口，是使用SWIFT服务必不可少的环节。

（2）金融信息传递服务。

SWIFT在最初以FIN作为其核心服务，用于实现金融信息传输，完成金融数据的接收、存储、分发、传递等。2002年8月，SWIFT-NET启用后，传统的FIN转为SWIFT-NET FIN，为用户提供更为丰富的金融信息传递服务。除提供基本的金融信息传递服务外，SWIFT还提供以下相关服务。

① 交互服务。SWIFT-NET FIN为用户提供交互性服务，对于金融信息和文件的传输，SWIFT均提供了两种方式供用户选择，一是实时存储，二是转发，一方面实现了对金融业务的实时应答，另一方面实现了大批量数据的传输。这种交互服务可以通过浏览器进行选择，极大地提高了用户享受服务的便利性。

② 证券交易信息传输。SWIFT也为证券交易提供了丰富的信息传递服务，通过专门的电子通信标准FIX，用户可以与全球合作伙伴交换金融信息，扩大了金融信息共享的覆盖面，并降低了信息共享成本。

③ 增值服务。SWIFT为实现资金结算功能，提供了信息的格式化、信息保存与恢复、信息管理及优先级控制等功能。尤其对于大额资金的处理，SWIFT通过FIN Copy提供指令的备份和第三方认证服务。

（3）交易处理服务。

SWIFT的用户还包括外汇交易所、货币市场和金融衍生工具认证机构，对于这些类型的成员，SWIFT为其提供交易记录匹配、实时报告的双边净额结算服务及B2B商务中的端对端电子支付等。

（4）数据分析服务/分析工具。

在金融信息传递和处理的过程中会产生大量的金融数据，对这些数据的分析有助于为各金融机构提供更优质的服务，以提升自身竞争力。SWIFT在提供基础服务的同时，为用户提供传送信息监控、参数分析、STP（市场分析、目标市场、市场定位）评估等服务，并提供最新的、世界范围内的金融机构代码，以提升用户的服务能力。

2）SWIFT的特点

SWIFT作为全球范围内国际资金清算系统，在服务的范围、服务所需的费用、服务的安全性和服务的效率方面，都具有其他支付系统无法比拟的优势。

（1）服务范围广。

在服务用户数量方面，SWIFT已经覆盖了全球大多数国家，服务范围广、交易量庞大。在服务用户的类型方面，SWIFT从最初的银行、证券机构，扩大到各国或各地区的银行联合会、企业等。此外，SWIFT网络也为一些国家的RTGS系统提供信息传送服务，助力各国支付系统实现高效安全的信息传递。

（2）服务费用低。

大量的用户产生了大量的交易数据传递，随着业务数量的增加，单笔交易费用自然降低，且数据量越大，所产生的费用越低。同时，SWIFT为大客户制订了更多的优惠政策，极大地吸引了大客户的加入，也使业务量大大增加，整体的费用越来越低。此外，技术水平的提升也促使服务费用的降低，随着信息技术的发展，SWIFT不断对网络进行升级，降低了交易的费用。

（3）交易风险低。

在技术方面，SWIFT经过多年的发展，已经拥有一套成熟且安全可靠的解决方案，通过日常实时监测，及时排除系统、网络和设备中的故障，并行的备份中心和独立完整的设备线路保证了在突发事件发生时能够及时解决；在管理方面，SWIFT的PKI由认证理事会、认证中心和注册中心管理、更新和撤销，保证了用户安全访问系统。

（4）运行效率高。

SWIFT 最大的特点就是标准化，标准化的接入窗口、标准化的信息传递服务、标准化的信息传递方式，都是提升系统运作效率的重要保障。其中，接入窗口的标准化避免了用户在不同系统之间的切换；标准化的信息传递服务解决了因为语言和交流方式所产生的问题；标准化的信息传递方式防止了因为数据格式不同而引发问题。此外，SWIFT 为适应新成员的加入，不断更新数据存储和传递的标准。随着网络技术的发展和 Internet 的普及，SWIFT 也在研究基于互联网的标准，进一步服务电子商务的发展，以提升服务适应性和高效性。

4．美国支付系统

美国是一个支付体系相对发达的国家，首先，在美国有大量的金融机构提供金融服务；其次，美国的私营清算机构众多。因此，在美国有相对完善的法律规范对各级金融机构的经营活动进行监督和管理。

目前，绝大部分的大额美元支付都是由美国境内的两大支付系统处理的，一是由美联储负责管理和运行的联邦电子资金划拨系统（Fedwire），二是由纽约清算所协会经营并运行的纽约清算所银行同业支付系统（CHIPS）。

1）Fedwire

Fedwire 系统于 1918 年 11 月开始运行，由美国联邦储备银行开发与维护，属于中央银行负责管理的实时大额结算系统，其用户包括联邦储备银行及其分支机构、国库和其他代理机构、储蓄机构、信贷联盟、外国中央银行及政府机构等，具有资金转账、金融信息传递与管理、自动清算、批量数据传输等功能，是美国重要的大额支付系统，是金融基础设施的重要组成部分。

（1）Fedwire 提供的服务。

Fedwire 提供的服务主要分为两大类，一类是资金转账服务，另一类是证券簿记服务，基本覆盖各金融机构成员间的金融服务需求。

① 资金转账服务。Fedwire 为商业银行提供银行间实时、全额、连续贷记的资金转账服务。首先，各商业银行需要在联邦储备体系开设储备账户。其次，用户需要根据自身需求业务量的大小选择不同的方式接入 Fedwire 系统，通常，业务量大的用户会选择专用线路，业务量中等的用户会选择租用公共线路或拨号的方式，而只有零星业务量的用户会选择代理行或脱机电话方式。在资金转账的过程中，商业银行会向 Fedwire 系统发送支付指令，当系统接收到支付指令后，会立即进行相关的结算服务，完成支付，此时，接收方银行将获得转账的资金，且支付方不可撤销。

② 证券簿记服务。Fedwire 系统为政府债券、企业债券、国际组织债券等多种债券的发行、交易清算提供电子化的服务，是一个实时的、交割与支付同时进行的全额贷记转账系统。各类账户在吸收存款机构开立记账证券账户，而各吸收存款机构在联邦储备银行建立相应的记账证券账户。清算交割是通过各吸收存款机构在储备银行的记账证券账户进行的。Fedwire 的证券簿记服务具有较高的安全性，在风险防范、标准化等方面均有严格的规范措施，可以实现高效的运作。

（2）Fedwire 的特点。

Fedwire 系统自运行起，就为美国的各类金融机构提供了功能齐全的服务，并已稳定运行多年。其特点如下。

① 实时的资金转账。Fedwire 是实时全额转账支付系统，每笔转账均由商业银行直接生成支付指令，逐一发送给支付系统，指令一旦到达支付系统，会立即完成支付，是不可撤销和逆转的，资金的接收方在接收到资金后，可以立即使用。

② 风险较低。Fedwire 系统是由中央银行的货币进行清算的，因此，可以消除资金接收方的风险。同时，系统建立了账户余额监控系统、日间透支报告和定价系统及风险管理信息系统，加强了风险管理力度。

③ 提供适当的透支额度及贷款服务。Fedwire 系统根据商业银行的一级资本计算出各银行的最大透支额度，在资金转账时，如果商业银行账户余额不足，就可以在透支额度内获得贷款，但该笔贷款需在一个营业周期内轧平，否则，银行必须请求中央银行信贷轧平头寸，付出更高的利率。此外，联邦储备银行还希望参与者提供日间贷款以保证用户能够及时完成支付。

④ 按信息发送量收取费用。Fedwire 采用高固定费用、低边际费用的收费原则，从而鼓励信息量大的用户加入。目前的收费标准分为三个层次，分别为 2500 条以内，0.3 美元/条；超过 2500 条但不足 8000 条，超出 2500 条的部分 0.2 美元/条；如果超过 8000 条，则超出的部分 0.1 美元/条，向发出方和接收方同时收取。

2）CHIPS

纽约清算所银行同业支付系统（Clearing House Interbank Payment System，CHIPS）成立于 1970 年，由纽约清算所协会经营管理，属于私营支付清算系统，最初提供净额多边清算的大额贷记服务，自 2001 年，开始更新为实时清算系统。

CHIPS 主要提供跨国银行之间的美元交易清算，其成员包括在联邦储备银行设有储备账户的清算用户及基于代理行的非清算用户，主要覆盖纽约的商业银行、投资公司及外国银行在纽约的分支机构。

（1）CHIPS 提供的服务。

CHIPS 支付系统主要提供美元的跨国交易清算服务，在跨国交易的过程中，如产生美元的支付，可以利用 CHIPS 系统进行结算。由于新的系统对转账有实时性、终结性的要求，因此，CHIPS 系统对支付指令进行连续的撮合、轧差和结算，如果支付指令从中心队列中释放出来，系统会即时进行转账。CHIPS 支付系统的运行依赖纽约联邦储备银行所建立预付金余额账户，每个 CHIPS 成员都有一个预先设定的起始资金头寸要求，这笔资金每天通过 Fedwire 资金账户注入，并支持完成支付指令的结算。

（2）CHIPS 的特点。

CHIPS 作为全球最大的私营支付清算系统之一，其主要的特点如下。

① 领先的风险控制水平。CHIPS 的风险管理体系全球闻名，在净额结算方面具有领先的优势，甚至超过了国际清算银行的 Lamfaulssy 标准。在风险控制方面，首先，CHIPS 要求其成员每天交易开始前存入一定数量的资金，在运行过程中，只有在资金头寸能够支持转账时才会释放支付指令，降低了支付系统和资金接收方的风险；其次，CHIPS 成员需要接受信用评估，并提交能够证明其财务状况的文件，并定期接受问询。

② 基于 Internet 的服务。CHIPS 为用户提供基于 Internet 的在线管理，用户可以通过网络查看在线管理报告，也可以在线通过追加资金的方式指定支付指令处理的优先顺序，尽管 CHIPS 已经可以提供实时结算，但银行依然会针对某些支付指令提出立即清算的要求，在这种情况下，银行就可以通过网络控制支付指令的优先级。

5. 欧洲支付系统

在欧洲区域内,最大的经济体就是由欧洲共同体发展而来的欧洲联盟(欧盟),1992年,根据《马斯特里赫特条约》规定设立的欧元区中央银行,是欧盟共同货币政策的制订者、实施者和监督者,也是欧洲经济一体化的产物。欧元国家间以欧元作为清算货币的交易需要一个独立的、一体化的清算平台,由此产生了 TARGET 支付系统。

欧洲实时全额实时结算系统(Trans-European Automated Real-time Gross settlement Express Transfer,TARGET)是一个区域性支付系统,于 1999 年正式启用,负责提供欧盟国家间的实时全额结算服务,处理以欧元为结算货币的转账业务。

TARGET 系统几乎覆盖了欧盟所有的信用机构,2008 年 5 月,TARGET2 启用,欧盟以外的国家也可以享受其提供的支付服务,只要采用欧元进行结算,都可以通过 TARGET2 完成转账。

1) TARGET 提供的服务

TARGET 提供的主要服务为欧元结算服务,能够处理商业银行间及银行与客户间的转账支付指令,无论支付交易金额大小,在 TARGET 系统中,都会得到公平的对待,没有交易金额的限制。TARGET 系统结算流程如图 7.6 所示。

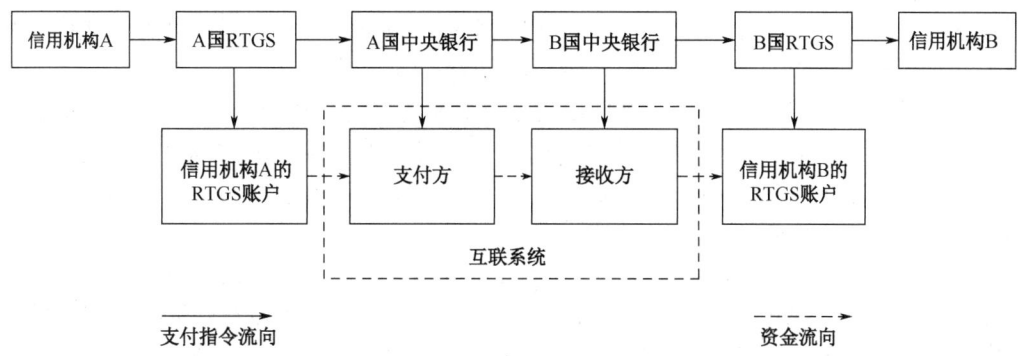

图 7.6 TARGET 系统结算流程

(1) 信用机构 A 作为货币的支付方,应在本国的 RTGS(Real Time Gross Settlement)开立账户,并存有足够的资金,当开始支付时,信用机构 A 通过本国的 RTGS 向国内的中央银行发送支付指令。

(2) 中央银行接收到支付指令后,应检查支付指令的有效性,该机构是否有足够的资金或支付金额是否在透支额度内,以及信用机构 A 是否为 RTGS 成员。

(3) 检查通过后,中央银行会在信用机构 A 的 RTGS 账户中借记这笔资金,同时在互联系统中支付方中央银行账户中贷记这笔资金。

(4) 接收方中央银行接收到支付指令后,应检查信息的安全性,以及接收方银行是否为 RTGS 用户。

(5) 检查通过后,在互联系统中,接收方中央银行账户检查贷记接收方银行在 RTGS 系统中的账户,完成转账。

2) TARGET 的特点

TARGET 是具有鲜明特色的区域性支付系统,具体体现如下。

(1) 支付命令不可撤销。

TARGET 系统是全额的、实时的结算系统,根据各国 RTGS 系统的规定,只要支付命令在发送方的 RTGS 系统中被中央银行借记，支付命令即不可撤销。即在 TARGET 支付流程中，只要第（3）步完成后，支付方就只能按照支付指令完成支付。

同时，一旦接收方银行在接收方 RTGS 的账户被贷记，支付指令即终结，也就是说，此次支付活动完成，接收方将获得此次支付的资金。

（2）较低的风险。

通过 TARGET 的流程可以看出，支付方如果要完成资金的转移，首先要保证 RTGS 账户中有足够的资金或在透支额度内，这就保证了接收方不会因为支付方的信用问题而承担风险。

（3）标准化的信息格式。

TARGET 系统的信息传递建立在 SWIFT-NET FIN 的基础上，各国的 RTGS 系统也是 SWIFT 的通用界面，成员之间采用本国 RTGS 的标准格式，银行间使用 SWIFT 的标准信息格式，各国中央银行通过互联系统交换信息时使用通用的互联信息格式，保证了支付指令信息能够顺利传递。

6．英国支付系统

英国自动化清算所支付系统（Clearing House Automated Payment System，CHAPS）成立于 1984 年，由英国的中央银行（英格兰银行）负责监管和运营，负责提供基于英镑的实时全额支付服务，对支付指令进行不间断逐一自动处理。

1999 年，欧元诞生，为满足英国国内金融机构对欧元清算的需求，CHAPS 将系统分为两个部分，一个是基于英镑的清算系统，另一个是基于欧元的清算系统，其中，基于欧元的清算系统与 TARGET 系统连接，提供国内和跨国的欧元支付结算服务。

1）CHAPS 提供的服务

与其他的支付系统相同，CHAPS 主要提供的服务是英镑和欧元的清算，在英格兰银行的监管下，CHAPS 为其用户提供效率高、费用低廉、系统运行强健的实时支付服务。在成员银行资金周转不灵的情况下，英格兰银行可以提供日间信贷，维持其一天的资金流通。

2）CHAPS 的特点

CHAPS 最大的特点是由中央银行监管，风险较低，且能够支持英镑和欧元两种货币的清算服务，对突发事件的解决也有专门的完善措施。内部审计制度极其严格，并有外部的安全审计作为支持，有严格的审计标准，系统运行更加稳定高效。

通过对国际上主流的支付系统进行分析，可以看出，目前从国际上的支付系统发展上看，体现出支付工具通用化、支付应用系统专用化、支付系统运行环境综合化、支付风险控制手段严密化等特点。各国的支付系统基本采取自动化、网络化信息传递的方式，效率高、失误率低，标准的信息传递格式避免了跨国货币结算中因为数据存储和传递方式的不同所引起的兼容性问题，为支付指令的自动化处理、电子传送及清算提供了极大的便利条件。

随着国际经济一体化及网络信息技术的发展，支付系统将继续拓展其服务范畴，在效率和安全性等方面将不断提升。随着电子商务尤其是跨境电子商务的发展，跨国间的支付额度将由传统的大额度、低频次向小额度、高频次逐渐过渡，各国对小额跨国支付将提出更高的要求，同时，对支付效率的要求也更高，因此，在支付系统的安全性和运行稳定性方面也将面临更大的挑战。此外，第三方支付平台的出现，使支付系统的服务对象呈现出更加复杂化的特征，需要支付系统针对不同的服务对象，制订相应的服务内容、服务规范、服务方式，系统的管理将更加复杂。

7.2.5 电子货币

电子货币的出现，一方面提高了支付的效率，无论是生活中的小额支付，还是企业间的大额支付，电子货币通过保存在物理介质或计算机系统中的无形电子数据，实现了方便携带和快速传递的目标，提高了交易过程中支付的效率，进而提高了交易整体的效率；另一方面，电子货币能够加速实现完全的电子商务，解决了电子商务交易过程中支付及交易双方信任的问题，让网络交易不再依赖传统的货到付款，打破了时间和空间的局限性，并降低了支付的成本，在安全性和便利性平衡发展的过程中，电子货币将迎来更加广泛的应用。

1. 电子货币的内涵

电子货币自出现以来，便得到了各国的关注，并出现各种不同的形态。实现交易中的支付功能，人们对电子货币的认识也不尽相同。目前，对电子货币的描述，接受度较高的是 1998 年巴塞尔银行监管委员会的定义：在零售支付机制中，通过销售终端、各类电子设备，以及在公开网络上执行支付的"储值"产品和预付支付机制。

通过对电子货币的描述，可以发现几个关键的部分影响着电子货币的使用和电子货币的流通。电子货币的构成如图 7.7 所示。

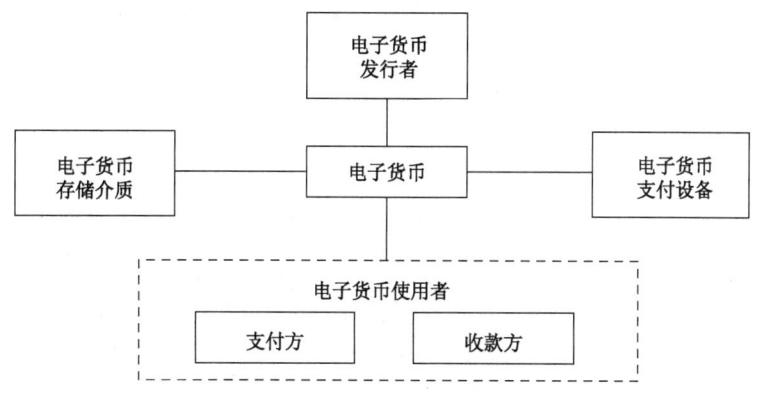

图 7.7 电子货币的构成

电子货币的发行者可以是银行，也可以是提供商品或服务的其他主体，如大型电子商务网站、游戏网站、知识提供商等。通常，电子货币的发行者不仅发行电子货币，还承担电子货币的赎回任务，使用者可以将现金或银行存款兑换为电子货币，也可以将电子货币兑换回现金或银行存款。但是，如果电子货币的发行者以提供商品或服务为主，其所提供的电子货币往往具有使用范围的限制，这类电子货币可以实现支付的功能，但是已经完全脱离了与银行的关系，只能在提供商品或服务的主体范围内代替实体货币进行交易，而不能超出范围实现支付功能。

电子货币最终实现的是支付功能，其使用者是需要支付的交易双方，其中，支付方先通过现金或银行存款从电子货币的发行者处兑换电子货币，并保存在各类存储介质中，当支付方需要完成支付活动时，可以使用这些电子货币，通过接触或非接触的方式，以数据化的方式将电子货币传递给债权人，此时，电子货币以数据的方式在支付方和收款方的存储介质中传递，完成支付的功能。电子货币的接收方可以将其再次兑换成现金或银行存款，也可以继续以原存储方式存储，在今后的支付中使用。

电子货币的保存是基于特定的存储介质的，这种存储介质通常分为两种类型：一种是以物理介质为存储方式的，如各类卡介质，如磁卡、IC 卡等，这种介质在支付的过程中通常会以接触的方式实现数据的传递，需要特殊的数据传递设备完成支付过程；另一种是以电子形式并通过计算机系统或移动设备存储的，在实际应用中，通过用户名和密码的方式验证使用者身份，并使用接触或非接触的方式进行支付，如使用具有 NFC 功能的手机，通过将手机接触数据接收装置的方式进行支付，又如通过计算机在互联网上购物时，向能够接收电子货币的商家，通过互联网进行在线支付。

电子货币能够实现支付功能，需要依赖各种销售终端或电子设备，如卡介质的刷卡设备等，这些电子支付中需要的支付设备，起到支付指令接收和传递的作用，从而实现不同电子货币账户之间的资金结算功能。

从电子货币的定义中可以看出，电子货币以"储值"和预付支付方式进行支付，即支付方需要先将必要的现金和银行存款兑换成电子货币，进而实现支付。因此，电子货币在实质上依然是一种信用支付方式。

2．电子货币的特点

电子货币的出现，成为解决电子支付的一大工具，作为货币演变的最新形式，电子货币能够提高支付的效率，为支付双方带来便捷安全的支付体验。同时，与传统货币相比，电子货币发行的成本更低，进而降低了交易过程中的时间成本和资金成本，成为更受欢迎的支付方式。在电子支付的发展和应用中，逐渐体现出以下特点。

（1）存储方式电子化。

电子货币最大的特点是存储方式的电子化，其产生和发展依托于计算机和网络通信技术，以各种智能卡和计算机存储为载体。首先，电子化的存储方式更利于货币信息的识别，电子货币用户能够通过电子化的设备实时查询其拥有电子货币的数量及交易的详细记录，便于掌握资金的数额和资金的往来信息；其次，电子化的存储方式更便于携带，用户只需要携带存储电子货币的智能卡或能够连接网络的移动存储设备，即可随时进行支付，免去了携带现金的麻烦，尤其是在大额支付中，可以避免携带大额现金或大额票据时丢失或损坏的危险情况，保证支付过程的安全。与此同时，电子化的存储方式也对货币的存储设备和信息传递设备提出了更高的要求，支付过程需要依赖特殊的终端才能完成，如使用智能卡进行支付，需要能够读取智能卡信息的读取器。若使用移动设备支付，不仅对用户所持有的移动设备有要求，对读取的设备也有很高的要求。例如，苹果公司推出的 Apple Pay，首先要求用户拥有一台功能完备的苹果手机，并要求收款方拥有与之匹配的读取设备。

（2）表现形式数字化。

由于电子货币存储方式的电子化，用户对电子货币拥有的数量表现为存储设备中的一系列数字，电子货币的转进和转出，也是通过数字的增加和减少体现的，电子货币在支付双方的传递，同样是通过数据在网络上传输实现的，这与传统的存储卡和提款卡不同，后者是通过口令与中央数据库相连，卡中金额的增加和减少依靠中央数据库中数据的增减，卡本身并不具备货币的变化功能。此外，从实质上看，电子货币是由一系列信息组成的，包括电子货币持有者的个人信息、口令信息、金额信息、进出账信息、支付范围信息等，当支付方将货币支付给收款方时，就是将这部分特殊信息传递给收款方，从而实现支付和结算功能。这种代替实际货币的数据货币，比接入到银行系统的货币转移方式更方便、更快捷。

（3）价值传递信息化。

货币的主要职能首先是作为价值尺度，衡量商品有没有价值、有多少价值，然后作为流通手段实现商品的价值。同样，电子货币也能够体现商品的价值，这种货币职能的本质并没有改变，但在价值的表现和传递过程中，电子货币是通过信息传递完成的，并且有很明显的无纸化特点。在电子货币使用的整个流程中，从支付方兑换电子货币，到电子货币从支付方的终端传递到收款方的终端，支付方电子货币数额减少，收款方电子货币数额增加，再到收款方将持有的电子货币从发行方处赎回，最后由清算机构进行电子货币的清算，都不会涉及任何纸质资料，不需要票据，也不需要任何第三方的参与，全过程通过相关的网络技术实现。

（4）支付流程便利化。

电子货币在支付时，可以实现小额支付免密，用户只需要将存储卡或移动存储设备靠近读写器，即可完成小额支付，不用输入口令，这种方式在小额支付的范围内为支付方提供了极大的便利，如食堂的饭卡，学生在充值后，可以直接以接触的方式实现消费。但是，部分电子货币由于追求便利化，也存在着一些问题，如一些电子货币缺少身份认证机制，即实名化的过程，任何人只要拿着存储卡，即可刷卡支付，如此一来，当电子货币的实际拥有者丢失存储卡后，就失去了对电子货币的控制，除非经过挂失，否则任何人都可以持卡进行消费。由此可见，在电子货币的发展过程中，既要追求便利化，也应注重安全性的提升。

3．电子货币的分类

经过多年的发展，人们对电子货币已经有了较为普遍的认识，而电子货币在实际应用中，也不仅局限于小额零售支付。随着技术的发展，电子货币的存储媒介、授权方式、发行主体、使用范围及流通形式均发生了不同的改变。电子货币的分类如表7.4所示。

表7.4 电子货币的分类

分类标准	类别
存储媒介	基于存储卡的电子货币
	基于网络存储的电子货币
授权方式	授权型电子货币
	独立型电子货币
发行主体	银行发行的电子货币
	商业网站发行的电子货币
使用范围	单一功能的电子货币
	复合功能的电子货币
流通形式	开放式电子货币
	闭合式电子货币

1）按照电子货币的存储媒介分类

电子货币的存储和流通，均需要一定的载体，因此，根据电子货币的存储媒介不同，可以分为基于存储卡的电子货币和基于网络存储的电子货币。

（1）基于存储卡的电子货币。这种电子货币的存储载体是含有芯片的各类存储卡，电子货币的发行方负责制作并发放存储卡，用户将电子货币的价值存储在嵌有集成电路芯片的卡中，通过芯片的计算存储功能，并结合读写器的信息传递，实现货币价值的转移。

（2）基于网络存储的电子货币。这种电子货币的存储载体是计算机（移动设备）及安装在计算机中的特殊软件，用户打开软件后，可以兑换电子货币、查询电子货币余额、查询交易记录，并可将电子货币赎回到相应的银行卡中。用户的存储设备通过网络同银行账户相连，并进行数据的传输，实现支付功能。

2）按照电子货币的授权方式分类

根据电子货币在进行支付时是否需要中央数据库的授权划分，可以分为授权型电子货币和独立型电子货币。

（1）授权型电子货币。在授权型电子货币的支付过程中，通常需要中央数据库的支持。用户在支付时，电子货币的信息首先要传递给中央数据库进行确认，通常确认的内容为电子货币的真伪及电子货币持有者的合法性，经中央数据库确认后，电子货币的接收者才可获得可以接收的指令。由于中央数据库由电子货币的发行人或有权限的第三方设立，因此，授权型电子货币在一定程度上保障了其在使用过程中的安全性。

（2）独立型电子货币。独立型电子货币没有中央数据库的授权，也不需要身份和货币的认证。在这种电子货币的使用中，通常依靠用户的账户信息（账户名和密码），通过电子货币的存储载体所具备的验证技术进行验证。因此，独立型电子货币在开发的过程中，加密技术和身份认证技术尤其重要。此外，在支付的过程中，独立型的电子货币可以在支付双方之间直接传输，因此，过程中会存在实时提醒和实时验证，以保证电子货币转移到正确的接收者账户。

3）按照电子货币的发行主体分类

在传统支付中，传统货币的发行主体为特定的金融机构，通常为一个国家的中央银行，而在电子货币的体系中，银行并不是唯一的发行主体，随着电子支付在网络购物中需求的不断增加，电子货币的发行主体也随之改变。因此，根据电子货币的发行主体不同，可以分为银行发行的电子货币及商业网站发行的电子货币。

（1）银行发行的电子货币。银行作为公众认可的信用主体，能够承担电子货币的发行责任，而实际上，随着电子货币的发展，众多银行也发行了电子货币，如交通银行提供的电子现金业务，用户可以通过交通银行营业网点的柜台进行电子现金充值，或在指定的 ATM 机，使用圈存的功能将银行账户中的存款圈存进电子现金账户，即可在支持电子现金支付的商家使用电子现金进行交易。

（2）商业网站发行的电子货币。用户在购买商业网站提供的产品或服务时，商业网站需要为其提供支付结算的功能，因此，众多商业网站开发了能够在网站内部流通的、代替货币职能的电子货币。例如，腾讯公司用于购买各种道具的 Q 币、百度文库用于购买文章的文库券、各游戏公司用于购买游戏装备的点券等。但由于发行方的限制，商业网站发行的电子货币只能在发行网站内部流通，不能对在其他网站购买的产品或服务进行支付。

4）按照电子货币的使用范围分类

由于发行的主体不同，电子货币的使用范围也会有所不同，具体体现在各类电子货币所实现功能的限制。根据电子货币使用范围的不同，可以分为单一功能的电子货币和复合功能的电子货币。

（1）单一功能的电子货币。单一功能的电子货币只能按照其发行者的要求，在某个特定的领域范围内进行支付，只能用于购买特定的商品或服务，被唯一的商家接收。通常，商业网站发行的电子货币都是单一功能的电子货币，此外，如学校食堂的饭卡、电信公司的电话卡等，都属于单一功能的电子货币。

（2）复合功能的电子货币。复合功能的电子货币的使用范围依赖其发行方与商家的签约范围，签约的商家越多，能够使用的范围就越广。通常，银行发行的电子货币，都会有众多的签约商家，使用的范围较广。

5）按照电子货币的流通形式分类

在电子交易中，电子货币通过流通实现支付结算的功能，按照电子货币流通形式的不同，可分为开放式电子货币和封闭式电子货币。

（1）开放式电子货币。与现金类似，开放式电子货币能够在使用者之间无限流通下去，没有特定的起点和固定的终点，也不需要电子货币的发行方介入。支付方可以使用开放式电子货币进行支付，同时，接收方可以作为下一次支付的支付方，继续使用开放式电子货币进行支付，无限循环下去。开放式电子货币如图7.8所示。

图7.8 开放式电子货币

（2）封闭式电子货币。封闭式电子货币是以一次电子支付为循环的单位，封闭式电子货币在进行完一次支付后，必须回到其发行方进行结算，如电子支票、某食堂的饭卡余额等。在封闭式电子货币的支付流程中，发行方的参与必不可少。封闭式电子货币如图7.9所示。

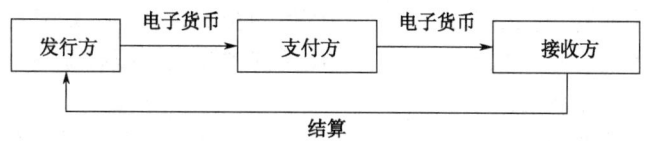

图7.9 封闭式电子货币

4．电子货币的发展现状

电子货币经过了长时间的发展，已经在商品的流通及各类支付活动中有了广泛的应用，起到了重要的作用，同时，电子货币的类型也越来越丰富。随着技术的进步，电子货币的安全性和便利性也得到了一定程度的提升，成为现今社会支付的重要工具。

1）国外电子货币的发展

由于信息技术发展迅速，西方发达国家电子货币的运用较早，普及率也较高，基本能够涉及公民个人、各类企业与政府机构。同时，发达国家在金融结算方面也进入了信息化阶段，电子化结算覆盖全国，甚至能够覆盖其他相关国家，如国际上的SWIFT和

CHIPS 资金支付结算网络等。这些电子化基础设施的完善,成为电子货币发展的重要基石,同时,也是降低金融流程运行成本和操作成本的重要手段,更是电子商务迅速发展的重要支撑。

2)国内电子货币的发展

"三金工程"的起步和实施是我国金融电子化水平提升的契机,"金卡工程"的主要目标就是在 3 亿城市人口中推广普及金融交易卡,实现支付手段的革命性变化,进而跨入电子货币时代,实现资金信息和交易信息的标准化。从那时起,各种信用卡、IC 卡逐渐渗透到人们的生活中,电子货币发展初具雏形,在促进消费和经济发展方面起到了重要作用。

7.2.6 数字人民币

1)数字人民币产生的背景

数字人民币的产生,离不开中国经济和金融的快速发展,也离不开科技的不断进步。随着互联网的普及和移动支付的盛行,传统的纸质人民币已经无法满足人们日益增长的支付需求。同时,数字货币作为一种新型的支付工具,具有便捷、安全、高效等优点,逐渐受到了广泛关注。

在这样的背景下,中国人民银行开始积极探索数字人民币的研发和发行。经过多年的研究和试点,数字人民币逐渐成熟。数字人民币的推出,不仅满足了人们多样化的支付需求,也推动了中国金融业的创新发展。

2)数字人民币的基本概念

数字人民币,英文名为 Digital RMB,是指由中国人民银行发布的、以数字形式发行的法定货币。由指定运营机构参与运营并向公众兑换,以广义账户体系为基础,支持银行账户松耦合功能,与纸钞硬币等价,具有价值特征和法偿性,支持可控匿名。从 2019 年开始,数字货币已经相继在中国深圳、苏州、成都等地进行了试点。

在实际生活中,数字人民币具有国家背书、有法定的偿还能力,同比特币等加密货币有着本质的区别。由于数字人民币是由中国人民银行统一发行的法定货币,而比特币等加密货币仅仅是一种虚拟资产,不享受任何信用担保且其价格随着市场的涨跌而有所波动。数字人民币的兑换机构需要按 1:1 的比例向中国人民银行缴纳准备金,即兑换机构需要缴纳的准备金率为 100%。

数字人民币的概念有两个重点:一个是数字人民币是数字形式的法定货币;二是和纸钞和硬币等价,数字人民币主要定位于 M0,也就是流通中的现钞和硬币。主要定位于现金类支付凭证(M0),将与实物人民币长期并存,主要用于满足公众对数字形态现金的需求,助力普惠金融。

3)数字人民币的特点与优势

数字人民币作为一种新型的支付工具,具有许多特点和优势。首先,数字人民币具有便捷性。用户可以通过手机银行等渠道快速完成支付和转账,无须携带现金或银行卡。其次,数字人民币具有安全性。采用先进的加密技术和区块链技术,保证了交易的安全性和可追溯性。最后,数字人民币具有高效性。可以实现实时清算和结算,大大提高了资金的使用效率。

此外,数字人民币还具有降低成本的优势。传统的纸质人民币在发行、流通、存储等环节都需要耗费大量的人力、物力和财力。而数字人民币的发行和流通成本相对较低，可以降低银行的运营成本，提高金融系统的效率。

4）数字人民币的使用方法

使用数字人民币非常简单。用户只需要在手机银行或相关支付平台上开通数字人民币账户，就可以通过扫描二维码、手机 NFC 等方式进行支付和转账。同时，数字人民币还支持与银行卡、支付宝等支付工具的互联互通，为用户提供更加多样化的支付方式。

在使用数字人民币时，用户需要注意保护自己的账户安全和密码安全。同时，也需要关注数字人民币的汇率变动和支付限额等相关信息，以便更好地使用和管理自己的数字资产。

5）数字人民币的未来展望

随着数字人民币的逐渐普及和应用范围的扩大，未来数字人民币将会发挥更加重要的作用。

首先，数字人民币的推广将有助于提升中国金融业的国际竞争力。作为一种新型的支付工具，数字人民币具有许多优势和特点，可以满足人们多样化的支付需求，推动中国金融业的创新发展。

其次，数字人民币的推广将有助于促进数字经济的发展。数字经济已经成为全球经济发展的新动力，而数字人民币作为数字经济的重要组成部分，将为数字经济的发展提供有力的支撑和保障。

最后，数字人民币的推广将有助于提升金融服务的普及率和便捷性。传统的金融服务往往受到地域、时间等限制，而数字人民币的推广可以打破这些限制，让更多的人享受到便捷、高效的金融服务。

总之，数字人民币的产生和使用是中国金融业发展的一大里程碑。随着数字人民币的逐渐普及和应用范围的扩大，相信未来数字人民币将会发挥更加重要的作用，为中国经济的发展和金融业的创新做出更大的贡献。

案例 7-2：首个硬钱包"物物支付"场景

2022 年 3 月 19 日，中国银行、中国电信和国家电网率先在雄安新区将数字人民币硬钱包应用于新能源汽车充电场景，探索实现"物物支付"新技术落地。

据介绍，数字人民币的硬件钱包分别置于电动车充电口和充电枪之后，在车主为车辆充电时，充电设备可以自动读取车主钱包信息并开始计费，在充电结束时自动完成电费扣款，不用车主再进行支付操作，实现了无感支付的充电体验。

据移动支付网了解，此次新能源汽车充电应用是数字人民币在"物物支付"场景下的首次公开亮相，也是硬件钱包在物联网领域的新尝试。

此前，成都市数字人民币红包测试活动信息显示，成都市在数字人民币的推进中也与新能源汽车充电桩服务商合作，实现了近 300 个智能充电桩使用数字人民币付款，不过具体信息和应用详情并未曝光。

2022 年 12 月 27 日，广东省首个数字人民币硬钱包充电桩项目在深圳市罗湖区正式启动，该项目由罗湖区人民政府牵头，长虹网络科技、中国银行深圳市分行、中国燃气等单位共同参与。

当然，新能源充电只是一个典型场景，未来基于数字人民币硬钱包的"物物支付"或许有不错的发展空间。

案例思考题：

（1）分析数字人民币硬钱包在新能源汽车充电场景中的应用对消费者和商家的好处分别是什么？这种支付方式如何提升了用户体验和效率？

（2）讨论数字人民币硬钱包如何实现自动计费和无感支付的功能。这种技术在物联网领域有哪些潜在的应用场景？

（3）对比传统支付方式，数字人民币硬钱包在新能源汽车充电场景中的使用如何降低支付风险和提高交易安全性？

（4）分析数字人民币硬钱包在新能源汽车充电场景中的应用对数字货币的发展有何影响？这种应用可能推动数字货币在其他哪些领域的应用？

（5）从政策和技术角度出发，讨论如何进一步推广数字人民币硬钱包在新能源汽车充电及其他物联网领域的应用？政府和企业应该采取哪些措施来推动这一进程？

7.3 第三方支付

第三方支付是指具备一定实力和信誉保障的第三方非金融机构，通过与网联对接，为买卖双方提供交易支持平台，负责专门的资金周转和安全管理，并提供网络支付、预付卡、银行卡收单等支付服务的网络支付模式。

7.3.1 第三方支付的交易模式

网络的虚拟性，交易双方素未谋面，物流和资金流在时间和空间上也存在分离的情况，这种没有信用保障作为前提的方式使交易双方形成一个困局，消费者不愿意先支付，担心支付后收不到商品或商品质量不满意，商家也不愿意先发货，担心发货后收不到货款，导致网上交易难以推行。第三方支付平台的出现很好地解决了这一难题，作为一个独立的中介机构，为交易双方提供资金流转的信用和安全保障。当消费者选购商品后，将货款支付给第三方支付平台，由平台通知商家发货；待消费者收到商品并确认商品质量后，由第三方支付平台将款项转至商家账户，如图 7.10 所示。

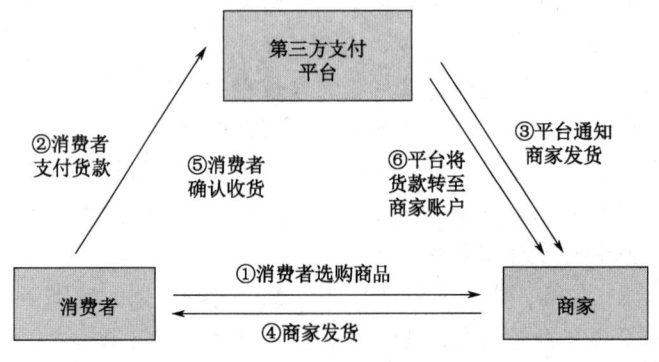

图 7.10　第三方支付的交易模式

第三方支付的特点

1）第三方支付的优点

（1）第三方支付可以促进网络交易的产生。

第三方支付模式弥补了信用体系不完善的问题，在一定程度上促进了网络交易顺利进行，第三方支付平台作为信用中介保证交易双方的利益；促成银行合作，降低了卖方运营成本，为无法与银行网关建立对接的中小企业提供了便捷的支付平台；支付操作简单易于接受。

（2）第三方支付可以降低网上支付的成本。

第三方支付平台将不同银行的支付方式整合到一个平台，为各银行的网上支付功能提供了第三方服务，不仅扩展了银行的业务范畴，使网上购物更加方便快捷，也为各银行节省了网关的开发和维护费用。

（3）第三方支付可以提供多样化的支付服务。

除网上支付外，第三方支付平台还提供了实时交易查询、交易行为分析等增值服务，并可以使用手机、数字电视等多种终端设备，实现线上线下全面覆盖，支付场景越来越丰富，满足消费者个性化、多样化的需求。

2）第三方支付的局限性

由于第三方支付产生的时间较短，在诸多方面均存在问题与缺陷。

（1）盈利能力有待提高。

目前大部分第三方支付平台还是依赖"手续费"等传统盈利模式来维持，因此企业之间的竞争在所难免，在一定程度上阻碍了第三方支付行业的快速发展。

（2）结算周期相对较长。

由于多种因素的制约，大部分第三方支付平台暂不能实现实时结算，这样会使交易双方资金流转效率低下。

（3）用户信息安全性仍有待进一步提高。

在交易过程当中，客户的交易信息难免在第三方支付平台留痕，这就对第三方支付平台的系统安全性提出了更高的要求。

（4）银行的竞争威胁。

目前银行尚未全面铺开第三方支付业务，如果银行绕开第三方支付平台而直接开发与用户交易的平台，在其专业、信誉、认可度高、资金技术实力强等优势的冲击下，第三方支付平台将面临较大的挑战。

7.3.2 第三方支付的流程

（1）消费者在网上浏览商家提供的商品并选择相应的商品，下订单达成交易。

（2）在弹出的支付页面上，网上消费者选择某一个第三方支付平台，直接链接到其安全支付服务器上，在第三方支付的页面上选择合适的支付方式，点击后进入支付页面进行支付。

（3）第三方支付平台收到付款请求后，将支付信息自动向网联发起协议支付。

（4）网联将交易信息保存至数据库，再将请求转发给相应的银行。

（5）由银行检查网上消费者的支付能力，实行冻结、扣账或划账，并将结果信息回传给网联，告知已扣款成功。

（6）网联将扣款结果传输给第三方支付平台，再由第三方支付平台将支付结果通知商家。

（7）接到支付成功的通知，商家向网上消费者发货或提供服务。

7.3.3 第三方支付的发展历程

从1999年中国首家第三方支付平台诞生至今，第三方支付经历了二十多年的发展，给中国乃至世界带来翻天覆地的变化。目前，网上支付已经成为消费者网上交易的主要支付方式，并不断向线下支付场景延伸。回顾第三方支付发展的历史，主要经历了以下几个发展阶段。

第一阶段：萌芽时代（1999—2002年）。

20世纪90年代，阿里巴巴、慧聪等B2B平台把线下的商务交易转移到互联网上，这种B2B网上交易方式在信息管理、中介服务及交易平台等方面表现出巨大优势。与此同时，易趣、卓越、亚马逊等B2C平台、C2C平台则把线下购物搬到了线上。在线交易成为一股新经济浪潮，作为在线交易媒介的第三方支付也应运而生。

1999年，首易信支付成立，宣告了中国首家第三方支付平台的诞生。在当时，首易信支付的功能仅仅停留在把用户的支付需求告知银行，让用户在银行的网上支付页面完成支付这样简单的支付模式上。同年，北京成立了首都电子商务城，作为网上支付的示范平台。但当时第三方支付仅有寥寥无几的交易流水和较低的信息系统运营风险，也并未引起央行等金融监管部门的注意。

第二阶段：信用中介时代（2003—2005年）。

2003年，针对电子商务平台上商家良莠不齐而引发的信用隐患，阿里巴巴成立了支付宝业务部，并于次年12月正式推出第三方支付平台支付宝，买家付款后款项先打到支付宝平台上，等交易完成并确保顾客满意后，款项才转到卖家手里。支付宝这个第三方支付平台实质上是一个充当信用中介功能的虚拟账户，能有效地降低交易风险。

2005年被称作第三方支付的元年。在达沃斯世界经济论坛上，阿里巴巴创始人马云首次提出第三方支付平台的概念。他认为，要保证电子商务环境的安全，建立真正的诚信体系，就必须从交易环节入手，而支付宝就是由此成立的第三方支付平台。随着计算机技术的普及和应用，特别是互联网的兴起，电子商务迎来了集中爆发期，第三方支付平台就像雨后春笋一般出现。腾讯旗下第三方支付平台财付通成立，全球支付霸主PayPal高调入华。另外50家第三方支付平台也在同年宣告成立。

尽管第三方支付开始呈现遍地开花的趋势，但智能手机等电子设备仍未广泛普及，市场需求处于疲软状态，而官方也未对第三方支付平台进行资质上的认定和国家信用支持，第三方支付的行业标准和制度规范依旧处在摸索状态，全靠支付平台自身的产品创新和商业信用，以至于第三方支付的发展速度不尽如人意。

第三阶段：支付普及时代（2006—2010年）。

随着第三方支付平台的不断更新迭代，第三方支付除扮演信用中介角色外，还具备支付清算与融资功能。第三方支付平台出现的初衷在于解决在线支付中银行卡的联网通用问题。随着时代发展的需求，第三方支付很快发展成为集网上支付、电子支付、电话支付、充值卡支付、代收代付等多功能于一身的支付平台。

但野蛮生长总容易演变为乱象丛生。2009 年，中国第三方支付市场规模达到 5766 亿元，与第三方支付相关的企业达到 300 家以上。由于没有相关监管政策配套，第三方支付行业处于监管的空白期，挪用资金、非法套现等行为接连发生，整个支付行业陷入了混乱。

2010 年，央行出台了《非金融机构支付服务管理办法》，确立了第三方支付相关的配套管理办法和细则，通过审核发放第三方支付牌照的方式把第三方支付机构开始纳入国家金融监管的领域内，并规定无支付牌照的第三方支付机构不得从事支付相关业务。

第四阶段：高速发展时代（2011—2013 年）。

2011 年 5 月 26 日，央行正式发放首批第三方支付牌照，首批 27 家第三方支付企业获得"入场券"。随后，13 张支付牌照也相继发放到第三方支付企业手中。

第三方支付平台带来的高收益吸引了众多企业的加入。安付通、买卖通、微信支付、e 拍通、网银在线等产品均以较高的收益回报率和服务便捷性被亿万用户使用；此外，以拉卡拉为代表的线下便民金融服务提供商的出现，以及银联电子支付推出的银联商务等多项金融服务的衍生，使最近 10 年中国的第三方支付平台呈现迅猛的发展态势，第三方支付企业进入持续稳定的"黄金"增长期。

第五阶段：审慎发展期（2014 年至今）。

"风险与利益并存"这一准则在市场中被反复检验和证实。由于国内的第三方支付发展迅速，存在片面发展和安全风险等隐患，从 2014 年开始，央行对第三方支付的态度开始发生微妙的转变。具体政策措施体现为：2014 年 3 月 13 日，央行支付结算司发布《关于暂停支付宝公司线下条码（二维码）支付等业务意见的函》，紧急叫停了虚拟信用卡和二维码支付。2014 年 4 月 10 日，央行和银监会联合发布《关于加强商业银行与第三方支付机构合作业务管理的通知》（银监发〔2014〕10 号）。尽管银监发〔2014〕10 号文件中的 20 条规定都是针对商业银行提出的，但事实上每条都指向第三方支付机构。2015 年央行《非银行支付机构网络支付业务管理办法》出台；2016 年 3 月央行颁布《关于完善银行卡刷卡手续费定价机制的通知》；2016 年 4 月央行出台《非银行支付机构分类评级管理办法》；2016 年 8 月《二维码支付业务规范（征求意见稿）》《银行卡受理终端业务准入规则》等相继出台。第三方支付逐渐趋于规范发展阶段。

7.4 移动支付

随着互联网的快速发展，移动通信的发展也非常迅速，从第一代模拟移动通信到第二代以 GSM 为代表的数字移动通信，到第三代宽带 CDMA 移动通信，再到第四代 LTE 高速移动通信，总共用了不到 20 年。移动用户的数量迅速增加，目前仅中国的移动用户数就超过了 7 亿。移动用户也不再仅仅满足于语音业务，人们将目光延伸到以股票、小额支付、信息浏览等为主的数据业务。随着互联网和移动通信技术、电子商务业务的进一步结合，移动支付也具有了良好的发展基础，现在移动支付已经迎来了黄金发展时期。

7.4.1 移动支付的概念

各种国际组织和相关媒体对移动支付的定义繁多,其内容也在不断丰富,移动支付与移动商务一样,都是随着无线联网和信息技术发展而出现的新商务形式,都处于发展和成熟期,所以在内容上也是不断丰富的。目前并没有一个关于移动支付的标准定义,移动支付相关的组织都分别有其关于移动支付的定义。

国外著名移动支付联盟 Mobile Payment Forum 根据可以通过无线方式发生支付行为的特性给出了移动支付的定义:移动支付,就是通过无线连接,使用一种移动通信设备作为电子支付工具使付款人向收款人进行支付的一种电子转移方式。这种移动通信设备由至少一方参与者组成,通常是使用手机、平板电脑或是其他较为复杂的电子设备。

中国人民银行对移动支付的定义:移动支付是指单位、个人直接或授权他人通过移动通信终端或设备,如手机、掌上电脑、笔记本电脑等,发出支付指令,实现货币支付与资金转移的行为。

诺盛电信咨询对移动支付的定义:移动支付也称手机支付,是指交易双方为了某种货物或服务,使用移动终端设备为载体,通过移动通信网络实现的商业交易。移动支付所使用的移动终端可以是手机、平板电脑、移动 PC 等。

中国银联对移动支付的定义:移动支付(又称手机支付),是指用户使用移动手持设备,通过无线网络(包括移动通信网络和广域网)购买实体或虚拟物品及各种服务的一种新型支付方式。移动支付不仅能给移动运营商带来增值收益,而且可以增加银行业的中间业务收入,同时能够帮助双方有效提高其用户的黏性和忠诚度。

移动支付是通过手机或平板电脑等移动通信设备来付款的行为,也就是以移动装置作为付款工具。狭义上,移动支付也称为手机支付。

7.4.2 移动支付的特点

移动支付业务是一种电子支付,具有电子支付的特点。它是移动通信技术、无线射频技术和互联网技术的融合,同时也有其自身的特点。

(1)移动支付业务是移动和便携式的,消除了距离和地域限制。随着移动通信技术的发展,随时随地获得必要的信息、服务、应用和娱乐成为人们的需求。移动支付业务具有及时性,无时间限制、及时访问信息,用户还可以随时查询账号、转账或购物。

(2)移动支付业务是定制服务,移动支付业务具有先进的移动通信技术和简单的手机界面操作,用户可以自定义自己的消费和个性化服务,使交易更方便。

(3)移动支付业务也具有一体化的特点,以手机为载体,运营商可以在将移动通信卡、地铁卡、银行卡信息集成进入手机的同时,搭配网络系统,提供非常方便的支付和用户认证的渠道。

7.4.3 移动支付的分类

基于不同的标准,移动支付业务有不同的分类。相应的支付成本、安全性等方面也存在差异,实施支付方式及应用也有不同。

(1)基于用户支付的金额,有微支付、宏支付两种不同的支付模式。微支付指的是基于移动支付业务概念的界定,对一些少于 10 美元的额度进行支付的业务,一般是内容服务类商品的支付。宏支付的支付频率相对较高，通常是日常的购物支付或是短期内的支付。二者的差异是有不同的安全性能，在进行宏支付的过程中，要基于相应的金融机构完成认证后才能够进行相应的支付。而只要使用移动网络的 SIM 认证机制，就可以进行微支付。

（2）根据交易场所的距离，可以分为远程支付和现场支付。远程支付即支付是基于移动位置约束而达成的交易方式，基于网络的方式。现场支付是指基于无线网络的应用进行支付的方式。

（3）由于付款账户性质的差异，在支付上分为银行卡支付、第三方账户支付及通信账户支付三个不同类别。银行卡支付，指的是基于银行卡进行相应账户支付的行为；第三方账户支付指的是基于相应的第三方支付结算机构，达成预期支付目标的行为。通信账户支付基于微支付，可通过发送短信实现网络商品购买，可以是服务，也可以是实物，同时可以展现用户的账单记录、通信费单及月结单。

（4）根据付款模式的不同，有及时支付和担保支付两种不同的支付方式。及时支付指的是在进行支付的过程中，基于移动支付，直接将交易款项从买方账户转移到商家的账户的支付方式。担保支付指的是买家付款后，该款项并没有直接进入商家的账户，此时商家发货，在买方收到商品并确认收货后，款项才被打入商家账户。这种方式，买方不需要承担资金风险，同时对于一些自己无法信任的商家，基于这种方式交易有较高的安全性。担保支付也成为电子商务支付最重要的基础，尤其是 C2C 交易无信誉和低信誉的 B2C 交易。支付宝是担保支付的典型例子。

（5）基于不同用户账号存储模式分为在线支付和离线支付两种不同支付模式。在线支付指的是通过支付平台的账号存储，用户可基于该平台开展相应交易。离线支付，指的是基于智能卡的信息存储，完成相应的 POS 机收费。

本章小结

支付体系由特定的机构及一整套用来保证货币流通的工具和过程组成，其重要作用在于通过各种类型的支付工具，在接收到付款方的支付指令之后，由金融机构或非金融机构支付服务企业进行资金货币的转移服务，经过清算组织的清算，最终完成支付的全过程，并在整个过程中负责监督和管理，通过一系列法规政策，对涉及的各组成部分进行监管。

支付体系包括支付服务组织、支付工具、支付系统和支付体系监督管理等要素。在我国，支付体系主要由中国人民银行负责设计、建设和管理，在不断开发和进步中，支持我国支付环境的顺畅和稳定。

支付系统是支付体系中最重要的组成部分，是以提供清算服务的中介机构为主导，以支付指令为清算依据，以资金清算专业技术为手段，以一系列的运作规章和法律法规为约束，实现债权债务在成员之间清偿及资金在成员之间转移的功能系统。

支付系统按照结算方式划分，可以分为全额结算支付系统和净额结算支付系统；按照核心清算机构类型划分，可以分为由中央银行作为核心清算机构和由民间机构作为核心清算机构；按交易金额的大小划分，可分为大额支付系统和小额支付系统；按结算的时效划分，可分为实时结算支付系统和非实时结算支付系统。

国际上，主要的支付系统包括环球银行金融电信协会 SWIFT、美国支付系统 Fedwire 和 CHIPS、欧洲支付系统 TARGET、英国支付系统 CHAPS。尽管各国支付系统所具备的功能大致相同，基本功能都是实现支付指令传递和清算功能，但在支付系统的建设上各具特色，都有值得借鉴的方面。

我国的支付系统经历了同城清算阶段、异地跨行清算阶段、电子联行跨行清算阶段及现代化支付系统阶段，此外，还建设有银行卡跨行支付系统，在技术上和支付工具上不断满足经济社会发展的需求。主要功能包括资金清算、票据类支付工具传递与兑换、互联网支付及境内外币支付功能。

目前，在我国的支付体系中，主要的支付工具包括现金、票据类支付工具、卡基类支付工具及电子类支付工具，其中现金和票据类支付工具属于传统支付工具，卡基类支付工具和电子支付工具属于现代化支付工具。随着互联网的发展，传统支付工具的使用正在不断减少，现代化支付工具无论是在金额还是在应用范围上，都在不断拓展。

本章思考题

1. 什么是支付体系？支付体系有哪些类别？支付体系的各组成部分都有哪些功能？
2. 全额结算支付系统和净额结算支付系统是如何运作的？
3. 支付系统的工作流程是怎样的？
4. 我国支付系统有哪些功能？
5. 各类支付工具在使用时的基本流程是怎样的？
6. 列举几种常见的电子支付类型，并简述其特点和使用场景。
7. 电子支付如何保障交易的安全和隐私？
8. 电子货币与传统货币相比有哪些不同之处？它在现代支付体系中的地位如何？
9. 第三方支付的交易模式有哪些？它们是如何运作的？
10. 移动支付的概念是什么？它有哪些优势和应用场景？

第三篇　应用发展篇

第 8 章
社交电子商务

学习目标

1. 掌握社交电子商务的基本概念及其与传统电子商务的区别。
2. 掌握产品运营的基本原则与具体内容。
3. 了解用户的消费特点及消费行为分析,理解用户画像、用户维护和用户裂变。
4. 掌握社群的创建原则、管理办法及社群变现的主要路径等。
5. 理解数据运营的流程与作用,掌握数据收集与统计的主要方法及数据分析的维度。
6. 了解社交电子商务背后主要的技术,深入探索社交电子商务的实际应用领域。

案例 8-1：拼多多的社交电子商务

国内在社交电子商务领域做得比较好的企业是拼多多。拼多多成立于 2015 年 9 月，是一家专注 C2B 拼团的第三方社交电子商务平台。用户通过发起和朋友、家人、邻居等的拼团，可以以更低的价格，拼团购买优质商品。其中，通过沟通分享形成的社交理念，形成了拼多多独特的新社交电子商务思维。拼多多作为 2018 年中国网上零售 B2C 业界的代表之一，其月 GMV 已破 100 亿元大关，目前已经成功登陆纳斯达克，一跃成为国内第七大互联网公司。拼多多通过结合社交媒体和电子商务的方式，为用户提供了一个与朋友、家人和社区共享购物体验的平台。

（1）社交共享购物体验。拼多多一直致力于将社交行为与购物行为有机融合在一起。通过社交互动的方式，鼓励用户与朋友、家人一起参与购物，通过拼团、分享和邀请好友等方式获得更多的优惠和折扣。让用户在逛的过程中，也获得和朋友在一起互动的感受，这种社交共享购物体验增加了用户的参与感和忠诚度。

（2）整合资源助力内容营销。拼多多整合 App、微信、QQ、微博等多平台资源，重点打造内容营销平台和店铺营销平台，帮助店铺建立用户的关注关系，实现店铺用户的沉淀。另外，拼多多将开放更多数据能力，通过平台内部算法为商家提供一站式数字营销服务，为商家提供了多生态、多场景和多种玩法，帮助商家实现精细化的用户运营，从而获得更高品质的人群定向，持续产生店铺的访问量和成交量。

（3）农村市场的开拓。拼多多在中国农村市场取得了巨大成功，以 C2B 模式为产业链赋能。一方面，拼多多投入 100 亿元的营销资金，在 500 个产地严格选品，帮助农货建立商业品牌，并利用平台规模优势整合资源，为产地提供分拣、物流、包材一体化解决方案，并联合第三方共同投资薄弱环节。另一方面，拼多多还将培育 1 万名新农人，通过这些更年轻的商业组织，带动更多产地建起标准、品牌。从爆款频出的"拼工厂"到与精准扶贫紧密对接的"拼农货"，拼多多以 C2B 模式为产业链赋能，为更多工厂、农户连接平台上的 3 亿名用户，实现田间直发餐桌，降低了中间流通成本，在流程中保证了货品的新鲜，解决了农业供应链的货源与交付难题。通过与农民合作，直接连接农产品生产者和用户，提供优质、价格实惠的产品。这种模式既满足了农产品生产者的需求，也为农产品销售提供了新的渠道。

（4）低价商品和团购模式。拼多多以低价商品和团购模式为特色。通过与供应商合作，提供价格实惠的商品，并通过团购的方式鼓励用户邀请更多人参与购买，从而获得更低的价格。拼多多让价格低得有些不合常理的商品，通过用户分享、拼团在微信里自发传播。这一模式从商家角度看，超低价商品利润空间仅有 1~2 元，甚至完全没有利润，但可以做引流——部分用户会被超低价吸引过来，虽然用户未必真买，但却有极大可能购买页面中该商家店铺推荐的相关或类似商品，这样做商家可以不需要太大的投入，就能获得不错的收益。从代理运营商角度看，通过代理运营商家客服、CPC 运营优化、拼团运营、美图优化、营销策划、自媒体运营等服务赚取交易佣金。从买家角度看，无论是发起拼团，还是参与拼团，买家都会享受到价格相对较低的商品，满足消费欲望。这种模式吸引了大量的用户，尤其是对价格敏感的用户。

此外，拼多多还利用大数据和智能算法，分析用户的购买行为和偏好，为用户提供个性化的商品推荐。这种个性化推荐既提高了用户的购物体验,也提高了交易的转化率和销售额。

总的来说,拼多多通过创新的社交电子商务模式、农村市场的开拓、低价商品和团购模式及智能推荐等策略,在社交电子商务领域取得了成功。它的成功经验可以为其他企业在这个领域的发展提供一定的借鉴。

案例思考题:

(1)拼多多是如何利用社交元素来优化其电子商务平台的?请分析社交电子商务相对于传统电子商务的优势,并讨论在未来电子商务发展中社交元素的重要性。

(2)拼多多在农村市场的开拓策略取得了哪些成功?这对于其他电子商务平台有何启示?如何评估农村市场对电子商务平台的长期发展潜力?

(3)拼多多通过低价商品和团购模式吸引了大量用户,这种策略有何风险和挑战?你认为拼多多应如何平衡用户体验和盈利能力?

(4)在大数据和智能算法方面,拼多多是如何分析用户购买行为和偏好,从而提供个性化商品推荐的?你认为这种个性化推荐策略对于提高用户满意度和购物体验有何作用?

(5)结合拼多多的成功经验,其他企业在进入社交电子商务领域时应该注意哪些关键点?请提出一些建议,以帮助其他企业在这个竞争激烈的市场中取得成功。

8.1 社交电子商务概述

随着网络社交和大量网络社交工具的兴起,电子商务的环境也发生了改变。社交应用已经成为互联网时期电子商务的超级入口。互联网社交网络平台聚集了大量的人,而人聚集的地方就有商业行为。利用移动设备,通过社交网络平台链接人、资源等进行高效协作,逐渐成为实现商业价值的一种商业活动形式。

8.1.1 社交电子商务的发展背景

社交电子商务得以快速发展的主要原因如下。

(1)社交网络已经成为最大的流量入口。商业、媒体、娱乐都完成了社交化,甚至支付也完成了社交化,交易必然向社交网络迁移。

(2)社交最重要的不是流量,也不是客户精准度,而是通过社交把影响客户的周期从传统广告的几秒延长到几天甚至几个月,大大提升了转化率,提升了客户的终身价值。

(3)社交的圈层化特征,加上社交网络的实时分享,使社交网络具备了"病毒式"传播的条件,这是以往任何时候都做不到的。

虽然社交电子商务成为一种新型商业模式,但其不能完全独立,必须借助外部资源。淘宝电子商务可以自成商业体系,玩转淘宝规则,就能够得到部分推荐流量及检索流量,或者可以通过直通车等内部系统获取流量。与淘宝电子商务相比,社交电子商务不具备这些条件,必须借助外部资源发展自己的事业,如关系网、媒体搜索、线下资源等。

传统电子商务与传统销售相比,提升的是交易效率。由于传统销售受时间和空间的限制，每天能接待的客户有限，能完成的交易量和交易额也十分有限，电子商务在很大程度上解放了时间和空间，一个店铺每天的成交量可以达上万单。而社交电子商务与传统电子商务相比，提升的是交易的成功率，体现在与用户的连接变得更加高效，让交易的成功率和持久性大大提升，提升了用户的终身价值。

8.1.2 社交网络平台

社交网络（Social Network）平台是随着E-mail、BBS、博客、微博等互联网的应用而自然发展起来的，反映社会交往群体的一种形态，其本质是提供一个在人群中分享兴趣、爱好、状态和活动等信息的在线平台。随着互联网发展起来的社交网络对人类社会活动的方式、效率等产生了深远影响。

随着智能手机、车载移动终端等多种移动设备的普及，以及传感技术的应用，使用移动终端设备来访问社交网络逐渐成为主流。人们利用手持移动终端设备使用 E-mail、BBS、微博等应用而形成一定的社会交往群体，由此产生了移动社交网络（Mobile Social Network）。

目前，在我国比较受欢迎的社交网络平台包括微信、微博、QQ、贴吧、知乎、抖音、豆瓣、小红书等，虽然社交网络平台功能各异，但通常都具备在线聊天、视频电话、传输和共享文件、邮箱、网盘等功能，并且可以与移动终端等多种通信方式相连。

（1）微信。微信（WeChat）是腾讯公司于2011年1月21日推出的一个为智能终端提供即时通信服务的免费应用程序，由腾讯广州研发中心张小龙所带领的产品团队打造。微信支持跨通信运营商、跨操作系统平台通过网络快速发送免费（需消耗少量网络流量）语音短信、视频、图片和文字，同时，也可以使用通过共享流媒体内容的资料和基于位置的社交插件"摇一摇""朋友圈""公众平台""语音记事本"等服务插件。

（2）QQ。QQ是腾讯QQ的简称，是腾讯公司推出的一款基于互联网的即时通信软件。腾讯QQ支持在线聊天、视频通话、共享文件、网络硬盘、自定义面板、QQ邮箱等多种功能，并可与多种通信终端相连。

（3）微博。微博是基于用户关系的社交媒体平台，用户可以通过平板电脑、手机等多种移动终端接入，以文字、图片、视频等多媒体形式，实现信息的即时分享、传播互动。微博基于公开平台架构，以简单、前所未有的方式使用户能够公开、实时发表内容，通过裂变式传播，让用户与他人互动并与世界紧密相连。作为继门户、搜索之后的互联网新入口，微博改变了信息传播的方式，实现了信息的即时分享。

（4）知乎。知乎是一个中文互联网高质量问答社区和创作者聚集的原创内容平台，于2011年1月正式上线，以"让人们更好地分享知识、经验和见解，找到自己的解答"为品牌使命。知乎凭借认真、专业、友善的社区氛围、独特的产品机制及结构化和易获得的优质内容，聚集了中文互联网科技、商业、影视、时尚、文化领域最具创造力的人，已成为综合性、全品类、在诸多领域具有关键影响力的知识分享社区和创作者聚集的原创内容平台，建立起以社区为驱动的内容变现的商业模式。

（5）百度贴吧。百度贴吧是百度旗下独立品牌，全球领先的中文社区。贴吧的创意来自百度首席执行官李彦宏：结合搜索引擎建立一个在线的交流平台，让那些对同一个话题感兴趣的人聚集在一起，方便地展开交流和互相帮助。贴吧是一种基于关键词的主题交流社区，它与搜索紧密结合，准确把握用户需求，为兴趣而生。贴吧的使命是让志同道合的人相聚。贴吧的组建依靠搜索引擎关键词，无论是大众话题还是小众话题，都能精准地聚集大批相同爱好的网友，展示自我风采，结交知音，搭建别具特色的"兴趣主题"互动平台。贴吧目录涵盖社会、地区、生活、教育、娱乐明星、游戏、体育、企业等方面，为人们提供了一个表达和交流思想的自由网络空间。

（6）豆瓣。豆瓣（douban）是一个社区网站。该网站创立于2005年3月6日，以书籍、电影、音乐起家，提供关于书籍、电影、音乐等作品的信息，无论是描述还是评论都由用户提供（User-Generated Content，UGC），是Web2.0网站中具有特色的一个网站。网站还提供书籍、电影、音乐推荐，线下同城活动，小组话题交流等多种服务，它更像一个集品位系统（读书、电影、音乐）、表达系统（我读、我看、我听）和交流系统（同城、小组、友邻）于一体的创新网络服务，一直致力于帮助都市人群发现生活中有用的事物。

（7）抖音。抖音是由字节跳动孵化的一款音乐创意短视频社交软件。该软件于2016年9月20日上线，是一个面向全年龄的短视频社区平台，用户可以通过这款软件选择歌曲，拍摄音乐作品并形成自己的作品。

（8）小红书。小红书是一款生活方式分享平台，是一款为"发现全世界的好东西"而研发的App，产品的定位是用户分享内容的信息平台，用户可以在这里发现"全世界的好东西"，将线下的购物场景搬到了线上，并加入了真实购买用户的背书。目前，小红书已经成为一个生活方式平台和消费决策入口。小红书通过机器学习对海量信息和人进行精准、高效匹配。用户上传分享内容，想要购物的用户可以在小红书获得详尽的产品"攻略"。

8.1.3 社交电子商务的基本概念

社交电子商务是借助电子设备，利用互联网资源和线下资源获取用户、影响用户，并通过移动社交网络以最大化用户终身价值为目的，持续影响用户，满足用户需求，促成商品销售的商业模式。社交电子商务的本质是通过人的链接实现更高效率的分享、互动和服务等。由于我国移动互联网技术应用广泛，通过移动设备访问社交网络已成为主流。

社交电子商务的高效获客和裂变能力吸引了众多企业加入，2022年社交电子商务成为资本的宠儿，拼多多、云集、蘑菇街等社交电子商务平台的上市更是将社交电子商务推上风口。《中国社交电商行业发展白皮书（2022）》的数据显示，2022年社交电子商务市场交易规模达到28542.8亿元，增长率为20%，显著高于全国网上零售额4%的增速。近几年，中国社交电商行业吸引了不少资本涌入，交易规模逐年上升。2021年中国社交电商交易规模达23785.7亿元，同比增长15.1%。2021年社交电子商务消费者人数已达8.5亿，从业人员规模达到13046万人，"如果将社交零售定义为品牌通过线上社交生态来影响用户购买决策的营销或销售方式的话，中国的社交零售渗透率已高达71%"。

与传统电子商务相比，社交电子商务拥有发现式购买、去中心化、场景丰富等独特优势，用户既是购买者，也是推荐者。具体来看，社交电子商务主要有以下三个方面的优势。

（1）依托社交裂变实现降低引流成本，提升用户黏性。依托社交流量，社交电子商务从用户拉新阶段到留存阶段全生命周期进行更高效的低成本运营：在拉新阶段，依靠用户社交裂变实现增长,降低获客成本。在转化阶段,一方面可以基于熟人关系借助熟人之间的信任关系提高转化效率;另一方面可以通过社群标签对用户做天然化的结构划分,从而实现精细化运营。在留存阶段,用户既是购买者也是推荐者,在二次营销的过程中实现更多的用户留存。

(2)从搜索式购物到发现式购物,快速促成购买,提升转化效率。在用户购物的整个流程中,社交电子商务的作用主要体现在三个节点:产生需求阶段——通过社交分享激发用户非计划性购物需求;购买决策阶段——通过信任机制快速促成购买,提高转化效率;分享传播阶段——激发用户主动分享意愿,降低获客成本。

(3)去中心化传播网络,为中小供应商发展提供广阔空间。基于用户个体的去中心化传播网络,为长尾商品提供广阔空间。由于社交媒体覆盖人群更为全面,能够较好地进行用户群体补充。

(4)多维交互式产业链,可实现零库存分销、精准营销、C2B定制,从而提升供应链效率。

8.1.4 社交电子商务的模式分类

按照流量获取方式和运营模式的不同,目前社交电子商务可以分为拼购类电子商务模式、分销类电子商务模式、社区团购类电子商务模式和内容类电子商务模式四种模式,其中,前三种模式都是以强社交关系下的熟人网络为基础,通过价格优惠、分销奖励等方式引导用户进行自主传播。内容类社交电子商务(如小红书)则起源于弱社交关系下的社交社区,通过优质内容与商品形成协同,吸引用户购买。

1)拼购类社交电子商务模式

主要通过聚集两人及以上的用户,以社交分享的方式进行组团,成功后可以享受更大的优惠,通过低价的方式提升用户参与的积极性,让用户自行传播。传统电子商务经过多年的发展,在"消费升级"的背景下进入品牌升级阶段,流量逐渐向头部商家集中,大量低端产能被淘汰。这一部分过剩的产能与三线及以下城市用户的需求完美结合,借力微信社交渠道获客优势,拼购类社交电子商务模式迅速渗透到三线及以下城市,实现爆发式增长。

其目标用户是低线城市的价格敏感型用户,拼购类社交电子商务以生活用品、服饰等消费频次高、受众广的大众流通性商品为主,大部分商品价格不超过100元,低价是拼购类社交电子商务吸引用户进行分享传播的关键,而拼购类社交电子商务能够实现低价的主要原因有以下三个。

一是通过拼团的方式引导用户进行分享,降低获客成本,并通过类游戏的方式增加用户黏性;二是拼购类社交体现出"发现式"购物的特点,平台通过反向推荐算法,将大量流量汇集到少数爆款产品,通过规模化带动生产侧成本降低;三是平台通过拼团集中大量订单,获取对上游的议价权。同时,入驻平台的商家主要是工厂店,大大缩短了供应链,降低了中间成本。

拼团方式只需要花费一次引流成本,就能吸引用户主动开团,用户为了尽快达成订单会自主将其分享至自己的社交关系链中,拼团信息在传播的过程中也有可能吸引其他用户再次开团,传播次数和订单数实现裂变式增长。

不过，随着行业逐渐发展成熟，大量玩家进入市场，获客成本将迅速上升，拼购类社交电子商务的低价优势将逐步丧失，依然要面对品牌化转型的过程。而品牌商家的强议价权、流量汇集能力，实际上都与此类平台低价取胜的思维相冲突。

2）分销类社交电子商务模式

分销类社交电子商务模式是以 S2B2C 的模式连接供应商与消费者实现商品流通的商业模式。"S"指分销平台，提供标准化的全产业链服务。"B"指店主推手，仅负责获客与用户运营。"C"指用户。在"传统微商"模式下，个人店主需要自己完成商品采购、定价、销售、售后全消费流程。而分销类社交电子商务模式，由分销平台提供标准化的全产业链服务，店主只需要利用社交关系进行分享和推荐就可以获得收入。

该模式来自分销裂变带来的获客红利。平台通过有吸引力的晋升及激励机制让店主获益，推动店主进行拉新和商品推广，有效降低了平台的获客成本与维护成本。另外，店主在平台消费或购买商品时也会享受优惠，有效地提升了平台会员的活跃度和忠诚度。

分销类电子商务发展初期，大量原微商从业者涌入，促使行业快速发展。众多品牌商与电子商务企业入局进行探索，借力小 B 端实现快速裂变。此阶段对小 B 端的争夺与培养是各大平台的主要任务。当渗透到达一定程度后，行业的竞争又将回归中后端的供应链及服务能力。

3）社区团购类社交电子商务模式

社区团购类社交电子商务模式也是 S2B2C 的一种，社区团购平台提供仓储、物流、售后支持，由社区团长（一般是宝妈或社区便利店店主）负责社区运营，主要包括社群运营、订单收集、商品推广及货物分发。社区居民加入后下单，社区团购平台将商品统一配送至团长处，消费者上门自取或由团长完成"最后一公里"配送。

社区团购类社交电子商务模式的核心价值主要体现在以下三个方面：一是以团长为中心的轻熟人社交网络，便于产品在社区内自然传播，可以有效降低获客成本。二是社区居民在拼团时需提前下单，并完成支付。平台通过预付制锁定订单，汇集大量订单以获取与上游供应商的议价权，同时以销定采，降低损耗与库存成本。三是在物流阶段，供应商将货物运送至平台的仓库，平台负责将货物运送到各社区团长处，由团长完成"最后一公里"配送或由消费者自取。中间环节少，且有效地控制了终端配送成本。

社区团购类社交电子商务模式较为简单，行业门槛不高。在这种模式下，团长和用户的转移成本都不高，对平台并没有太高的忠诚度。吸引用户购买的关键还是物美价廉的商品，而订单的规模化增长也能反向推动成本的降低。因此归根结底行业比拼的还是供应链与精细化运营的能力。

4）内容类社交电子商务模式

为满足年轻人碎片化、个性化的消费需求，电子商务和内容产业链正逐渐走向融合，通过内容影响用户决策，引导用户的购物行为。内容类社交电子商务模式即指通过形式多样的内容引导用户进行购物的模式，其核心点就是内容的产出，通过帖子、直播、短视频等丰富的形式吸引用户，形成从"发现—购买—分享—发现"的完整闭环。

内容类社交电子商务模式的主要特点：通过内容运营激发用户购买热情，同时反过来进一步了解用户喜好。通过形式多样的内容引导用户购物，实现商品与内容的协同，从而提升电子商务的营销效果。目标用户主要定位在容易受 KOL 影响的消费人群/有共同兴趣的社群，流量来源主要是内容链（泛社交）。

小红书是内容类社交电子商务模式的典范。社区+内容+电子商务的全新模式，让小红书成为内容类社交电子商务领域快速崛起的新秀。平台根据小红书平台用户的发布笔记、点赞、评论等挑选、预判销售商品。福利社采取闪购模式，有95%的商品会在上架两小时内卖完，库存压力非常小，周转快，不会因为潮流改变等产生坏账。

案例8-2：云集的社交电子商务模式

除了淘宝、天猫、京东、苏宁这些电子商务巨头，在过去几年，中国电子商务界还有两大"奇迹"：一个是拼多多，另一个是云集。

与拼多多铺天盖地的宣传相比，云集的崛起似乎是很多人意想不到的。这个曾被称为中国最大的"微商军团"成功上市，再次验证了中国电子商务神话仍在继续。

云集是一家由社交驱动的精选电子商务平台，成立于2015年，它以"会员制+社交电子商务"的模式为核心，通过邀请制和会员制的方式吸引用户，并通过社交裂变的方式扩大销售规模。云集主要销售精选商品，包括美妆、母婴、家居等品类，通过高品质和特色商品吸引用户。

云集致力于通过"精选"供应链策略及极具社交属性的"爆款"营销策略，聚焦商品的极致性价比，帮助亿万用户以优惠价格买到全球好货。这种模式利用社交媒体平台的力量，通过社交关系网络进行商品的销售和推广。

云集的社交电子商务模式的特点如下。

（1）基于社交网络的分销模式。云集的商品主要通过微信等社交媒体平台进行分销，利用社交网络的关系链，以口碑传播的方式吸引更多的用户。

（2）品牌特卖。云集每天会有专场的品牌特卖活动，用户可以在平台上购买到各类品牌的优质商品。

（3）限时抢购。云集的商品通常有一定的销售期限，用户需要在规定的时间内完成购买，这种限时抢购的模式增加了购买的紧迫感，激发了用户的购买欲望。

（4）会员制。云集采用会员制模式，会员可以享受更多优惠和专属服务，这既增加了用户的黏性，也提高了购物的便捷性。

（5）供应链整合。云集与品牌供应商紧密合作，整合供应链，保证了商品的质量和来源的可靠性。

（6）口碑营销。云集非常重视口碑营销，鼓励用户在购买后对商品进行评价和分享，这样既可以增强用户的信任感，也有助于商品信息的透明化。

（7）移动端的便利性。云集的移动端应用程序设计简洁易用，方便用户随时随地进行购物。

总的来说，云集的社交电子商务模式结合了社交网络、品牌特卖、限时抢购、会员制等多个元素，打造了一个互动性强、购物体验良好的电子商务平台。同时，通过与品牌供应商的紧密合作和口碑营销，提升了用户的信任感和购买的便捷性。

案例思考题：

（1）云集的社交电子商务模式如何通过基于社交网络的分销模式实现高效的用户增长和商品传播？请分析社交网络在云集商业模式中的核心作用，并探讨其他电子商务平台如何借鉴这种模式。

（2）云集的品牌特卖和限时抢购策略是如何影响用户购买决策的？这种限时特卖模式在提升销售额和用户活跃度方面有哪些优势？同时，这种模式又可能面临哪些挑战？

（3）云集的会员制模式对于用户黏性和购物体验有何影响？请讨论如何通过会员制度来增强用户忠诚度并促进用户复购率。同时，对电子商务平台来说，设计有效的会员制度应该注意哪些关键因素？

（4）云集在供应链整合方面的策略是如何保证商品质量和来源可靠性的？请分析供应链整合对于电子商务平台的重要性，以及云集在这方面的成功经验对其他电子商务平台的启示。

（5）口碑营销在云集的成功中扮演了怎样的角色？请讨论口碑营销在社交电子商务领域的优势和挑战，并思考如何在电子商务业务中实施有效的口碑营销策略。

8.2 社交电子商务的产品运营

社交电子商务中，产品运营是最核心的板块，包括产品的战略布局、产品定位、价格管理、采购管理、库存管理和物流管理等。

8.2.1 社交电子商务的战略布局

1）社交电子商务产品的战略布局

战略布局，包含选品、商业模式、成交、打造系统、新品五个板块。从引流设计到最终打造属于自己鱼塘过程的每个环节，系统化、标准化、具体化，只有这样才能轻松复制，只有复制才能迅速做大。导入新品，激活鱼塘，新品是社交电子商务盈利的关键。

2）对外战略与对内战略

战略布局体现在两个方面，一是对内的战略布局，二是对外的招商布局。分别要解决的是内部方向问题和对外招商问题。战略布局流程如图8.1所示。

（1）确保内部战略方针和战略决策的正确性，确保项目的发展前景和成功率。对内战略方面，必须有一整套体系：如何布局产品，通过何种模式去赚钱，如何去做产品销售，如何形成一整套协作机制。

（2）确保对外招商顺利进行，使招商有影响力和说服力，迅速扩展分销团队。对外做好招商，必须打动合作伙伴，必须向他们展示如何确保他们赚钱。这就涉及战略、布局、模式和政策，这些确保他们能成功的关键点换种方式、换个角度去表述，就成为招商提案的核心，是打动对方的重要筹码。

（3）流程布局。流程主要解决如何获客、如何实现销售、如何持续赚钱等问题。营销的关键节点在流程图上都有体现。主要包含引流、信任催化、成交、复销转化、鱼塘五个板块。

引流：引流的目的在于源源不断地获取精准客户。客户越多营销越精准，营销效果越好。因此，做营销的关键就是获取客户。

信任催化：卖产品之前的过渡是信任建立的过程。信任是成交的货币，没有信任就不能成交。影响客户购买有两个最为关键的因素：想要和相信。

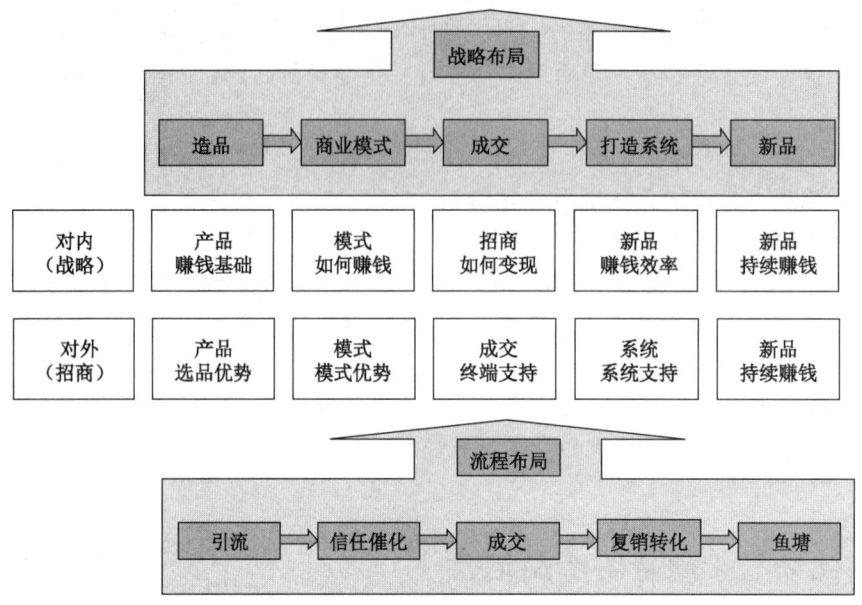

图 8.1 战略布局流程

成交：成交是营销的核心，没有成交，所有的付出都只是成本。

复销转化：提升客户重复购买率，将客户的意向代理转化为代理，开发新客户成本是维护老客户成本的 5 倍以上，绝大多数企业的大部分利润来自老客户的重复消费，因此需要重视复销和转化。

鱼塘：反复购买或持续贡献利润的客户和代理，形成自己的鱼塘。

3）鱼塘模型

鱼塘即客户群体，因为兴趣爱好或购买商品，聚集在一起的具有共同特征的人。鱼塘包含两部分：一部分是客户，因为购买而进入鱼塘，通过运营管理，创造持续销售的机会，以及销售其他产品的机会；另一部分是分销伙伴（持续创造价值）及分享者（带来新客户）。在社交电子商务模式下，通过打造属于自己的鱼塘，最大限度地开发客户终身价值，创造持续稳定的收益。

鱼塘选址通常根据目标客户的信息获取习惯而定，如果目标客户主要在 QQ 群、贴吧，那么鱼塘就建在贴吧；如果目标客户在微信群，则鱼塘就选在微信群。根据目标客户的具体情况，分析他们的"行踪"，分析他们获取信息、交流信息的偏好，然后选择合适的鱼塘。因此，建鱼塘采用就近原则，即客户在哪里就把鱼塘建在哪里。

根据产品特质不同，可以构建不同种类的鱼塘。

（1）一般产品鱼塘模型。销售一般产品（如食品），单笔利润不会很高，利润主要来源于客户不断重复消费。需要建立属于自己的鱼塘，需要进行客户服务，不断为客户贡献价值，创造后续销售的机会给鱼塘中的这群客户，很大一部分利润来源于这类鱼塘。

（2）高价商品鱼塘模型。销售高价产品，单价高、利润高，但需求频次低。对于大额交易的鱼塘，建鱼塘在交易之前，即这个鱼塘可以是"兴趣鱼塘"，通过兴趣把人集中在一起，通过为客户进行兴趣培养，培育潜在客户，创造销售机会。

（3）鱼塘生鱼塘模型。通过在现有客户中扶持群主，建立一系列社群的方式，迅速裂变。进行小范围测试和试错，等模式成熟后，即可公开招募群主，将社群壮大。

8.2.2 社交电子商务的产品定位

1）产品定位

产品定位要明确产品能够提供的服务及特色，可以为客户解决什么需求，因此，确定产品核心功能和特色是产品设计的首要任务。

在进行产品定位时，主要考虑以下要素。

（1）产品是什么。主要是针对产品做出综合性、概括性描述，确定产品能够满足什么需求，给客户带来哪些价值。

（2）产品给谁用。明确定位产品的客户群体，确定目标客户，根据设计理念及客户调研分析确定产品的需求强度。

（3）产品怎么做。明确产品的发展目标，由于互联网时代产品变化快，一般设定短期目标，敏捷响应市场。

2）产品选择

在社交电子商务选品时，主要的原则如下。

（1）选择有痛点的强需求产品。

（2）选择尝试成本高的产品。尝试成本越高的产品对信任度要求越高，如非标准化产品和高端产品。尝试成本越高，口碑效应越明显，越适合社交电子商务。

（3）选择中等客单价的产品。

（4）选择服务型的产品。服务类产品容易形成口碑效应。例如，以服务、创意等为基础的产品更容易凝聚社群。

（5）选择有卖点的产品。需要精准定位并突出产品核心卖点，如品质、神奇、独特性等，采用文案、图片和视频等方式突出卖点。

8.2.3 产品价格管理

价格是影响消费者购物行为的主要因素。社交电子商务也需要重点关注产品的价格，制订合适的定价策略与方法。

1）定价影响因素

电子商务平台的定价应考虑的影响因素包括两部分：一是前台价格展示，主要受消费者认知价值的影响；二是后台定价管理，主要包括竞争者价格、固定成本和变动成本。

价格结构中包括以下要素：

销售收入=销售数量×销售单价

销售利润=销售收入-成本

毛利率=毛利/销售收入×100%

对企业而言，最关注的不是销售收入，而是利润，因此需要平衡价格与销量之间的关系，从全局考虑利润水平。

2）两种价格系统

社交电子商务中存在两种价格系统：单维价格系统和二维价格系统。

（1）单维价格系统。该类价格系统主要适合于交易价格相对稳定的产品，如日化类和图书类。指定价方只需要为每个产品设置好相应的采购价与销售价，再制订一定的促销策略即可。

（2）二维价格系统。该类价格系统的成本价格和销售价格都会随时间的变化而改变。例如，在线旅游产品，机票与酒店的价格会随着季节不同而产生很大的波动，因此，该类产品需要在价格系统中增加相应的时间管理维度，以便能够记录下产品在不同时期的价格状况。

8.2.4　产品采购管理

大多数的社交电子商务平台并不负责上游的生产活动，而是由产品的商家直接供货给各大平台。因此，对社交电子商务的仓储系统来说，首要环节就是产品的采购。社交电子商务仓储的采购系统核心功能包括采购管理与销售预测两大部分。

1）采购管理

传统行业里的"店商"，其采购都是非常有计划性的，会根据销售的历史数据拟订采购计划，一般商家的采购计划都具有稳定性和周期性，不会有太大的波动。社交电子商务平台的采购管理却大不相同。社交电子商务平台普遍是基于海量产品的，所以不能依靠传统的强计划性采购模式，而是要转变成基于社交电子商务大数据的销售预测产生的按需采购模式，甚至按真实的订单采购。目前，社交电子商务的采购管理已经由卖方市场思维开始转变为买方市场思维，较为流行的是C2B模式。

2）销售预测

社交电子商务平台的销售预测系统通常有两种形态：一种是常态的销售，也就是正常情况下的日常销售，这种形态是相对稳定的，可以根据平台日积月累的销售数据总结出需求量的规律性。另一种是节假日的大促活动销售，在这种非常态的情况下存在很多不可控因素，增加了销售预测的难度。如果在大促活动期间备货不足，有可能使活动一开始就陷入无货可售的窘境；如果备货过多，又会导致库存积压，造成资金成本的浪费。

因此，设计出一个更精准的销量预测系统尤为重要。预测主要依据用户的历史行为数据及产品的历史销量数据。

（1）用户的历史行为数据。通过对平台后端的数据进行深入分析，可以发现用户过往购买的产品类型与数量、对促销活动的参与积极性、用户的消费频率及消费水平等情况，建立更加精确的用户消费路径。基于用户的消费路径，再建立起用户的详细画像，这将有助于更好地预测用户的规律性。

（2）产品的历史销量数据。分析产品的历史销售数据可以从时间的维度（日、周、月、季、年等）展开，也可以从产品的品类、规格、属性、价格和销售数量等角度进行。基于不同维度的历史销售数据，通过分析比较找出其共性特征，如哪些属于爆款产品，哪些是明星产品，哪些是大促期间销量很好的产品，哪些属于高回购产品……某些产品属于平台刚开始的新业务，没有历史销量数据可参考时，可以借鉴同行业或竞品的销售数据状况。同时，也要充分考虑供应商的销售策略与目标。因为各供应商的经营状况存在差异，在产品供应能力和销量能力上也会有所不同。

8.2.5　产品仓储及物流管理

库存管理是产品运营的核心，其关键是对货物存储数量进行精准管控。不同于传统的仓储管理理念，社交电子商务注重库存变化的控制与管理，运用大量的单据、流程来保障库存的准确度与存储效率。在社交电子商务仓储理念中，库存的管理核心不再是货物的多与少，而是能够支撑前端的销售与服务。

基于销量预测分析可以产生库存需求量的预测，预计会在什么时候达到多少销售量，需要拥有多少库存量，从而设计出最佳的采购、补货方案。

与京东、淘宝等用户集中在一、二、三线城市有所不同，社交电子商务的订单会下沉至小城市及县城等，订单结构分布更为广泛，订单量起伏也相对较大，对价格相对敏感。因此，更需要智慧物流技术的辅助支持。智慧物流主要体现在以下几个方面。

（1）订单量精准预测。社交电子商务平台通过和承运商展开合作解决这些问题。首先需要把特性订单的特点准确罗列出来，及时传达给合作伙伴。例如，今天哪些产品排期是怎么样的，今天的订单是多少等，这个预测环节是必不可少的。除此之外，还会利用多维度的预测模型，通过信息的共享把数据传给合作伙伴。

（2）全国分仓布局。由于社交电子商务平台的订单具有订单广、下沉等特点，因此仓库的选址特别关键，怎样把这个产品放到离用户最近的地方、缩短到货时间和节约运送成本是平台面临的挑战。例如，有些企业目前的做法是根据订单的流向选择仓库（中心仓和爆款仓）。中心仓会做一些测试款，如果产品达到爆款的级别就分出去，真正把它放到离用户最近的地方。

（3）智能干线提货。社交电子商务的备货大部分情况下是供应商把产品直接送到指定仓库，但并不是所有供应商都能高效地做到这一点，有些小的供应商没有办法准确及时地做到这一点，特别是大促期间，这种不足尤其明显。平台会把它延伸下去做干线的提货，根据云集的分仓逻辑和库存逻辑，把产品及时放到仓库里，这样对后续的发货和体验有很好的提升。

（4）滞销清理。社交电子商务平台会对整个产品的周转做一个管控。目前，这方面表现较突出的平台周转天数是 25 天，超过 30 天的可能是供应商产品确实不好，转到其他平台上卖对供应商也是比较好的，销售不好就及时下架。普通电子商务可能周转的时间更长，如 30 天、45 天，这里列出的是一些杰出企业的周转天数。相比之下，社交电子商务的周转周期明显缩短。

8.3 社交电子商务的用户运营

社交电子商务用户运营的主要任务是以用户为中心，制订运营战略与目标，从而扩大目标用户群体、提高客单量及提升复购率等问题，让用户价值变成企业价值。

8.3.1 社交电子商务的用户消费特点

社交电子商务模式中用户的主要消费特点为内容+社交+分享。传统电子商务时代，用户消费行为带有目的性，通常会到指定平台购买商品，因此，商家可以通过电子商务平台规则设置关键词，获取更多流量和销量。社交电子商务时代，用户消费行为变成即兴消费或被动消费，在用户翻看朋友圈、刷短视频、阅读自媒体内容的时候，会不经意间看到喜欢的商品，然后产生购买行为。

社交工具是连接用户及其亲人和朋友的重要工具,用户每天都会在微信上消耗大量的时间,微信聊天、翻看朋友圈、微信群互动沟通学习等。用户的时间在哪里,交易激活就在哪里,商家可以通过社交电子商务平台设定拼团砍价活动,通过用户拼团砍价,以老带新形式,通过社交电子商务平台跨第三方平台(微信)社交分享。通过这种社交场景可以打通用户的亲密关系链,通过社交让流量裂变。

社交电子商务时代所有人都可以成为消费者和销售者。对商家来说意味着,在获取流量和销售的时候,要用分享经济的思路,每个人都可以分享自己的碎片时间和社交流量,通过分享带动流量和销量,同时有资源和货源的社交电子商务平台可以分享经营利润给用户。所以在社交电子商务和分享经济的形势下,在经营的时候要考虑好分配问题,即如何分利润,只要做好分配就可以依靠众人之力带来巨大的流量和销售额。

8.3.2 社交电子商务的消费行为模型

1. 传统商业模式下的 AIDMA 模型

在传统媒体时代与互联网初期,行业广泛奉行的是 AIDMA 模型,强调以媒体为中心,处于向用户单向传递信息的阶段,如图 8.2 所示。

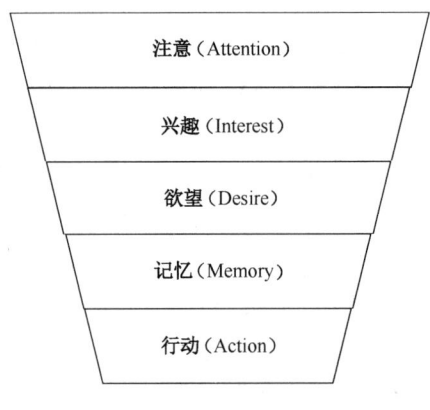

图 8.2　AIDMA 模型

注意(Attention):广告必须能够吸引受众的注意力,好的创意能引起受众的某种心理共鸣。

兴趣(Interset):在获得共鸣注意力的基础上,广告内容能让受众产生信息互动的兴趣。

欲望(Desire):在受众对产品产生有试一试的想法之后,激发强烈的试用需求欲望。

记忆(Memory):反复刺激受众的神经,使之潜移默化地将需求与产品相结合,并逐步形成持久的记忆。

行动(Action):唤起用户行动到指定渠道去购买消费,最终真正地获得产品的效用。

2. 社交电子商务时代的 AISAS 模型

在互联网 2.0 时代(信息与人互动),基于搜索和分享应用的出现,用户对传统媒体的聚焦转到网络媒体上,信息的来源变得分散,用户的行为由被动变成主动,AISAS 模型通过"搜索"与"分享"实现用户间信息的传递与渗透,如图 8.3 所示。

第 8 章 社交电子商务

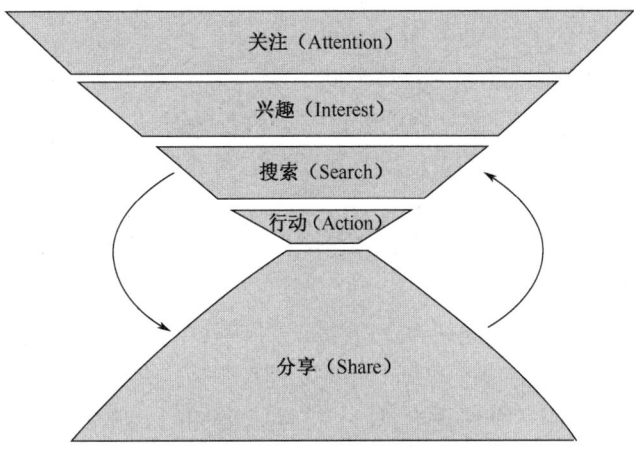

图 8.3　AISAS 模型

关注（Attention）：腾讯官方数据显示，80% 的微信用户通过朋友圈看文章，这也是公众号增加粉丝的一个主要渠道，所以把公众号用户决策的起点定为"（在朋友圈）看到一个感兴趣的标题"。

兴趣（Interest）：如果标题有足够的吸引力，用户会点击进入文章，进行阅读。

搜索（Search）：文章内容和排版引起用户兴趣后，用户会搜索查看公众号相关信息，如名称、简介、历史文章等。

行动（Action）：用户结合搜索到的所有信息，对公众号进行综合评判，决定是否关注。

分享（Share）：当用户体验非常好的时候，用户会向其他人分享公众号或公众号文章。

AISAS 模型强调品牌商家与用户之间的关系开始互动，是双向转化漏斗，强调了用户主动行为（搜索和分享）的重要性；AISAS 的营销效果评估首次出现了对售后行为的效果评估，但营销活动的核心驱动依然是广告，营销活动的关键词是品牌的印象、认知，用户的行为效果评估多了点击、转化率等效果维度，销售效果的评估可以根据行业而细分定制，商家与用户之间开始了基于链接的、简单的、碎片化的反馈。

8.3.3　用户画像

用户画像是通过对用户社会属性、生活习惯、消费行为等数据信息的分析，高度精练后形成一个标签化的用户画像。简单理解，用户画像就是通过数据归纳运用，为用户"贴标签"。

画像首先是面向业务的，社交电子商务用户运营的重要基础就是对单个用户或人群做画像的洞察。平台服务的业务应用层包含：①个性化推荐：它对画像的使用是非常重要的，能够基于每个用户的画像去做千人千面的内容分发。②精细化运营：产品运营对用户做精细化营销的时候，会使用画像平台的人群圈选，对依赖平台的人群进行分析。③精准营销：商业化侧（如精准营销）会依赖画像平台，针对内容或产品特点，精准触达一定偏好的用户，提高营销效率。④获客推广：渠道获客推广也依赖画像的结果。

要进行用户画像，可以为用户标注属性、特征，将不同类型的用户合理归类，采用具有较强概括性的词汇来描述或形容用户特征及兴趣爱好，即用户信息的标签化，也称为用户标签。

用户标签体系的建立包含以下几种形式。

（1）按更新频率划分。可以分为静态标签、动态标签等。例如，"性别"这个标签，一般来说是不会随着时间变动的，所以它属于静态标签；而"最近一次访问时间"会随着每次用户登录而更新，就是动态标签。

（2）按开发方式分：从数据提取和开发的情况看，用户的标签体系可以分为预测标签、模型标签和事实标签。

① 预测标签（Predicted Labels）。这些标签基于算法或模型对用户行为和兴趣的预测结果。基于用户的行为或偏好预测，如流失的概率等，有些需要利用算法分析预测才能得到。预测标签可以用于个性化推荐、广告定向等应用。例如，用户是否喜欢户外活动，对健康和健身是否感兴趣，是否喜欢旅行和探索新地方等。

② 模型标签（Model Labels）。这些标签是根据训练好的机器学习模型对用户进行分类或描述的结果。模型标签可用于用户分群、行为分析等应用。例如，高消费用户、潜在购买者、社交媒体活跃用户、消费等级（RFM）等，主要基于自定义规则和模型计算出结果。

③ 事实标签（Factual Labels）。这些标签是基于真实的用户数据和行为进行标记的结果，可以是进行简单的加减乘除运算得到的标签；如"最近一次登录距今天数"这个标签，它反映的是基本事实。事实标签可以用于用户属性分析、行为统计等应用。例如，年龄段：25~34岁；地理位置：北京市；购买历史：购买过手机和电子产品。

这些标签类型在用户分析和个性化推荐等领域起着重要的作用。预测标签和模型标签可以帮助系统理解用户的兴趣和行为倾向，从而提供更加个性化的服务和推荐。而事实标签则提供了用户的真实信息和行为数据，用于分析用户群体和行为模式。综合使用这些标签可以更好地理解和满足用户的需求。

（3）按生成规则划分。可以分为单一标签、复合标签。一般来说，上述的统计类标签可以说是单一标签，而规则类标签和算法类标签就是需要多个单一标签组合而成的复合标签。

（4）按层级分：一级标签、二级标签、三级标签等层级是为了业务理解更加有序才产生的，如一级标签是大类，按具体行业和业务可以分为人口属性、行为属性、营销属性、商业属性等。二级标签在一级标签下进一步细分，如商业属性下二级标签可以分为优惠券，而三级标签则更加细分，如优惠券标签下可以分为高敏感度用户、中敏感度用户、低敏感度用户。

用户画像建模其实就是对用户"打标签"，从打标签的方式来看，一般分为三种类型：统计类标签、规则类标签、挖掘类标签。

① 统计类标签。又称为定量标签，通过客观数据计算得来。例如，性别、年龄、注册日期、近 7 天登录频率、近 30 天充值金额。这些字段都可以从用户的注册数据、登录数据、充值数据中统计得出。统计类标签在实时性上还可以细分成离线标签和流式标签。这就要根据业务需求来定，如果实时性要求比较高那就必须把流式标签考虑进去。此类标签构成了用户画像的基础。

② 规则类标签。基于用户行为及确定的规则产生，也叫作定性标签。在实际开发过

程中,一般由业务人员及开发人员协商确定。例如,对平台上"大R"用户的定义口径为"月登录次数>10 + 月充值次数>20 + 月充值额度>1000元"。

③ 挖掘类标签。通过机器学习挖掘产生挖掘类标签,对用户的某些行为进行预测。机器学习开发周期长、成本高。例如,针对用户最近的登录频率及相关行为预测用户流失预警;再如,预测用户点击下单、判断用户购买偏好等。

8.3.4 用户维护

以淘宝为代表的平台型电子商务有一个聚合性的流量中心,众多商家云集在平台上,商家通过购买关键字、直通车、做直播等形式在平台上争取排名靠前从而获得流量。而社交电子商务模式是去中心化的,不依靠平台分配流量,通过打造自己的流量中心来进行产品销售,因此,打造适合自己用户的生态群,发展有潜力的种子用户是用户拉新阶段的首要任务。

用户拉新的方式如下。

(1)转发分享。商家通过设计有趣内容引发目标受众关注,在朋友圈和微信圈转发分享,吸引更多同频、同类人群关注。关注人群可以通过扫描二维码等形式进入用户群。

(2)客户维护。商家通过引导之前关注或体验过商家产品的用户,来引导用户入群。

(3)促销活动。商家通过销售活动时的折扣、拼团、返利等形式吸引用户入群。

(4)提升用户活跃度的主要方法是提升用户参与感,包括生产过程中的参与感和服务过程中的参与感,其次是粉丝式运营。社群保持活跃度的常见方式包括内容分享、社群打卡、福利分发、红包激励和线下交流等。

8.3.5 用户裂变

社群裂变的本质是价值传递,即把社群提供的价值传递给更多人,通过复制来扩大社群规模。在社群拥有了大量种子用户,有具备高价值、高诱惑力的赠品后,如果希望快速发展,则可以策划用户裂变。

常见的裂变模式主要有以下几种。

(1)口碑裂变。当用户体验或使用某种产品后,觉得这个产品非常不错,用户体验做得非常好,这个时候用户就会产生推荐亲朋好友使用的想法,在用户的社交圈形成口碑。这种传播方式几乎可以零成本地获取非常多用户,但口碑传播的前提是产品足够好,足够吸引用户。例如,小米和海底捞,就是口碑传播最好的例子。

(2)拼团裂变。拼团裂变顾名思义就是两个及两个以上的人一起拼团,用户发起拼团,通过社交的方式分享给好友,好友参与拼团,共同以低于单品价购买某种商品或服务,邀请者和受邀者都可以获取拼团价。拼团裂变的典型代表就是拼多多,这个以拼团起家的电子商务平台,短短几年时间,坐拥几亿用户,可以说是一个奇迹。

(3)邀请裂变。邀请裂变的逻辑是利用老用户的资源获取新用户,该方式是通过一定的奖励,吸引老用户拉新,在给老用户奖励的同时,也会给新用户奖励。邀请者和被邀请者都能够获利。例如,瑞幸咖啡的邀请裂变采取的是邀请好友免费喝咖啡,好友通过你的分享获取免费咖啡,消费后老用户也可获取一张免费的咖啡券,在利益驱动下这个邀请裂变快速在社交圈蔓延。

（4）助力裂变。助力裂变的意思是利用好友来帮助自己获取利益，实现的方式是通过分享给好友，让好友通过一定的操作，使自己得到收益。例如，拼多多的砍价活动，用户挑选好某个商品后，分享在自己的社交圈，通过好友帮助砍价，使用户可以以较低的价格获取高性价比的商品。助力裂变的形式同样适用于在线教育，通过课程的分享，让好友助力。助力裂变的关键在于设置好助力的人数、商品或服务的优惠价格，以及让用户可以达到的一个目标值，让用户觉得这个是值得期待的。

（5）分享裂变。分享裂变的方式比较简单，好操作，即分享后可获取产品或服务，分享裂变比较常见的是社群裂变，在群里通过一定的福利激励用户自发分享，如在线教育行业，可在社群中发布，分享给好友可免费获取某种课程的资源，通过分享的形式，让更多的人知道。分享裂变适用于那些边际成本为 0 或接近于 0 的产品。例如，在线教育制作的课程被 1 个人领取，或被 100 个人领取，并没有什么额外的成本，这样就可以用资源免费的形式做大量的分享裂变。

在具体的实践过程中，App 端的产品、小程序的产品、社交电子商务产品、在线教育产品，其适应的裂变方式是不同的。需要根据产品属性、优势及资源，选择适合产品的裂变方式，从而快速获取大量用户。

案例 8-3：拼多多的裂变模式

拼多多作为一家中国的电子商务公司，推出了一种独特的社交电子商务模式。它的商业模式主要是将社交媒体与电子商务服务相结合，其中一个重要的特点就是裂变模式。

裂变是指通过用户之间的社交网络和关系，实现商品的推广和营销，尤其是给购物行为赋予网络传播和分享的功能，使用户数量和购买行为实现裂变式增长，赋予更多的流量和销售量。

在拼多多的案例中，通过拼团购买的方式，用户需要集合一定数量的朋友一起购买，同时分享链接，增加了互动性，降低了购买成本。一方面，这样的方式可以提高用户黏度、社区活跃度和活动关注度，增强用户的归属感和满足感。另一方面，采用用户自发的方式进行传播和推广，节约了推广成本，扩大了受众范围，带来更多的注册用户，实现了用户和企业价值的最大化。

1. 拼多多裂变模式的定义与类型

拼多多裂变模式一般是指拼多多通过用户的社交网络传播，以达到迅速增长用户数和订单量的营销策略。其首创了"团购+分享"的社交拼团模式，用户只有将商品分享给微信、QQ 等社交网络平台的好友，邀请他们一起拼团购买打折商品，才能享受优惠。拼多多通过这种方式激励用户邀请更多人使用其平台，实现了用户量的快速增长。

拼多多的裂变模式可以分为以下几类。

（1）领券裂变。用户在拼多多平台上领取优惠券后，可以分享给社交网络中的好友。好友领券并消费后，原用户可以获得一定的优惠。

（2）新人裂变。拼多多鼓励用户邀请未注册的好友入驻平台，好友成功注册并消费后，原用户可以获取现金奖励。

（3）拼团裂变。用户发起拼团，邀请好友共享更低价格，此模式有利于拼多多平台吸引更多新用户,并获得更多订单。

(4)游戏裂变。拼多多会设置一些游戏,如"百亿补贴"等活动,用户参与活动并邀请好友后,可以获取额外的优惠或奖励。

2. 拼多多裂变模式的特色与优势

拼多多的裂变模式特色在于充分利用了社交网络的优势,形成独特的互联网社区营销策略。拼多多全新创新的"拼团"模式,将购物与拼团玩法相结合,使用户在获取优惠的同时,也可以通过社交网络将商品推荐给好友,实现用户自发分享行为的商业价值化。

拼多多裂变模式的优势在于,用户裂变速度快且裂变效率高。通过"拼团"模式进行用户激励,使用户成为自发的推广者,更加积极地参与到亲友间的商品推荐中,实现用户裂变传播效应。另外,拼多多的裂变方式降低了广告宣传成本,提升了用户活跃度,这也是它能够迅速壮大用户群体并形成优势的关键。

拼多多借助微信社交链的裂变优势,使其采用的 C2B 模式以用户诉求为导向,从源头驱动供应链代工,打破了传统电子商务 B2C 模式的桎梏。

总体来看,拼多多的裂变模式为它带来数亿用户和强大的流量引擎,同时也让它在整个电子商务行业树立了新的竞争标杆。

案例思考题:

(1)拼多多的"拼团"模式是如何结合购物与社交网络实现用户裂变传播的?这种模式在推动用户增长和活跃度方面有哪些显著优势?

(2)拼多多如何通过用户激励使用户成为自发的推广者?分析这种激励机制对于促进用户自发分享行为及提高用户裂变速度的重要性。

(3)拼多多的裂变方式在降低广告宣传成本方面发挥了怎样的作用?这种策略是如何在提高用户活跃度的同时实现商业价值化的?

(4)拼多多借助微信社交链的裂变优势采用了 C2B 模式,这对供应链代工有何影响?这种模式如何打破了传统 B2C 电子商务模式的桎梏,为用户和供应商带来哪些新机遇?

(5)拼多多的裂变策略对其他电子商务平台有何启示?讨论如何借鉴拼多多的成功经验,并结合自身特点制订有效的裂变策略,以实现用户增长和业务拓展。

8.4 社交电子商务的社群运营

社群是社交电子商务中不可或缺的载体。社交网络平台、移动应用程序和数字平台等科技企业的兴起使社群日益重要。社群可以促进品牌意识和销售,增加用户参与度,提供反馈和信息交流渠道等。

社群有社交关系链,不仅是根据需求和爱好把大家聚合在一起,而且有稳定的群体结构和较一致的群体意识。社群的典型特征就是人群属性,共同的属性使他们走到一起。

构建社群之前,需要明确社群的目标。例如,增加品牌知名度,提高用户参与度,增加产品销售量,一旦明确了社群的目标,就可以根据目标制订社群的策略。接下来需要选择合适的社交网络平台,每类社交网络平台都有自己的特点和优势,需要根据社群定位进行选择。然后需要创建社群内容吸引用户。社群应该是给用户带来价值的地方,可以通过提供最新消息和趋势、活动和机会、特殊销售或优惠券、教育和信息等方式,为用户创造价值。

8.4.1 社群创建

好的社群能够为群成员提供持续性价值,成员才会产生黏合性和依赖性。社群运营较为典型的是 ISOOC 模型,如图 8.4 所示。ISOOC 模型从社群运营的实践过程中总结出的 5 个构成完整社群的要素,分别是同好、结构、输出、运营和复制,简称为"ISOOC"。

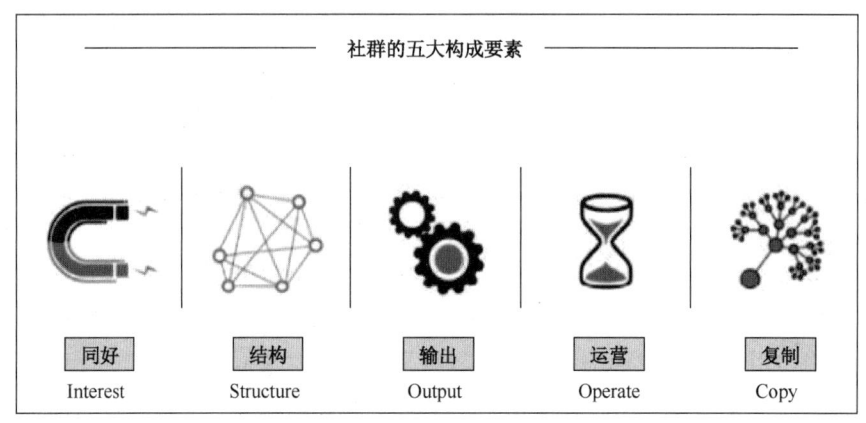

图 8.4 ISOOC 模型

(1) 同好(Interest)。同好是社群成立的前提,是对某种事物的共同认可或行为,也是社群构成的第一要素。成员聚在一起有一个共同目的,能够达成一定共识。例如,可以基于某一个产品而聚集到一起,如苹果手机、锤子手机、小米手机;可以基于某一种行为而聚集到一起,如爱旅游的驴友群、爱阅读的读书交流会;可以基于某一种标签而聚集到一起,如星座、某明星的粉丝;可以基于某一种空间而聚集到一起,如某生活小区的业主群;可以基于某一种情感而聚集到一起,如老乡会、校友群、班级群;可以基于某一类"三观"而聚集到一起,如"一个人走得快,一群人走得远"的 Better Me 大本营。

(2) 结构(Structure)。结构决定社群的存活率。运营初期就要对社群的结构进行有效规划,这个结构包括组成成员、交流平台、加入原则和管理规范。这四个组成结构做得越好,社群活得越长。组成成员发现、号召起那些有"同好"的人抱团形成金字塔或环形结构,最初的一批成员会对以后的社群产生巨大影响。交流平台是指要有一个聚集地作为日常交流的大本营,目前常见的有 QQ、微信、YY 等。加入原则:社群有了元老成员,也建好了平台,慢慢会有更多的人慕名而来,就得设置一定的筛选机制作为门槛,一来保证社群质量,二来会让加入者觉得加入不易而格外珍惜这个社群。管理规范:社群人越来越多,就必须管理。所以,一要设立管理员,二要不断完善群规。

(3) 输出(Output)。输出决定社群的价值。持续输出有价值的东西则是考验社群生命力的重要指标之一。例如,拆书帮用拆书法输出高质量的读书笔记,形成了国内独具特色的读书社群;秋叶 PPT 社群以持续高质量的 PPT 作品,在新浪微博上时常引起大量转发,形成国内知名的职场教育品牌。所有的社群在成立之初都有一定的活跃度,但若不能持续提供价值,社群的活跃度会慢慢下降,最后沦为广告群。没有足够价值的社群迟早会被解散,也有一些人会屏蔽群,再去加入一个新的群或选择创建一个新群。为了防止以上情况的出现,优秀的社群一定要能给群员提供稳定的价值,如坚持定期分享、某些行业群定期可以接单等。所以,"输出"还要衡量群员的输出成果,好的社群里所有的成员都有不同层次、不同领域的高质量输出,能够释放出更强大的能量。

(4) 运营 (Operate)。运营决定社群的寿命。通过运营要建立如下"四感":仪式感——如加入要通过申请、入群要接受群规、行为要接受奖惩等,以此保证社群规范。参与感——如通过有组织地讨论、分享等,以此保证群内有话说、有事做、有收获的社群质量。组织感——如通过对某主题事务的分工、协作、执行等,以此保证社群的战斗力。归属感——如通过线上线下的互助、活动等,以此保证社群的凝聚力。

(5) 复制 (Copy)。复制决定了社群的规模。由于社群的核心是情感归宿和价值认同,社群越大,情感分裂的可能性就越大,所以在"复制"这一层,有这样两个问题需要考虑。经验表明,小圈子里人员较少,大家的话题相对集中,所以小圈子里人人都容易活跃起来。从微信群、QQ群等社群的大数据中发现,90%的用户在不足20个人的小群里活跃。人人都想组建人多的大社群,但许多大社群非常不活跃。此外,进入一个人数很多的群,遴选信息的成本高,人员间相互认知的成本也高。此外,复制不是即兴的事情,而是人力、财力、物力与精力等多角度综合考量后的结果。社群成员数量与社群信息量的对应关系如图8.5所示。

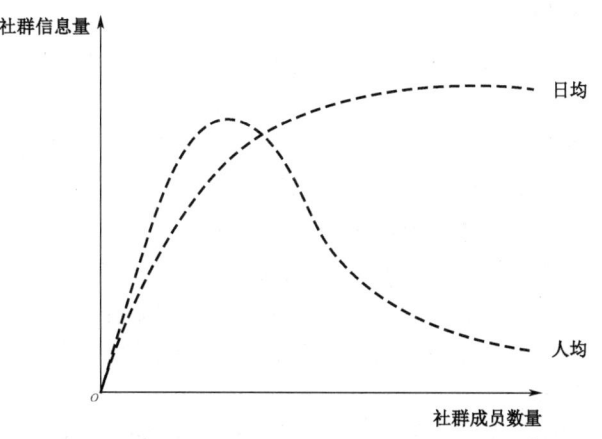

图 8.5 社群成员数量与社群信息量的对应关系

8.4.2 社群管理

社群建立后,社交电子商务需要持续投入管理资源,才能使之健康地运行下去。管理社群如同管理企业一样,需要做到目标明确,岗位设置合理有效,管理模式科学合理,制度设立清晰严谨、文化和谐,才能保证社群健康发展。

(1) 目标管理。社群首先要确立明确的目标,成员才有凝聚力,一般需要制订目标,打造使命感,提升成员忠诚度和贡献度,与此同时,也需要向成员提供目标反馈。

(2) 岗位设置。社群需要设立关键岗位,主要包括:协调员,吸收新成员并将新成员归类,协调社群成员之间关系;运营员,维护社群日常运行,包括设定社群阶段性目标、联系名人、组织线下活动等。

（3）内容策划。主要包括策划适合的主题、生产具体内容、沉淀用户等。内容策划主要是通过主动、有计划地生产内容、传播内容来满足用户的需求，从而增加用户黏性，以促成用户转化及更广泛的品牌传播。内容运营的关键作用在于建立链接，让用户通过特定途径了解产品，也向用户输出产品特定价值观，从而吸引目标用户使用产品。

（4）管理模式。社群管理主要有两种模式，一种是社交环形结构，另一种是基于学习型的金字塔结构。在环形结构中，社群的成员可以相互交流并相互影响，可以带动整个社群气氛，并促进成员整体成长。金字塔结构主要是以高影响力人物为核心，进行分层辅助管理。

（5）制度设立。社群要良好地运行，也需要有适当的规章制度来规范成员的言行。首先是建立入群门槛，即针对粉丝的筛选制度，保证社群健康发展。其次是建立社群发言制度，避免成员之间产生冲突，引导成员关注社群内容。最后是建立奖惩机制，对作出贡献的社群成员进行奖励，对于影响和破坏社群发展的成员进行处罚。

（6）保持活跃度。社群可持续发展的关键在于聚集流量并保持活跃度。一是通过建立信任感及提供增值等方式建立社群品牌；二是内容娱乐化，激发参与感；三是定期举办活动等方式。

（7）社群推广。通过采用合适的战略战术来收获更多的流量红利。

8.4.3　社群变现

社群变现是指将社群里的用户转化为营销和销售利润。以下是实现社群变现的七种方法。

（1）产品或服务变现。在社群中宣传自己的产品或服务，以增加销售。可以在社群中提供折扣或其他优惠来吸引用户。例如，美妆社群，商品就是各类美妆产品，如面膜、面霜、精华液等，既属于好物推荐，又是团购。

（2）会员变现。做社群收取会员费，是最直接且短期内变现收入最大的一种方式。一种是从免费到付费，先创建免费社群，再通过后续的服务和分层，收取付费会员。另一种是从付费到会员，花大量的时间在前期的内容、服务投入上，以此吸引用户直接进行付费，成为社群会员。

（3）知识付费变现。大部分的社群都是行业群、兴趣群、技能群，所以相关的课程永远是有市场的。社群付费的课程有两类：一类是临时性、单次的学习课程，可以聘请内部人员或外部专家。另一类是提前录制的系列课程。而付费课程的内容，可能是基础常识或是营销知识，也可能是实操案例。课程也会有难易程度之分，如新手入门课、精英成长课、总裁课等。付费课程的好处是可以重复使用，多次收费。

（4）咨询变现。真正能以咨询费、服务费变现的社群，还是比较依赖个人IP的，除非社群IP超过个人IP且具有知名的商业案例。①次数收费：客户每咨询一次收取一定的费用。②时间收费：一般标准是按照每小时收费，高的几千元，低的几百元，甚至有的按分钟收费。也有按照年费咨询的，年费咨询对社群来说是高客单，但也意味着要付出更高的代价。③项目收费：以某个个案、节点进行收费服务，按照约定项目结束后，服务关系可以解除。如果社群想要赚高客单、赚案例数、口碑，就可以采用这种方式，但按照项目收费的模式，对团队的服务交付能力有着极大的考验。

（5）活动变现。活跃且有价值的社群会经常举办各种类型的活动。收费主要包括报名费、展会费、冠名费等。

（6）广告变现。可以在社群中投放广告，从而获取广告费用。这种方法需要注意广告的质量和数量，以避免影响用户体验和社群形象。根据社群成员的个人信息、兴趣、需求等条件，向他们推荐合适的产品或服务，通过精准推荐的方式增加销售额。

（7）加盟变现。通过招募加盟商或代理商变现。一是招募分销/团长，进行商品分销，这种思路也比较适合母婴、美妆、食品等类型的社群。二是招募分社社长，如杭州分社、北京分社，卖的是资源，做全国各地的会员交付，这种比较适合读书会、资源型社群。

总之，实现社群变现需要考虑社群成员的需求与利益，提供高质量的产品和服务，建立良好的社群品牌形象，进而吸引更多的用户，从而达到变现目的。

案例8-4：知味葡萄酒的社群运营

知味葡萄酒杂志（以下简称知味）是一家专注为葡萄酒爱好者提供轻松的葡萄酒文化、专业的品酒知识、实用的买酒建议和精彩的品鉴体验的创业企业。自创业以来，知味的推广与内容始终以社群为核心。通过专业、垂直的葡萄酒媒体内容和线下的葡萄酒教育体系，知味已然成为国内最火的葡萄酒媒体，超过50万名的葡萄酒爱好者聚集到知味周围的葡萄酒文化社群里。

社群已经建立，运营应该怎么做？知味并不希望像传统的方式那样，单纯地收集所有会员的联系方式做成通讯录，或者是在社群内部群发广告。知味认为，社群营销是依赖个人偏好及消费行为特征所构建的社群，在增值服务这方面，应适度规避"商业激励"而采用"情感维系"，来升华用户与厂家和品牌的关系。

知味通过用户数据采集功能内容标签的方式收集所有社群用户与知味的交互行为与内容偏好。用户无论是看了一篇特定内容的微信图文、参加了一场特定主题的品酒活动还是购买了知味所推荐的葡萄酒或周边产品，知味都能记录下来。通过足够长时间的数据收集，知味可以通过结构化获取的用户信息对他们进行分类，并通过不同主题的话题社群将用户组织到一起。如阅读过较多次数关于意大利葡萄酒文章的用户，或者参加过知味组织的意大利葡萄酒品鉴会的用户，都会被邀请加入"知味意粉"小组。在这样的情况下，葡萄酒爱好者用户会陆续被不同主题的社群以网状的形式包括到至少一个社群小组中。这样一来，精准的分组使社群活跃度非常高，还为精准定向地向用户发送他们感兴趣的内容信息和产品营销内容提供了有效通路。

同时，基于对庞大的粉丝数据系统进行挖掘，知味据此为其粉丝发送完全个性化的促销信息。例如，知味可以设定自动流程规则，让系统自动向在过往的一个月内参加过入门级葡萄酒培训课程的用户发送中级葡萄酒培训课程的培训信息。这样个性化、差异化的优惠大大地提高了粉丝购买的可能性，也降低了信息推送的成本。

知味还使用了平台活跃度打分的功能，交互频繁的用户活跃分数会上升。对于不够活跃的用户，定向推送一些"召回"目的的内容以降低用户流失。3个月内，粉丝的活跃度上升了55%。通过使用多样的营销功能与分析工具，知味做到了全方位精准化的社群营销。用户与知味社群平台的黏性非常高，长期形成的情感维系要远比"满

500积分抵5元消费"这样的商业折扣要受用得多。

案例思考题:

(1)知味如何通过社群营销深化用户与品牌和厂家的关系?在情感维系方面,知味采取哪些具体措施来避免过度商业化的激励手段,同时保持用户的兴趣和参与度?

(2)知味拥有用户数据采集功能,如何利用这些数据标签来提升社群运营的精准度和效果?如何平衡数据驱动的运营与用户个性化需求的满足?

(3)在知味的社群中,如何建立和维护一个积极、互动且有价值的信息交流环境?知味采取了哪些策略来激发社群成员的参与感,并促进他们之间的知识分享和经验交流?

(4)如何设计有趣且吸引人的线下品酒活动,以增强社群成员的归属感和参与度?在线下活动中,知味如何结合其专业的葡萄酒知识和文化,为用户创造独特的品鉴体验?

(5)随着社群规模的不断扩大,知味如何确保社群的质量和活跃度?在社群管理中,知味应该采取哪些策略来筛选和保留高质量的社群成员,同时保持社群的活跃度和凝聚力?

8.5 社交电子商务的数据运营

数据运营的目的是通过数据分析发现并解决问题,提升效率促进增长。运营数据包括五个部分:宏观数据、行业数据、互联网用户数据、同类竞品数据、商家自有数据。

8.5.1 数据采集

商家自有数据会在商城平台上记录,包括流量数据、产品数据、订单数据、用户数据等。流量数据包括访客数、浏览量、平均停留时长等。产品数据主要包括产品名称、价格、库存、销量、发布时间等。订单数据包括订单号、物流、付款、订单状态、收货人地址、姓名等。用户数据主要包括用户个人信息、消费金额、消费时间和成长状况等。

8.5.2 数据分析方法

数据分析是用适当的统计方法,对收集的大量数据加以汇总和开发,以达到提取信息、形成结论、指导工作等目的。

数据分析的目的体现在两个方面:一方面,发现问题并且找到问题的根源,最终通过切实可行的办法解决存在的问题;另一方面,基于以往的数据分析,总结发展趋势,为店铺运营决策提供支持。一般社交电子商务运营者主要关注店铺的流量数据、销售数据、用户数据、活动数据等。

1. 常用数据指标

常用的数据指标主要包括基础流量指标和商业指标。其中,基础流量指标主要包括:

(1)浏览量(Page View,PV)。网店页面被访问的总次数。

(2)访客数(User View,UV)。某个特定页面的访客数。

(3)页面停留时间。用户在某些页面上停留时间的长短。

(4)跳出率。用户登录网店后只访问了一个页面就离开的访问人次占网店登录页面访问总人次的比例。

(5)各流程转化率。注册转化率、产品详情页转化率、购物车转化率、支付转化率等。

(6)成交转化率。本店成交人数占总访客数的比率。

(7)日活跃用户量(Daily Active User,DAU)。每天的活跃用户数量。

(8)月活跃用户量(Monthly Active User,MAU)。每月的活跃用户数量。

商业指标主要包括:

(1)订单量。一定周期内的订单总笔数。

(2)订单金额。一定周期内实际的营业收入总和。

(3)客单价。某时间段内商品销售总金额除以该时间段内下单用户数,即网店每个买家平均购买商品的金额,也是平均交易金额。

(4)成交总额(Gross Merchandise Volume,GMV)。电子商务的成交金额,包括拍下未付和实际支付两部分。

2. 常用数据分析方法

在数据挖掘分析领域,较为常用的数据分析方法包括描述型数据分析、诊断型数据分析、预测型数据分析。描述型数据分析回答发生了什么事情,诊断型数据分析回答为什么会发生这样的事情,预测型数据分析回答将要发生什么事情。

(1)描述型数据分析。描述型数据分析是用来概括、表述事物整体状况及事物间关联、类属关系的统计方法,是最为常见的数据分析类型。它通过统计处理可以简洁地用几个统计值来表示一组数据的集中性(如平均值、中位数和众数等)和离散性(反映数据的波动性大小,如方差、标准差等),常用的方法包括对比分析、平均分析、交叉分析等。

(2)诊断型数据分析。诊断型数据分析主要用于解释为什么会发生,一般会基于相关的模型进行诊断。如 4P 营销理论、PEST 模型等。

(3)预测型数据分析。预测型数据分析常用的方法包括回归分析、分类算法等。回归分析是通过规定因变量和自变量来确定变量之间的因果关系,建立回归模型,并根据实测数据来求解模型的各参数,然后评价回归模型是否能够很好地拟合实测数据;如果能够很好地拟合,则可以根据自变量作进一步预测。回归主要种类有线性回归、曲线回归、二元 logistic 回归、多元 logistic 回归。分类算法是一种机器学习方法,其目的是将集中的数据按照某种规则分成若干类别。接触的业务问题是个分类问题,如金融领域的信用风险管理中客户是否存在欺诈,社交媒体领域的用户是否留存,快消领域的客户是否购买等问题。分类算法是监督学习,已经有非常成熟的算法应用,从简单的 KNN,到朴素贝叶斯、决策树、支持向量机,以及集成 Boost 算法、深度学习中的神经网络算法等。

8.5.3 数据分析维度

(1)流量数据分析。主要通过发现流量规律,进行服务安排和调整;发现异常流量,及时分析原因;追踪调整后效果。

（2）销售数据分析。主要进行完成率、业绩、退换货数据、订单数据、推广、产品销售量等分析。

（3）用户数据分析。主要对用户增长数量、用户活跃度、用户转化率、用户复购率等数据进行分析。

（4）活动数据分析。主要针对商家活动带来的业绩指标变化、活动效率、流量变化、销售额变化等进行分析，以监测活动效果。

8.6 社交电子商务的主要技术

社交电子商务所依赖的社交媒体形式多种多样：用于解决以通信问题为主的微信、QQ、钉钉、Telegram 等；用于分享生活、分享知识为主的 UGC 社区，如微博、抖音、知乎、小红书、Twitter、Facebook、Instagram。社交电子商务的运营离不开技术的支持。

8.6.1 社交媒体相关 API

各社交媒体为提升自身影响力，会开发出 API（应用程序编程接口）接口，将第三方应用接入自己的平台生态圈。以微信为例，通过好友后拉群、群聊群发、离职转移客户、自动导入线索、关键词抓取等功能扩展 API 自身的 SCRM 系统。微信 API 如图 8.6 所示。

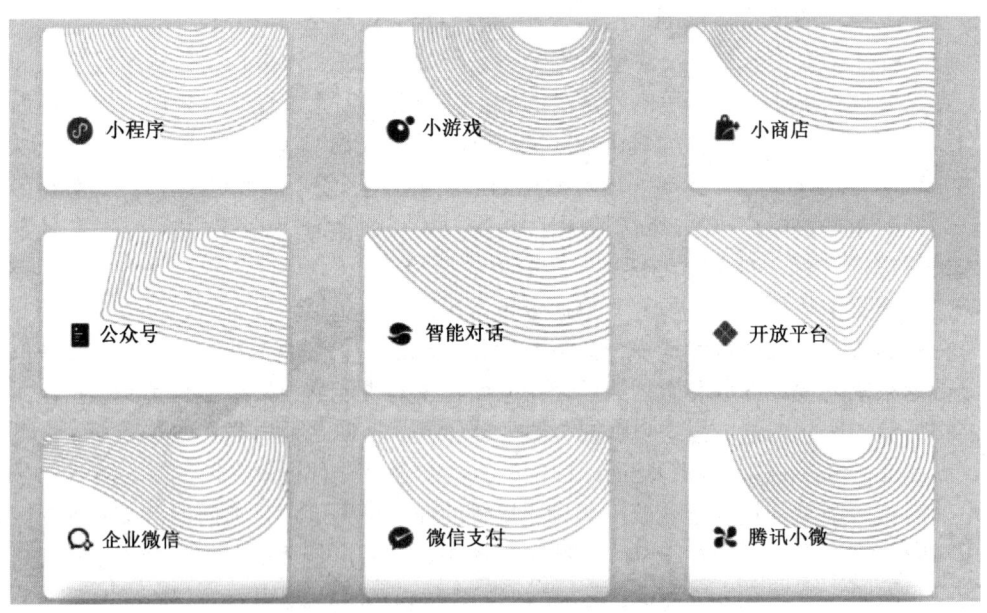

图 8.6 微信 API（资料来源：腾讯微信 API 官网）

8.6.2 SaaS 云服务

SaaS（Software as a Service，软件即服务），部署于供应商的服务器上，SaaS 更加关注的是如何为用户带来更加好的服务体验而不仅仅是卖出去了一款软件。ASP 模式将用户定制的应用部署于供应商的服务器中,有多少用户就可能有多少不同的软件应用。而在 SaaS 模式中,在用户和 Web 服务器上的应用之间增加了一个中间层,这个中间层用来处理用户的定制、扩展性和多用户的效率问题,最终访问的还是相同的软件服务。ASP 软件是将用户定制的功能部署在供应商的服务器上,有许多不同的软件应用程序对应不同的客户。而对 SaaS 而言,在用户和应用程序之间添加了一个编辑层面,独创出以增值服务的模式将一款相同的软件分割成不同的块卖给不同的客户。

8.6.3 HTML5 技术

HTML5 是构建 Web 内容的一种语言描述方式。HTML5 是互联网的下一代标准,是构建及呈现互联网内容的一种语言方式,被认为是互联网的核心技术之一。HTML 产生于 1990 年,1997 年 HTML4 成为互联网标准,并广泛应用于互联网应用的开发。HTML5 是 Web 中核心语言 HTML 的规范,用户使用任何手段进行网页浏览时看到的内容原本都是 HTML 格式的,在浏览器中通过一些技术处理将其转换成为可识别的信息。HTML5 将 Web 带入一个成熟的应用平台,在这个平台上,视频、音频、图像、动画及与设备的交互都进行了规范。

HTML5 技术为提升社交电子商务的交互性提供了功能基础,主要体现在以下方面。

(1) 智能表单。表单是实现用户与页面后端交互的主要组成部分,HTML5 在表单的设计上功能非常强大。input 类型和属性的多样性大大地增强了 HTML5 的表单形式,再加上新增加的一些表单标签,使原本需要 JavaScript 来实现的控件,可以直接使用 HTML5 的表单来实现;一些如内容提示、焦点处理、数据验证等功能,也可以通过 HTML5 的智能表单属性标签来完成。

(2) 绘图画布。HTML5 的 canvas 元素可以实现画布功能,该元素通过自带的 API 结合使用 JavaScript 脚本语言在网页上绘制图形和处理,可以实现绘制线条、弧线及矩形,用样式和颜色填充区域,书写样式化文本,以及添加图像的功能,且使用 JavaScript 可以控制其每个像素。HTML5 的 canvas 元素使浏览器无须 Flash 或 Silverlight 等插件就能直接显示图形或动画图像。

(3) 多媒体。HTML5 的最大特色之一就是支持音频和视频,通过增加<audio>和<video>两个标签来实现对多媒体中的音频、视频使用的支持,只要在 Web 网页中嵌入这两个标签,无须使用第三方插件(如 Flash)就可以实现音视频的播放功能。HTML5 对音频、视频文件的支持使浏览器摆脱了对插件的依赖,加快了页面的加载速度,扩展了互联网多媒体技术的发展空间。

(4) 地理定位。现今移动网络备受欢迎,用户对实时定位的应用越来越多,要求也越来越高。HTML5 通过引入 Geolocation 的 API 可以通过 GPS 或网络信息实现用户的定位功能,定位更加准确、灵活。通过 HTML5 进行定位,除了可以定位自己的位置,还可以在他人对自己开放信息的情况下获得他人的定位信息。

(5) 数据存储。HTML5 较之传统的数据存储有自己的存储方式,允许在客户端实现较大规模的数据存储。为满足不同的需求,HTML5 支持 DOM Storage 和 Web SQL Database 两种存储机制。其中,DOM Storage 适用于具有 key/value 对的基本本地存储;而 Web SQL Database 是适用于关系型数据库的存储方式,开发者可以使用 SQL 语法对这些数据进行查询、插入等操作。

8.6.4 移动客户端开发技术

1. 微信小程序概述

微信小程序是一种基于微信公众平台的应用，用户可以通过微信直接访问和使用，不需要下载和安装。微信小程序分为两种类型：第一种是服务型小程序，如美团外卖、滴滴出行等，主要提供一些服务类的功能；第二种是工具型小程序，如翻译、计算器等，主要提供一些常用工具类的功能。

在进行微信小程序开发之前，需要安装微信开发者工具。微信开发者工具是一个可用于开发、调试和发布小程序的专用工具，它可以模拟微信客户端，使开发者可以在自己的计算机上进行微信小程序的开发和调试，同时还可以将代码上传至微信小程序平台进行发布。微信开发者工具支持 Windows、Mac 和 Linux 等多个平台，可以从微信官方网站进行下载。

微信小程序开发主要采用 JavaScript、WXSS 和 WXML 三种语言。

（1）JavaScript。JavaScript 是一种脚本语言，常用于网页编程。在微信小程序开发中，JavaScript 主要用来处理业务逻辑和程序控制。

（2）WXSS。全称为微信小程序样式表语言，是微信小程序所采用的样式表语言，它类似于 CSS，但具有更高的可扩展性和灵活性。

（3）WXML。全称为"微信小程序模板语言"，用于描述微信小程序页面结构。WXML 语言可直接使用 JavaScript 代码片段，如 if/else、for 循环等语句。

2. App 技术

App 是英文 Application 的简称，由于智能手机的流行，App 指智能手机的第三方应用程序。目前，主流的四大 App 系统主要包括安卓 Android 系统版本、苹果 iOS 系统版本、塞班 Symbian 系统版本、微软 Windows phone7 系统版本。

App 技术也是开拓社会化渠道、开展社交电子商务的重要支撑技术。可用于建立自有销售平台，利用网站、微博、微信、移动客户端的特点，打通社会化营销渠道，提高品牌宣传的渗透度。也可用于开发二维码应用，实现从线下到线上的无缝连接。也可用于建立强大的用户数据库，通过会员制度，实现用户行为记录分析。还可用于实现各系统的数据互通，完善通信供应链。

开发一个完整的 App 需要多种技术的支持，包括前端、后端、数据库、服务器等。下面将详细介绍开发 App 所需要的技术。

1）前端技术

（1）HTML/CSS/JavaScript。HTML 是网页的骨架，CSS 是网页的外观，JavaScript 是网页的动态交互。这三种技术是前端开发的基础，也是开发 App 所必须掌握的技术。

（2）React Native。React Native 是一种基于 React 框架的移动端开发技术，它采用 JavaScript 语言开发，可以同时在 iOS 和 Android 平台上运行。React Native 开发 App 的优势在于可以快速开发高质量的原生应用，并且可以通过热更新快速发布新版本。

（3）Flutter。Flutter 是谷歌开发的一种移动端 App 软件开发技术，它采用 Dart 语言开发，可以同时在 iOS 和 Android 平台上运行。Flutter 的优势在于可以快速开发高质量的原生应用，并且可以通过热更新快速发布新版本。

2）后端技术

（1）Java。Java 是一种跨平台的编程语言，可以开发各种类型的应用程序。在 App 开发中，Java 常用于开发后端服务器。

（2）Python。Python 是一种解释性高级编程语言，可以用于开发各种类型的应用程序。在 App 开发中，Python 常用于开发后端服务器。

（3）Node.js。Node.js 是一种基于 JavaScript 语言开发的后端技术，可以用于开发高性能的网络应用程序。在 App 开发中，Node.js 常用于开发后端服务器。

3）数据库技术

（1）MySQL。MySQL 是一种开源的关系型数据库管理系统，可以用于存储和管理应用程序中的数据。

（2）MongoDB。MongoDB 是一种开源的文档型数据库管理系统，可以用于存储和管理应用程序中的数据。

4）服务器技术

（1）Apache。Apache 是一种开源的 Web 服务器软件，可以用于部署应用程序。

（2）Nginx。Nginx 是一种开源的高性能 Web 服务器软件，可以用于部署应用程序。

以上是开发 App 所需要的一些技术，当然还有其他的技术，如 Git、RESTful API 等。在实际开发中，需要根据具体的需求选择合适的技术和工具，才能开发出高质量的应用程序。

本章小结

社交电子商务已成为电子商务在社交网络环境下的主流交易形式。本章主要介绍了社交电子商务的基本概念及其与传统电子商务的区别；产品运营的基本原则、具体内容；用户的消费特点及消费行为分析，用户画像、用户维护和用户裂变；社群的创建原则、管理办法及社群变现的主要路径等；数据运营流程与作用、数据收集与统计的主要方法及数据分析的维度；社交电子商务背后主要的技术。通过拼多多、云集和知味三个案例的展示，说明了社交电子商务的实际应用领域。

本章思考题

1. 社交电子商务是如何结合社交网络和电子商务的？请简要描述社交电子商务的基本概念。

2. 社交电子商务的模式有几类？请列举并解释每种模式的特点。

3. 社交电子商务的产品运营包括哪些方面？请简要描述产品定位、价格管理、采购管理和库存物流管理的重要性。

4. 在社交电子商务的用户运营中，为什么用户画像和用户维护是关键要素？请解释它们对社交电子商务的影响。

5. 社交电子商务的消费行为模型有哪些？请列举并解释每个模型的特点。

6. 如何进行社交电子商务的社群运营？请描述社群创建、管理和变现的关键步骤。

7. 社交电子商务的数据采集和数据分析在运营中的重要性是什么？请解释为什么数据分析是社交电子商务成功的关键。

8. 列举一些社交电子商务常用的数据分析方法和维度，以及它们对决策和优化的作用。

9. 社交电子商务的发展背景是什么？请简要描述影响社交电子商务兴起的因素。

10. 总结社交电子商务的战略模型，并解释每个模型的特点和应用场景。

11. 列举一些常用的社交媒体相关 API，并解释它们在社交电子商务中的应用。如果要开发一个社交电子商务平台，你会选择哪些社交媒体 API 来集成？为什么？

12. 解释什么是 SaaS 云服务，以及它在社交电子商务中的优势和应用场景。列举一些常见的 SaaS 云服务提供商，并描述它们在社交电子商务中的具体应用。

13. 如果要开发一个社交电子商务网站，你会如何利用 HTML5 技术来提升用户体验？

14. 列举一些常用的移动客户端开发技术，如 iOS 和 Android 开发平台。如果要开发一个社交电子商务的移动应用，你会选择哪种开发技术？为什么？

第 9 章
跨境电子商务

学习目标

1. 掌握跨境电子商务的内涵和特点。
2. 理解跨境电子商务与境内电子商务、传统国际贸易的区别。
3. 掌握跨境电子商务的模式分类。
4. 理解跨境电子商务的生态体系。
5. 了解进口跨境电子商务、出口跨境电子商务的运营模式和基本业务流程。
6. 了解跨境电子商务服务平台。
7. 了解跨境电子商务风险的类型和特点。

案例 9-1：绫致与 ELFSACK 借助跨境电子商务实现品牌出境

如今企业都在追求品牌全球化，跨境电子商务已经成为企业推动品牌出境，进行品牌升级的重要渠道。

1. 绫致借全球速卖通拓展境外市场

绫致时装（以下简称"绫致"）于 1975 年成立于丹麦，以经营都市女性、男性，以及儿童和青少年流行时装和饰品为主，其旗下的 VERO MODA、ONLY、杰克琼斯、思莱德等品牌在全球颇具知名度。

绫致在 2018 年 6 月加入全球速卖通，并首次开拓了俄罗斯市场，其品牌和商品迅速覆盖了俄罗斯、白俄罗斯、乌克兰等境外市场。针对境外买家的审美和兴趣爱好，绫致的运营者在商品设计和结构上进行了调整，使商品款式能更好地满足境外买家的需求。

在 2019 年备战"双 11"活动时，绫致注重自身品牌的宣传，保证商品设计和结构与全球服装设计理念同步，再加上有力的"双 11"营销措施，将一款羽绒服打造成单款爆品，这不仅提高了商品销售额，还提高了绫致品牌在全球范围内的知名度。

2. ELFSACK 借全球速卖通开拓境外市场

ELFSACK（妖精的口袋）是一个比较成功的"淘品牌"（指淘宝商城和买家共同推荐的网络原创品牌），在全球速卖通平台上，ELFSACK 采取"跨界+大促"的方式，成功地获得了境外买家的关注。

2019 年 9 月，ELFSACK 在纽约完成了纽约时装周的首秀。在 2019 年"双 11"大促活动中，ELFSACK 也将时装周上的商品上架到全球速卖通店铺中，一款 ELFSACK 和某国际插画师联名款的衬衫在"双 11"刚开始一分钟就被抢购一空。

ELFSACK 通过深入分析与了解境外买家的购买兴趣，生产具有普遍接受度且具备国际化水准的原创类商品，借助跨境电子商务实现了品牌出境，完成了品牌升级。

从绫致与 ELFSACK 两个品牌的实践可以看出，跨境电子商务为品牌出境提供了新渠道，未来，通过跨境电子商务拓展市场将成为更多品牌完成新一轮品牌升级的重要途径。

案例思考题：

（1）ELFSACK 作为一个成功的"淘品牌"，在全球速卖通平台上采取了"跨界+大促"的策略，这一策略的主要优点是什么？为何它有助于获得境外买家的关注？

（2）2019 年 9 月，ELFSACK 在纽约时装周完成了首秀，这对 ELFSACK 的品牌发展有何影响？它如何与"双 11"大促活动相互结合，推动品牌的国际化进程？

（3）考虑到 ELFSACK 通过与某国际插画师合作推出联名款衬衫，并在"双 11"大促中取得了显著的销售成绩，你认为这种合作方式对于品牌出境有何重要性？它如何帮助 ELFSACK 提升品牌价值和市场接受度？

（4）ELFSACK 通过深入分析与了解境外买家的购买兴趣，生产了具有普遍接受度且具备国际化水准的原创类商品。你认为品牌在进行国际市场拓展时，对目标市场的深入了解和分析为何至关重要？

（5）从绫致与 ELFSACK 两个品牌的实践中，我们看到了跨境电子商务在品牌出境和品牌升级中的重要作用。请分析并讨论，随着跨境电子商务的进一步发展，未来它们将如何成为更多品牌完成新一轮品牌升级的重要途径？

9.1 跨境电子商务概述

跨境电子商务（Cross-Border Electronic Commerce）是基于互联网发展起来的一种商务形式。随着数字经济、网络技术、电子支付等新兴科技手段的普及和贸易全球化的发展，跨境电子商务已成为国际贸易的重要分支、全球经济发展的新业态和全球国际贸易的新引擎。

9.1.1 跨境电子商务的内涵与特点

1. 跨境电子商务的内涵

跨境电子商务是指分属不同关境的交易主体，以电子商务平台为媒介，以信息技术、网络技术、支付技术等为技术支撑，完成商品的线上交易、进行支付结算，并通过跨境物流或异地仓储将商品送达消费者手中的国际商业活动。跨境电子商务源于电子商务，是电子商务的新模式和新业态。

具体来说，跨境电子商务有狭义和广义之分。

1）狭义的跨境电子商务

狭义的跨境电子商务基本等同于跨境零售 B2C（Business to Customer，企业对个人）和 C2C（Customer to Customer，个人对个人）。跨境零售是指分属不同关境的交易主体，通过互联网平台达成交易、进行支付结算，并采用快递等方式通过跨境物流将商品送达消费者手中的商业活动。

在国际上，跨境电子商务通常指跨境零售。从海关上来说，跨境电子商务是指通过互联网进行的小额买卖，最终目标是终端消费者。严格来说，随着跨境电子商务的发展，跨境电子商务消费者中也有一些碎片化做小额买卖的小企业，在现实中很难界定和区分这类小企业消费者与个人消费者，所以总体来说，跨境零售也包含对这部分小企业的销售。

2）广义的跨境电子商务

广义的跨境电子商务基本等同于外贸电子商务 B2B（Business to Business，企业对企业），是指分属不同关境的交易主体，利用网络将传统进出口贸易中的展示、洽谈和成交环节电子化，并通过跨境物流送达商品、完成交易的一种国际商业活动。

从更广泛的意义上来说，跨境电子商务是指电子商务在国际进出口贸易中的应用，是传统国际贸易流程的网络化、电子化和数字化，包括货物的电子贸易、在线数据传递、电子资金划拨、电子货运单证等多方面的内容。从这个意义上来说，国际贸易中只要涉及电子商务的应用，都可以被纳入跨境电子商务的范畴。

2. 跨境电子商务的特点

跨境电子商务是基于互联网发展起来的新型贸易形式，引起了世界经济贸易的巨大变革。与传统贸易形式相比，跨境电子商务具有以下特点。

1）全球化

跨境电子商务与传统的交易方式相比，一个重要的特点在于它是一种无边界交易，突破了传统交易具有的地理因素限制，使企业不需要跨越国界就可以把产品，尤其是高附加值的产品和服务提供给市场。任何人只要具备了一定的技术手段，在任何时候、任何地方都可以发布信息、相互联系并进行交易，跨境电子商务大大提高了贸易自由度，因此它具有全球化的特性。

2）多边化

传统的国际（地区间）贸易主要表现为两国（地区）之间的双边贸易，即使有多边贸易，也是通过多个双边贸易实现的，呈线状结构；跨境电子商务则可以通过A国（地区）的交易平台、B国（地区）的支付结算平台、C国（地区）的物流平台，实现其他国家（地区）间的直接贸易。与贸易过程相关的信息流、商流、物流、资金流也由传统的双边逐步向多边演进，呈现网状结构。跨境电子商务正在重构世界经济新秩序。

3）直接化

传统的国际（地区间）贸易主要由一国（地区）的进/出口商通过另一国（地区）的进/出口商集中进/出口大批量货物，然后通过境内流通企业的多级分销，使货物到达有进/出口需求的企业或消费者手中，进出口环节多、时间长、成本高。跨境电子商务可以通过电子商务交易与服务平台，实现多国（地区）企业之间、企业与最终消费者之间的直接交易，进出口环节少、时间短、成本低、效率高。

4）数字化

传统的国际（地区间）贸易主要是实物产品或服务交易。随着网络信息技术的深化应用，数字化产品（软件、音乐、影视作品、游戏等）的品类和交易量快速增长，且通过跨境电子商务进行交易的趋势也更加明显。跨境电子商务就是通过数据驱动的新外贸体系，通过跨境电子商务平台可以将各类分散的信息集中，使交易信息更容易获得，而且可以通过大数据的积累，对所有参与者建立全新的信用体系，让买卖双方的交易更容易达成。

5）小批量

跨境电子商务是单个企业之间或单个企业与单个消费者之间的交易，相对于传统贸易，其交易大多是小批量，甚至是单件的。

6）高频率

跨境电子商务是单个企业之间或单个企业与单个消费者之间的交易，而且是按需采购、销售或消费，相对于传统贸易，跨境电子商务交易的次数或频率更高。

3．跨境电子商务与境内电子商务的区别

跨境电子商务与境内电子商务的区别主要体现在以下四个方面。

1）业务环节不同

境内电子商务属于境内贸易，而跨境电子商务实际上是国际（地区间）贸易。相比于境内电子商务，跨境电子商务的业务环节更加复杂，需要经过海关通关、检验检疫、外汇结算、出口退税、进口征税等环节。在货物运输上，跨境电子商务通过邮政小包、快递方式出境，货物从售出至到达境外消费者手中的时间更长。又因路途遥远、货物容易损坏，且各国（地区）邮政派送的能力相对有限，急剧增长的邮包量也容易引发贸易摩擦。而境内电子商务发生在境内，以快递方式将货物送达消费者，具有路途短、到货速度快、货物损坏率低等特点。

2）交易主体不同

境内电子商务的交易主体一般在国境内或关境内,可以是境内企业对企业、境内企业对消费者或境内消费者对消费者。而跨境电子商务的交易主体是在关境之间,即境内(外)对境外(内),可能是境内企业对境外企业、境内企业对境外消费者,也可能是境内消费者对境外消费者等。相比于境内电子商务,跨境电子商务交易主体的供给方与需求方涉及的范围更加广阔,遍及全球,由于不同国家/地区有不同的消费习惯、文化心理、生活习俗、宗教信仰、法治体系和监管要求,跨境电子商务企业在经营过程中需要对跨文化冲突与管理有深入的理解与认识,要有"当地化/本地化"思维,并以此对企业战略、营销方式、数据处理、品牌建设等做出相应的调整与优化,这些运营难度都远远超出了境内电子商务行业。

3）交易风险不同

相比而言,境内电子商务要比跨境电子商务的风险小得多,境内电子商务主要面临的是市场风险与信用风险,而跨境电子商务还要面临政治、法律、汇率、技术等方面的风险。此外,境内生产企业知识产权意识比较薄弱,再加上跨境 B2C 电子商务市场上的产品多为科技含量不高或不需要大规模生产的日用消费品,很多企业缺乏产品定位的意识,什么热卖就上什么产品,大量的低附加值、无品牌、质量不高的商品和假货仿品充斥跨境电子商务市场,侵犯知识产权的事件时有发生。在商业环境和法律体系较为完善的国家(地区),很容易引起知识产权纠纷,后续的司法诉讼和赔偿十分麻烦。而境内电子商务行为发生在同一个国家(地区),交易双方对商标、品牌等知识产权有统一的认识,侵权引起的纠纷较少,即使产生纠纷,处理时间较短,处理方式也较为简单。

4）适用规则不同

跨境电子商务比一般境内电子商务需要适应的规则更多、更细、更复杂。首先是平台规则。跨境电子商务经营借助的平台除了境内的平台,还有境外的平台,境内的 B2B 及 B2C 平台已经有很多,各平台均有不同的操作规则,境外各国(地区)的平台及规则更是令人眼花缭乱。跨境电子商务需要熟悉境内外不同平台的操作规则,需要具有针对不同需求和业务模式进行多平台运营的技能,而境内电子商务只需遵循一般的电子商务规则即可。跨境电子商务还需要以国际(地区间)通用的系列贸易协定为基础,或者是以双边的贸易协定为基础。跨境电子商务要有很强的政策、规则敏感性,要及时了解国际贸易体系、规则,进出口管制、关税细则,以及政策的变化,对进出口形势也要有更深入的了解和分析能力。

4. 跨境电子商务与传统国际贸易的区别

互联网经济正在成为我国经济增长的重要引擎之一。与传统国际贸易相比,跨境电子商务交易拥有更高的效率,各国和地区的消费者对跨境电子商务的接纳程度越来越高,而对传统国际贸易而言,电子商务化是一条新的出路。

与传统国际贸易相比,跨境电子商务拥有极大的优势,跨境电子商务与传统国际贸易的对比如表 9.1 所示。

表 9.1 跨境电子商务与传统国际贸易的对比

对比项目	贸易形式	
	跨境电子商务	传统国际贸易
交易主体交流方式	通过互联网平台交易，间接接触	面对面，直接接触
运作模式	需借助互联网电子商务平台	基于商务合同的运作模式
订单类型	小批量、多批次、订单分散、周期相对较短	大批量、少批次、订单集中、周期长
价格、利润率	价格实惠，利润率高	价格高，利润率相对较低
商品类目	商品类目多，更新速度快	商品类目少，更新速度慢
规模、增长速度	面向全球市场，规模大，增长速度快	市场规模大，但由于受地域限制，增长速度相对缓慢
交易环节	简单（生产商—零售商—消费者或生产商—消费者），涉及的中间商较少	复杂（生产商—贸易商—进口商—批发商零售商—消费者），涉及的中间商较多
支付	电汇、信用证、互联网第三方支付等，支付方式更加多样	电汇、信用证等
物流运输	通过邮政小包、专线物流、海外仓等方式进行运输	通过空运、集装箱海运、铁路运输等方式完成
争端处理	争端处理不畅，效率低	拥有健全的争端处理机制

9.1.2 跨境电子商务的发展历程

我国跨境电子商务作为新兴的互联网行业，经历了从无到有、从小到大的发展历程。跨境电子商务是沿着传统外贸—外贸电子商务—跨境电子商务的轨迹而发展的。从 1999 年至今，跨境电子商务主要经历了三个阶段，实现了从信息服务到在线交易再到全产业链服务的重大转型。

1. 跨境电子商务第一阶段（1999—2003 年）

跨境电子商务第一个阶段又称跨境电子商务 1.0 时代。这个阶段以网上展示、线下交易的外贸信息服务为主要商业模式。在跨境电子商务第一个阶段，第三方平台的主要功能是为企业信息及产品提供网络展示平台，在网络上并未涉及任何交易环节，第三方平台主要通过向进行信息展示的企业收取会员费（如年服务费）来实现盈利。在第一阶段的发展过程中，衍生出竞价推广、咨询服务等信息增值业务，并逐渐为供应商提供全流程服务。

跨境电子商务第一阶段的典型代表平台有阿里巴巴国际站、环球资源网（Global Sources）等。阿里巴巴集团成立于 1999 年，主要以网络信息服务为主、线下会议交易为辅，是中国最大的外贸信息黄页平台之一。环球资源网成立于 1971 年，其前身为 Asian Source，是亚洲较早的贸易市场资讯提供者，并于 2000 年 4 月 17 日在美国纳斯达克证券交易所上市。2003 年，国际电子商务巨头 eBay（易贝）以并购方式进入中国大陆市场。eBay 易趣沿袭其在其他国家和地区的做法，打破地区与国家界限，以零售方式实现商品的无障碍流通。在这个阶段还出现了中国制造网、韩国 EC21 网、Kelly Search 等大量以供需信息服务为主的跨境电子商务平台。

在跨境电子商务第一阶段，我国虽然通过互联网解决了贸易信息面向世界买家的难题，但依然无法解决在线交易的难题，仅实现了外贸电子商务产业链的信息流整合。

2. 跨境电子商务第二阶段（2004—2012 年）

2004 年，随着敦煌网的上线，跨境电子商务进入第二个阶段，也称跨境电子商务 2.0 时代。在这个阶段，跨境电子商务平台开始摆脱纯黄页信息展示的方式，开始将线下交易、支付、物流等流程电子化，逐步成为多功能的在线交易平台。

和第一阶段相比，跨境电子商务第二阶段更能体现电子商务的本质，即借助电子商务平台，通过服务、资源整合有效打通上下游供应链。电子商务平台包括 B2B 平台和 B2C 平台两种模式。在跨境电子商务的第二阶段，B2B 平台模式为跨境电子商务主流模式，其通过直接对接中小企业商家实现产业链的进一步缩短，提升了商品的销售利润空间。在这一阶段，第三方平台实现了营收的多元化，同时实现后向收费模式，将"会员收费"改成以收取交易佣金为主，即按成交效果来收取百分点佣金，还通过平台进行营销推广，提供支付服务、物流服务等以获得增值收益。

2004 年，王树彤从卓越网离职创办敦煌网，主打小额在线批发业务。2006 年，以 eBay 起家的 DealeXtreme（帝科思，DX）上线，主要销售电子产品。2007 年上线的兰亭集势（LightInTheBox），是中国第一家由风险投资参与、以自营为主的外贸电子商务平台。2007 年，eBay.cn（eBay 中国）上线，主营 B2C 跨境电子商务业务。当时跨境电子商务还只是一个概念，敦煌网、兰亭集势等也刚起步。eBay 希望利用自己在国际市场的先发优势再次吸引中国商家的兴趣。事实也证明，eBay 这次做出了正确的选择。在淘宝网基本夺下境内在线零售市场的同时，eBay 夺取了跨境电子商务的主要市场，2006—2007 年还出现了依托境外电子商务平台进行进口商品买卖的活动，被称为"海淘""海外代购"。随后，专门提供境外商品选购的网络平台，如洋码头、跨境通、万国优品等应运而生，境内用户可通过这些电子商务平台实现足不出户逛遍全球。这些平台的出现，完善了跨境电子商务的形态，实现了零售业的无国界运行。2008 年，国际金融危机全面催生和成就了中国外贸 B2C 行业。那一年，美国最大的 3000 家进口商在中国市场采购中所占的市场份额下降了 10%。同时越来越多的进口商开始尝试以小额度、多频次的形式来规避风险。但更深层次的原因在于，互联网减少了信息不对称的状况，加速了世界的扁平化。2010 年，阿里巴巴集团旗下全球速卖通成立，它是阿里巴巴集团面向国际（地区间）市场的在线交易平台。2011 年后，跨境电子商务开始为大家所熟知，国家也开始重视。至此，跨境电子商务形态得以完全形成。

3. 跨境电子商务第三阶段（2013 年至今）

2013 年是跨境电子商务转型重要的一年，跨境电子商务全产业链出现了商业模式的变化。随着跨境电子商务的转型，跨境电子商务发展的第三个阶段——跨境电子商务 3.0 时代到来了。跨境电子商务第三阶段主要有大型工厂上线、B 类买家成规模、中大额订单比例提升、大型服务商加入和移动用户量增长等特征。与此同时，跨境电子商务 3.0 服务全面升级、平台承载能力更强、全产业链服务在线化也是这一阶段的主要特征。

在这一阶段，用户群体由草根创业向工厂、外贸公司转变，其具有极强的生产、设计和管理能力，平台销售产品由网商、二手货源向一手货源、优质产品转变。这一阶段的主要卖家群体正处于从传统外贸业务向跨境电子商务业务艰难转型，生产模式由大规模生产向柔性制造转变的状态，对代运营和产业链配套服务需求较高。同时，这一阶段的主要平台模式也由 C2C、B2C 向 B2B、F2B（Factory to Business，工厂对采购商）模式转变,批发商买家中大额交易成为跨境电子商务平台的主要订单。

跨境电子商务 3.0 的新特点如下。

1)贸易参与主体多元化

2012 年以前,跨境电子商务的参与者主要以小微企业、个体工商家及网商为主。2013 年以后,越来越多的人参与到跨境电子商务中来,传统贸易中的主流参与者(如外贸企业、工厂和品牌商家)开始进入这个领域,并逐渐走向规模化运作。

2)产业链日益完善

针对影响跨境电子商务发展的营销、通关商检、物流、支付等环节的问题,跨境电子商务企业及服务企业不断向产业链的其他环节延伸,并整合多方资源提供一体化服务,新的服务商不断涌现,整个产业链和生态系统的服务链条越来越清晰和完善。

3)运营方式品牌化

借助中国制造大国的优势,早期的跨境电子商务以销售物美价廉的产品及代工商品为主。近年来,大部分企业越来越重视品牌,开始考虑走品牌化运营之路,特别是一些较大的企业开始考虑如何实现规模化生产,建立属于自己的平台,将品牌引向境外市场,通过品牌来提升自己在跨境电子商务中的市场份额。

跨境电子商务快速过渡到 3.0 时代的主要原因如下。

(1)我国政府高度重视跨境电子商务的发展。中央及各地方政府相继出台了一些跨境电子商务行业的规范和优惠政策,如《关于跨境贸易电子商务进出境货物、物品有关监管事宜的公告》(海关总署〔2014〕56 号)、《关于进一步促进电子商务健康快速发展有关工作的通知》(发改办高技〔2013〕894 号)、《关于促进电子商务健康快速发展有关工作的通知》(发改办高技〔2012〕226 号)、《关于开展国家电子商务示范城市创建工作的指导意见》(发改办高技〔2011〕463 号)等,在规范跨境电子商务行业市场的同时,也让跨境电子商务企业开展跨境电子商务业务有了法律的保障。特别是 2013 年 8 月,国务院发布了《实施支持跨境电子商务零售出口的通知》,2014 年 2 月,海关总署发布公告,增列海关监管方式代码 9610(全称:跨境贸易电子商务),使跨境电子商务在海关得以定性。

(2)在境外市场上,B2B 在线采购已占据半壁江山。相关数据表明,美国 2013 年 B2B 在线交易额达 5590 亿美元,是 B2C 交易额的 2.5 倍。在采购商方面,59%的采购商以在线采购为主,27%的采购商月平均在线采购 5000 美元,50%的供货商努力让买家从线下转移到线上,以提升其利润和竞争力。

(3)移动电子商务的快速发展也成就了跨境电子商务 3.0 阶段的快速到来。2013 年,智能手机用户占全球人口的 22%,首次超过 PC 用户比例,智能手机达 14 亿台。同时,亚马逊(Amazon)公布,2014 年圣诞购物季使用移动端进行购物的用户占比达 50%。美国比价网站 Price Grabber 的调查显示,2014 年感恩节购物季,40%的用户会在进商场前进行网上比价,50%的用户在商场会使用智能手机进行网上比价。移动电子商务的快速发展得益于大屏智能手机的普及和 Wi-Fi 网络环境的改善,使用户的移动购物体验获得较大提升,用户移动购物习惯逐渐形成。另外,电子商务企业在移动端的积极推广和价格战促销等活动都进一步促进了移动购物市场交易规模的大幅增长。2016 年移动购物市场交易规模达到 7362.4 亿元。方便、快捷的移动跨境电子商务也为传统规模型外贸企业带来新的商机。

中国跨境电子商务发展历程如表9.2所示。

表9.2 中国跨境电子商务发展历程

主要阶段	关键字	主要特征	阶段代表企业
第一阶段（1.0时代）	信息、黄页、产品展示	以黄页形式提供消息，收取会员费用	阿里巴巴国际站 环球资源网
第二阶段（2.0时代）	在线交易、供应链、服务一体化	集信息展示、物流、支付、客户关系管理于一体	敦煌网 速卖通
第三阶段（3.0时代）	大平台、大用户、大订单、移动化	传统规模型外贸企业陆续登场，B类买家规模化，平台服务升级，移动跨境电子商务逐渐成主流趋势	敦煌网

9.1.3 跨境电子商务的模式分类

跨境电子商务可以按商品流向、涉及行业范围、商业模式、平台服务类型、平台运营模式等不同的模式进行分类。跨境电子商务的模式分类如表9.3所示。

表9.3 跨境电子商务的模式分类

划分标准	划分类型
按商品流向划分	进口跨境电子商务
	出口跨境电子商务
按涉及行业范围划分	垂直跨境电子商务
	综合跨境电子商务
按商业模式划分	企业与企业之间的跨境电子商务
	企业与个人用户之间的跨境电子商务
	个人消费者与个人用户之间的跨境电子商务
按平台服务类型划分	信息服务平台
	在线交易平台
按平台运营模式划分	第三方平台
	自营型平台
	跨境电子商务代运营服务商

1．按商品流向划分

按照商品流向的不同，跨境电子商务可以分为进口跨境电子商务和出口跨境电子商务。

进口跨境电子商务是指境外企业借助跨境电子商务平台与境内企业或个人买家达成交易，然后通过跨境物流将商品送至境内，完成交易的商业活动。进口跨境电子商务的传统模式是海淘，即境内买家在电子商务网站上购买境外的商品，境外企业通过直邮或转运的方式将商品运送至境内买家手中的购物方式。进口跨境电子商务的代表平台有洋码头、考拉海购、天猫国际等。

出口跨境电子商务是指境内企业借助跨境电子商务平台与境外企业或个人买家达成交易，通过跨境物流将商品送至境外，完成交易的商业活动。出口跨境电子商务的代表平台有全球速卖通、eBay、Wish、阿里巴巴国际站、敦煌网、环球资源网等。

2. 按涉及行业范围划分

根据涉及行业范围的不同，跨境电子商务可以分为垂直跨境电子商务和综合跨境电子商务。

垂直跨境电子商务模式一般是针对某一细分市场或某一行业进行运营的跨境电子商务模式，可以按照地域或品类归类。其中，地域垂直跨境电子商务是针对某一地域进行运营；品类垂直跨境电子商务是针对某一类商品进行运营，如美妆类商品。

综合跨境电子商务模式不局限于某一细分市场或行业，而是销售多种商品，更加多元化，其代表电子商务平台有亚马逊、eBay、全球速卖通、敦煌网等。

3. 按商业模式划分

按照商业模式的不同，跨境电子商务分为 B2B、B2C 和 C2C 三种商业模式，三种商业模式的跨境电子商务企业的特点及其业内代表如表 9.4 所示。

表 9.4 三种商业模式的跨境电子商务企业的特点及其业内代表

商业模式	特点	业内代表
B2B	企业与企业之间通过互联网进行商品、服务及信息的交换	敦煌网、中国制造网、阿里巴巴国际站、环球资源网等
B2C	分属不同关境的企业直接面向个人用户进行在线销售商品和服务，它面对的最终客户为个人用户，以网上零售的方式售卖商品	全球速卖通、亚马逊、大龙网、兰亭集势、米兰网等
C2C	面对的最终客户为个人用户，商家也是个人卖家。由个人卖家发布售卖的商品和服务的信息、价格等内容，个人用户进行筛选，最终通过电子商务平台达成交易，进行支付结算，个人卖家通过跨境物流将商品送达个人用户手中，完成交易	eBay、全球速卖通等

4. 按平台服务类型划分

按照平台所提供服务的不同，跨境电子商务平台可以分为信息服务平台和在线交易平台两类，两类平台的特点及其业内代表如表 9.5 所示。

表 9.5 两类平台的特点及其业内代表

平台类型	特点	业内代表
信息服务平台	为境内外会员提供网络营销平台，传递供应商和采购商的商品或服务信息，促使买卖双方完成交易	环球资源网、中国制造网等
在线交易平台	不仅提供企业、商品、服务等多方面信息展示，还包含整个交易过程，如搜索、咨询、对比、下单、支付、物流、评价等	敦煌网、全球速卖通、阿里巴巴国际站、大龙网、米兰网等

5. 按平台运营模式划分

根据平台运营模式的不同，跨境电子商务平台可以分为第三方平台、自营型平台和跨境电子商务代运营服务商，三种模式的特点及其业内代表如表 9.6 所示。

表9.6 三种模式的特点及其业内代表

平台类型	特点	盈利模式	业内代表
第三方平台	通过搭建线上交易平台，并整合物流、支付、运营等服务资源，吸引商家入驻，为其提供跨境电子商务交易服务	以收取商家佣金及其他增值服务费作为主要盈利模式	全球速卖通、敦煌网、环球资源网、阿里巴巴国际站等
自营型平台	通过搭建线上平台，平台方整合供应商资源，以较低的进价采购商品，然后以较高的售价出售商品	以赚取商品差价作为主要盈利模式	兰亭集势、米兰网、大龙网等
跨境电子商务代运营服务商	为那些想要进行跨境电子商务但缺乏运营经验的中小企业提供各种跨境电子商务服务，如市场调研、建立平台、制订海外营销方案等	以赚取企业支付的服务费用作为主要盈利模式	锐意企创、一达通等

9.1.4 跨境电子商务的生态体系

1. 跨境电子商务的基本要素

跨境电子商务包括信息流、资金流和物流三大基本要素，涵盖物流、仓储、支付、通关等环节。

1）信息流

跨境电子商务平台的信息流是指信息的传播与流动，一般分为信息采集、传播和加工处理，其基本任务是让用户了解产品的类型、价格及特点。跨境电子商务平台依托互联网的市场力量，运用搜索引擎、社交媒体、邮件视频等不同的载体来引流，从而实现精准营销，提高重复购买率和用户黏性。在跨境电子商务的发展中，跨境电子商务平台除了鼓励电子商务平台利用各种传播媒介提高其境外影响力，还要通过培训和典型示范，鼓励外贸企业和制造企业采取跨境电子商务 B2B 和跨境电子商务 B2C 全网营销的方式来提高产品曝光率；鼓励外贸企业和制造企业选择阿里巴巴国际站、中国制造网、敦煌网、大龙网等跨境电子商务平台，通过谷歌等搜索引擎和社交工具来实现精准化营销；鼓励外贸企业和制造企业主动创造品牌，提高其境外影响力。

2）资金流

跨境电子商务平台的资金流是指用户确认购买商品后，将自己的资金转移到商家账户的过程，其基本任务是成功地向境外用户收取不同种类的货币及接入各类不同的本土支付方式。传统的一般贸易往往采取信用证结算，即开证银行应申请人（买方）的要求，按其指示向受益人开立的载有一定金额的、在一定期限内凭符合规定的单据付款的书面保证文件。这种传统的信用证结算方式涉及银行核验单证的真实性及开证行的资信调查，存在流程烦琐、交易时间长的问题。在跨境电子商务金融支付中，银行是国际清算的主体。在实践中，第三方跨境支付机构通常与银行合作开展跨境支付业务。

3）物流

跨境电子商务平台的物流是指物品从供应地向接收地的实体流动过程，包括运输、储存、装卸、搬运、包装、流通加工等环节。大多数跨境电子商务借助全球的物流商（DHL、UPS、FedEx、TNT 等）及境外邮政国际小包来完成商品的运送和投递。在实践中，物流在跨境电子商务贸易流程中所需的成本占据总成本的 20%～30%。目前，阿里巴巴国际站和一达通的盈利模式除了平台的账号收入，主要通过一站式外贸综合服务来赚取利润;亚马逊等跨境电子商务平台则把盈利点放在跨境物流上,通过自建海外仓、全球布局仓储设施实现分级配送,赚取物流运输中的利润。一些跨境电子商务平台和应用型企业也根据需要探索适合自己的物流路径,加快公共海外仓布局,优化跨境物流体验;一些龙头企业,如菜鸟网络运用大数据驱动建立智能物流体系,全面提高、优化跨境电子商务的供应链分析和整合能力。

2. 跨境电子商务的业务主体

跨境电子商务的产业链涉及跨境电子商务企业、金融支付企业、物流运输企业及第三方综合服务企业等多个业务主体,各业务主体紧密联系,构成了跨境电子商务的产业链。

1)跨境电子商务企业

跨境电子商务企业主要包含平台型企业和自营型企业两种。平台型企业主要提供信息服务和交易服务,包含 B2B 和 B2C 两种类型;自营型企业的所有商品均为境外生产或销售的正品,其根据商品的受欢迎程度和国内用户一定时期内购物记录的大数据分析,有针对性地通过渠道批量采购商品至国内,最后在平台上架销售。

2)金融支付企业

跨境电子商务由于涉及跨境转账,所以支付过程与境内电子商务采用的支付宝、微信支付、网银等支付方式的差别较大。不同的跨境支付方式有不同的金额限制和到账速度,总体来看,跨境支付方式有两大类:一类是线上支付,包括各种电子账户支付方式和国际信用卡,由于线上支付手段通常有交易额的限制,所以比较适合小额的跨境零售;另一类是线下汇款模式,比较适合大金额的跨境 B2B 交易。

3)物流运输企业

受制于地理、通关等因素,跨境电子商务的物流环节与国内电子商务的物流环节有较大的不同,物流运输企业为跨境电子商务的物流提供服务。目前常用的国际物流方式中,B2C 企业主要以商业快递(如 DHL、UPS、TNT 等)、邮政渠道(如中国邮政)、自主专线(如中东专线 Aramex、中俄专线 ZTO Express to Russia)等方式为主,B2B 企业主要以空运、海运和各式联运为主。

4)第三方综合服务企业

跨境电子商务第三方综合服务企业包括综合服务企业和 IT、营销、代运营企业。综合服务企业通常以电子商务公共服务平台为载体,为中小企业提供进出口代理、通关、物流、退税、融资等全套外贸一站式外包服务,如世贸通、快贸通、易单网等。IT、营销、代运营企业主要为跨境电子商务企业提供跨境电子商务系统构建、技术支持、产品线运营、多渠道营销推广等服务,代表企业有四海商舟(BizArk)、畅路销(ChannelAdvisor)等。

3. 跨境电子商务平台系统

跨境电子商务涵盖物流、信息流、资金流三大基本要素。随着跨境电子商务经济的不断发展,跨境电子商务核心企业吸引并孵化了一些配套的企业。软件企业、代运营企业、在线支付企业、物流企业等配套企业开始围绕跨境电子商务企业进行集聚,服务内容涵盖网店装修、图片翻译描述、网站运营、营销、物流、退换货、金融服务、质检、保险等,整个行业的生态体系越来越健全,分工越来越清晰,并逐渐具有生态化的特征。目前,我国的跨境电子商务服务业已经初具规模,有力地推动了跨境电子商务行业的快速发展。基于交易平台的跨境电子商务生态系统如图 9.1 所示。

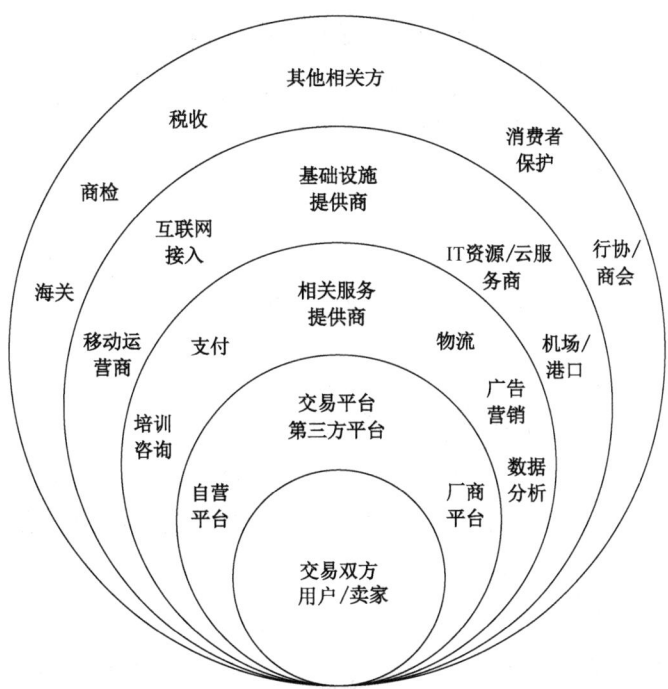

图 9.1 基于交易平台的跨境电子商务生态系统

9.2 进口跨境电子商务

随着全球经济一体化的发展，我国与世界其他国家和地区之间的贸易往来越来越频繁，信息技术的日趋完善使跨境电子商务成为国际贸易的主要交易方式。近年来，我国跨境电子商务的进口业务迅速崛起，"海淘"已成为高频词汇，各大电子商务平台纷纷入局，国家也相继出台了一系列关于跨境电子商务的政策，我国进口跨境电子商务交易额呈逐年递增的态势。

9.2.1 进口跨境电子商务的发展现状

我国的进口跨境电子商务源于 2005 年，至今共经历了三个发展阶段。我国进口跨境电子商务的发展阶段及其特点如表 9.7 所示。

表 9.7 我国进口跨境电子商务的发展阶段及其特点

特点	三个发展阶段		
	第一阶段 （个人代购）	第二阶段 （导购网站、代购平台）	第三阶段 （跨境电子商务平台）
商品供应	根据订单进行采购、无库存	种类少、库存量少	种类多、库存量大
物流配送方式	代购人随身携带、国际快递、邮政小包	代购人随身携带、国际快递、邮政小包	国际物流、转运公司、境内保税仓

进口跨境电子商务历经多年发展，其规模正在逐渐扩大，跨境网购逐步走向规模化和规范化。目前，我国进口跨境电子商务平台众多，市场竞争也十分激烈。就目前进口跨境电子商务的市场而言，网易考拉、京东国际、天猫国际位列第一梯队；洋码头、唯品会、小红书等位居第二梯队。

境内用户对商品品质、个性化的追求，促使各大进口跨境电子商务平台不断拓宽商品品类。我国跨境网购用户最常购买的商品品类是食品和美妆个护；其次为服装鞋帽、箱包。未来境内用户希望通过跨境电子商务平台购买的商品包括服装鞋帽、箱包、3C 数码、生活家电，以及户外运动用品。

9.2.2 进口跨境电子商务的运营模式

在进口跨境电子商务中，传统海淘模式是一种 B2C 模式。除了该模式，根据不同的业务形态，可以将进口跨境电子商务平台的运营模式分为五类：海外代购、直发/直运平台、自营 B2C、导购/返利平台及海外商品闪购。进口跨境电子商务平台运营模式的特点及其业内代表如表 9.8 所示。

表 9.8 进口跨境电子商务平台运营模式的特点及其业内代表

平台运营模式	特点	业内代表
海外代购	身处境外的个人或商家为有需求的境内用户采购商品，然后通过跨境物流将商品送达用户手中。海外代购分为海外代购平台和朋友圈海外代购。海外代购平台采用 C2C 平台的模式，通过吸引符合要求的第三方卖家入驻为买家提供商品；朋友圈海外代购多是依靠社交关系从移动社交平台自然生长出来的原始商业形态，难以继续发展	淘宝全球购 美国购物网
直发/直运平台	电子商务平台将接收到的订单发送给批发商或厂商，批发商或厂商按照订单信息以零售的方式向用户发送货物，这是一种 B2C 模式	天猫国际 洋码头 跨境通 苏宁国际
自营 B2C	自营 B2C 平台自己备货，自营 B2C 平台分为综合型自营 B2C 平台和垂直型自营 B2C 平台。其中，垂直型自营 B2C 平台是指平台的自营商品品类集中于某个特定的范围，如食品、化妆品、奢侈品、母婴等	亚马逊 中粮我买网 蜜芽 莎莎网
导购/返利平台	这类平台通常会与海外 C2C 代购模式配合，可以理解为"海淘 B2C 模式+代购 C2C 模式"的综合体	55 海淘 极客海淘 什么值得买
海外商品闪购	一种相对独特的模式，属于第三方 B2C 模式	聚美海外购 唯品会海外直发专场 天猫国际环球闪购

9.2.3 进口跨境电子商务的业务流程

进口跨境电子商务一般是指境内用户访问境外卖家的购物网站选择商品，然后下单，由境外卖家通过国际物流将商品送达境内用户手中。进口跨境电子商务的业务流程如图 9.2 所示。

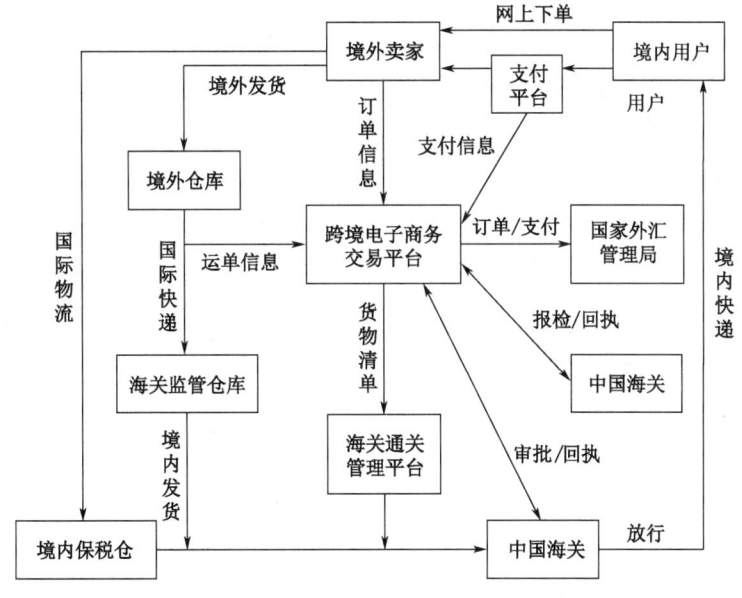

图 9.2　进口跨境电子商务的业务流程

9.3　出口跨境电子商务

随着电子商务规模的不断扩大，我国电子商务自 2016 年开始从超高速增长期进入相对稳定的发展期，但我国跨境电子商务继续保持高质量发展的增长态势，尤其是出口跨境电子商务，保持着量的稳定增长和质的稳步提升态势。

9.3.1　出口跨境电子商务的发展现状

作为全球商品流通新模式和中国品牌出境新渠道，我国出口跨境电子商务已经成为外贸行业重要的新增长引擎。目前，在出口跨境电子商务领域中，位于第一梯队和第二梯队的电子商务平台包括阿里巴巴国际站、中国制造网、环球资源网、敦煌网、大龙网、亚马逊、eBay、全球速卖通、Wish、兰亭集势、环球易购等。

从出口跨境电子商务的目的地来看，美国、法国等经济发达国家/地区是我国出口跨境电子商务的主要目的地，主要是因为这些国家/地区基础设施完善，网络购物环境相对成熟。近年来，俄罗斯、巴西、印度等新兴市场蓬勃发展，吸引了大批中国跨境电子商务企业和卖家进入。新兴市场为跨境电子商务的发展奠定了基础，跨境电子商务的发展潜力巨大。

从出口跨境电子商务的商品品类来看，3C 电子产品、服装辅料、家庭园艺、户外用品、健康美容类商品的出口量较大。

近年来，越来越多的跨境电子商务企业开始注重品牌化建设，通过品牌溢价提升企业商品及企业整体的价值。同时，各大跨境电子商务平台也倾力打造及孵化出境品牌企业，我国境内企业通过互联网走品牌化的道路迎来发展的黄金期。

9.3.2 B2C 出口跨境电子商务的业务流程

B2C 出口跨境电子商务的交易环节涉及商品生产商/制造商、跨境电子商务企业、支付企业、物流商、海关、用户等参与主体，其业务流程如图 9.3 所示。

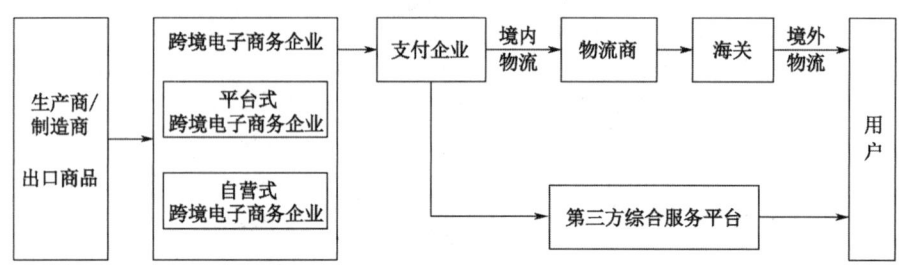

图 9.3 B2C 出口跨境电子商务的业务流程

从 B2C 出口跨境电子商务的业务流程来看，生产商/制造商将生产的商品交付跨境电子商务企业销售，用户下单并完成支付后，跨境电子商务企业将商品交付给物流企业进行投递，经过出口地及进口地两次海关通关商检后，商品才能送达用户手中；也有部分跨境电子商务企业直接与第三方综合服务平台进行合作，由第三方综合服务平台代理物流、通关商检等一系列环节，从而完成整个跨境交易流程。

9.3.3 B2B 出口跨境电子商务的业务流程

B2B 出口跨境电子商务是指我国境内企业通过电子商务的方式将商品销售给境外企业的模式。近年来，我国 B2B 出口跨境电子商务发展机遇良好，其交易规模保持持续增长态势，大大促进了我国传统外贸的转型升级。

B2B 出口跨境电子商务的业务流程如图 9.4 所示。

筹划工作阶段主要进行交易前的准备工作，卖家需要开展市场调研，然后通过发出询盘和信息反馈，对潜在客户进行甄别与筛选，并选择目标客户。选定目标客户后则要与客户建立合作关系，进而展开实质性的业务洽谈活动，即进入交易磋商阶段。

交易磋商（Business Negotiation）是指买卖双方通过直接洽谈或函电的形式，就某项交易的达成进行协商，以完成交易的过程。交易磋商阶段主要包括询盘、发盘、还盘和接受等环节。

履行合同阶段的工作内容涉及业务环节较多，按照工作执行的顺序，主要包括备货与包装、租船订舱、缮制单证及结汇等内容。

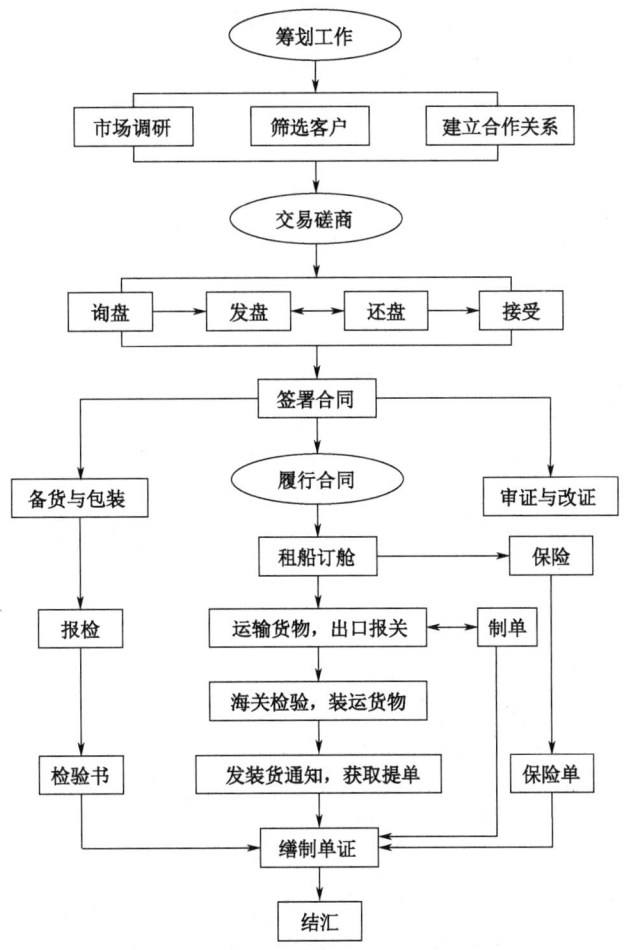

图 9.4 B2B 出口跨境电子商务的业务流程

9.4 跨境电子商务服务平台

跨境电子商务服务平台主要有跨境电子商务通关服务平台、跨境电子商务公共服务平台和跨境电子商务综合服务平台。

9.4.1 跨境电子商务通关服务平台

跨境电子商务通关服务平台是由中国电子口岸数据中心开发的，于 2014 年 6 月正式上线运行，其系统功能结构如图 9.5 所示，通过"清单核放、汇总申报"对接电子商务企业、支付企业和物流企业，以方便电子商务企业等单位向海关报送通过电子商务模式成交的进出境物品的通关数据，实现海关与企业数据的互联互通，实现海关对跨境电子商务进出口商品的有效监管，对促进我国跨境电子商务的健康发展，统一各直属海关对跨境电子商务出口商品的管理模式，完善海关统计具有重要意义。

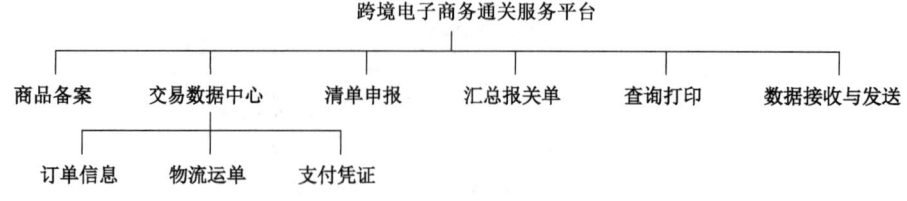

图 9.5 跨境电子商务通关服务平台系统功能结构

跨境电子商务通关服务平台系统数据处理流程如图 9.6 所示。系统用户在企业管理系统中完成企业备案操作，海关审批通过后，电子商务企业/电子商务平台系统首先要在跨境电子商务通关服务平台上向海关申报商品备案，并获得批准。当实际销售发生时，电子商务企业/电子商务平台要向海关申报用户的订单信息，第三方支付企业向海关发送用户的支付信息，负责物流配送的企业申报相关物品的运单信息。之后，电子商务企业/电子商务平台申报清单数据，定期向海关申报汇总申请单，生成报关单，在报关申报系统中向海关申报报关数据，以完成后续的出口结汇、退税等操作。

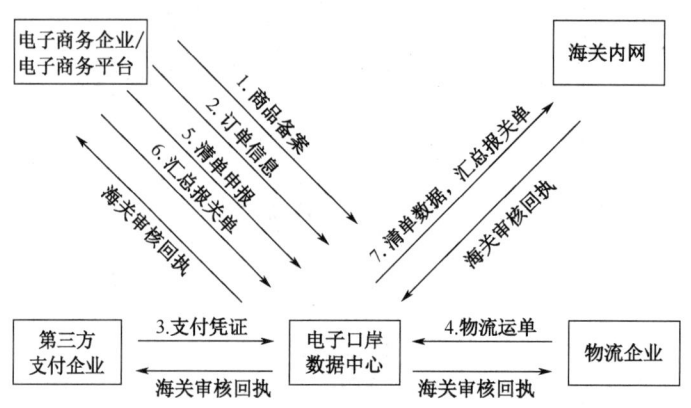

图 9.6 跨境电子商务通关服务平台系统数据处理流程

跨境电子商务通关服务平台以"依托地方电子口岸，优化通关监管模式，提高通关管理和服务水平，实现外贸电子商务企业与口岸管理相关部门的业务协同与数据共享"为手段来解决跨境电子商务预售商品快速通关、结汇、退税问题。各地口岸的跨境电子商务通关平台建设逐渐推开。

2014 年 7 月 1 日，全国首个统一版海关总署跨境电子商务通关服务平台试点在广东东莞启动。这一平台的建设源于海关总署 2014 年发布的 9610 监管代码，启动于海关金关工程二期应用软件项目，由海关总署主导，东方物通承建实施。黄埔海关在东莞地区试点，跨境电子商务企业大龙网带领跨境支付企业钱宝科技、跨境物流企业燕文物流通过测试。其后，杭州的"跨境一步达"、厦门的"鹭贸通"等被海关总署认定为跨境电子商务通关服务平台。

2014 年 12 月，大连市跨境电子商务通关服务平台在大连天天通跨境电子商务服务中心正式启用，大连也由此成为全国第七个具备跨境电子商务出口规范通关条件的城市。

2015 年 4 月 8 日，中俄跨境电子商务通关服务平台在绥芬河市正式开通。平台的成功开通，在全国首次实现对俄跨境电子商务出口货物通关、跨境支付、结汇退税，是对中俄跨境电子商务服务平台的全面升级，解决了外贸订单碎片化，小包裹、小订单急剧增多，政策空缺无监管的问题。

2015年11月，由深圳市政府出资，委托深圳市南方电子口岸公司开发建设的深圳市跨境电子商务通关服务平台正式上线运营，该平台包括报文处理和数据传输、数据预处理服务等子系统，具有企业（商品）备案、业务申报等功能。在业务模式上，支持特殊区域出口、电子商务包裹出口等多种业务模式；在服务对象上，支持电子商务、物流（快递）等各类经营主体和个人消费者；覆盖区域包括深圳地区的海、陆、空口岸及保税监管场所等，将跨境电子商务企业的交易、支付、物流信息数据与深圳海关、深圳检验检疫局、深圳外汇局等政府监管系统实时对接，做到提前审核、提前监管、真实有效、信息共享，推动跨境电子商务规模化、阳光化、便利化，为实现跨境电子商务"单一窗口"管理提供了技术保障。

9.4.2 跨境电子商务公共服务平台

近几年，全国掀起了一股跨境电子商务热潮，各地政府积极响应，地方性鼓励政策层出不穷，这些政策多以鼓励、统计、监管为目的。以前商品进出口涉及的政府监管部门较多，容易造成各政府部门之间数据不匹配情况的出现，尤其是跨境电子商务零散包裹和小订单的增多让该现象日益加剧。各地政府急需一个平台能对接各政府部门的监管统计系统，确保数据统一，跨境电子商务公共服务平台应运而生。

从目前出现的各地跨境电子商务公共服务平台来看，与通关服务平台存在的相同问题就是服务对象主要集中在小包裹的进出口领域，使用价值不大。其真正的服务对象同样应该针对进出口规模较大的跨境电子商务小订单业务，才能体现其价值。

9.4.3 跨境电子商务综合服务平台

随着国家对跨境电子商务监管政策的日渐明朗，各地海关和政府逐渐收紧监管缺口，一些传统中小型外贸企业和跨境电子商务平台个人卖家面对新出现的监管政策逐渐产生了不适应和紧迫感。这部分外贸单位具有一个共同特点，即长期使用邮路运输，在税务上不征不退，对阳光化的跨境链条不够熟悉，在面临跨境电子商务监管时代的到来时显得无所适从。而一些大型跨境电子商务企业在对接政府、海关等部门，处理跨境电子商务长链条环节上出现的问题时具有丰富的经验，于是孕育出一批由大型跨境电子商务企业建设的跨境电子商务综合服务平台，为这部分中小企业和个人卖家提供代理服务。业内知名的跨境电子商务综合服务平台有由阿里巴巴集团建设的一达通和由大龙网建设的海通易达等。

9.4.4 跨境电子商务三类服务平台对比

跨境电子商务通关服务平台、公共服务平台、综合服务平台是从三个不同层面出发建设的平台，其中通关服务平台对应的是海关，公共服务平台对应的是政府，综合服务平台对应的是企业。三种平台之间相互联系，形成信息数据间的统一交换和层层传递。从目前行业发展趋势看，无论是跨境企业还是个人卖家，都需要对这些平台进行了解，这也许会成为跨境电子商务新监管时代生存的制胜法宝。

跨境电子商务通关服务平台是为外贸企业进出口通关提供便利服务的系统平台。海关总署建设全国统一的通关服务平台，意在统一报关流程。跨境电子商务通关服务平台是海关总署在应对当前外贸订单碎片化趋势明显，小包裹、小订单急剧增多，政策空缺和无监管实施的对策之一。平台上传的数据可直接接入海关总署内部系统，可以有效节省报关时间，提高通关效率。通过将企业数据与海关数据进行匹配，国家也可以达到监管统计的目的。

跨境电子商务公共服务平台中"公共服务"的含义具有双向性，一方面是指为各地政府的职能部门之间搭建公共信息平台，另一方面是指服务大众，主要是服务外贸企业。阳光化的外贸环节众多，涉及国检（检验检疫）、国税（纳税退税）、外汇管理局（支付结汇）、商委或外经贸委（企业备案、数据统计）等政府职能部门及银行结汇等，传统外贸企业需一一对接。跨境电子商务行业因其碎片化订单的特殊性，如每笔订单都重复与职能部门对接，工作量会极其繁重。另外，政府职能部门之间也需要一个公共区域共享企业上传的数据，并进行数据采集、交换对比、监管等工作。于是，由政府投资兴建的公共服务平台成为解决这些问题的根本手段。

跨境电子商务综合服务平台则是由经验丰富的大型跨境电子商务企业为中小型外贸企业及个人卖家提供的一站式跨境综合服务系统，旨在帮助其解决跨境电子商务长链条环节中出现的问题和不适。

三类跨境电子商务服务平台的对比如表 9.9 所示。

表9.9 三类跨境电子商务服务平台的对比

平台名称	概念解读	服务对象	监管部门	建设意义
跨境电子商务通关服务平台	为外贸企业进出口通关提供便利服务的系统平台	传统中小型外贸企业、跨境进出口电子商务企业	海关总署、地方海关	应对当前外贸订单碎片化趋势明显，小包裹、小订单急剧增多，政策空缺无监管实施的对策之一
跨境电子商务公共服务平台	对接各政府部门监管统计系统的公共信息平台	传统中小型外贸企业、跨境进出口电子商务企业	国家市场监督管理总局、国家税务总局、国家外汇管理局、商务部、经济和信息化委员会等政府部门	沟通政府职能部门、对接海关通关服务平台，是政府职能部门面向外贸企业的服务窗口
跨境电子商务综合服务平台	包括金融、通关、物流、退税、外汇等代理服务	传统中小型外贸企业、中小型跨境电子商务企业、跨境电子商务平台卖家	由企业自建	为中小型外贸企业和个人卖家提供一站式服务，属于新兴的代理服务行业

9.5 跨境电子商务风险与管理

跨境电子商务风险是指在跨境贸易过程中各因素变化导致跨境贸易主体成本或收益不一致，从而造成跨境电子商务在经营过程中遭受物质损失的可能性。相比传统出口贸易，跨境电子商务具有业务环节复杂、交易主体差异大等特点，使其风险更具有多发性、偶然性和复杂性。

9.5.1 跨境电子商务风险的类型

1. 政治风险

政治风险是指一国发生的政治事件或一国与其他国家的政治关系发生变化时对跨境电子商务造成不利影响的可能性。跨境电子商务作为对外贸易转型升级的一种新形式，各国的对外贸易政策直接影响着跨境电子商务的交易规模和数量。跨境电子商务政治风险通常包括政策变动风险、政治动荡风险、贸易壁垒风险及主权违约风险等。

1）政策变动风险

政策变动风险是常见的跨境电子商务政治风险之一。在市场经济条件下，受价值规律的影响，跨境电子商务企业不可避免地在竞争机制下争夺市场资源、争取市场规模的最大化，而这种行为具有触犯国家有关政策的风险；同时，跨境电子商务作为对外贸易的组成部分，也具有打破渠道垄断、降低交易成本、促进产业结构升级、打造品牌国际知名度、提升国家对外开放水平等优点。国家依据宏观经济条件及跨境电子商务市场情况，通过调整其对外贸易相关政策来限制、约束或鼓励、刺激跨境电子商务经营活动。

对于国内，政策变动通常包括出口退税或补贴政策的调整、海关监管政策的变化、外汇政策的变化等；对于国外，在一般性政策变动风险的基础上，还包括政权更迭、政治动荡、贸易壁垒影响下的政策变化。

2）政治动荡风险

政治动荡风险包含战争、内乱、冲突、恐怖活动等暴力行为带来的风险，通常会直接导致跨境电子商务贸易正常经营活动的中断或停止，且由于暴力行为的突发性和规模性，其造成的影响往往对跨境电子商务企业的实体资产具有更大的危险性和破坏性。但由于受局势动荡影响下的地区往往有着较低的准入门槛和较弱的市场竞争，跨境电子商务在其中的经营活动可以获得相对高的回报，因此也有相当数量的跨境电子商务企业选择在存在暴力风险的区域开展经营活动。

政治动荡风险同样包含国家因政局不稳、政权更迭等原因带来的风险。政权频繁更换不仅会造成跨境电子商务贸易政策的方向改变，更会因其政治制度缺陷带来主权债务危机、金融危机等多重风险，对跨境电子商务企业造成的间接伤害显而易见。

跨境电子商务企业应当正视政治动荡风险的存在，切不可抱有侥幸心理，以免对自身、市场及国家造成不可避免的损失。

3）贸易壁垒风险

跨境电子商务面对的贸易壁垒风险指一国对外国跨境电子商务企业商品进口所设置的人为限制，即一国通过实行各种限制措施干扰市场竞争机制和正常商品流通。贸易壁垒通常包含关税壁垒和非关税壁垒。关税壁垒指国家对跨境电子商务企业征收高额进口税、各种进口附加税或其他起到同等效果的捐税，目的是限制和阻止外国跨境电子商务商品进口；非关税壁垒指国家对商品流通实施数量限制，对跨境电子商务企业实行各种歧视和特殊对待措施，对本国企业给予补贴，利用许可证人为划分市场范围等行为。

关税壁垒包括关税减让、关税税则分类、关税高峰、关税配额等。非关税壁垒包括进口许可、出口许可、进口配额、进口禁令、技术性贸易壁垒、出口限制、政府采购、补贴、自愿出口限制、当地含量要求、国家专控的进出口贸易、卫生与动植物检疫措施、反倾销、反补贴、保障措施、贸易救济措施等。

4）主权违约风险

主权违约风险是指跨境电子商务在他国经营过程中，东道国政策法规变动、贸易保护主义抬头造成对贸易协议条款的违反，具体体现为政策法规变动、协议项目适用范围变动、撤销许可证、没收或征用跨境电子商务企业资产等。主权国家违约的主要原因包括债务危机、货币危机、财政危机、经济危机、政治危机及政府还债意愿不足等方面，其深层原因是出于东道国优势，认为违约成本不高，于是选择牺牲本国对外贸易信誉而违背协议。

2. 法律风险

法律风险是指跨境电子商务企业在经营过程中，由于本国或外国法律环境变动、区域性法律环境或国际法律环境变动对跨境电子商务企业造成损失的可能性。法律风险在狭义上强调商业银行所签署的各类合同、承诺等法律文件的有效性和可执行能力；在广义上强调与法律风险类似或密切相关的风险，包括外部合规风险和监管风险。跨境电子商务企业在一般企业法律风险的基础上，更要关注东道国对外法律风险，如以下法律的变动风险：外国投资法、外国公司经营法、营销和销售法、外汇法、环境法、互联网和电子商务法、合同法等。

1）政府监管风险

政府监管风险是跨境电子商务法律风险的一种。通常外国政府在国际贸易一般进出口业务中的监管对象是当地经销商和零售商，而跨境电子商务业务的出现打破了传统监管模式的流程。由于跨境电子商务企业在境外直接作为经销商和零售商，外国政府对跨境电子商务的监管不再通过境内企业加以传导，其监管结果直接影响到企业的日常经营和现金流，法律后果随处理周期加快而更为严重。

2018年11月30日，商务部、发展改革委、财政部、海关总署、税务总局、市场监管总局六部门联合发布《关于完善跨境电子商务零售进口监管有关工作的通知》（以下简称《通知》），《通知》要求跨境电子商务企业：①承担商品质量安全的主体责任，并按规定履行相关义务，应委托一家在境内办理工商登记的企业，由其在海关办理注册登记，承担如实申报责任，依法接受相关部门监管，并承担民事连带责任。②承担消费者权益保障责任，包括商品信息披露、提供商品退换货服务、建立不合格或缺陷商品召回制度、对商品质量侵害消费者权益的赔付责任等。当发现相关商品存在质量安全风险或发生质量安全问题时，应立即停止销售，召回已销售商品并妥善处理，防止其再次流入市场，并及时将召回和处理情况向海关等监管部门报告。③履行对消费者的提醒告知义务，会同跨境电子商务平台在商品订购网页或其他醒目位置向消费者提供风险告知书，消费者确认同意后方可下单购买。④建立商品质量安全风险防控机制，包括收发货质量管理、库内质量管控、供应商管理等。⑤建立健全网购保税进口商品质量追溯体系，追溯信息应至少涵盖国外启运地至国内消费者的完整物流轨迹，鼓励向海外发货人、商品生产商等上游溯源。⑥向海关实时传输施加电子签名的跨境电子商务零售进口交易电子数据，可自行或委托代理人向海关申报清单，并承担相应责任。

2）知识产权风险

知识产权风险是指跨境电子商务企业在生产经营过程中，有关知识产权事项的不确定性或管理不当造成的负面影响，以及潜在的因侵犯知识产权而造成的损失。知识产权风险包括专利风险、商标风险、著作权风险及商业秘密风险等，既包含侵犯他人专利、商标、著作权的风险，也包含被侵害专利、商标、著作权的风险，以及商业秘密流失、被非法占有的风险。应当注意的是，知识产权的保护具有地域性，跨境电子商务企业极有可能遭遇其国内销售的、具有合法知识产权的产品在国外并不合法的情况，因此企业应当将知识产权风险防范作为知识产权管理的重要内容，建立健全知识产权风险防控体系，有效规避各类知识产权风险，以保障企业可持续发展。

跨境电子商务企业主要是通过第三方平台销售，平台对于知识产权纠纷的处理有很大程度的主导权。各主要跨境电子商务平台知识产权规则如下。

（1）全球速卖通。若用户发布、销售涉嫌侵犯第三方知识产权的商品，则有可能被知识产权所有人或买家投诉，平台也会随机对商品（包含下架商品）信息进行抽查，若涉嫌侵权，信息会被退回或删除，并根据侵权类型执行处罚。商标、著作权、专利权一般违规处理办法为：首次违规扣 0 分，其后每次重复违规扣 6 分，累计达 48 分者关闭其账号。严重违规处理办法为三次违规者关闭账号。此外，当用户侵权情节特别显著或极端时，全球速卖通有权直接关闭用户账号、冻结用户关联国际支付宝账户资金及全球速卖通账户资金。

（2）阿里巴巴国际站。用户不得利用网站服务从事侵犯他人知识产权的行为，包括一般侵权行为和严重侵权行为，处罚如下：官方抽检发现侵权扣 2 分，店铺不当使用他人权利大于等于 2 次扣 6 分。严重侵权行为 1 次限权 7 天、2 次限权 7 天、3 次关闭账号。扣分达 60 分或售假 3 次，关闭账号，视情况给予账号限权、限制发布商品、屏蔽商品或店铺、关闭账号等处罚。

（3）亚马逊。用户如果发现侵权行为，可以通过亚马逊平台进行投诉。如果对收到的投诉有异议，被投诉者可以回复收到的投诉通知，提出申诉。若卖家销售或供应假货，亚马逊将会立即暂停或终止其亚马逊销售账户（及相关账户），并销毁其在亚马逊运营中心存储的所有假货库存。

（4）eBay。发现侵权行为后，权利人可通过 VeRO 举报，随后平台给商家发送邮件，说明侵权原因及如何与侵权人取得联系。若举报成功，eBay 下架侵权产品、没收侵权者 eBay 费用、取消"超级卖家"资格、限制或冻结卖家账户；侵权行为严重的，参加知识产权考试评分达标才可以正常发布商品。

3）海关事务风险

海关事务风险是指跨境电子商务企业在进出口申报缴纳关税时所面临的各类法律风险。海关是跨境电子商务企业最主要的监管机构，根据中华人民共和国法律、法规规定，准许进出口的货物、进境物品，除法律、行政法规另有规定外，由海关依法征收进出口关税。

海关事务风险包含欠缴海关税风险、税率政策调整风险、商品归类风险、价格申报风险、原产地申报风险、未如实申报缴纳关税风险、海关稽查税款的补征与追征风险、海关退税风险、走私偷逃应缴税款风险等。其中，应特别注意的是欠缴海关税风险。《中华人民共和国海关法》第六十条明确规定："进出口货物的纳税义务人，应当自海关填发税款缴款书之日起十五日内缴纳税款；逾期缴纳的，由海关征收滞纳金。纳税义务人、担保人超过三个月仍未缴纳的，经直属海关关长或者其授权的隶属海关关长批准，海关可以采取下列强制措施：（一）书面通知其开户银行或其他金融机构从其存款中扣缴税款；（二）将应税货物依法变卖，以变卖所得抵缴税款；（三）扣留并依法变卖其价值相当于应纳税款的货物或者其他财产,以变卖所得抵缴税款。海关采取强制措施时,对前款所列纳税义务人、担保人未缴纳的滞纳金同时强制执行。进出境物品的纳税义务人,应当在物品放行前缴纳税款。"而关税滞纳金是在纳税义务人不按法定期限缴纳关税的情况下由海关采取的课以金钱给付义务的措施。根据《中华人民共和国进出口关税条例》第三十七条,"纳税义务人应当自海关填发税款缴款书之日起 15 日内向指定银行缴纳税款。纳税义务人未按期缴纳税款的,从滞纳税款之日起,按日加收滞纳税款万分之五的滞纳金"。

4)刑事风险

跨境电子商务企业所面临的刑事风险主要为与走私相关的法律风险,其本质上是由海关事务风险衍生的。与境内网店类似,跨境电子商务同样也存在"刷单"的情况,但该"刷单"行为,因违反海关法规,逃避海关监管,而被判定为涉嫌走私普通货物、物品罪而定罪量刑,其风险远高于境内电子商务"刷单"的补税责任。因此,跨境电子商务应严格防范构成走私或走私犯罪的法律风险。在自营模式下,跨境电子商务应做好供应链管理,同时保证所控制的物流企业的关务合规。在第三方商家入驻的模式下,跨境电子商务平台应对入驻商家的资质进行合理审查,以保证交易的真实性和可追溯性,必要时对失信商家实行惩戒措施,发现入驻商家的走私行为及时向海关部门披露并配合调查等,避免被认定为走私共犯。

5)税务风险

税务风险是指跨境电子商务企业的纳税行为不符合税收法律法规的规定,应纳税而未纳税、少纳税,从而面临补税、罚款、加收滞纳金、刑罚处罚及声誉损害等风险,或企业经营行为适用税法不准确,没有用足有关优惠政策,多缴纳了税款,承担了不必要的税收负担。跨境电子商务出口企业主要面临的税务风险涉及增值税、企业所得税和个人所得税。企业应注意避免因缺少增值税进项发票导致无法正常出口收汇、通过结汇到个人账户规避企业所得税、个人所得税未合规申报纳税等情况。

① 缺少增值税进项发票导致无法正常出口收汇。按照有关规定,出口环节如没有增值税进项发票,不仅不能退税,反而需缴纳 13% 的增值税。许多跨境电子商务企业采购的无票货物无法正常报关出口和收汇,只能采用"0110"买单出口或"1039"市场采购等方式解决出口通关问题。

② 通过结汇到个人账户来规避企业所得税。居民企业应当就其来源于中国境内、境外的所得缴纳企业所得税,税率为 25%。目前部分跨境电子商务为了逃避高额税负,通过第三方支付机构收汇到境内个人账户,规避企业所得税是典型的偷税行为,将会面临很大的税务风险。

③ 个人所得税未合规申报纳税。居民个人从中国境内和境外取得的所得,都需要缴纳个人所得税。工资薪金等综合所得税率为 3%~45%,经营所得税率为 5%~35%,其他所得税率为 20%。目前,很多跨境电子商务企业直接将收入汇入个人账户,但个人收入未按照规定申报纳税。

3. 交易风险

交易风险是指参与跨境电子商务国际贸易的企业由跨境线上支付平台、跨境物流系统引发的不确定性而造成损失的可能性。

1）跨境电子商务支付风险

跨境电子商务支付风险是指跨境电子商务支付参与方未能遵守相关支付契约（违约）导致收款方未能及时、全额、顺利和无新增成本收回交易款项导致利益损失的可能性，收款方由自身因素导致的收款风险除外。

支付参与方包括付款方、中介方和清算方。相关支付契约包括跨境电子商务交易契约中的支付条款、中介服务协议、清算服务协议及其支付参与方遵守各国法律、行业规范和惯例。利益损失包括收款方的经济利益损失和精神利益损失。其中，经济利益损失包括直接的应收款项、新增成本损失和间接的经营机会成本、商务延时责任成本等。

2）跨境电子商务物流风险

跨境电子商务物流风险是指跨境电子商务在进行商品物流转运、交接、存储过程中，潜在的实物资产遭受损失的可能性。目前，跨境电子商务物流包括传统跨国物流、邮政小包、专线速递、海外仓及多式联运五种模式。影响物流网络协同效应的主要因素包括物流成本、物流效率、物流损耗和物流信息等。跨境电子商务物流距离远、运输时间长，增加了通关、商检、退税结汇、海外仓储等环节，同时各国国情有所差异，物流设施有明显区别，这些因素都在很大程度上提高了跨境电子商务物流风险产生的可能性，也对跨境电子商务物流服务质量及效率提出了更高的要求。

4. 市场风险

市场风险是指跨境电子商务在市场交易过程中遇到因价格波动或汇率变化而造成损失的可能性。

1）价格波动风险

在跨境电子商务进出口贸易中，交易双方按照确定的价格水平和交割时间签订买卖合同之后，货物价格的变化会给参加跨境电子商务交易的某一方造成一定的经济损失，由此造成的风险被称为价格波动风险。在市场机制的作用下，跨境电子商务企业之间、跨境电子商务企业与境外企业间的市场竞争易造成价格波动，影响产品价格，甚至使企业陷入得不偿失的价格战，使跨境电子商务企业遭受损失。

2）汇率风险

汇率风险是在一定时期的跨境电子商务交易中，以外币计价的资产或负债由于汇率波动而引起的价值涨跌的可能性。影响一国汇率波动的因素包括国际收支及外汇储备、利率、通货膨胀和政治局势等。当本币兑外币汇率降低时，外币对本国商品购买力增加，有利于跨境电子商务出口，不利于进口；当本币兑外币汇率升高时，外币对本国商品购买力下降，有利于跨境电子商务进口，不利于出口。

跨境电子商务完成交易过程各阶段的时效是影响汇率风险的重要因素。跨境电子商务支付流程：跨境电子商务卖家展示商品及价格，消费者下单购买商品，跨境电子商务卖家向支付机构请求支付，支付机构向银行请求支付，得到支付结果后再返回给卖家，卖家将商品支付结果返回给消费者。跨境电子商务卖家例行结算流程：跨境电子商务企业向支付机构请求结算，随后支付机构向外汇合作银行购汇，外汇合作银行向支付机构返回购汇结果，支付机构再向跨境电子商务卖家付汇。在上述支付、结算流程中，每次返回结果所需的时间都不等，如消费者下单、商家发货到消费者收货的物流时间通常需要3～15天；消费者收到商品后确认收货时间因消费者操作习惯而异，平台自动确认收货通常为 5~7 天。在此期间一旦汇率发生大幅变动，跨境电子商务企业就有遭受损失的可能。

近几年东南亚市场发展较快，中国对东盟的进出口延续了增长态势。东南亚新兴市场货币价值波动较为明显，如印度尼西亚盾、泰铢等货币的汇率年波动率经常达到 20%~30%。汇率波动对跨境电子商务经营成果的影响越来越大，因此，能否管理好汇率风险对跨境电子商务来说十分重要。

5. 运营风险

运营风险指的是企业在运营过程中，由内外部环境的复杂性和变动性及主体对环境的认知能力和适应能力的有限性导致的运营失败或使运营活动达不到预期目标的可能性及损失。

1）"刷单"风险

"刷单"风险指的是不法分子帮助某些跨境电子商务卖家通过"刷空单"的方式，完成多笔虚假交易，从而使商家信誉迅速提升，但会有造成跨境电子商务卖家受到法律制裁的潜在可能性。在"刷单"产业链中，商家和刷手都要在"刷单"平台上注册信息，待商家在平台注册充值后，即可发布任务，会有刷手前来领取任务，佣金取决于商品价格和数量。除"刷单"外，快递公司会将"刷单"所需要的空包装入橡皮筋或纸张，向网站提供从快递公司获取的邮寄空包和快递的真实单号，帮助商家维持高销售额、高好评率。

近年来，国家不断提出和要求建立电子商务信用保障体系，为电子商务健康快速发展保驾护航。2015 年，《国务院关于大力发展电子商务加快培育经济新动力的意见》提出："发展电子商务可信交易保障公共服务，完善电子商务信用服务保障制度，推动信用调查、信用评估、信用担保等第三方信用服务和产品在电子商务中的推广应用。" 2017年，国家发展改革委、中央网信办和商务部联合颁布的《关于印发促进电子商务发展部际综合协调工作组工作制度及三年行动实施方案（2016—2018 年）的通知》也要求："推进电子商务信用体系、追溯体系及统计监测体系建设。"对于日益猖獗的"刷单"行为，也明确将完善包容审慎监管，严厉打击假冒伪劣，依法保护商家和消费者权益，引导相关电子商务平台加强知识产权维权服务。

2）促销税务处置风险

促销税务处置风险指的是跨境电子商务进口企业促销时提供优惠券，开展打折、满减等优惠促销活动，其价格优惠部分不计入完税价格而计征进口关税和进口环节税造成的潜在风险。《关于明确跨境进口商品完税价格有关问题的通知》（税管函〔2016〕73 号）规定：对直接打折、满减等优惠促销价格的认定，应遵守公平、公开原则，即优惠促销应适用于所有消费者，而非仅针对特定对象或特定人群的，海关以订单价格为基础确定完税价格。在订单支付中使用电子商务代金券、优惠券、积分等虚拟货币形式支付的"优惠减免金额"，不应在完税价格中扣除，应以订单价格为基础确定完税价格。

此外，在采用"包税"（如采用 DDP 完税后交货术语）成交方式时，无论采用直接约定包税价格，还是发放包税券的形式，所报税款都不应从完税价格中扣除；如果跨境电子商务进口企业为降低所包税款而低报价格，则构成违规或走私。但需注意的是，在会计处理方面，跨境电子商务进口企业应参照商业折扣的方式进行处理，即以实际收取的款项确认销售收入。因此，跨境电子商务进口企业应如实、详细区分优惠促销的具体形式，准确申报完税价格和代征代缴税费；如果跨境电子商务进口企业自查发现批量订单有少缴税款情形，则应尽快向所在地海关主动披露并后续补税；否则少缴税款累计到一定数额或次数时，将受到海关行政处罚，甚至构成走私。

3）营销风险

营销风险是指跨境电子商务通过分销模式、返利模式等，使用户以提供销售渠道、推荐新用户等方式获得购物优惠或返利，该营销模式若没有建立在真实商品交易的基础上，则可能有被认定为传销活动的风险。现实中，跨境电子商务经常采用佣金推广模式，即平台注册用户可将平台上销售的商品推荐给不特定的终端用户，平台向终端用户配送所售产品并提供售后服务，而用户可获取一定的推广佣金。由于此种推广模式以实际商品交易为支撑背景，用户获取此种佣金并不违法。

但需注意的是，如果跨境电子商务经营者利用佣金推广模式开展没有真实商品交易背景的虚假销售，从而导致在经营者与用户之间只存在资金流通关系而不存在商品交易，则很可能会被认定为《禁止传销条例》所界定的传销行为：组织者或经营者通过发展人员，要求被发展人员缴纳费用或以认购商品等方式变相缴纳费用，取得加入或发展其他人员加入的资格，牟取非法利益。因此，建议跨境电子商务经营者注意审核交易的真实性，以防止其营销模式被认定为传销活动或成为资金非法出入境的渠道。

9.5.2 跨境电子商务风险的特点

当前跨境电子商务风险的主要特点如下。

1）政治风险不断升高

当今全球政治经济格局复杂多变，地缘性矛盾冲突加剧，骚乱、暴力、恐怖活动发生概率显著提高，跨境电子商务在国际市场上进行电子商务贸易活动的政治风险升高。同时，2008年国际金融危机的影响延续至今，又叠加2020年疫情对世界经济的冲击，贸易保护主义抬头和逆全球化思潮泛起。在各国采取积极有效的财政货币政策以恢复经济的同时，也有部分国家选择采取贸易保护主义手段，维护本国企业利益，挤压外国企业生存空间，对跨境电子商务的发展带来不利影响。

对于跨境电子商务，政治风险的升高体现在：受地缘冲突波及，造成实物资产损失；外国政府采取关税壁垒和非关税壁垒限制跨境电子商务进口，如进口许可证制度、进口配额制等一系列非关税政策限制跨境电子商务自由进口等。

2）经济走势较不明朗

从宏观层面来看，全球正处于疫情冲击后的恢复阶段，经济形势仍存在很多不确定性因素。供给冲击、美国货币超发及大宗商品价格上涨等原因造成的通货膨胀正快速传导至世界各国，给跨境电子商务贸易活动带来更多不利影响。从微观层面来看，全球主要经济体抬高基准利率以抑制通胀，制造业中小企业融资成本增加，资金链条收紧，产业链供应链安全隐患突出。虽然近几年跨境电子商务依托网络交易平台有较快发展，但经济景气度降低也带动居民消费意愿降低，跨境电子商务市场或有缩小。

全球经济下行对跨境电子商务的影响体现在：制造业下行，跨境电子商务产品供应端不稳定性提高；海外居民消费能力下降，消费需求萎缩，跨境电子商务产品销售额下降。

3）知识产权监管收紧

《与贸易有关的知识产权协定》是 WTO 规则体系的重要组成部分，旨在通过规则的确立与实施，充分有效地保护国际贸易中的知识产权，防止因对知识产权的无视或侵害而带来的贸易障碍及贸易扭曲。近年来，针对跨境电子商务的知识产权监管收紧。2019年11月24日，中共中央办公厅、国务院办公厅印发的《关于强化知识产权保护的意见》中明确提出要研究建立跨境电子商务知识产权保护规则，2021年7月9日国务院办公厅发布的《关于加快发展外贸新业态新模式的意见》再次明确提出要研究制订跨境电子商务知识产权保护指南，引导跨境电子商务平台防范知识产权风险。

跨境电子商务侵犯知识产权的后果包括平台针对违规跨境电子商务账号限权、删除账号、冻结账户资金；跨境电子商务企业面临本国、外国法律诉讼。

4）汇率不稳定性增加

美元是国际结算货币，美国的货币政策不仅影响本国的经济状况，也对全球经济产生影响。美联储加息以抑制不断拉升的通货膨胀，对世界各国尤其是新兴市场国家带来货币贬值压力。而中国由于率先走出疫情，供应链恢复良好，有较强经济基本面支撑，同时财政货币政策较为独立，人民币相对具有升值趋势。跨境电子商务应注意美联储货币政策的放松或收紧对进口国与出口国之间的汇率影响，合理利用汇率变化下的有利条件，并注意避免因汇率波动带来的损失。

5）市场竞争日益加剧

跨境电子商务行业参与者众多，中端、低端跨境电子商务企业面对的竞争压力进一步加剧。只有建立企业独有的品牌力、渠道力和运营力，跨境电子商务企业才能建立自身的核心竞争壁垒，在产品同质化背景下实现突围。同时，应将视野转向增量市场，在日韩、欧美等海外市场已经得到充分开发的情况下，跨境电子商务企业也可以尝试在东南亚、非洲、拉丁美洲等尚未饱和的新兴市场开展业务，分散市场竞争风险。

9.5.3 跨境电子商务风险的管理

面对政治、经济等多重压力，跨境电子商务应针对当前国际电子商务及跨境电子贸易的新特点，全面、有效、合理地评估风险，并以此建立准确而符合实际的风险评估机制，推动企业风险防范机制作用的发挥，从而实现企业的健康稳定发展。

跨境电子商务企业的风险管理应建立在规范自身经营活动的基础上。面向海外的跨境电子商务企业直接面对多变的国际形势及复杂的贸易风险，更有必要以严谨的态度对待生产经营过程中可能出现的风险，不断借鉴其他跨境电子商务企业的成功管理经验，将风险管理与企业的经营实际相结合；充分考虑到经济周期、国际政治局势影响，正确认识国际、国内经济环境，对企业的经营环境、市场形势及面临的挑战有充分的认识，抓住企业经营的主线，坚定盈利创效的目标，在严峻的外部环境下规避风险、克服挑战；熟悉本国及外国的法律、法规、行业要求和风俗习惯，保证企业自身各项业务合法合规，资质文件和许可证件的经营范围、经营期限均在政府允许范围内。

跨境电子商务企业应增强风险防范意识，提高风险防范能力。有条件的企业可以设立研究部门，针对公司发展方向、主营业务进行政策性研究，制订稳健的公司发展规划；建立内控制度，确定成熟的业务操作模式，实现流程化、专业化、规范化的闭环管理，专设风控部门；关注平台、客户、代理商的资信情况，对其进行评估建档并保持档案更新。

跨境电子商务企业应在企业内部树立牢固的风险管理意识，加强员工风险防范教育，强化责任落实和制度执行；培养企业上下对于违规违约操作的认识，避免在经营过程中发生偏差；应当注重总结过去失败的经验教训，防范风险再次发生。

案例9-2：全球速卖通跨境电子商务平台

全球速卖通（AliExpress）是阿里巴巴为顺应电子商务全球化的趋势而成立的跨境电子商务平台，于2010年4月正式上线。它借鉴国内"天猫"的成功模式，将国内的B2C模式复制到国外，形成了新型的B2C外贸平台。它是帮助中国中小企业接触终端批发零售商，小批量多批次快速销售，拓展利润空间而全力打造的融合订单、支付、物流为一体的外贸在线交易平台。该平台让中小企业能够以小批量的方式快速且有保障地将跨境交易、跨境支付、跨境物流一体化。

在全球速卖通平台上，国内外的卖家和买家都是免费注册的。该平台的主要盈利模式是根据最终的成交价格收取5%~8%的佣金费，不同类目所收取的佣金费不同。卖家和买家免费注册的这种模式可以降低卖方的交易成本，从而降低商品的价格，使全球的用户可以购买到价廉物美的中国产品，让中国产品更好地走出国门，走向全世界。

全球速卖通的业务可以分为B2B和B2C两种模式，但主要是B2C模式，主要面对的是国外中小买家。全球速卖通的业务中，65%订单的客户是个人，35%订单的客户是从事小额批发业务的企业。

全球速卖通平台适合体积较小、附加值较高的产品，覆盖了包括3C、服装、家居、饰品等共30个一级行业类目，主要有服装服饰、手机通信、鞋包、美容健康、珠宝手表、消费电子、计算机网络、家居、汽车摩托车配件、灯具等优势行业。

全球速卖通与阿里巴巴国际站都是阿里巴巴旗下的跨境电子商务平台，但两者之间还是有区别的。

（1）面对的用户不同。全球速卖通的供应商可以是个人也可以是企业，买家是最终的消费者或小商贩；阿里巴巴国际站的供应商主要是主营外销的工厂或是对外经营的企业，买家主要是海外采购商。

（2）平台模式不同。全球速卖通平台主要是B2C模式，即企业对个人，交易速度较快，规模较小；阿里巴巴国际站平台主要是B2B模式，即企业对企业，交易速度较慢，规模较大。

（3）盈利模式不同。全球速卖通的盈利主要来源于收取每笔订单的佣金，阿里巴巴国际站的盈利主要来源于向用户收取的会员费。

（4）运输方式不同。全球速卖通平台上的交易规模较小，运输方式主要是国际快递及空运；阿里巴巴国际站的交易规模较大，运输方式要经买卖双方共同商谈确定，主要是海运。

（5）支付方式不同。全球速卖通的交易金额较小，通常使用Alipay进行线上交易；阿里巴巴国际站的交易数额较大，通常使用信用证或电汇方式进行线下交易。

目前，全球速卖通已经覆盖了全球220个国家及地区，其中美国、西班牙、巴西、法国和俄罗斯为其主要消费市场,海外成交的买家数量已经突破了1.5亿元,是全球第三大英语在线购物平台。

全球速卖通平台的主要特点如下。

(1) 进入门槛低。

全球速卖通平台对卖家入驻设置的门槛比较低,没有企业规模、注册资金及组织方式的限制。卖家在平台上注册创立了自己的店铺后,其店铺的产品就将面向全球200多个国家的买家用户,可以满足大部分小商家想要快速做出口业务的需求。因此,有很多卖家入驻全球速卖通,平台上交易比较活跃。入驻的卖家多也就意味着竞争非常激烈。全球速卖通平台的进入门槛低,使从事同类业务的卖家数量众多,价格竞争激烈,从而使市场的价格空间被压低。

(2) 容易操作,交易流程简便。

全球速卖通平台界面设置简单明了,无论是中文界面还是英文界面都比较清晰,对于初级卖家及买家都很友好,阿里巴巴还为全球速卖通平台的新手卖家提供客户和社区培训体系,以帮助初级卖家快速入门。此外,平台的下单操作和国内的淘宝一样,非常简便,易于上手。

(3) 商品价格低,品种多。

全球速卖通平台上有大量卖家进行竞争,使平台上商品种类繁多,并且价格较低。由于全球速卖通聚集着很多中国制造商,目前,中国是众多国家的货源地,国外客户会越过自己国内的批发商和零售商,直接向中国的供应商提货,省掉了中间商的成本。

(4) 聚焦新兴市场。

全球速卖通的主要市场是新兴市场,尤其是巴西和俄罗斯。据统计,每月登录全球速卖通平台的俄罗斯人约有1600万人,并且呈递增的趋势。

(5) 应用大数据。

全球速卖通平台使用来自物流企业、制造企业、商务营销企业、研究机构的流量数据、行为数据、买家卖家身份信息数据及售后数据等建立了海外市场信息的大数据库,平台可以提供行业热度、数据库分析、买家询盘、关键词收集及订单分类等,通过营销将工具推广给卖家,如"数据纵横"等,使卖家可以通过大数据精准了解并掌握买家的兴趣和购买偏好,并基于此调整店铺的营销计划,进而提升店铺的交易额。

(6) 独特的金融支持。

全球速卖通平台针对目前中小企业贷款难、贷款慢等问题提供了平台自己的解决方案。全球速卖通的卖家选择全球速卖通平台的贷款服务时,不需要进行任何的担保及抵押,全球速卖通平台会有专人对店铺状况进行全方位评估,平台会根据评估结果提供贷款额度,完全凭借卖家信用来获得贷款。整个贷款申请的过程全部在线操作,放贷速度快,还款便捷,到期将通过卖家的国际支付宝账号进行自动还款。

(7) 多元的支付方式。

全球速卖通在支付方式方面有着自己的特色和优势。通过与阿里巴巴旗下其他兄弟公司合作,全球速卖通的支付清算更加安全有效。平台不仅支持西联汇款、信用卡,还支持第三方支付平台——国际支付宝。此外,全球速卖通平台还引入了蚂蚁金服,卖家可以通过 PayPal 顺利将贷款取出,账号也不会被冻结或注销。

（8）特色的物流方式。

全球速卖通平台有着特色的"无忧物流"。平台卖家大多使用的是菜鸟平台，店铺商品进入菜鸟合作仓库时，加入线上平台的同时线下实物开始检验，从而实现商品线上和线下双重管控。同时，全球速卖通开辟了更多的跨境物流合作渠道，菜鸟平台通过和中国邮政的战略合作进入万国邮政网络，大大提升了物流效率。

案例思考题：

（1）全球速卖通如何借鉴"天猫"的成功模式并将其应用于跨境电子商务领域？请分析其复制的模式及在全球环境中所做的调整和优化。

（2）在全球速卖通的 B2C 模式中，中小企业如何通过平台实现小批量、多批次的快速销售？这种销售模式如何帮助中小企业拓展其利润空间？

（3）全球速卖通为何采取根据成交价格收取佣金费的营利模式？这种营利模式如何平衡平台运营成本、卖家利润和买家利益？

（4）国内外卖家和买家在全球速卖通平台上可以免费注册，这一策略对平台本身和参与的各方有哪些利弊？免费注册如何影响平台上的商品定价和交易活跃度？

（5）全球速卖通业务包括 B2B 和 B2C 两种模式，但主要是 B2C 模式。请分析为什么 B2C 模式在全球速卖通中占据主导地位，并探讨 B2B 模式在全球速卖通中的角色和未来发展潜力。

案例思考题：

（1）阿里巴巴开通全球速卖通平台的根本原因是什么？

（2）全球速卖通跨境零售业务发展的特点是什么？

（3）全球速卖通与传统跨境贸易相比，其优势是什么，不足是什么？

（4）全球速卖通与阿里巴巴国际站进行线上交易的区别有哪些？

本章小结

跨境电子商务是指分属不同关境的交易主体，以电子商务平台为媒介，以信息技术、网络技术、支付技术等为技术支撑，完成商品的线上交易、进行支付结算，并通过跨境物流或异地仓储将商品送达消费者手中的国际商业活动。跨境电子商务是电子商务的新模式和新业态，有狭义和广义之分。

与传统贸易形式相比，跨境电子商务具有全球化、多边化、直接化、数字化、小批量、高频率的特点。跨境电子商务与境内电子商务的区别主要体现在业务环节、交易主体、交易风险和适用规则的不同四个方面。与传统国际贸易相比，跨境电子商务也具有更高的效率和极大的优势。

跨境电子商务是沿着传统外贸—外贸电子商务—跨境电子商务的轨迹发展的。跨境电子商务主要经历了三个发展阶段，实现了从信息服务到在线交易再到全产业链服务的重大转型。

跨境电子商务可以按照商品流向、涉及行业范围、商业模式、平台服务类型、平台运营模式等不同的分类标准进行分类。按照商品流向的不同，跨境电子商务可以分为进口跨境电子商务和出口跨境电子商务；按照涉及行业范围的不同，跨境电子商务可以分为垂直跨境电子商务和综合跨境电子商务；按照商业模式的不同，跨境电子商务可以分为 B2B、B2C 和 C2C 三种模式；按照平台所提供服务的不同，跨境电子商务平台可以分为信息服务平台和在线交易平台两类；按照平台运营模式的不同，跨境电子商务平台可以分为第三方平台模式、自营型平台模式和跨境电子商务代运营服务商模式。

跨境电子商务包括信息流、资金流和物流三大基本要素，涵盖物流、仓储、支付、通关等环节。跨境电子商务的产业链涉及跨境电子商务企业、金融支付企业、物流运输企业及第三方综合服务企业等多个业务主体。

进口跨境电子商务一般是指境内买家访问境外卖家的购物网站选择商品，然后下单，由境外卖家通过国际物流将商品送达境内买家手中。进口跨境电子商务中，传统海淘模式是一种 B2C 模式。除该模式外，根据不同的业务形态，可以将零售进口类跨境电子商务平台的运营模式分为海外代购、直发/直运平台、自营 B2C、导购/返利平台和海外商品闪购五类。

出口跨境电子商务已经成为我国外贸行业重要的新增长引擎。B2C 出口跨境电子商务的交易环节涉及商品生产商/制造商、跨境电子商务企业、支付企业、物流商、海关、消费者等参与主体。B2B 出口跨境电子商务的基本交易流程分为筹划工作、交易磋商和履行合同三个阶段。

跨境电子商务服务平台主要有跨境电子商务通关服务平台、跨境电子商务公共服务平台和跨境电子商务综合服务平台。

跨境电子商务的风险类型主要有政治风险、法律风险、交易风险、市场风险和运营风险。当前跨境电子商务风险的主要特点是政治风险不断升高、经济走势较不明朗、知识产权监管收紧、汇率不稳定性增加和市场竞争日益加剧。跨境电子商务企业应增强风险防范意识，提高风险防范能力。

本章思考题

1. 什么是跨境电子商务？请谈谈你对跨境电子商务的认识。
2. 跨境电子商务有哪些特点？
3. 简述跨境电子商务模式的分类。
4. 跨境电子商务与传统国际贸易有什么区别？
5. 请选择两个跨境电子商务交易平台并比较其异同点。
6. 哪些类型的商品适合借助跨境电子商务平台进行推广和销售？
7. 试分析跨境电子商务的发展对传统外贸有何积极和消极的影响。
8. 试分析跨境电子商务给我国企业及消费者带来的影响。
9. 试分析进口跨境电子商务、出口跨境电子商务的基本业务流程。
10. 跨境电子商务风险可分为哪几种类型？分别是由什么因素造成的？

第 10 章
新零售

学习目标

1. 通过电子商务发展的历程理解新零售的概念及其特征。
2. 理解新零售的核心要义和主要模式。
3. 理解新零售商业模式出现的原因。
4. 了解电子商务未来的发展趋势。

案例 10-1：孩子王——新家庭的全渠道提供商

2017年是新零售元年，也是新零售从概念到实践落地的一年，孩子王（Kidswant）就是其中的代表之一。孩子王是一家由数据驱动、基于用户关系经营的创新型家庭服务品牌，主营母婴商品零售与增值服务，以"商品+服务+社交"的商业模式为准妈妈及0~14岁儿童提供衣、食、住、行、玩、教、学等购物及成长服务的综合性解决方案，拥有实体门店、线上PC端购物商城、移动端App等全渠道购物体验。孩子王能够在众多新零售商家中脱颖而出，得益于其独特的新零售运营方式，其主要体现在社区商务模式、数据赋能和消费场景三个方面。

> 社区商务模式——从流量思维到超级用户思维

孩子王的社区，是以意见领袖和孩子王育儿顾问、合作伙伴为主体的用户进行精神消费的一个场所，包括知识分享、社交、儿歌或故事分享、购物笔记、动态圈子、关注等内容。孩子王社区商务的核心是把服务体验做好，为用户提供更多的商品和服务，并把线上线下的库存、用户、订单等打通，真正成为中国新家庭一站式商品和精神消费平台：不仅能购买商品，还能通过社区给新家庭提供一个精神消费的场所，通过App社区、微信咨询、会员动态，用文字、图片、声音、视频等形式，把育儿、生活经验、情感交流、互动分享的内容展现给用户。

> 数据赋能——盘活用户的数据资产

在孩子王看来，未来纯靠卖商品已几乎没有生存空间了，为了经营好用户关系，也必须借助数据赋能。孩子王把营销和用户的数据资产相结合，精准地为用户推荐商品。一方面，总部成立了精准营销部门，专门负责大数据分析；另一方面，致力于打造全员育儿顾问模式，门店销售员都是持有国家颁发证书的育儿顾问。孩子王所有员工都有一个叫"人客合一"的工具，通过它，员工可以看到用户的购买情况，并得到大数据推送的一些分析，如某位用户是否达到当月预期购买值，其消费额在整个育儿顾问体系里的排名、奖励情况等。"人客合一"还会推送信息告诉员工，什么时间应该给某位用户打电话了，某位用户多久没有激活了，应该怎么激活等。

> 消费场景——线上线下融合

为提升用户体验，激发用户需求，线下的场景体验是必不可少的，强调线上和线下融合越来越成为零售企业实践升级转型的共识。围绕着用户体验和强化用户关系，孩子王在场景的打造上也是颇费精力。孩子王智慧门店实行"降维零售"：大幅减少产品展示，转而增加互动空间。虽然产品展示空间减少，但产品的精准度却大幅提升，通过科学精准的品类管理，比一般母婴商店节约30%的货架，留出更多的互动空间，确保更好的娱乐体验。孩子王大胆将"商品+服务+体验+文化+社交+O2O（线上线下融合）"整合为一体，从一家售卖母婴用品的零售商，转型为新家庭的全渠道服务商。孩子王转型为新家庭全渠道服务商如图10.1所示。

图 10.1 孩子王转型为新家庭全渠道服务商

案例思考题：
（1）新零售与传统电子商务零售有什么不同？
（2）为什么说孩子王是新零售而不是传统电子商务零售？
（3）孩子王所代表的零售模式最大的特点是什么？
（4）请你给孩子王的发展提一条建议。
（5）孩子王发展模式最大的挑战是什么？

10.1 新零售的内涵与特征

10.1.1 新零售的缘起及含义

新零售概念的提出，可以追溯到 2016 年 10 月在杭州举行的云栖大会，时任阿里巴巴集团董事局主席的马云认为："纯电子商务时代很快就会结束，未来的十年、二十年……只有'新零售'这一说，也就是说线上线下和物流必须结合在一起，才能诞生真正的'新零售'。"阿里巴巴在新零售领域最大的尝试就是现在广为人知的"盒马鲜生"。2017 年马云"做客"盒马鲜生线下新零售门店，正式宣告了阿里巴巴新零售模式的诞生。

当然，电子商务发展的潮流有其必然性，只是这种必然性往往以某种偶然的方式借助某些有前瞻性的智者提出。小米科技董事长雷军在接受央视财经频道采访时说："市场部考证了一下，好像全国第一个讲新零售的人是我。我上午在一个地方讲，马云下午在另一个地方讲，在同一天讲的。"在阿里巴巴 2016 年云栖大会的同一天，雷军在中国（四川）电子商务发展峰会上，的确提出了新零售的类似理念。他表示，希望用互联网思维，做线上、线下融合的零售新业态，其本质是改善效率，释放老百姓的消费需求。雷军还提到，有望成为"世界一流零售集团"的小米之家，实际上从 2015 年起，就在实践

"新零售",并在 2016 年实现单店平均年销售额 1 亿元的业绩,坪效[1]是国内零售业同行的 20 倍。

很快,京东集团创始人刘强东迅速表态,提出"第四次零售革命"的概念。刘强东认为,零售业公认的革命有三次:百货商场、连锁超市和超级市场。现在正在经历第四次零售革命,它是建立在互联网电子商务的基础上,但又超越互联网的一次革命,将人类带入智能商业时代。刘强东把自己的新零售战略,称为"无界零售"。

三位商界巨擘不约而同地提出了"新零售"的概念,一石激起千层浪。"新零售"迅速成为业界一个新词并被广为传播,引发很多企业家、学者和媒体的热议。与此相对应的是,国家相关管理部门也迅速酝酿了与零售业转型相关的政策。就在 2016 年 11 月 11 日"双 11"当天,国务院办公厅印发了《关于推动实体零售创新转型的意见》,从总体要求、调整商业结构、创新发展方式、促进跨界融合、优化发展环境、强化政策支持六大部分十八个方面为"新零售"发展指明了方向。2017 年 3 月两会期间,一些代表委员提出不少关于零售业转型的议案,李克强总理也在报告中提到促进电子商务、快递进社区进农村,推动实体店销售和网购融合发展。其实质就是号召"新零售"相关企业结合线上线下,用互联网的新思维来推动实体零售转型升级,强化用户体验,改善消费环境和物流现状,提高零售业的运营效率。

虽然马云提出的"新零售"理念很快形成广泛共识,但到目前为止,"新零售"概念尚无统一的规范性认定。暂时可以借用同为新零售实践先锋的阿里巴巴首席执行官(Chief Executive Officer,CEO)张勇的观点:"新零售是在大数据驱动下,现代商业中'人''货''场'的重构,基本商业元素的数字化是新零售的基础。"在此基础上,阿里巴巴研究院在 2017 年发布的《C 时代新零售——阿里研究院新零售研究报告》中给出了一个简明、易懂的解读:新零售就是以消费者体验为中心的数据驱动的泛零售形态。

如果把传统电子商务理解为在"网络上做生意",传统电子商务在价格方面与线下实体店相比拥有天然的优势,与传统电子商务相比,新零售具有显而易见的优势,可以用市场营销领域著名的 4Cs 理论进行说明。

1990 年,美国北卡罗来纳大学教堂山分校(University of North Carolina at Chapel Hill,UNC)教授劳特朋(Robert Lauterborn)提出了 4Cs 理论(The Marketing Theory of 4Cs)。与传统营销理论相比,4Cs 理论凸显以消费者需求为导向,重新设定市场营销组合的四个基本要素:消费者(Customer)、成本(Cost)、便利(Convenience)和沟通(Communication)。4Cs 理论基本要素的含义如表 10.1 所示。

表 10.1 4Cs 理论基本要素的含义

要素名称	含义
瞄准消费者需求	首先要分析、掌握消费者的需求,而不是考虑企业能够生产什么产品
消费者愿意支付的成本	首先要了解消费者为满足需求愿意付出的成本,而不是先给产品定价,即要向消费者收多少钱
消费者的便利	首先要考虑消费者的便利程度,而不是企业的方便
与消费者的沟通	以消费者为中心实施营销沟通,通过互动将企业内外部营销不断进行整合,把消费者与企业双方的利益无形地整合在一起

---

[1] 坪效:指的是每坪的面积可以产出多少营业额(营业额/专柜所占总坪数)。一般情况下,电商卖场比传统卖场坪效高出 3~4 倍。

相比传统的营销理念，4Cs 理论更加关注消费者体验，强调企业应该把追求消费者满意放在第一位；其次，强调要努力降低消费者的购买成本；再次，要充分注意到消费者购买过程的便利性，而不是从企业的角度来决定销售渠道策略；最后，应该以消费者为中心实施有效的营销沟通。

基于 4Cs 理论，可以对比传统电子商务和新零售之间的区别，如表 10.2 所示，从而更好地理解新零售这种商业模式所蕴藏的无限潜力。

表 10.2 传统电子商务与新零售之间的区别

要素名称	传统电子商务	新零售
消费者	追求性价比的消费者	追求消费者满意，提升消费者体验
成本	追求价格更加便宜	追求消费者性价比
便利	通过线上购买、线下配送的方式获得便利	多渠道为消费者提供便利
沟通	线上交流沟通，缺乏体验	以消费者为中心，线上、线下整体多种沟通渠道

10.1.2 新零售的发展阶段、特征及动因

1. 新零售的发展阶段

零售业的发展与技术进步、消费方式转变等因素紧密相关。19 世纪 70 年代，大城市涌现、机械化大生产，以及大批发商的诞生直接推动了百货商场的出现；20 世纪 50 年代，以 POS 机为代表的即时销售管理技术的出现，有力地推动了便利店、品类专业店和购物中心等零售模式的出现；而 20 世纪 90 年代出现的电子商务直接得益于互联网技术的普及。零售业的演进史如图 10.2 所示。

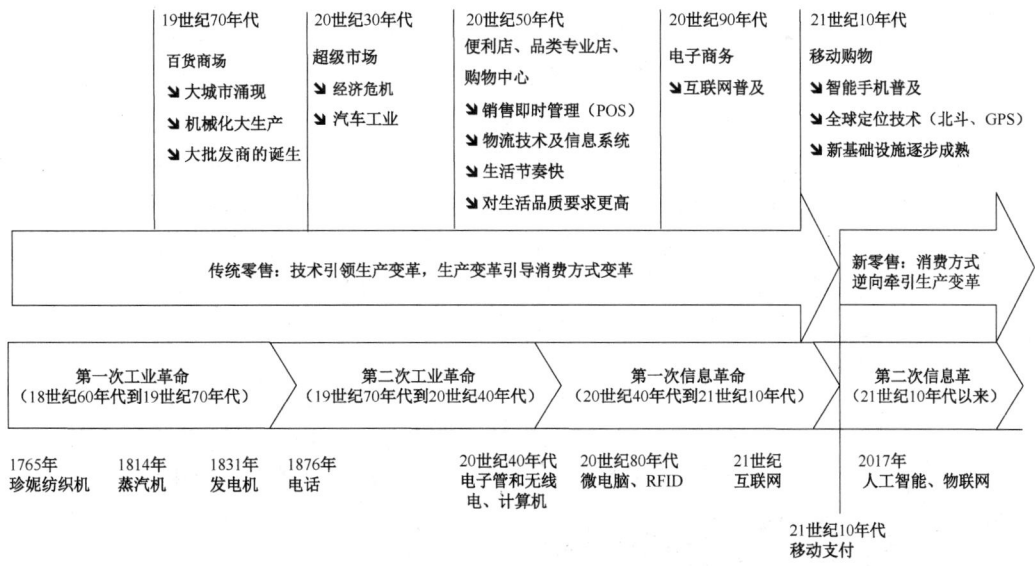

图 10.2 零售业的演进史

新零售并不是凭空而生，而是在传统商业和电子商务发展的基础上逐步发展而来的。信息技术和数字技术在新零售的发展过程中发挥了重要的作用。根据不同类型的技术在零售领域发挥的作用，可以把新零售分为四个阶段。

第一阶段：POS 机系统引入店铺，获得基础数据，发挥会员制。

POS（Point of Sales）机通常会被认为是一种终端设备，这种认识其实并不准确。POS 机本质上是一个软件系统，一般具有商品信息管理、快速结算（扫描商品条码、计算价格和折扣信息）、库存管理、会员管理、收据打印、数据分析和客户关系管理等功能，可以快速地完成交易，不用再手动计算价格和找零，减少了人工计算错误的可能性，可以极大地提高零售业务的效率和准确性。

第二阶段：利用互联网，通过移动端和社交媒体获得有效的消费者信息。

随着互联网、社交媒体和数据分析技术的发展，零售企业可以获得大量的消费者信息，从而能够更加准确地了解消费者的需求，为他们提供更好的产品和服务。具体的方式包括基于社交媒体的调查、用户评论分析及反馈、社交媒体分析、个性化广告和推荐等。对零售业而言，这一阶段最显著的变化是对消费者需求的洞悉。

第三阶段：伴随近场感应终端、应用场景定位、虚拟试衣镜、传感器、大数据、移动终端等技术，完善线下应用场景，实现设备与人之间的实时互联。

互联网等技术应用使零售商家对用户线上行为越来越了解，但可以进行用户线下行为分析的成熟技术或产品并不多，用户线下行为分析成为迫切需要解决的问题。近场感应终端、应用场景定位等技术解决了用户线下行为信息获取的问题。以近场感应终端为例，它可以实现设备和人之间的近距离通信，如在商场中，用户可以通过近场感应终端获取商品相关信息，如价格、促销活动等。这样用户可以更方便地获取商品信息，提高购物体验；应用场景定位技术，商场或零售店可以实时追踪用户的位置，了解他们的行为和偏好，使商家可以根据用户的位置和行为，进行个性化的推荐和营销，提高销售效果。总体而言，新技术在这个阶段的应用，让零售商家能够了解用户线下行为，从而更加全面地了解用户。

第四阶段：通过远程无线技术搭建物联网，实现系统与终端用户实时数据传输，让用户随时随地与智能设备互联，使零售商能够快速采集数据，并通过智能系统驱动优化操作。

在这个阶段，物联网和人工智能技术的应用，可以实现零售业务的自动处理并不断进行优化。例如，物联网和智能系统可以实现自动化的操作，包括自动补货、自动结账等。通过传感器和智能设备的连接，零售商店可以实时监测库存水平，并在需要时自动触发补货操作。同时，用户可以通过自助结账设备完成支付，缩短排队等待时间。

基于不同技术类型的零售业发展阶段如图 10.3 所示。

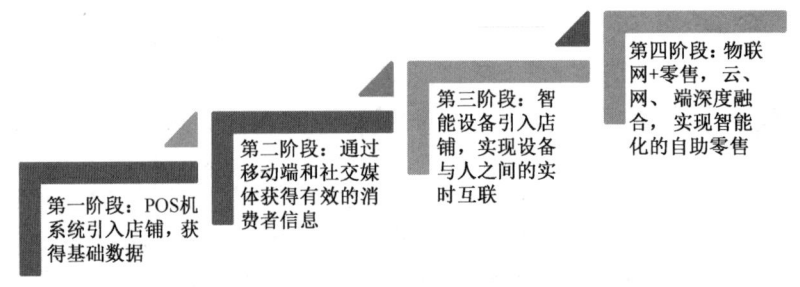

图 10.3　基于不同技术类型的零售业发展阶段

现阶段，我国零售业的发展正处于第二阶段向第三阶段过渡的时期，即在场景服务运营商的帮助下,实现与互联网的结合发展,充分发挥网络技术的作用而实现场景定位,以及利用智能传感器、近场感应终端等设备,收集消费者的购物行为数据进行有效分析。

随着快速发展的物联网技术在新零售行业中的应用范围不断拓宽,零售业进入新的发展阶段,实现与物联网的结合发展,使零售行业的经营范围不断延伸、扩大。在这个时期,新零售平台利用网络技术,如大数据、云计算、人工智能技术等,加强与供应商、分销商、品牌商的合作,提高零售行业发展的智能化水平,不断完善相关的基础设施,为合作商带来诸多益处,与消费者建立双向沟通互动关系。在这个过程中,技术升级有效推动了新零售向健康、稳定、成熟的方向发展。

2. 新零售的特征

新零售时代的到来,使我国零售企业的经营模式发生了巨大变化。在新零售时代,线上和线下的界限变得模糊。一些传统实体店开始与电子商务进行线上与线下的合作,以便优势互补:线上购物既可以给消费者带来快捷方便的线上购物体验,又能满足消费者在实体店亲身体验的需求。

在新零售时代,谁能最大化地满足消费者的需求,谁就可以成为最后的赢家。新零售的特征主要表现在消费场景化、体验极致化及内容数字化。

1) 消费场景化

消费场景化能有效帮助商家吸引更多消费者,解决经营上遇到的难题。例如,对一些餐饮店而言,库存餐位一般是大量存在的。由于餐饮店经营的固定成本往往很高,边际成本却非常低,所以,餐饮店对销售剩余空位一直有着迫切需求。那么,应该如何破解这个难题呢?A 平台就为其提供了一个很好的解决方案。

在某个节日当天,A 平台的很多餐馆都推出了"今日特价"活动。在午餐期间,如果一位消费者希望在附近找到一家相对便宜的餐馆,就可以登录该平台的 App,使用搜索功能定位查找自己周边的餐馆,再从平台上的众多餐馆中进行选择。而当消费者看到某餐馆"今日特价"的标签时,很有可能会选择这家餐馆就餐。

在选择好合适的餐馆后,消费者只要通过平台进行手机支付预订,就可以直接进入相应的餐馆消费,从而为消费者省去了面对面预订的时间。以上运营模式有很多好处。一方面,这种模式可以整合各家餐馆当天没有被预订的位置,以便为消费者提供参考;另一方面,这种模式可以通过移动互联网技术聚合特定场景中的消费者,推动消费者与餐馆之间的互动,从而为那些相对名气不高的餐馆招来大量消费者。

然而,对一些相对高端的四五星级酒店来说,它们中的大多数非常在意自己的品牌形象,有时宁愿承受空位带来的损失,也不愿轻易降低饭菜的价格。而"今日餐馆特价"的模式恰好能解决星级餐馆空位的痛点,为其降价吸引消费者找到一个合适的理由。例如,某星级酒店与某个平台达成合作,届时会在某个特定的时间段把酒店中剩余的空位发布到此平台上销售,并给出一定的折扣优惠。消费者通过这个平台就可以很方便地根据餐馆的距离、星级、价格、风格等实际情况进行查找和预订,享受星级酒店的优惠服务。

除此以外,虚拟超市也是一种场景化消费的经典案例。目前,在一些大城市的商务区或地铁周围,消费者经常可以看到一些小食品或饮料的广告牌。这些广告牌上都会标有一个专属的二维码,消费者只要用手机扫描这个二维码,就可以直接在手机上下单购买这些商品。而消费者在自主下单之后，只需等半小时或一小时就可以拿到这些商品。

从理论上讲，消费者在任何场景中都能和附近各种各样的商品和服务资源相关联。如果相关企业能在此基础上进一步附加上商品信息分类、搜索比价、顾客点评和对照等功能，便能极大地提升消费者在场景中的消费体验。

2）体验极致化

新零售模式为消费者创造更加方便、快捷的购物方式，不仅能节省他们大量的购物时间，还能为他们提供最真实、最优质的体验服务。在新零售模式下，消费者可以先体验、后消费。通俗地讲，消费者可以先在线下实体店体验产品的质量和性能，再根据体验的效果确定是否在线上购买。由此可见，凭借"线上+线下"的一条龙服务，新零售企业能为消费者带来极致的消费体验。

例如，2017年11月28日，江苏37号仓电子商务有限公司推出的智能无人售货机正式投入使用。37号仓智能无人售货机利用智能化的控制平台实现了全程无人售货，它比传统超市、开放式货架更加方便、快捷。售卖的产品涵盖了国内外上百种零食、生鲜水果、快餐便当等，品种非常丰富，可以最大限度地满足消费者的购物需求。而且，37号仓智能无人售货机还采用灵活的"空间载体+无人看守+自助结算"模式，大大降低了建店、租店、人工成本等费用，不仅提高了零售企业的运营效率，还给消费者带来极致的购物体验。

对此，37号仓的负责人表示："传统的购物方式存在很多弊端。在线下的实体门店购物，消费者很容易被导购员推荐去购买某种产品，在结账付款时常常需要排很长的队。对一些赶时间的消费者来说，这种购物方式很不方便。如果消费者选择在网上购物，却又担心在网上购买的产品难以保证质量，这对一些追求质量的消费者来说也是不方便的。37号仓推出这款智能售货机的目的就是想解决消费者的各种不方便。通过软件智能控制和硬件智能操作来帮助消费者实现自主选购、随拿随走、不用排队结账、保证产品质量、购物更加高效率的便捷消费方式。"

此外，37号仓对其销售的每一款产品都进行了精心的调研和严格的质量把控。例如，在食品供应商的选择上，37号仓会选择在相关行业内享有盛名的供应商，保证其产品拥有良好的口感，更加安全、健康；在账户交易上，37号仓采用具有先进技术保障体系的交易系统，利用严格控制操作人员对后台管理系统的使用权限、隔离底层系统和核心业务系统、严禁外部访问等措施来保障消费者的资金安全。

在新零售时代，任何一种形式的创新、任何业态的出现都应该以消费者体验为导向，最终引领行业向更高效率、更优体验、更高性价比的方向发展。37号仓便是凭借其对新零售本质的精准认知，为消费者带来全新的区域布局和创新体验。其他零售企业也应该多借鉴其成功经验，根据自身优势采取适宜的方式，以达到提高消费者购物体验的目的。

3）内容数字化

数字化是新零售的核心特征之一，是新零售实现全渠道和敏捷供应链的技术基础，是实现新零售的技术基础，而数字化是依托科学技术的创新和发展。在新零售模式下，数字技术的应用使线上和线下两种渠道之间实现共通，无论是个人计算机端、移动端的数字化服务端口，还是传统的线下门店的实体服务场景，在新零售模式中都不存在渠道间的壁垒，可以满足消费者随机性、碎片化接入及互动式的购物体验。以阿里巴巴为代表的新零售企业集团充分布局线上与线下服务接入渠道，线上除电子商务网站、移动 App 外，还构建起网红直播、自媒体平台等私域媒体矩阵；线下主要是在传统商超、商业百货等渠道进行场景布局，覆盖了消费者所能触及的多渠道入口。总而言之，除传统的线上渠道是企业获取消费者信息的接触点外，线下场景也成为企业获得数据的重要接触点。

新零售商家使用各种传感器帮助企业收集消费者及商品的数据，从而真正实现了完全、深度的数字化，帮助企业更好地管理渠道、供应链、商品及消费者。新零售使用的各种传感器技术如表 10.3 所示。

表 10.3　新零售使用的各种传感器技术

类别	名称	内容
消费者行为分析	行为识别	利用图像识别，跟踪图像中消费者的肢体动作和消费者在店内的行为进行识别，如消费者是否拿了商品
	情绪识别	基于对消费者脸部图像的分析，判断消费者看到商品后的情绪，收集消费者对商品的反馈信息
	注意轨迹追踪	通过创建虚拟超市或安装摄像头等方式，收集消费者在虚拟注视轨迹追踪超市漫游时的注视轨迹，分析消费者对商品的喜好和在店内的注意力分布
商品状态检测	压力感应	在商品下方布置压力变化检测设备，检测物品是否被取走
	射频识别	为商品贴上射频识别（RFD）标签，经过感应设备时，自动读取标签内商品的信息
	图像识别	通过摄像设备直接从图像中识别商品并进行结算或其他处理

数字化技术除体现在消费者的数字化识别与分类外，在交易中的交流互动、产品推荐、场景引导，以及交易后的数字化支付、智慧物流配送等服务过程都发挥了重要作用。此外，智能技术对新零售供应链的反馈能够不断优化运营内容与运营方式，从辨别消费者到感知消费者，进而预测消费趋势；从辅助生产与流通活动到重塑业态结构与生态圈。未来，智能试装、隔空感应、VR 逛店等智慧化场景将推动新零售服务体系不断升级。

3. 新零售的发展动因

新零售是传统零售转型升级的必然趋势，其发展动因主要包括三方面：技术创新、消费升级、渠道变革。

1）技术创新赋能新零售发展

新技术是马云提出的"新零售、新金融、新制造、新技术、新能源"的"五新"战略的主要内容之一。继移动互联网出现之后，许多技术都发生了变化：原来以个人计算机为主的芯片变成移动互联为主的芯片，原来的机械制造变为人工智能，原来的机器主要输入电力，现在不但需要电力，还需要数据，新技术将基于移动互联网、基于大数据云计算，改变人类生产和生活的方方面面，推动新零售的发展。例如，大数据、云计算技术让精准营销成为可能，商业智能提升了商业决策的效能，虚拟现实和增强现实技术可以极致化消费体验。

2）消费升级牵引新零售发展

消费升级是指消费结构升级，是各类消费支出在消费总支出中的结构升级和层次升级，直接反映了消费水平和发展趋势。消费升级最大的动力是消费购买力的提升。

收入是影响消费购买力的重要因素，消费者收入水平的变动直接影响消费者的消费倾向和消费结构。当经济水平发展到一定阶段时，随着消费者收入水平的不断提高，市场上不断涌现大量新兴的消费品，这会提高消费者的消费倾向。根据经验公式，人均 GDP 与消费倾向的关系如表 10.4 所示。

表 10.4 人均 GDP 与消费倾向的关系

人均 GDP（美元）	消费倾向
达到 1000	居民消费率开始上升，消费对经济增长的作用不断加强
大于 3000	休闲消费、品质消费进入大众化阶段
大于 5000	消费升级加速

2019 年，我国人均 GDP 达到 1.03 万美元，消费结构进入快速升级阶段。当前，我国消费者更加注重商品的品牌和服务的品质，以及生活质量与效率，使大规模个性化和多样化的消费需求，日渐成为主流。

消费者的消费水平不断提升，其个性化需求日益凸显，消费者对商品与消费的适配度提出了更高的要求，刺激了新零售的产生和发展。在这一背景下，零售企业要构建"以消费者为中心"的价值体系，不仅要看到消费者的当前需求，还要在分析问题的基础上找到解决问题的方法，挖掘消费者的潜在需求，提供高于消费者预期的商品和服务。

3）渠道变革推动新零售发展

终端渠道是销售的"最后一公里"，将消费者与商品连接起来，零售渠道的变革很大程度上体现在终端渠道的变革上。随着大型及超大型城市的产生，工作和生活节奏变得越来越快，时间成为稀缺资源，消费者对购物便利性和快捷性提出了更高的要求。同时，随着通信技术和物流管理的快速进步，尤其是互联网和移动互联网的迅速发展，催生了电子商务终端渠道的变革。

不同类型的终端渠道迅速呈现，包括电视邮购、网上商店、自动售货亭、电话购物、移动购物等。这些方式对经营者而言，无库存和场地限制、经营成本低、可以全天候经营、不受营业地点限制；对消费者而言，商品价格低廉、选择余地大、并能节省空间和时间，同时也是双向交流，可以及时获取消费者的需求，甚至能够获得消费者的潜在需求，满足其个性化需求。

10.2 新零售的主要模式

10.2.1 新零售：对传统三要素的重构与升级

1."人""货""场"：零售业三要素

零售是一系列商业模式的统称，它通过某种"交易结构"，把消费者和商品连接起来，让商品到达消费者手中；反之亦然，让消费者能找到商品。零售就是把最终使用这个货物或服务的"人"（消费者）和"货"（商品或服务）连接在一起的"场"。这个"场"，可能是一个物理空间，也可能是一个场景，甚至是拜访陌生客户的行为。

零售是连接人与货的"场"。"以物易物"是人类社会最古老的商业贸易形式，在那个时代，有人家里养羊，有人家里种菜，有人想吃菜，有人想吃肉，于是产生了交换的需求。真实的世界情况更加复杂，想吃菜的人还想吃水果，还想喝牛奶、穿新衣，可是想吃肉的人家里却没有这些物资，怎么办？人们就想出定时间、定地点进行集中交换的办法，让这些有"物物交换"需求的人约定具体的时间和地点进行交易。到最后，就形成了固定的交易地点和交易形式，逐渐形成了集市。

集市的作用就是把商品和需要商品的人在约定的时间连接在同一个地点上，即连接"人"与"货"，今天称为"场"。集市本来就是一个约定俗成的场所，是今天商业场所的雏形。

得益于大规模社会分工，商业场所不断演化发展，逐渐产生了百货商场。百货商场成为把"人"和"货"连接在一起的"场"。顾客（"人"）去商场买鞋子，商场在店里展示商品（"货"），还搭建好货架、镜子这样的环境（"场"），以方便顾客试穿，有各种价格、各种尺码，顾客觉得合适就可以买走。到后来出现了连锁店，连锁店也是一个用各种各样形式把"人"和"货"连接在一起的"场"。再到后来，出现了淘宝、天猫、京东商城等电子商务网站，顾客在计算机和手机上就可以购物，计算机和手机就变成"场"，卖家把卖"货"的照片、视频等商品信息传到网络上，去连接"人"。当然，也有其他一些新兴的零售形式。

由此可见，零售的本质就是把"人"（消费者）和"货"（商品）连接在一起的"场"。无论技术与商业模式经历多少次变革，零售的基本要素都离不开"人""货""场"，这三个概念是零售业永恒的主题。

2. 零售业的发展阶段：从零售三要素的角度

从零售三要素关系的演化过程，可以把零售业发展分为三个阶段，分别是"货—场—人"，随后是"场—货—人"，再到如今的"人—货—场"。三个阶段的具体含义如下。

第一阶段："货—场—人"。

这是物资相对匮乏的历史阶段，市场上的商品品类和数量非常有限，供不应求。这个阶段俗称"卖方市场"，"货"是零售的核心。这个阶段零售遵循"货—场—人"的逻辑，即产品生产者首先将产品生产出来，然后去寻找合适的渠道将产品运输出去，再利用广告等营销手段吸引消费者购买，只要找到合适的销售渠道，商品就能很快卖出，卖方根本不用担心销售。此时，"货"是三要素中最重要的元素，"场"的重要性居其次，只要保证交易顺利进行就可以了，而"人"的地位在这个闭环里最低。

第二阶段："场—货—人"。

随着生产力和国民经济的发展，商品的数量和种类逐渐丰富，"货"不再占据主导地位，这时"场"成为零售业的核心，因为"场"是促进交易发生的关键要素。人的注意力是稀缺的资源，而黄金地段最容易吸引到消费者的注意，在这样的情形下，只有占领黄金地段的商家才能在竞争中占得先机，这也体现了零售业选址的重要性。

第三阶段："人—货—场"。

随着社会经济的进一步发展，消费者的收入水平进一步提升，消费者的消费偏好和需求也发生了翻天覆地的变化。此时，传统的由生产商和零售商占据价值主导地位的模式已经难以为继，"人"成为新零售时代的核心要素，"人""货""场"的关系完全发生了变化。

大数据、区块链和人工智能等新技术的飞速发展，让商家可以低成本地了解每个消费者真实需求和消费习惯，与此同时，消费者不仅对商品的质量和价格有要求，还要求获得更好的服务和体验。借助互联网的快速推广和普及，消费者可以随时随地直接接触到"货"的信息，并借助无现金支付的手段快速完成消费，"场"在交易中的重要性也就降到最低的水平。

由此可见，零售三要素的关系和地位是随着时间的变迁和生产力的发展而不断地重构和升级的，在这场变革中，"人""货""场"的革命发生在每个要素全方位升级的过程中，而不仅仅停留在关系和地位的排序中。

3. 零售三要素的升级

俯瞰整个零售行业的发展，就会发现，零售行业先后经历了生产者主导时代和销售者主导时代，而现在消费者主导的时代已经来临。

1)"人"：无限贴近消费者

当社会物质财富极大丰富以后，产能过剩、供过于求的问题逐渐显现出来。互联网技术和网络也在中国飞速发展，只要有一部手机，消费者就能快速查询到即时市场价格，甚至供应链的关键信息，这极大地改变了买卖双方信息不对称的态势。信息的透明化使零售商与生产商再也无法占据价值链的强势地位，传统的以生产商或销售渠道为主导的体系已经难以为继，取而代之的是以消费者为主导的体系。消费者有什么需求，生产者就生产什么产品，销售渠道也以此为中心运作。

科学界有一个非常有名的质能方程：$E=mc^2$，这个公式是著名物理学家爱因斯坦提出的。借用到新零售中，衍生出形式不同却一样威力巨大的含义。在这里，E 代表盈利（Earning），m 代表商品（Merchandise），c 代表消费者（Customer）。互联网给予商家近乎零成本地接触消费者的边际效益，随着消费者的增加，商家的利润也是呈指数级增长。零售"新"体现在消费者在价值链中地位的显著上升，与传统零售相比，这是最显著的变化。

新零售时代，"人"在价值链中位置的改变，使消费者的消费需求逐渐成为行业运作和策划的起点。而此时的消费者，也不再是传统零售意义上交易的终点，而成为所有交易的起点。与以往的消费者相比，如今消费者的消费心理和习惯有了很大的变化：消费者越来越注重个性化、体验式消费；媒体的多元化让消费者分摊到单个媒体或入口的时间急剧减少，这要求销售者以更短的时间去说服消费者；地域限制逐渐弱化，消费者希望随时随地想买就买，无论是线上还是线下；消费者对品牌的忠诚度大大增加，习惯一旦形成，就会成为长期顾客。所以消费者最希望商家做的就是帮助他们减少选择的时间和成本，要实现这一点，商家要做的就是尽可能地了解消费者，了解他们的购物习惯、偏好、规律，帮他们节约选择的时间，具体包括：

（1）Who：消费者是谁？他们喜欢什么？

（2）When：消费者一般什么时间消费？多久一次？一次多久？

（3）Where：消费者通常会去哪些地方？

（4）What：消费者在特定的时间和地点会做什么事情？

（5）Why：消费者为什么要这么做？有其他的替代方案吗？

（6）How：消费者是怎么做这些事情的？如何能提高他们的效率？

厘清了这些问题,消费者的画像才会清晰立体,制订的方案才有可操作性。得益于互联网的普及,商家有了海量数据的积累,通过人工智能、大数据的挖掘,无限贴近消费者已经具备了技术上的可能,如果能通过充分贯通线上和线下的数据,把消费者的行为串联起来,就实现了从单点到平面,再由平面到三维立体的质变。

2)"货":超越成本与价值

成本包括商品本身的进货成本,以及商品从生产者到消费者手中所有过程的运营成本;而价值就是商品能为消费者带来有用性的市场价格。从消费者的角度,当然是希望以尽可能低的价格买到商品。在同质竞争中,压低售价的价格战方式是商家促成交易的主要手段。"薄利多销"与"物美价廉"这些零售业曾经的"金科玉律",到了新零售时代,不再普遍适用了。随着消费者收入水平的不断提高,商品的种类大大增加,消费者有了更多的选择之后,不再满足于商品本身,而是更在意商品背后的附加价值。也就是说,商品的成本不再是价格这么简单,还包括购物体验和便捷性等其他要素;商品的价值也不再单纯是商品本身的有用性,还包含社交符号、自我认同与其他服务等附加价值。例如,A女士打算购买一双鞋子。在付款之前,她可能要花费不少的时间去挑选样式,在线上的多家网站比较价格,还会到线下的实体店试穿。A女士不仅要付出鞋子本身的成本,还要为花费的时间成本买单;同时,当A女士收到货后,除穿上心仪的鞋子满足自身的需求外,她还希望收获朋友圈的肯定及后续的其他增值服务。而这些,便是"货"的重新定义。

如果跳出商品本身,把目光投向整个供应链的话,情况又会有所不同。对生产商与零售商来说,其关键资源在于占有各种生产要素的多少;核心能力则体现在如何低成本、高效率地制造出商品并卖给消费者。在供应链管理中,企业追求的是生产效率、流通效率与销售效率。

不过在新零售中,光凭这些已经远远不够。除占有生产要素的多少外,和消费者的互动机制成为商家/企业更关键的资源。通过提高与消费者沟通的层次与质量,商家和企业才能清楚消费者到底想要什么、在什么时间要、在哪里要。通过回应消费者的这些诉求,商品的附加价值才能在消费者心目中最大限度地建立起来。说得具体一些,在商家和消费者的互动中会产生大量数据,有了数据,商家才会明白从消费者的视角看商品的设计、研发、运输、销售各环节的重点在哪里。这样,商家不再是单纯地追求生产效率和销售业绩,而是升级为以尽可能低的成本设计出不同消费者想要的个性化商品,并且通过物流尽快送至他们手中。

基于这一商业逻辑,便能清楚,为什么越来越多的商场、超市都喜欢和生鲜或餐饮相结合,其根本原因在于生鲜或餐饮能让消费者停下脚步,从而能创造出更多的机会和时间,让商家和消费者进行互动对话。

新零售时代对"货"做出了重新定义:"货"不仅是商品成本与价值内容的载体,更是以提升消费者为中心的供应链运营管理效率的着力点。

3)"场":体验与全渠道

"场"指的就是消费者和商品接触、产生交易的场所。在传统零售中,"场"是实实在在的物理地点,如集市、小卖部、超市、商场等,因此传统的线下零售场景就是走进店铺,看货选货,拿货付款。而在现今的零售中,"场"也可以是一个虚拟的网上空间,如一个网站、一个微店、一个手机App等。线上零售的场景就是浏览商品,加入购物车,付款，收快递。

近年来，"消费升级"不再只是投资的噱头或商家的宣传，而是人们消费追求切切实实的改变。人们对于整个消费过程的诉求不再停留在满足商品实用性的层面，而是更注重消费体验和商品的附加价值。特别是年轻一代的消费群体，他们既愿意为高品质的商品买单，也会为包括人物、事物、剧情在内的综合性消费场景而买单，只要商家能切中他们的痛点。从心理需求层面看，新一代消费者心仪的不仅是一件商品，更是由商品发散出来的，能够满足其想象与内心需求的消费场景。

线上的购物无法给消费者提供全方位的购物体验，这就是淘宝、京东等大电子商务争先恐后地抢夺线下流量入口的原因。售货员亲切地和你打招呼；商场里超高格调的装修给你赏心悦目的观感；商品实实在在地摆在眼前，摸得着、闻得到……这些都是线上购物所无法体验到的。实体店还可以通过各种科技或时尚元素升华店铺档次，与餐饮娱乐休闲等其他行业联合，增加消费者购物过程中的参与感，如率先运用刷脸支付科技的苏宁无人店、集餐饮于一体的盒马鲜生等，都是新零售中"场"升级的模范。

争夺线下流量只是新零售对"场"重构的开始，零售业者需要满足消费者希望随时随地购物、娱乐和社交的综合消费诉求，无论是通过线下的店铺还是线上的店铺，或者是其他渠道，都需要提供一致性的购物体验与客户服务。

这就要求零售业者不是简单地把线下渠道和线上渠道加在一起，而是要整合线上和线下的渠道，打通线上和线下数据链接、数据共享的"任督二脉"，实现不同渠道间的信息流、资金流、物流、现金流的充分自由流通，这样才能提供各渠道无缝化购物体验的物质基础。从"场"的角度来说，就是打破以往线上线下"画地为牢"的边界，让线下有形场景与线上无形场景融为一体，实现零售业态的全渠道升级。

新零售时代已经到来。以消费者为核心进行洞察与创新，深刻理解新零售"人""货""场"的整体重构，将更好地理解"人"，更好地打造"货"，更优地升级"场"，进而更从容地拥抱新零售时代的种种精彩。零售三要素的解读如表 10.5 所示。

表 10.5　零售三要素的解读

零售三要素	传统零售	新零售
人	消费者、客户	用户
货	量产的标准化工业品	"产品"+"服务"的定制化解决方案
场	商场、卖场	场景

10.2.2　商业模式的前世今生

1. 商业模式的提出及发展

商业模式的概念是 20 世纪 90 年代后期才开始流行的。彼得·德鲁克认为，当今企业之间的竞争，不是产品之间的竞争，而是商业模式之间的竞争。从字面意思来定义商业模式，可以认为商业模式就是对做买卖方式的简要描述，或者说是对企业为了获取利润而进行的、与交换直接相联系的各种活动的整体描述，是对复杂商业实现的简化。

虽然商业模式是对企业商业实践的一种简化描述，但这种简化一般被认为对企业经营实践整体的简化，它应该能够全面覆盖企业经营的每个重要方面，不仅包括有形的方面，如企业的资源组合及各种运作流程，还包括无形的方面，如企业获取利润的内在原因与逻辑。总体而言，可以把商业模式定义为一种建立在许多构成要素及其关系之上，用来说明特定企业商业逻辑的概念性工具。

鉴于商业模式的表述不尽相同，一些学者试图对商业模式的定义进行归纳总结，并希望从中得出具有一致性的结论。迈克尔·莫里斯（Michael Morris）等通过对30多个商业模式定义的关键词进行内容分析，指出商业模式定义可分为三类：经济类、运营类和战略类。经济类定义将商业模式看作企业的经济模式，用于揭示企业"赚钱"的根本原因，即利润产生的逻辑，构成要素包括收益来源、定价方法、成本结构和利润等；运营类定义关注企业内部流程及构造问题，构成要素包括产品或服务交付方式、管理流程、资源流、知识管理等；战略类定义涉及企业的市场定位、组织边界、竞争优势及其可持续性，构成要素包括价值创造形式、差异化、战略愿景和运营网络等。

由哈佛大学教授马克·约翰逊（Mark Johnson）、克莱顿·克里斯坦森（Clayton Christensen）和SAP公司的CEO孔翰宁（Henning Kagermann）共同撰写的《商业模式创新白皮书》把商业模式概括为三个要素：客户价值主张、资源和生产过程、盈利模式。客户价值主张指在一个既定价格上企业向其客户或消费者提供服务或产品时所需要完成的任务；资源和生产过程即支持客户价值主张和盈利模式的具体经营模式；盈利模式即企业为股东实现经济价值的过程。

基于以上研究结论，商业模式被认为描述企业如何创造价值、传递价值和获取价值的基本原理。通俗而言，就是描述企业是如何赚钱的。对于商业模式的分析，重点是抓住商业运行环境中的主要因素，合理地解释商业逻辑。

2. 新零售运营逻辑

新零售商业体系是互联网思维与传统零售业态的创新式深度融合，以消费者需求为核心的商业服务体系是新零售运营之根本。新零售服务体系设计的核心在于增强用户体验，基于多渠道的数字化用户识别，实现全渠道用户精细化分类，进而打造差异化的体验式营销场景，图10.4所示为新零售运营逻辑。

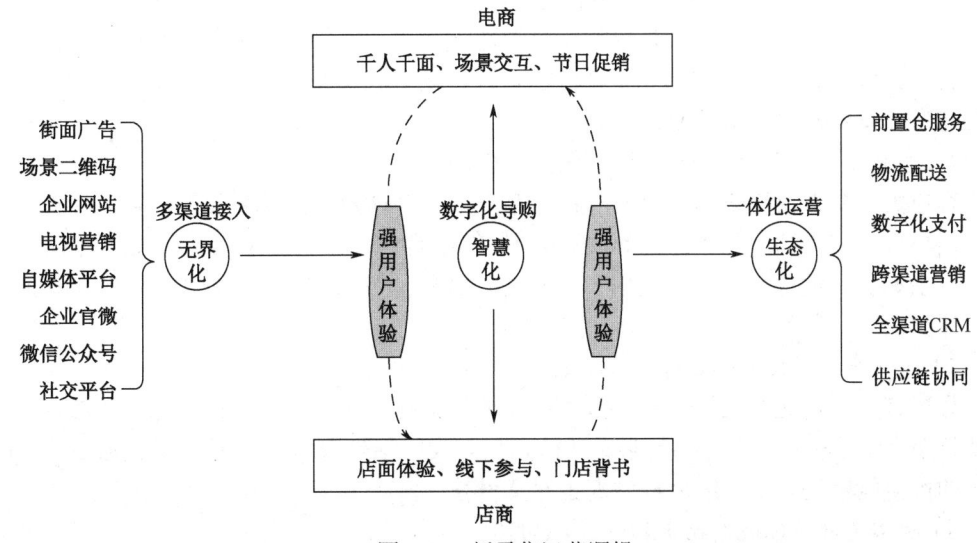

图10.4 新零售运营逻辑

作为一种全新的零售业态，新零售并不违背传统零售行业的规律，其本质是在多渠道、高新技术的商业环境下对传统零售要素的整合、重塑和再造，以改善购物体验、提升流通效率。其以生态化运营思维实现购物功能整合与流程协同，涵盖产品供应、定制化生产、营销策略、流通方式、支付终端、渠道管理等诸多方面，基于此所打造的服务方案能够满足用户对购物过程便利性与舒适性的需求，同时保证了供应端与需求端无缝衔接，充分发挥信息流在市场预测、精准生产、JIT 流通与仓储等方面的协同作用，推动新零售服务模式不断优化。

3. 商业模式分析工具——商业模式画布

商业模式分析的工具和要素多种多样，由于商业模式构成要素的具体形态表现、相互关系及作用机制的组合几乎是无限的，因此创新企业的商业模式也可以有无数种。要分析企业的商业模式，现实的办法是描述商业模式的组成要素，由此判断商业模式的前景。本书借鉴商业模式画布的分析方法。

商业模式画布由瑞士洛桑高级商业研究院的亚历山大·奥斯特瓦德（Alexander Osterwalder）和伊夫·皮尼厄（Yves Pigneur）两位教授提出。商业模式画布从九个方面分解企业商业模式，以下将详细介绍商业模式分析中九个要素的内涵。

1）客户细分（Customer Segments，CS）

商业运作需要定义一个或多个或大或小的客户细分群体，客户细分构造块用来描绘一个企业想要接触和服务的不同人群和组织。在进行客户细分之后，企业必须做出合理决议：到底该服务哪些客户细分群体，该忽略哪些客户细分群体。一旦做出决议，企业就可以凭借对特定客户群体需求的深刻理解，仔细设计相应的商业模式。

2）价值主张（Value Propositions，VP）

价值主张构造块用来描绘为特定客户创造价值的系列产品和服务。价值主张是客户转向一个企业而非另一个企业的原因，它解决了客户困扰（Customer Problem）或满足了客户需求。每个价值主张都包含可选的系列产品或服务，以迎合特定客户细分群体的需求。在这个意义上，价值主张是企业提供给客户的受益集合或受益系列。

3）渠道通路（Distribution Channels，DC）

渠道通路构造块用来描绘企业是如何沟通、接触其客户细分群体而传递其价值主张。沟通、分销和销售这些渠道构成了企业面对客户的接口界面。渠道通路是客户接触点，它在客户体验中扮演着重要角色。

4）客户关系（Customer Relationships，CR）

客户关系构造块用来描绘企业与特定客户细分群体建立的关系类型。企业应该弄清楚希望与每个客户细分群体建立的关系类型。构建客户关系有以下几个动机：客户获取、客户维系和提升销售额（追加销售）。商业模式所要求的客户关系深刻地影响着全面的客户体验。

5）收入来源（Revenue Streams，RS）

如果客户是商业模式的心脏，那么收入来源就是动脉。收入来源构造块用来描绘公司从每个客户群体中获取的现金收入（需要从创收中扣除成本）。企业必须扪心自问，什么样的价值能够让各客户细分群体真正愿意付款。

6）核心资源（Core Capabilities，CC）

核心资源构造块用来描绘商业模式有效运转所必须的重要因素。每个商业模式的运营都需要核心资源，这些资源使企业能够创造和提供价值主张、接触市场、与客户细分群体建立关系并获取收入。不同的商业模式所需的核心资源也有所不同，如微芯片制造商需要资本集约型的生产设施，而芯片设计商需要更加关注人力资源。核心资源可以是实体资产、金融资产、知识资产或人力资源，既可以是自有的，也可以是企业租借的或从重要伙伴那里获得的。

7) 关键业务（Key activities，KA）

关键业务构造块用来描绘为确保其商业模式可行，企业必须做的事情。任何商业模式都需要多种关键业务活动。这些业务是企业得以成功运营所必须实施的动作。正如核心资源一样，关键业务是创造和提供价值主张、接触市场、维系客户关系并获取收入的基础。同样，关键业务也会因商业模式的不同而有所区别。例如，对微软等软件制造商而言，其关键业务包括软件开发；对戴尔等计算机制造商来说，其关键业务包括供应链管理；对麦肯锡等咨询企业而言，其关键业务包含问题求解。

8) 重要合作（Key Partnerships，KP）

重要合作构造块用来描述让商业模式有效运作所需的供应商与合作伙伴的网络。企业会基于多种原因打造合作关系，合作关系正日益成为许多商业模式的基石。很多企业用创建联盟来优化其商业模式、降低风险或获取资源。

合作关系可分为以下四种类型：在非竞争者之间的战略联盟关系、在竞争者之间的战略合作关系、为开发新业务而构建的合作关系、为确保可靠供应的购买方而构建的供应商关系。

9) 成本结构（Cost Structure，CS）

成本结构构造块用来描绘运营一个商业模式所引发的所有成本。这个构造块用来描绘在特定的商业模式运作下所引发的最重要的成本。在商业模式中，创建价值和提供价值、维系客户关系及产生收入都会引发成本，这些成本在确定关键资源、关键业务与重要合作后可以相对容易地计算出来。然而，有些商业模式是由成本驱动的。例如，那些号称"不提供非必要服务"（No frills）的航空公司，是完全围绕低成本结构来构建其商业模式的。商业模式创新九大要素的关系如图10.5所示。

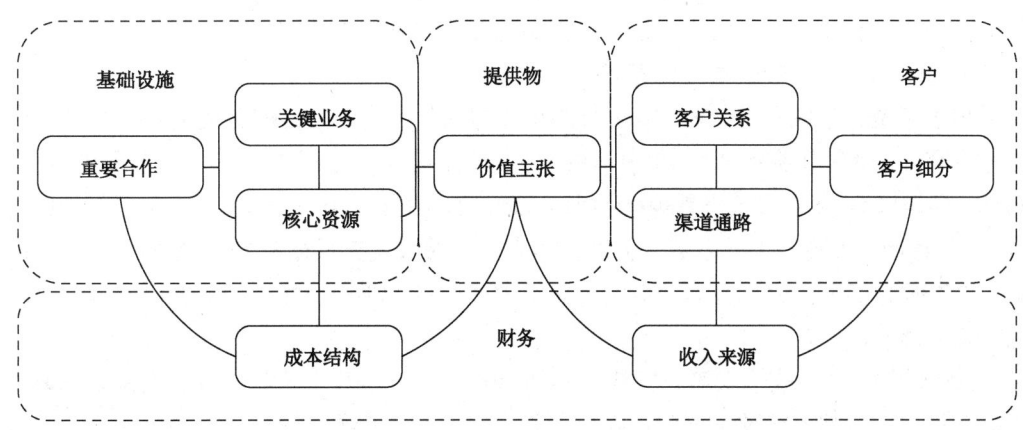

图 10.5 商业模式创新九大要素的关系

10.2.3 新零售的主要模式分析

1. "新零售之锥"模型

与传统零售商业模式相比，新零售从行业层面和需求层面改变了零售业的面貌，以更高的效率与更优的成本结构重塑零售行业的形态，以更好的产品与体验满足消费者的需求。新零售企业通过打造消费场景、优化数据赋能和实施会员营销来抢占市场份额，就好像用一个"锥"钉入市场，钉入越深，市场占有率越大。夺取市场的大小也取决于三个维度：一是终端，具体而言就是消费场景。消费场景是流量的入口，场景体验越好，消费者捕获率越高，新零售之锥的"底面"就越大，钉入市场的能力越强，交易规模越大，市场面积就越大。二是算法，具体而言就是数据赋能。数据赋能做得越好，对供给与需求的匹配越精准，服务也越到位，重复购买的可能性也越大，新零售之锥的"高"越高，钉入市场能力越大，市场规模就越大。三是社群，具体而言就是会员营销。会员营销做得越好，对"老顾客"市场价值挖掘就越深，也更充分，反复消费的可能性也越大，新零售之锥的"顶面"越锋利，钉入市场的能力越强，市场份额就越大。"新零售之锥"模型如图10.6所示。

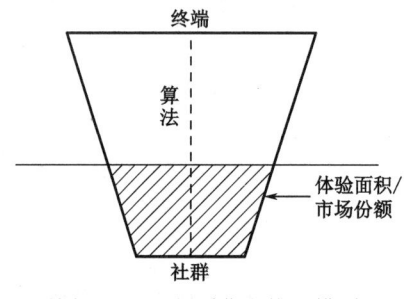

图 10.6 "新零售之锥"模型

总体而言，决定新零售所倡导的用户体验具体表现为消费场景、数据赋能和会员营销三个方面。

2. 新零售商业模式分析：消费场景+数据赋能+会员营销

"消费场景+数据赋能+会员营销"新零售商业模式是指零售企业通过消费场景、数据赋能和强化会员营销，设计一种三维体验的商业模式，打造三位一体的用户体验。孩子王在这个方面是比较成功的探索者。

孩子王是一家成立于2009年7月的母婴童商品零售与增值服务的公司，总部位于江苏南京。母婴童市场空间大，我国已成为全球仅次于美国的第二大孕婴童产品消费国。2010年国内母婴商品市场交易规模约为1万亿元，2016年上升至2.2万亿元，CAGR达14.2%，且增长速度呈上升趋势。同时，消费者对母婴童产品质量的重视程度达70%以上，价格敏感度则在30%左右，消费者愿意为高质量、高安全性和高附加值的母婴童产品支付高溢价。

2009年12月，孩子王第一家线下实体店在南京建邺万达开业。孩子王首创母婴大店商业模式，建邺万达孩子王门店经营面积达6000平方米，是当时国内规模最大的母婴童一站式Shopping Mall。孩子王的门店为准妈妈及0~14岁儿童提供一站式购物及育儿、成长和社交互动服务，全面满足会员从孕期到宝宝成长过程中衣、食、住、行、玩、教、学等需求。2010年，孩子王着手全国门店布局；2015年实施线下+线上全渠道布局战略，同年上线第一版官方App商城，在卖货的基础上结合独有的24小时"育儿顾问"服务，叠加以会员为核心的"商品+服务+社交"的创新模式，孩子王迅速发展为母婴零售领域的龙头企业。

孩子王的成立是因为发现了传统母婴行业零售的不足。传统零售商并不关注顾客，他们更多地将"资源""产品"等作为公司的核心资产。资源代表好的门店位置、好的物业；产品则代表好的品牌、好的代理。这在某种意义上是计划经济时代的烙印，是依靠资源驱动型的商业。而随着数字技术的不断深入应用，对母婴市场产生了巨大的冲击。一方面是互联网对顾客的改变。互联网使供需双方的信息更加对称，顾客在拥有足够信息的前提下，对于买什么和去哪里买，都有了自己的判断和主张。如果线下门店零售商不能提供具有吸引力的产品或服务，即使占据再好的地段，也不能避免顾客流失的风险。同时，顾客的需求也更加多样化和个性化，若门店仅只有整齐划一的商品陈列，已不再能吸引顾客走进门店消费。另一方面是互联网技术对商业基础设施的改变。移动技术、数字技术、智能技术，为企业经营顾客和内部管理者提供了新的工具，也使企业能创造出更多新的商业模式。

孩子王意识到，在互联网时代，数据已成为重要的生产资料。所以企业必须利用新兴的互联网技术和数字化手段，发挥企业内数据的价值，优化企业的服务，提升企业的效率，驱动新零售战略前行。同时，强大的数字处理能力和不断迭代的数字化工具，也建立了企业的竞争优势。由此推动了孩子王向新零售转型。在孩子王的新零售模式中，利用消费场景获取流量并提供体验，通过会员营销做好服务发展自己的粉丝社群，再基于获取的数据为终端建设和会员服务赋能，做好精准营销。体验层层叠加，不是物理式累加，而是化学式融合，为用户提供三位一体的极致服务。

孩子王"消费场景+数据赋能+会员营销"的商业模式要素如下。

（1）价值主张。致力于成为中国新家庭信赖的母婴电子商务平台。

（2）客户关系。孩子王以"经营顾客关系"为核心理念，建立了与顾客之间的深入情感联系，通过情感共鸣和情感沉淀，打造了持久的顾客忠诚度和黏性，形成紧密的"连接"。

（3）收入来源。主要是商品销售收入和客户服务收入；为供应商提供服务的收入，主要来自供应商赞助、冠名各类促销宣传活动时公司为供应商进行品牌推广而向其收取的相关服务收入；供应商的租金收入，如儿童理发、早教机构向孩子王支付的租金。

（4）核心资源。采取重度会员制，以会员为核心资产，定位为中产阶级新家庭，旗下有超过4000名持证育儿顾问，助力情感营销；孩子王通过会员数据积累和数据库存储，深入挖掘新家庭的育儿需求，进而精准筛选用户潜在需求和喜好，实现产品从广泛到精准的转变。

（5）重要合作。主要是消费场景打造环节的商品供应商和物流配送网络，会员服务和数据赋能由孩子王自己完成。

（6）成本结构。主要是销售产品的采购成本、游乐设施的建设成本、场地费用。

孩子王"消费场景+数据赋能+会员营销"的商业模式画布如表10.6所示。

表 10.6　孩子王"消费场景+数据赋能+会员营销"的商业模式画布

重要合作（KP）	成本结构（CS）	收入来源（RS）	价值主张（VP）
供应商同盟 物流网络	场景打造成本 数据处理成本 会员服务成本	商品销售收入 客户服务收入 供应商服务收入 供应商租金	以"商品+服务+社交"的方式为准妈妈及0～14岁儿童提供衣、食、住、行、玩、教、学等购物及成长服务的综合性解决方案
核心资源（CC）			客户关系（CR）
终端+会员+数据+算法			以"经营顾客关系"为核心理念，与客户建立深入的情感联系

10.3　新零售的理论阐释

10.3.1　"零售之轮"理论

早期的零售业态演变理论将零售业态的演变视为新旧业态不断交替、反复循环的过程，解释这一过程最具影响力的理论就是"零售之轮"理论，该理论被认为对零售业态演化最权威的解读之一。

1958年，麦克奈尔（M. P. MacNair）教授提出"零售之轮"理论。该理论认为，零售业态的变革存在周期性，就像一个旋转车轮的前进过程。首先，带有一些创新性质的新零售业态，以低价销售的经营方式进入零售业。新、旧零售业态之间进行激烈的竞争，最终，新零售业态从原有零售业态的既有市场中吸走大部分消费者，确立了它在市场上的优势地位。其次，新零售业态的门庭若市促使其他零售企业竞相模仿，新零售业态企业之间的竞争日趋激烈，其他零售企业先前赖以竞争的低价销售方式逐渐丧失优势。再次，为了拥有更具差异性的竞争优势，新业态要朝扩增商品组合、更新店铺设计、扩大服务性商品项目等方向发展，如此一来，必然导致价格上升。最后，价格竞争力衰退后，市场又为那些以低价为策略的更新零售业态提供了可乘之机。结果就是，在零售市场上，最新零售业态和先前的新零售业态之间又展开另一场抢夺市场的竞争。

"零售之轮"理论可归结为：各种零售业态都是由价格诉求转为商品组合诉求，再转为服务项目内容诉求的反复运作。"零售之轮"理论如图10.7所示。"零售之轮"理论解释了一种现象：百货店、连锁店、超级市场、折扣商店等零售业态之间不断交替的过程。初始都以低毛利、低价格作为竞争手段而出现在市场上，之后随着成长需要，逐步扩充各种商品组合或服务项目内容，并提高价格水平。但它却无法解释那些一开始就以高价格为特征的零售业态出现的现象，如在发展中国家，超级市场一开始就是以高价格的营销策略参与市场竞争的。

1996年，日本学者中西正雄（Maso Nakanisi）在《零售之轮真的在转吗》一文中提出"新零售之轮"理论。中西正雄认为，在任何时期，零售价格与零售服务水平的组合，都与当时的技术水平相适应，且有一个限度，为达到某一服务水平而必要的最低价格零售水平称为技术边界线。"新零售之轮"理论如图10.8所示。

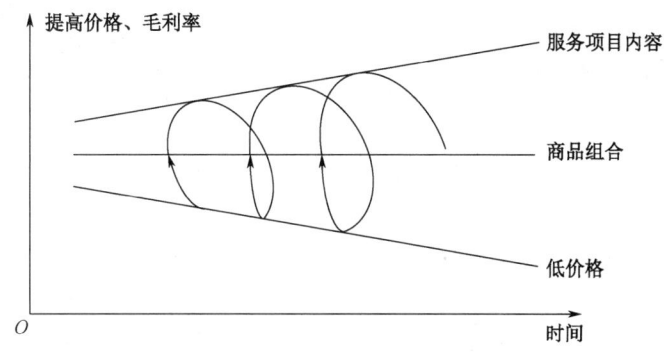

图 10.7 "零售之轮"理论

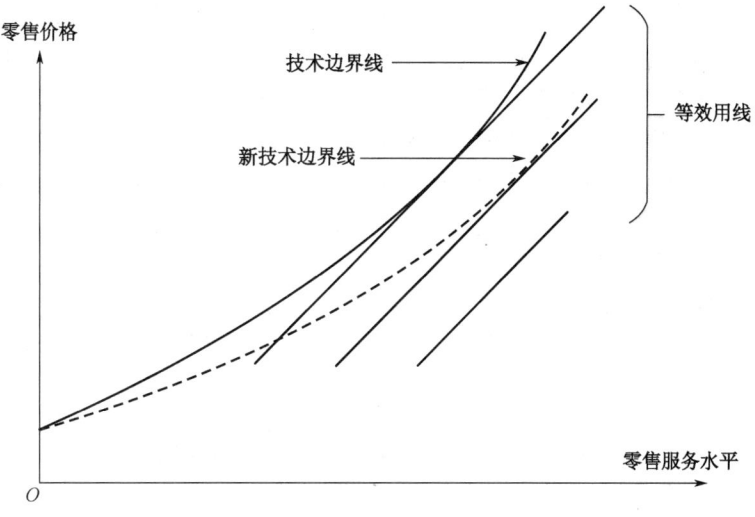

图 10.8 "新零售之轮"理论

越是能够接近技术边界线进行价格服务组合的企业,越具有竞争上的优势,而位于技术边界线左侧的企业处于竞争的不利地位。因此,对零售竞争来说,有意义的价格服务水平组合只限于技术边界线上。对新零售业态来说,由于行业竞争的压力,如果要提高服务水平或降低价格,也仍然在这一曲线上移动。

新业态的发展在于对物流、信息流、管理等技术的革新,以突破原有的技术界限,使之向右下方移动。只有新业态的引进产生巨大革新时,才会引起主要业态的变化。由此可见,新业态并不是以低价格把旧业态赶出去的,而是因技术边界线的移动,获得竞争上的优势。

但新业态的优势只是短期的,当新业态企业因技术革新获得超额利润时,其他效仿的企业也会努力改善其营销组合,使自己的技术边界线也往右移,从而使超额利润消失。由此形成类似于"新零售之轮"的循环。"新零售之轮"的循环如图 10.9 所示。

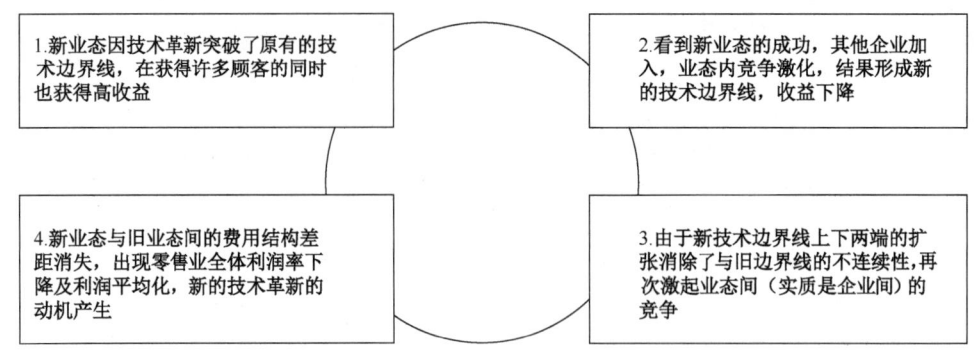

图 10.9 "新零售之轮"的循环

中西正雄的理论隐含着这样一个前提,即每个人的等效用曲线相同,因此,它与技术边界线的交点也是唯一的。然而,将所有人的等效用曲线视为同一条曲线,这只是为了便于分析而进行的一种理论上的假设,在现实中这种假设是不成立的。事实上,对不同的人群来说,同样的服务增量所带来的边际效用是不一样的。这也就意味着不同的人群可能有不同的等效用曲线,因而在同一条技术边界线上,就存在着不同的切点。由于每个切点都代表一种营销策略组合,即一种零售业态,因此,在有多种等效用线的情况下,满足优势条件的业态就不只是一种,而是有若干种。技术对商业业态的影响如图 10.10 所示。

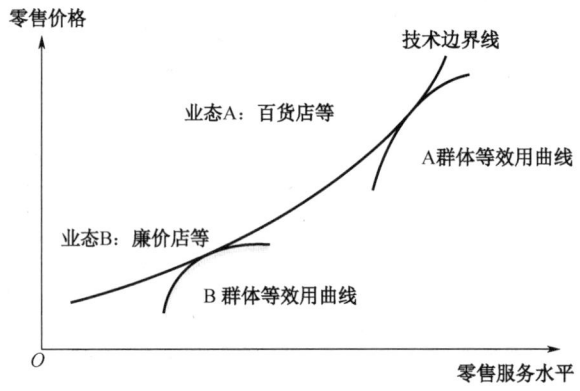

图 10.10 技术对商业业态的影响

不同的消费者对服务的偏好使其对零售经营形式的选择不同。为适应不同消费者的偏好,形成了不同的营销策略组合和零售业态。根据这样一种认识,就能更好地解释为什么会有许多不同的业态同时存在,以及为什么当一种新业态出现后,那些旧业态得以保存,并且和新业态同时取得发展。

10.3.2 "新零售之轮"理论对新零售的解释

新零售的出现是对"新零售之轮"理论最好的验证。与传统零售业态不同的是,新零售是在电子商务及传统零售的基础上,通过线上电子商务、线下实体零售的全面融合,利用云计算、人工智能、物联网、大数据等新技术,打破了线下实体零售的时空限制,解决了传统实体零售因无法对商品进行全面展示而导致消费者放弃购买的问题,提升了传统电子商务的购物体验，最终形成了一种新的零售业态——新零售。

用经济学理论对此进行分析：受互联网技术革新的影响，技术边界不断向右下方移动，在这个过程中总会有一条等效用线与之相切。在这种情况下，消费者的效用没有改变，但其拥有的服务和支付的价格却发生了实质性变化。新技术边界线的出现表示消费者能够以现有的价格获得更多的零售服务，或者以更低的价格享受现有的零售服务，从而获取更多益处。此时，在技术边界线左边的企业将在市场竞争中处于劣势。由此可见，随着技术不断革新，新零售业态将不断出现。零售企业致力于技术革新，其原因主要有以下三点。

首先，如果技术边界线长期不变，企业间的竞争将越发激烈，零售业企业之间的利润将平均化，整个行业的利润将不断下降。所以，零售企业要想在激烈的市场竞争中获胜，就必须挖掘、培养新的竞争优势，只有这样才能重新获取高额利润。这样一来，企业必须开始新一轮的探索与革新。

其次，技术边界线左侧的企业迟迟无法在市场竞争中占据优势地位，所以无法和技术边界线上的企业一样享受政策利润，其结果无外乎退出竞争或决绝迎战。为了在市场竞争中获胜，这些企业会拼尽全力推行技术革新。

最后，如果零售行业的平均利润高于其他行业，就会吸引其他行业的企业源源不断地涌入。新进入的企业为了在市场竞争中占据优势，会将其在其他行业掌握的技术革新力量发挥出来。

"新零售之轮"理论对新零售出现的动因做出了解释。新零售出现之后，整个零售业呈现出多种业态并存的局面，但这并不代表原有的零售业态会退出市场。所以，零售企业价格与服务的最佳组合只能发生在技术边界线上。因为零售行业的竞争依然非常激烈，所以零售企业要想占据优势地位，必须提高服务水平或降低产品价格，而且其移动路径不能偏离技术边界线，除非再次发生技术革新导致技术边界线再次移动。新零售业态企业的成功，会引来其他企业的仿效，导致新一轮的激烈竞争。

10.4 智慧零售

10.4.1 智慧零售的含义及特点

智慧零售，仍然是以消费者体验为中心的。人工智能、大数据等技术在线下商店的落地应用，让线下的零售业务能够像互联网电子商务平台一样获得消费者群体分布、活动轨迹、到访记录、消费行为或喜好等诸多详细数据分析能力，从而提升用户服务体验、优化运营、提高销售转化，助力线下零售更好地发挥自身优势，打破线下零售固有的营销模式，实现"人""货""场"的进一步重构和优化。

智能无人零售商店是智慧零售的重要表现形式之一。智能无人零售店具有提供全天候自助服务和高效购物体验的竞争优势，还特别注重"最后一公里"的购物便利。与传统零售店有所不同，智能无人零售商店提供了一个技术驱动的无人零售环境，它不仅提供了线上零售无法实现的、良好的实体店零售体验，还借助人脸识别、二维码、智能货架、虚拟购物车、商品追踪、商品识别结算、移动支付和自助结账等智能技术，方便了消费者购物。此外，智能无人零售商店实行无接触的服务策略，即在没有现场员工互动的情况下提升消费者的消费体验，受到越来越多注重自主权、简洁性、高效性、成本效益和时间管理的消费者的青睐。市场调研公司 M&M 2020 年发布的行业研究报告显示：智能无人零售店具有巨大的市场增长潜力，预计到 2025 年其市场规模将达到约 630 亿美元，年复合增长率高达 24%。

智能技术在智能零售店中赋予消费者两个方面的能力：购物过程中的便利程度更高及社交存在感更低。借助店内的智能技术，消费者可以简化购物流程、自主购物、定制服务和提高效率，获得便捷的购物体验。通过人和技术互动的实时响应，消费者还可以获得及时的购物支持。在社交存在感方面，智能技术被视为对传统零售业的颠覆，取代了店内的销售员和收银员，并将部分购物任务（如结账和购物指导）从员工转移到消费者身上。智能技术最终成为消费者在整个购物过程中唯一需要与之互动的媒介。

智能技术的赋能还体现在加强产品供应方面，这是与传统零售共享的传统价值。尽管智能技术是创新零售模式中的主角，但产品价值仍然以追求物有所值的消费者需求为中心。除了提供新颖的体验，智能零售店在满足实用需求方面也显示出其优势。智能技术接管了传统机械化流程（如收银员和销售员）中涉及大量无技术含量的人力劳动，这些工作同时也是非创造性和低附加值的。与传统的有人值守零售店相比，由于劳动力成本的降低，智能零售店能够以更低的价格销售同质化产品。因此，高性价比的产品也巩固了智能零售店的竞争力，使其与竞争对手区别开来。

2016 年 12 月，亚马逊首次提出"无人购物"的概念，"无须排队、无须结账、即拿即走"的无人购物的革命性理念一经推出，就备受业界关注。

2018 年 1 月，亚马逊宣传了两年的无人购物商店 Amazon Go 在西雅图正式面向公众开放。无人商店，顾名思义就是没有店员，把人从日常烦琐的运营中解放出来。购物全程没有一个营业员，还能 24 小时营业，消费者拿起商品就走，无须掏手机或钱包，只要通过门店的大门，大门上的系统就会自动识别消费者所购买的商品，自动发送收据并向消费者的亚马逊账户收费以完成扣款。

从表面上看，这就是自助式购物，可实际上，它绝不仅仅是主打"无人"的概念，其背后更大的意义，是全方位获取整个零售链条的数据，从供应链开始到物流、零售终端，最后到消费者，各种数据的获取，然后实现各种服务模式和数据模式的持续优化。

作为新型的零售店，Amazon Go 开创了"拿了就走"（Just Walk Out）的购物技术。值得一提的是，Amazon Go 还用"Just Walk Out"这个词申请并概括了自己围绕无人零售所生成的一系列技术和专利。

或许看了上面的说明后，对于无人商店的概念还是一知半解。为便于理解，不妨来一次"云购物"。首先，需要提前注册一个亚马逊账号。消费者进入智慧商店，像进入地铁一样，用手机在感应器上"刷卡"，进入的同时位于入口处的摄像头会对消费者进行人脸识别。消费者刷卡进入智慧商店如图 10.11 所示。

图 10.11　消费者刷卡进入智慧商店

智慧商店内的麦克风会根据消费者发出的声音,以及周围环境的声音来判断消费者所在的位置。智慧商店判断消费者位置的技术示意如图 10.12 所示。

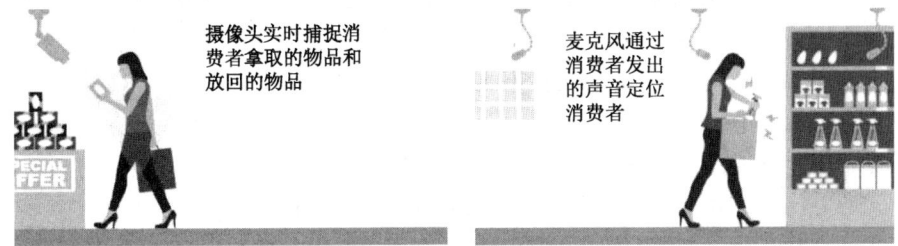

图 10.12　智慧商店判断消费者位置的技术示意

当消费者在货架前停留时,摄像头会捕捉到消费者的行为,货架上的红外传感器、压力感应装置(记录商品被取走),以及荷载传感器(记录商品被放回)会记录下消费者取走了哪些商品及放回了哪些商品。智慧商店记录消费者取物的技术示意如图 10.13 所示。

图 10.13　智慧商店记录消费者取物的技术示意

消费者离开超市时,传感器会扫描并记录下消费者购买的商品、结算金额,同时自动把电子收据发送到消费者的手机上。智慧商店实现消费者结账的技术示意如图 10.14 所示。

图 10.14　智慧商店实现消费者结账的技术示意

1. Amazon Go 背后的技术支撑

Amazon Go 是如何做到"拿了就走"的呢？其实得益于机器视觉、深度学习、传感器等技术。

（1）机器视觉。机器视觉能把图像转化为各种信号，通过系统获取信息。简单来说，就是用来判断消费者的身份和动作。

（2）深度学习。深度学习主要是指利用深度学习算法通过各种传感器的数据来自动识别，对整个无人商店内的商品、人，以及人和商品之间的交互行为进行识别。

（3）传感器技术。传感器技术会把识别出来的各种信号组合在一起，通过识别人们"拿走和放回"的动作，判断具体是哪个商品被"拿走和放回"了。

2. Amazon Go 落地的技术

以上这几项只是 Amazon Go 背后的技术支撑，真正促成 Amazon Go 落地的，是早几年亚马逊提交的"侦测物体互动和移动""物品从置物设备上的转移"两项专利。这两项专利主要是实现了对人、货架和进出口三部分的控制。

1）对人的控制

通过手机 App 软件，消费者可以跟虚拟购物车进行互动。什么是虚拟购物车？简单来说，就是每次你拿走或放回货品之后，App 就会根据消费者的行为，在购物车中自动添加或删除商品。

2）对货架的控制

在无人商店内，通过在货架和墙上安装摄像头，在货架底层和顶层布置多种传感器来跟踪商品并获取消费者在货架前的行为。当消费者在货架前行动时，摄像头会把该行为摄录下来，利用光幕传感器（通过安全保护装置、红外传感器制造的平面）自动提高图像分析的效率。此外，还利用压力和红外传感器获取商品的摆放位置，从而判断商品是被人拿起还是放回状态。

3）对于进出口的控制

消费者通过扫码进出门店。因此，在进出口的位置设置了二维码识别器和自动门控制器，标记购物流程的开始和结束。

这两项专利要使用这么多传感器，其主要原因在于搭建"反作弊系统"。"反作弊系统"即上面提到的识别系统，只有实现全自动、精确地识别消费者行为，无人超市才有实现的可能。当然，传感器的作用不仅被用在反作弊上，还要完成对物流供应实时监控的使命。

传感器能单独识别每一个进店的客人，把每一个商品数字化，从而产生数字化的订单，实现在线支付。也就是说，从消费者进店到离店，整个过程中产生的所有行为都要实现数字化，而且能完全被捕捉、记录。系统获取了这些信息之后，就会自动生成模型，分析消费者的购物行为和习惯，给出代表消费者购物数据和信息的"用户画像"，包括消费者购物时最常走的路线、最关注的商品等。

在消费中的种种行为通过"用户画像"模型，都可以逐步描摹出来，从而预测消费者的购物意图，便于商家对货架和商品进行优化，提升其营业额。

3. 无人商店的技术

目前，无人商店应用的主要技术就是顾客的身份识别技术和商品的识别技术。识别技术可分为两大类：机器视觉识别技术和贴标签技术。

1）机器视觉识别技术

像 Amazon Go、淘咖啡和 Take Go 这样的无人零售店，都应用了机器视觉识别技术，但由于这项技术还存在以下一些问题，并不能大面积推广。

一是成本过高。以 Amazon Go 为例，它所使用的机器视觉识别技术成本太高，投入商用的难度太大。即使不考虑视觉分析计算的成本，货架的费用也居高不下。

二是存在技术缺陷。在有遮挡物的状态下，无法对货架前的购物行为进行识别。Amazon Go 识别系统只是"防君子不防小人"，它只考虑到顾客查看完一款商品后，会自觉放回原处，但现实中，并不是每一位顾客都如此自觉。

2）贴标签技术

贴标签技术主要包括无线射频识别和简单的条形码。无线射频是一种无线通信技术，在零接触下，它通过无线电信号就能轻松识别特定的目标。

当前，以无线射频技术为主的商店有缤果盒子、7-11、罗森无人店等；以条形码为主的商店则包括便利蜂、小 e 微店及 Wheelys 等。

其实，贴标签可以算一个简单实用的解决方案，但除标签本身的成本问题之外，还要让数千家供应商统一标签格式和数据接口，这意味着所有的供应商都要高度配合和进行全面改造。而现在，与全面高效的物流供应和智能化网络服务还存在一定的差距。通过对这两项识别技术的深入了解，就能感受到无人商店落地的不易。

截至目前，在业界仍然有质疑 Amazon Go 商业模式的声音。精准的推送是否会让人们失去购物和逛超市的乐趣？对于顾客的身份识别，是否会泄露个人隐私？要想实现成熟的无人商店，此类问题必须解决。但有困难才能有突破，一直以来，零售行业的演变正是技术在推动顾客体验优化的改造过程。

亚马逊的这次尝试，从某种意义上说，只是数字化零售业态的初级阶段。即便如此，这也给顾客和整个零售业带来巨大的冲击。只有迎着质疑声前进，才能改变未来。无人零售的发展未来可期。通过无人零售业的全球领军代表 Amazon Go 的案例，可以分析出无人商店有三个特点。

（1）在计算机技术和数据驱动的支撑下，无人商店不仅能给顾客提供全新的购物体验，也能让商家获取大量购物行为数据。商家对这些数据加以分析利用，便能进一步优化供应链。

（2）所有无人商店的技术主要围绕三个方面：人、货架和进出口。商品识别技术主要是机器视觉识别技术和贴标签技术两大类，而实现对顾客身份和商品的识别便是它们的核心目标。

（3）无人零售的目标并不是减少人力成本，而是实现整个供应链的数字化改造，从而提高效率。一般用户只能看见无人销售的便利性和科技性，其背后更大的意义是智能化物流和高效供应链的运转。只有当无人商店实现了对顾客购物行为的有效预测，通过不断地改进，才能更好地为顾客提供服务。这样的"购物行为预测"就是新零售真正的内核与未来：AI 与新零售的结合。

10.4.2 智慧零售的要素

智慧零售的核心在于,在围绕用户而产生的购买行为、场景体验、生产设计和跟踪服务中,融入数字化和智能化的技术和平台,满足企业对用户洞察、供应链管理和场景布局的效益优化,打通线上线下流量,实现线上运营的精准化营销和线下店铺的获客、转化、提效。

而智慧零售的业态升级,具体来讲其实是零售业三要素"人""货""场"的智能化升级,对用户、供应链和场景精细化运营实施全链条管理与控制。

从对用户的洞察来看,可以根据三个维度划分:构建用户画像、行为预测与精准营销、增强用户体验。三者相互协作产生数字化连接。

零售商通过将智能化、数字化的三要素有效与用户体验和用户需求相结合,对零售业的原有产业结构进行重新调整。由单纯的买卖关系进化到以供应链管理为支撑,以精细化运营来布局,贯穿用户消费行为的新型零售体系。其中,对用户的洞察将贯穿始终,商品的流通、库存的合理布置、线下场景搭建都是为了服务用户。

传统零售业在一定程度上弱化了用户在各类消费之间的内在联系,而一味地寻求销量的提升和用户满意度。智慧零售针对要素的升级,是企业从与用户建立联系的那一刻起,就对用户进行数字化的构建。零售商对用户的每个动作进行智能化的分析,借助供应链基础帮助用户降低消费时间成本,通过客群分析打开新的线上流量缺口,不断与线下场景相互引流。

1. 用户洞察

构建用户画像是用户洞察的前提条件,数据获取来源多样。无论从商品 SKU 购买率评估、线下场景体验,还是品牌渠道传播来看,核心要义都是对用户的洞察,即围绕用户在消费过程中产生的各类诉求,不断打造更智能的解决方案,提升用户体验。

总体来看,对用户的洞察根据三个维度来划分,构建用户画像、行为预测与精准营销、增强用户体验。三者相互协作产生数字化连接。

1)构建用户画像(流量获取)

用户画像的构建是建立在大量的用户数据基础之上的。企业与用户建立联系的方式从线上到线下,从单品到品类推荐,都是主动与用户建立连接。

线上获客是由用户注册账号对单品产生购买欲望开始,从浏览相同品类产品到最后放弃购买或完成支付。企业对用户关注的品牌要素、价格敏感度、个人偏好进行全面数字化,通过支付手段完成用户画像的梳理。线下获客则是从场景切入,基于用户对零售品类的偏好与价格敏感度,打造不同的消费场景,提升用户体验、购物时用户行为和产品购买率,打通线上线下流量通道。

2)行为预测及精准营销(流量留存激活)

针对用户的行为预测及精准营销,本质上是对现有用户流量的进一步提升,更多地利用大数据结合人工智能技术,融合线上线下传播渠道,触达用户。

相比传统的主动通过广告、促销等方式感知用户需求,智慧零售强调的是让用户感受到品牌优势和产品特色。因此,产品定位和品牌传播将担任比以往更重要的角色。

对未与零售商产生消费关联的用户来说,认知水平决定了他们在消费时考虑的因素,而消费升级的概念对于不同人群也有着不同意义。年轻用户受社交网络因素的影响,对产品的内容、品牌特性和带来的体验感会更加重视；而中老年人受传统消费观念影响，在购物渠道场景多样化的前提下，会更加追求产品性价比。

零售商通过对用户画像进行构建，线下互动结合线上推送能够让用户更快地感知商品及品牌信息，且多样的营销手段和营销渠道能够更好地拓宽接收渠道。目前，营销传播渠道包括以小程序打开流量缺口的微信生态轻应用、用户基数庞大的线上电子商务平台、贴近用户活动范围的线下实体店和以社交入口打造流量壁垒的短视频等。

3）友好的用户体验（流量转化）

如果说传统的零售是以商品消费为主，智慧零售则是以"零售服务"为主。定义更准确一些，就是在用户购物的过程中，根据用户消费轨迹构建的生活方式和消费模式提升用户购物体验，并将商品业态逐渐向场景下沉。

用户在消费升级的时代，与每个行业都建立了数字化的连接。围绕线下打造内容化场景，通过线上轻应用、社交场景、特色消费，让用户在不同情况下获得体验增强。

由线上传播引流客户到线下场景体验是增强用户体验的核心。当用户对某一场景引导的主题传播产生兴趣时，便会来到实体场景感受产品的内容，这时在单一实体场景通过店员服务，加强用户对产品和品质的理解，用户既获得了充分的了解，又由线下体验再次反哺线上社交渠道进行传播，构成了流量闭环。

2. 商品与供应链管理

商品管理强调控制商品的曝光并合理与用户交互，提升体验。商品与供应链管理是零售要素升级的第二个因素，在向智慧零售体系转变的过程中，数字化商品与技术相结合是线上数据分析和线下场景构建数字模型的基础。

用户每次与商品的接触无形中都留下了数据的记录，如何管理商品的流动与控制商品的曝光就成为关键。而商品的一切活动都建立在基础设施快速发展之上的供应链管理，这个环节也是调控并管理商品流动的关键。

1）商品管理

对于商品的管理，能够从三个方面进行评估与控制，即商品的动态定价、与用户在线下场景的互动和商品在店面的布局与管理。

2）供应链管理

商品除在线下实体店曝光外，在线上也有众多流量入口引流。随着线上线下流量边界越发模糊，供应链效率的整体提升成为开展智慧零售至关重要的因素。

供应链管理的提升重点体现在物流环节，包括库存布局、分拣技术提升、人员成本控制。

3. 场景精细化运营

大型场景中，对于SKU（Stock Keeping Unit，库存进出计量的基本单元）商品的精细化管理是决定效率的关键。场景的精细化运营是节省零售业运营成本、有效提升经营效率、规模化提升零售营业额的重要方法。目前，零售市场龙头企业和布局线下的互联网电子商务企业都在试图将精细化运营运用到实际场景中。

智慧零售在精细化运营的提升上，着重开发了以场景为切入点，布局用户周边多业态场景体验为主的运营模式，这些模式主要包括大型场景、无人场景和特色场景。

1）大型场景

大型场景的精细化运营核心,是为了提高运营效率、降低成本,主要体现在购物广场、大型商超和物流基地。

在购物广场和大型商超中,入驻品牌商较多,展台放置 SKU 数量繁杂,用户购物时需要对比产品参数,选择时间成本高。升级后的场景内,品牌商的 SKU 数量和品类会严格经过供应商和店家考核,高频 SKU 的合理摆放将帮助其降低运营成本。

2）无人场景

无人场景更突显的是"无人零售"的概念,是基于数字化和智能化技术,实现店铺无导购员和无收银员值守的智慧零售服务之一。

无人零售的价值不仅是单纯地对线下门店进行改造升级,更包括对供应链端、购买流程再到最终消费场景的全链条生命周期改造。从买什么、在哪买、如何买三个问题上切入,打造高效的场景空间,引流入店购物、完成无人支付、实现线上线下的流量闭环。

目前市场上存量较多的无人零售实体形式有无人便利店、自助贩卖机和便利货柜/货架。

3）特色场景

线下消费渠道的多样化及消费场景的布局本质上是根据用户的生活习惯,在邻近用户日常活动范围内开展符合用户"即时性购物"和"一次性购买"需求的实体店。

特色场景主要分为基于特色商圈的超市场景,用户居住区附近的社区场景,写字楼周边的新型便利店及可供用户筛选高品质商品的精品店等。

案例 10-2:李宁智慧门店

在李宁智慧门店中,将点谙智慧屏通过独特的技术加长至 3 米,直接打造落地式全面触控屏,攻克了硬件配置上的诸多难题。同时在点谙智慧屏的软件能力上进行了数字化改造,配备电子货架、RFID 商品溯源及产品说明、AR 试衣、试装、试鞋等新的增强用户数字化体验的新技术。

从门口被吸引进店,到逛店的时候看了什么鞋子、试了什么衣服,到最后成交,以及后期反馈情况等,李宁基于点谙智慧屏的数据洞察和获取,积累了大量的用户喜好研究、人流热力分布数据,从商品的拿起次数、放弃次数,智能推荐点击次数、爱好偏度等方面数据生成完整的数字闭环,这些精准的数据,帮助设计师在第一时间获取当前的流行款式及流行元素,助力李宁从基于用户体验的角度,设计和生产更满足用户需求的产品,以更迅速地打开用户的心门。

总而言之,随着消费需求从"产品经济"升级到"体验经济",人们更注重门店的体验。"智慧"门店的目的是将数字化运营进行融合,通过对用户引、逛、试、买、离这些购物过程进行智慧化数据化运营,在趣味性场景中为用户和门店带来意想不到的额外价值。

案例思考题:

(1)李宁智慧门店中的点谙智慧屏是如何通过硬件上的独特设计(如 3 米长的落地式全面触控屏)来提升用户体验的?这种设计在门店运营中扮演了什么样的角色?

(2)在软件能力方面,李宁智慧门店对点谙智慧屏进行了哪些数字化改造?这些改造如何增强了用户的数字化体验？请列举几个具体的例子。

（3）李宁智慧门店如何通过收集和分析用户数据来洞察消费者的喜好和行为？这些数据是如何帮助设计师在第一时间获取当前的流行款式及流行元素的？

（4）随着消费需求从"产品经济"升级到"体验经济"，门店的运营策略需要发生哪些转变？李宁智慧门店是如何适应这种转变，并通过数字化运营提升用户体验的？

（5）在李宁智慧门店中，数字化技术的运用如何帮助品牌更迅速打开用户的心门？请分析数字化技术在品牌与用户互动中的作用，并探讨其对未来零售业的影响。

本章小结

新零售已经成为电子商务的最新发展热点，本章比较全面地介绍了新零售领域的基本概念、原理和应用现状，并展望了电子商务的未来发展趋势——智慧零售。

本章首先讨论了新零售的缘起、含义、内涵，并重点讨论了新零售的特征：消费场景化、体验极致化和内容数字化，并以此为基础，讨论了新零售的发展动因。其次，讨论了新零售的核心要义和主要模式，包括新零售对零售三要素的重构与升级，结合商业模式领域的分析工具——商业模式画布，分析了四种典型的新零售商业模式。再次，详细阐述了新零售的典型样例——盒马鲜生，并借助"新零售之轮"理论解释了技术进步带来的新零售商业模式出现的原因。最后，展望了电子商务的未来——智慧零售，阐述了智慧零售的含义和特点，并以 Amazon Go 为样例，详细地阐述了实现智慧零售的主要技术。

本章思考题

1. 新零售的内涵是什么？
2. 新零售的特征是什么？
3. 传统零售与新零售的区别有哪些？
4. 零售业的发展主要有哪几个阶段？
5. 在新零售视角下，对零售三要素如何解读？
6. 商业模式的内涵是什么？
7. 描述商业模式创新的要素有哪些？具体含义是什么？
8. "新零售之轮"理论的主要内容是什么？
9. 智能技术赋能零售行业，主要包括哪些典型的场景？
10. 智慧零售中发挥重要作用的技术包括哪些？请简述其应用场景。

反侵权盗版声明

电子工业出版社依法对本作品享有专有出版权。任何未经权利人书面许可，复制、销售或通过信息网络传播本作品的行为；歪曲、篡改、剽窃本作品的行为，均违反《中华人民共和国著作权法》，其行为人应承担相应的民事责任和行政责任，构成犯罪的，将被依法追究刑事责任。

为了维护市场秩序，保护权利人的合法权益，我社将依法查处和打击侵权盗版的单位和个人。欢迎社会各界人士积极举报侵权盗版行为，本社将奖励举报有功人员，并保证举报人的信息不被泄露。

举报电话：（010）88254396；（010）88258888
传　　真：（010）88254397
E-mail：　dbqq@phei.com.cn
通信地址：北京市万寿路173信箱
　　　　　电子工业出版社总编办公室
邮　　编：100036